大抗战

还我河山

田越英◎主编

九州出版社 JIUZHOUPRESS 全国百佳图书出版单位

图书在版编目（CIP）数据

大抗战. 还我河山 / 田越英主编. -- 北京 : 九州出版社, 2015.9
ISBN 978-7-5108-3979-5

Ⅰ. ①大… Ⅱ. ①田… Ⅲ. ①电视纪录片－解说词－中国－当代 Ⅳ. ①I235.2

中国版本图书馆CIP数据核字(2015)第272316号

大抗战. 还我河山

作　　者	田越英　主编
出版发行	九州出版社
地　　址	北京市西城区阜外大街甲 35 号 (100037)
发行电话	(010)68992190/3/5/6
网　　址	www.jiuzhoupress.com
电子信箱	jiuzhou@jiuzhoupress.com
印　　刷	三河市九洲财鑫印刷有限公司
开　　本	710 毫米 ×1000 毫米　16 开
印　　张	26
字　　数	483 千字
版　　次	2016 年 6 月第 1 版
印　　次	2016 年 6 月第 1 次印刷
书　　号	ISBN 978-7-5108-3979-5
定　　价	68.00 元

撰稿人及编委会

撰稿人：

刘庭华　岳思平　程舒伟　彭训厚　田越英　车军辉　许　述　张学辉
陈益朗　杜　超　韩京京　赵秋梧　朱姝璇　彭学涛　王新潮　张治宇
周宏林　罗小明　刘华锋　崔凯宁　张　梅　田　阳　张振文　吴继云
夏明星　牛之营　司英玉　刘红峰　胡　博　刘　欢　王海龙　苗　展
王　珏　马金露　石　鹏　马桂生　李晨晖　路　涛　刘牡丹

编委会：

序

抗日战争是在中国近代史上中华民族第一次取得完全胜利的民族解放战争，是世界反法西斯战争的重要组成部分。中国人民在抗日战争中，付出了巨大的牺牲，同时也创造了辉煌的历史功绩，为世界反法西斯战争的胜利作出了伟大贡献。

《大抗战》这部书是以百集文献纪录片《大抗战》为蓝本，在纪录片《大抗战》文稿基础上撰写，并选取珍贵的历史图片，采用图文并茂的方式展现抗日战争这段历史的。

国内反映抗日战争的图书作品很多，但到目前为止，还没有一部全面系统反映中国抗日战争全过程的图书。《大抗战》图书将会填补这一空白，为进行抗日战争历史教育和爱国主义教育提供一部形象生动的“百科全书”。

本书全面准确、通俗易懂地介绍了中国抗日战争的全部过程。全书共包括 128 章，分为两册，对九一八事变至日本投降的 14 年抗日战争进行全面系统、客观生动的历史回顾。

本书采取文字和图片相结合的方式，每章都配有图片或者文献资料，内容丰富，形象生动。本书采取历史记载与现实评述、人物回忆相结合，重大历史事件与重要历史人物相结合，交战双方的高层决策与具体事件细节相结合的内容组织方式，对中国人民抗日战争中军事斗争的特定背景、交战各方的战略战术、经典战例、历史人物、生动细节进行详实叙述，着力展示中国各民族、各阶层、各党派和海外侨胞的抗日活动和爱国主义精神。

本书还配有中共中央党校、中共中央党史研究室、中共中央文献研究室、军事科学院、国防大学、中国社会科学院、南京师范大学、东北师范大学、吉林省社会科学院等国内百余位知名专家学者、抗战亲历者及其后代的采访内容。这为本书增添了分析力度和史实份量，突显了权威性。

本书牢牢把握两个基调：一是在世界反法西斯统一战争中突出中国抗日战争的地位和作用。中国率先揭开了世界反法西斯战争的序幕，中国开辟了世界第一个大规模反法西斯战场，中国对战胜日本法西斯起到了决定性作用，中国战场是世界反法西斯战争的东方主战场。二是在中国全民族抗日统一战线中突出中国共产党的地位和作用。中国共产党积极倡导建立并坚决维护的抗日民族统一战线，是取得抗战胜利的决定性因素；中国共产党提出并坚持实行的全面全民族抗战路线和持久战的战略总方针，是取得抗战胜利的根本保证；中国共产党领导开辟的敌后战场逐渐上升为全国抗战的主战场，中国共产党领导的人民军队逐渐成为抗战的主力军。中国共产党是全民族团结抗战的中流砥柱。

《大抗战》图书通过真实的再现中国抗日战争这段波澜壮阔的历史，引导读者有所反思、有所启迪：铭记历史，缅怀先烈，珍视和平，警示未来。

刘庭华

（刘庭华：军事科学院原军史部研究室主任、研究员，中宣部“马克思主义理论研究和建设工程课题组主要成员”。）

目　录

第 65 章　桂南战役

“一树桃花惨淡红，雄关阻塞驿亭空。倭师几处留残垒，汉帜依然卷大风。”

这首名为《昆仑关》的七言诗，气势雄浑，是著名剧作家田汉先生专门为纪念昆仑关战役而作。在这次战役中，日军遭受了沉重的打击，据日本战史记载是“中国事变以来陆军最为暗淡的年代”。

在昆仑关纪念碑碑文中有这样的描述：“攻坚之苦、牺牲之烈，殆兴军以来所罕有，而攻坚克险实开抗战之先河。”

在抗战之初，中国就开辟了由越南海防、河内经滇越铁路、桂越公路通往云南、广西的国际运输线，进口作战物资。日军占领上海、广州、海南岛之后，由滇越公路和桂越、滇缅公路构成的西南国际交通网，便成了中国取得国际援助的重要通道。

贺新城（军事科学院研究员）：

武汉、广州失守后，广西已处于抗战第一线，不仅有通往越南的国际交通线，而且也是通往西南大后方的交通枢纽和屏障，是第三、第四、第九各战区的后方基地，地位相当重要。南宁又是控制国际交通线的战略重镇，地位极为重要。

1939 年 10 月 14 日，日本大本营下达了“大陆命令第 375 号”，决定发动桂南战役，其战略目的就是“彻底切断敌之西南补给路线”。

杨功坤（国防大学教授）：

10 月 19 日，日本“中国派遣军”司令部向驻广州的第二十一军下达了作战命令。命令该军“协同海军在钦州以南地区强行进行敌前登陆，首先迅速进入钦州及防城附近，然后攻占南宁附近各要地。主要切断敌人通向南宁的联络补给线，并使其成为海军向内陆进行航空作战的基地”。

1939 年 11 月 15 日，日本精锐部队第 5 师团、台湾混成旅团共约 3 万人，外加日本海军第 5 舰队、日本海军第 3 联合航空队等，在第二十一军司令官安藤利吉指挥下，从钦州湾登陆，直扑南宁。随着桂南作战的展开，日军第 18 师团等又投入作战，使参加桂南作战的日军兵力达 7 万人左右。

第一次长沙战役后，国民政府军事委员会开始对桂南方向日军的动向没有给予足够的重视，而是判断日军可能集中更大兵力再次进攻长沙，因此，中国军队大量云集湘北战场，华南守备薄弱，广西沿海重镇防城、钦州等很快被日军攻破。

为遏制日军攻势，保护南宁这一西南边陲重镇，国民政府军事委员会命令第十六集团军，以两个师“固守南宁，无命令不得撤退”，并紧急调遣杜聿明第五军由湖南衡山增援桂南，傅仲芳第九十九集团军由湖南湘潭途经贵阳转移至柳州，姚沌第三十六军自重庆南下宜山集结，并限令各军于 12 月 5 日之前集结完毕。

日军进展迅速，抢先于 11 月 19 日进抵唐报、百济一线，第二十一军台湾混成旅团留守钦州，掩护第 5 师团补给线，第 5 师团穿越十万大山，于 11 月 21 日向南宁周边的平地进攻。日军于 11 月 22 日黄昏抵达邕江，直取南宁。

中国军队在邕江北岸与日军对峙，11 月 23 日，南宁中国军队第 135 师等部与日军激战 20 余次。第 135 师由于长途奔波，仓促上阵，未能有效阻击日军渡河。1938 年 11 月 24 日，数千日军在飞机的掩护下，兵分左右两路夹击南宁。南宁周围的中国军队第 125 师腹背受敌。当天，日军攻陷南宁。12 月 4 日，日军攻下昆仑关，控制了南宁北通内地的两条交通道路的要隘。

姚有志少将（军事科学院原战略部部长）：

南宁失守，不但国际交通线被切断，如日军继续北上，直捣柳州、桂林，将割裂各战区后方联络干线，日军航空兵还可以此为基地，轰炸内地重要目标，威胁西南大后方之安全。

杜聿明

在这种情况下，国民政府军事委员会决心收复南宁，火速从湖南、江西、广东、贵州等地紧急抽调部队增援广西，到 12 月中旬，参战各部的 15 万兵力大部陆续抵达昆仑关附近。其中，担负对昆仑关实施正面进攻的是第九十九军和杜聿明的第五军。

杜聿明，黄埔军校第 1 期毕业，曾参加北伐战争、长城抗战，1939 年 11 月任国民革命军第五军军长。

第五军是当时中国唯一的全机械化部队，下

辖第 200 师、荣誉第 1 师、新编第 22 师共三个师，师长分别为戴安澜、郑洞国、邱清泉，皆为抗日名将。在“平时多流汗，战时少流血”的训导下，杜聿明将第五军训练成了一支纪律严明、战斗力强的“王牌军”。同时，中国驻桂林的空军约 100 架飞机也用于桂南反攻作战。

昆仑关地势险要，在南宁东北 50 公里处，是南宁北侧的天然屏障，附近群山叠嶂，绵延不绝，中间多悬崖深谷。

姚有志少将（军事科学院原战略部部长）：

这里是南宁北上到宾阳、柳州的必经之路，位置居高临下，地势险要，是一夫当关、万夫莫开的战略要地，为历代兵家必争之地。

1994 年 7 月 7 日，由广西电影制片厂摄制的电影故事片《铁血昆仑关》在全国公映，影片生动再现了昆仑关战役这一历史片段。

此外，驻防昆仑关的日军有一个骑兵联队和一个步兵大队，并在昆仑关以北的高地修筑了堡垒、铁丝网，构成了铜墙铁壁般的防线。而中国军队分为北路、东路、西路共三个集团，共同承担反击日军和收复南宁的任务。

12 月 17 日拂晓，北路的第五军荣誉第 1 师像尖刀一样扎进日军纵深阵地，以新编第 22 师迂回攻占五塘、六塘，切断了昆仑关日军退路。12 月 19 日，西路军切断了日军由南宁及龙州向北增援的道路。东路军也在日军后方的邕钦公路沿线展开袭击，策应昆仑关方面的作战。12 月 20 日，第五军第 200 师增强昆仑关方面攻击力量，其坦克一度冲入昆仑关。

戴澄东（时任国民革命军第五军第 200 师师长戴安澜之子）：

昆仑关三个部队联合起来，开始是白天打，打了以后就发现我们损失比较大，后来父亲就跟军部提出来我们晚上进攻，白天把地形侦察好，晚上进攻，日本人摸不清你到底什么情况。

郑洞国，黄埔军校第 1 期毕业生，时任第五军荣誉第 1 师师长。他后来在自己的回忆录中写道：“昆仑关战役，是中日两国精锐军队间的一次殊死决战，其激烈程度为抗战以来所罕见。”

驻防昆仑关的日军凭借有利地形和密集炮火顽抗，激战数日后，荣誉第 1 师血流成河，伤亡很大。

在持续一周的反攻中，中国军队对昆仑关的包围圈不断收缩。

杨功坤（国防大学教授）：

虽然当时血流成河，中国军队伤亡惨重，但是官兵们都斗志不减。12月29日，第200师、荣1师、新编第22师与第159师等又再次发起强攻，不断将日军逼退。

戴澄东（时任国民革命军第五军第200师师长戴安澜之子）：

我父亲也受了伤，发现日本的炮兵老是对我们进行攻击。他亲自跑到炮兵的前沿阵地去指挥，正在指挥的时候，一个炮弹掉到他的背后，弹片一下从肩胛骨穿过来，当时他说没事儿，还在阵地指挥。

郑洞国的回忆录中这样写道："日军这时已处于我军的四面包围之中，仅有招架之功，无还手之力。其弹药给养尤为困难，几陷于绝境。不少横卧在山野上的被我军击毙的日军尸体，看上去衣衫破烂，有的甚至只着一条短裤，浑身肮脏不堪，从中可见其处境之窘迫……在我军的沉重打击下，这支曾经骄横不可一世的日本'钢军'的士气开始下降了。"

困守多日的日军终于抵挡不住中国军队的强大攻势。1939年12月31日拂晓，第五军在炮火支援下向昆仑关发起最后冲击，上午11时肃清全部日军，占领昆仑关。

随后，新编第22师又与荣誉第1师配合攻占了441高地。第五军终于用辉煌的胜利，迎来了1940年的元旦。一向骄横无比、自诩为"天下无敌"的日军王牌第5师团第21旅团，终于败在了中国军队手下。

杨功坤（国防大学教授）：

能在一次战役中击毙如此之多的日军将领，这在中国整个抗战历史中都是很少见的，尤其是21旅团长中村正雄，是少将军衔，他被击毙对日军士气打击很大。

据日本战后公布的材料显示，昆仑关一战，日军第5师团第21旅团长中村正雄、第42联队长坂田原一和第21联队长三木吉之助、第1、2、3大队的长官均被中国军队击毙，该旅团班长以上的军官死亡达85%以上，士兵死亡4000余人，被俘160余人，被缴获的物资不计其数。

这次战役，中国军队也付出了沉重的代价。仅第五军就伤亡11100人，其中阵亡将士达到了5600人。

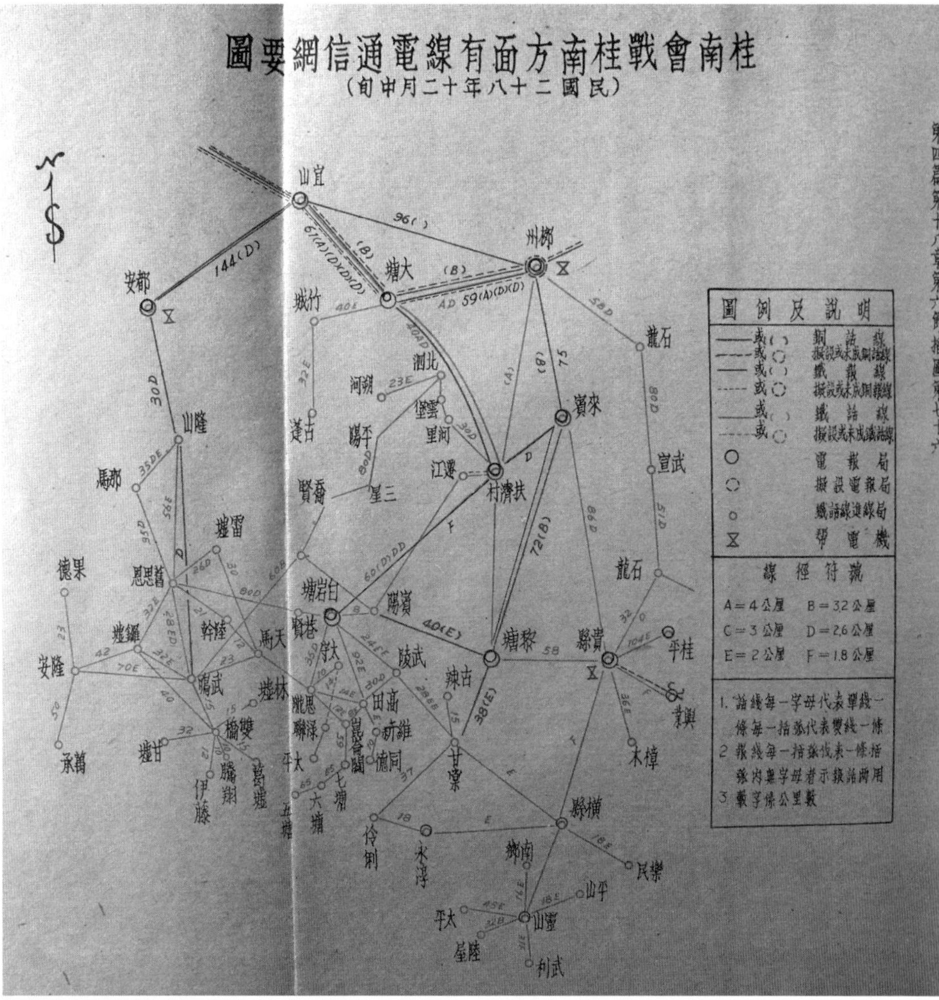

1939 年 12 月，桂南会战中桂南方面有线电通信网要图

中国军队用巨大的牺牲换来了武汉会战后的一次重大胜利，而且是抗战以来首次攻坚胜利，也是空军、炮兵、坦克兵等兵种协同作战的第一次胜利，极大地鼓舞了民心和士气，掌握了桂南战场的主动权。

为了祭奠在昆仑关战役中殉国的英烈，杜聿明将军在昆仑关上建立了一座“陆军第五军抗日阵亡将士纪念碑”，并含泪亲笔书写了 400 多字的悼念碑文，蒋介石、何应钦也题词纪念。在阵亡将士墓园中，杜聿明所写的挽联刻于柱上：“血花飞舞，苦战兼旬，攻克昆仑寒敌胆；华表巍峨，扬威万里，待清倭寇慰忠魂。”

日军失去昆仑关要地后，紧急抽调广东的第 18 师团和国内的近卫混成旅团增援广西，并从关东军抽调部分航空部队参战，于 1940 年 1 月下旬，向昆仑关一线进攻，并出动轰炸机炸毁中国军队后方的桥梁，对昆仑关及周围地区内的中国军队实行大包围。

姚有志少将（军事科学院原战略部部长）：

中国军队也向桂南前线增调了8个师的兵力，1月28日，又派军事委员会政治部部长陈诚到桂南协助指挥作战。但中国军队集结尚未完成，日军第18师团和近卫旅团增援的日军第5师团，就对昆仑关及宾阳等地重新发起了猛烈进攻。

中国军队在第四战区司令长官张发奎指挥下奋勇作战，位于昆仑关的中国军队虽然阻止了日军的正面进攻，但日军的迂回部队却乘中国军队疏于侧后防范之机，于1月31日占领甘棠，并继续向北进攻，于2月2日占领宾阳。由于宾阳失陷，继续坚守昆仑关已无意义，且中国守军有被围歼的危险。因此，2月2日，正面作战的中国各军全面北撤，在红水河以南占领阵地，以确保柳州。

日军反击得手后，为避免战线延长、兵力分散、补给困难，决定收缩兵力，巩固南宁。至2月中旬，日军第18师团撤回广东，第5师团收缩到南宁，近卫旅团和台湾混成旅团退守邕钦路地区。中国军队尾随日军，占领日军撤出的宾阳、昆仑关等地。桂南战役到此结束。此后，桂南方面中日军队再未发生大的作战。

贺新城（军事科学院研究员）：

1940年9月23日，日军入侵越南北部，从越南进广西的战略通道已被截断，日军便逐步从南宁撤兵，至11月中旬全部撤退完毕。

中国军队于1940年10月30日重新收复南宁。到11月30日，日军全部被逐出桂南，广西全省重新成为中国抗战的后方基地。整个桂南战役前后历时一年，日军伤亡近万人，中国军队伤亡近3万人。

姚有志少将（军事科学院原战略部部长）：

桂南战役证明，抗战虽然已经进行了两年多，进入了战略相持阶段，但中国军队仍保持着旺盛的战斗力，打破了日军企图以战争逼迫中国屈服的妄想。

七十多年过去，战火早已远去，中国军队将士们用生命守卫的昆仑关静静伫立，但中国军民抗击日本侵略军的悲壮，将会永远地镌刻在中国人民的记忆中。

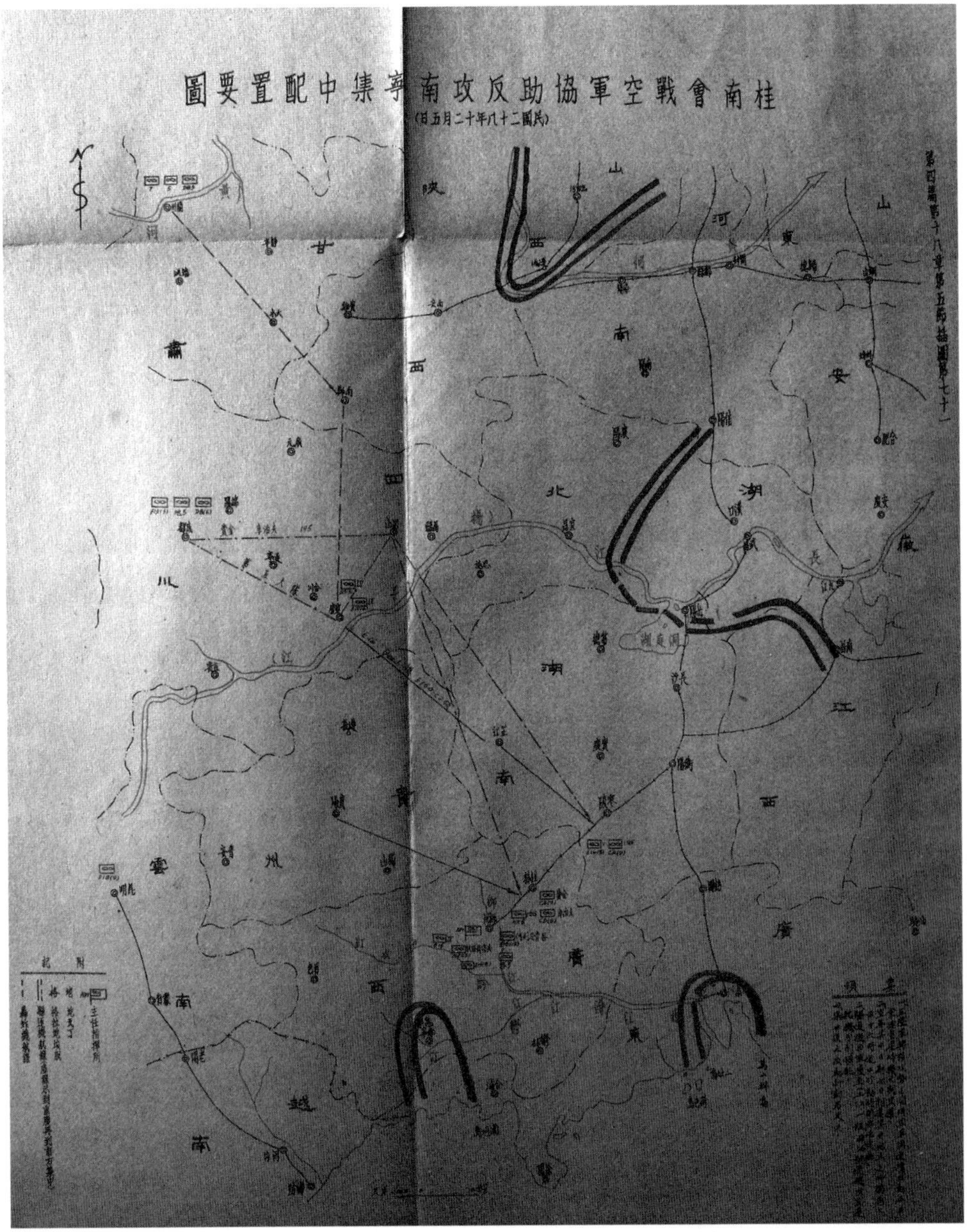

1939 年 12 月桂南会战，空军协助反攻南宁集中配置要图

第 66 章　五原大捷

五原抗日烈士陵园，坐落于巴彦淖尔市五原县城北边。在烈士陵园纪念墙上，刻有在五原大捷中为国捐躯的 679 名官兵的姓名、部队番号和职务军衔。烈士陵园东侧，一尊傅作义将军的骑马雕像让 75 年前那场中国人民与日本侵略者进行殊死搏斗的惨烈场景又浮现在眼前。

五原位于塞北河套平原，东襟绥包，南濒黄河，西连宁陇，北倚狼山，是大西北的抗日前哨，历来为兵家必争之地。抗战时期，第八战区副司令傅作义的长官部就设在这里。

傅作义，字宜生，山西人，1895 年 6 月出生，1915 年入保定军校第五期步兵科学习，抗日战争期间，曾任第七集团军总司令，第八战区副司令长官、司令长官兼绥远省、察哈尔省政府长官。

1939 年是中国全国性抗战的第三年，国民政府军事委员会决定在华北、华东、华中、华南的广大地区内，对日军发动一次大规模的冬季攻势。当时，第八战区副司令长官兼绥远省主席傅作义主动请缨，攻击日军在华北的重镇——包头，以收牵敌之效。蒋介石批准了这一建议。攻打包头的重任，就落在了第三十五军的肩上。

张明金（军事科学院研究员）：

第三十五军是傅作义赖以起家的重要资本，它的前身是晋军的第 4 师。1931 年，第 4 师扩编为第三十五军，该部在 1933 年的抗战中，在怀柔抗击日军进攻，坚守不退，威名大震。在 1936 年又取得了百灵庙大捷，将日伪军驱出绥远，被誉为是抗战劲旅。

傅作义

1939 年 12 月 19 日夜，以第三十五军新编第 31 师为攻城主力的中国军队以急行军速度奔袭包头。经过 3 天 4 夜的激战，一举消灭日伪军 3000 余人，毙敌联队长小林一男大佐以下军官 20 余人，俘获伪军数百名，毁敌汽车 200 余辆、坦克 3 辆、军火库1座。

包头遭袭后，日军驻蒙军司令官冈部直三郎中将气愤地放出“一定要扫平河套，三个月内全部消灭傅作义军”的口风。1940年1月15日，他制定了旨在歼灭傅作义集团的“八号作战”计划，从平绥、同蒲路沿线抽调3万余兵力，汽车1000余辆，坦克数十辆，以及伪蒙军、伪绥军各3个师，计划沿黄河两岸西进，向五原发动进攻。作战行动由日军第26师团长黑田重德指挥。

张明金（军事科学院研究员）：

傅作义对日军的反扑早有心理准备，他判断日军进犯绥西的主要目的是歼灭中国的军队，而不是为了占领城池。因此，他决定避免与日军的正面决战，制定了以运动战、游击战相结合的战术，先迟滞日军的进攻，再相机歼敌的作战方针和军事部署。以第八十一军和骑兵第6师等部队分别在乌镇和西山嘴地区阻击日军，第三十五军的主力集中在五原地区，准备随时机动歼敌。

1940年1月27日，日伪军分3路向绥西进攻，中国军队进行了顽强阻击后，相继撤入狼山。2月3日，日军攻占五原，随后又占领了临河、陕坝。连克三城，让日军指挥官黑田重德误以为傅作义所部主力遭到歼灭，他开始大肆宣扬已占领

五原南方的独混第2旅团（车队）

侵华日军坦克部队侵犯五原

绥远全境，在五原城内大摆庆功酒宴，张家口、平津等地的日伪报纸也争相报道“傅作义全军覆没”的消息，吹捧日军的“战绩”。

这一假象也迷惑了日军驻蒙军司令官冈部直三郎。他当即决定把从华北调集的侵绥兵力撤回原防地，留下 1 个步炮混成联队、王英的“绥西自治联军”、4 个伪蒙师，又从雁北调来 1000 余人的警备队，使五原的日伪军兵力有 1 万余人，统一由日军驻绥西警备司令官水川伊夫中将坐镇五原，守备绥西。除此之外，还调来日籍工程技术人员二三百人，企图开采狼山矿产，久踞河套地区。

傅作义得知日军主力陆续东撤后，决定趁留守五原的日伪军立足未稳之时，将日伪军诱出五原后分割围歼，一举收复五原。他随即命令第三十五军集中于邬家地以西地区，准备歼敌，命令马秉仁率领的绥远游击军佯攻五原，诱敌出击，为第三十五军歼灭日伪军创造条件。新编第 32 师负责收复临河、陕坝，配合主力部队进攻五原。

2 月 15 日，新编第 32 师对临河守敌发起攻击，攻击不到 10 分钟，守城伪军就弃城逃跑。驻守陕坝的伪军还没等新编第 32 师进攻就逃回了五原。

2 月 19 日，绥远游击军将日军步炮混成联队 500 余人诱出五原，但没想到日军在进入到五临公路南侧时就发现了埋伏在此的新编第 31 师第 93 团，这一突发状况使得原先的围歼战变成了混战。新编第 31 师第 91 团、第 92 团遭到伪蒙军的攻击，未能及时配合第 93 团作战。而第 101 师刚进入阵地就与日军突然遭遇，被迫改为防御战。两地发生激战让日军明白了中国军队的伏击意图，于是立即收缩部队，寻机撤回了五原。

此时，第三十五军已不足万人，南、北、西三面都是不毛之地，东面富庶的河套地区又有强敌驻守，兵员补充、弹药物资补给都面临严重困难。就连蒋介石都断定绥西已成无法挽回的败局，1940 年 2 月 25 日，他电令傅作义到兰州代理第八战区司令长官的职务，部队后撤。

彭训厚（军事科学院研究员）：

2月26日晚上，傅作义在临河县南沙窝中的亚马赖村召开了团以上军官会议，商讨去留问题。会议起初分为两种意见：一是部队久战疲惫，损失过大，应该休整一下，恢复战力以后再打，明显是支持傅作义前往兰州就任代理司令长官；第二种意见是利用黄河解冻的时期，敌人重武器无法使用，乘机进攻五原，收复失地，大部分军官都持这种意见。

最后，傅作义决定“把握时机，收复五原”。他回电蒋介石称：“将不离兵，兵不离土；将不离兵兵有主，兵不离土土能存。为了保卫疆土，不惜任何牺牲，坚决与敌周旋到底。”谢辞了蒋介石的任命。

亚马赖会议后，傅作义召集了第三十五军参谋长鲁英麐中将、总参议张濯清中将等人拟定了反攻五原的作战计划，并召集师以上军官进行讨论。傅作义认为，黄河在春分前后就会解冻流凌，期间船只不能通，人马难行，利用这个时机挖渠放水，淹没南北两条大路，可使守敌逃窜无路、援敌无法前行，这是天时；利用乌加河天堑和我们对战地环境、地形地物的了如指掌，这是地利；绥西军民团结，同仇敌忾，这是人和。天时、地利、人和均操之在我，此仗非胜不可。

随后，第三十五军参谋长鲁英麐传达了作战部署：以安春山为团长的第93团为突击部队，直攻五原城内日军指挥部；新编第31师师长孙兰峰指挥第91、92团和五临警备旅第1团进攻五原新城；新编第32师师长袁庆荣指挥所属部队进攻五原旧城，并负责肃清广盛西的伪蒙军；第101师师长董其武率领所属部队为预备队；其余部队负责攻击五原外围的伪蒙军和“绥西自治联军”。战斗打响后，要发动地方群众放水浇地，迟滞敌军的步兵行动。

马儒林（军事科学院研究员）：

反攻五原方案既定，傅作义命令各部加紧夜战、巷战、爆破的训练和演习。为了做到万无一失，他亲自巡视各部队的战备情况，对第93团的掏心战术进行了重点指导，并从其他部队抽调了一些战斗经验丰富、作战勇敢的官兵来充实第93团。

3月20日深夜，第三十五军突击队分为8个小队对既定目标发起攻击，一时间五原城内枪声大作，反攻五原的战斗全面打响。突击队经过5个小时的激战，先后占领多处日军据点，仅剩平市官钱局和屯垦办事处未能夺占。这两处据点是日本的特务机关和伪军王英司令部所在地，工事坚固，围墙高厚，四周建有碉堡，敌人居高临下，易守难攻。在3月21日一天内，第三十五军突击队相继发起了五六次冲锋，突击队指挥官安春山也在战斗中负了伤，仍旧未能攻克。

进攻五原旧城的新编第32师，遇到了伪蒙军的顽强抵抗，师长袁庆荣负伤，营长赵春江、张步清阵亡，全营仅余7名官兵，仍奋战到底，战况极为惨烈。此时，董其武的第101师一部前来支援，第101师在乌加河畔与日军激战三昼夜，顶住了日军六七千发炮弹的轰击。

董都祥（时任国民革命军第三十五军第101师师长董其武、开国上将之子）：

我父亲带领他的师在五原旁边的乌加河阻击日军的援军，首先是切断了桥梁。日军当时火力非常凶猛，而且是出动了三个联队，都是现代化的步兵装备。我父亲把总预备队都用上了。傅作义几次打电话问战况怎么样。他都告诉顺利，就怕影响傅作义那边的军心。

王忠民（时任国民革命军第三十五军第101师301团团长王建业之子）：

经过亚马赖会议以后，傅作义的部队战士们信心十足，士气高昂，决心要收回五原。当时我父亲的301团把守城外围的蒙古骑兵全部歼灭，最后打向五原旧城。在这次战斗中，我父亲又受了一次伤。我老父亲一讲这个，一讲百灵庙大捷，一讲五原大捷，眉飞色舞，神采奕奕。

3月21日，新编第32师占领了五原旧城。

为了尽快歼灭平市官钱局与屯垦办事处的日军，收复五原新城，傅作义不顾日军12架飞机的狂轰滥炸，亲临前线督战。他命令新编第31师副师长王雷震统一指挥新编第31师各部。王雷震立即与部下研究决定用山炮平射，摧毁敌人的坚固工事，然后一举歼敌。3月21日晚，孙英年、杨耀康两位连长率部连夜穿屋越脊，在距敌200米外的义和渠西岸，利用坝坡遮掩，安装炮位。3月21日午夜，信号弹升空，火光冲天，墙倒屋塌。孙英年率尖刀连迅猛突入，连砍带杀，敌人四处奔逃。随后第2营营长令狐理也率部突入，日军水川伊夫中将、联队长大桥大佐、特务机关长桑原中佐被当场击毙。3月22日，五原新城光复。

3月26日，日军驻蒙军派出救援的骑兵集团主力和第26师团一部在飞机掩护下进入五原时，群众早已空室清野，只剩一座空城。由于城内民愤极大的汉奸已经被傅作义下令处决，进城的日军连一个带路的人都找不到。第三十五军扒开乌加河南堤，引水淹没了乌加河至五原的公路，并在五原外围不时袭扰日军，迫使冈部直三郎不得不决定放弃五原。在将日军尸体搜集火化后，日军在飞机的指引下狼狈地撤出五原。3 月 28 日，中国军队再次收复五原。

张明金（军事科学院研究员）：

> 五原战役速战速决，傅作义部仅用 3 天时间，以牺牲 1100 人的代价，就歼灭日伪军 4600 余人。五原的光复，是抗战以来正面战场上第一次收复失地，因此，也被誉为“开反攻胜利之先河”。

1940 年 4 月 5 日，蒋介石亲自签署嘉勉电，称五原大捷“不仅保障西北，而且奠定收复失土，驱逐敌寇之基础”，并授予傅作义“青天白日勋章”，向傅部发放奖金 30 万元。傅作义不愿把全体将士浴血奋战的功绩集于自己一身，郑重其事地向国民政府回复了《辞勋呈文》。不久，蒋介石再次电请傅作义到重庆受勋，并批准傅作义将第三十五军扩编为 3 个军。在此情况下，傅作义不得不去重庆参加授勋典礼。

青天白日勋章

五原大捷后，傅作义各部在当地民众积极配合下，仔细打扫战场，详加辨认，共得中国军队牺牲 679 具遗体遗骸。他们将烈士遗体整理好遗容、遗骸擦洗干净，安放在棺木内，护送至五原公墓安葬。五原大捷，广大官兵所表现出来的团结御侮、奋勇杀敌的英雄气概，极大地震慑了日本侵略者。从五原大捷到 1945 年抗战胜利的 5 年间，日军未敢再向河套地区进犯。

第 67 章　枣宜战役

1939 年底至 1940 年初，中国军队在正面战场发动的冬季攻势和对南宁昆仑关的反攻，使日军感到必须给予中国军队以重大打击，否则难以实现其政治诱降的目的。为此，日军策划在 1940 年 5 月，以 20 余万的兵力，对中国军队主力集中的入川门户地区实施一次大规模的报复性战役。

1940 年 2 月，日军第十一军制定了《会战指导方策》，计划首先在连接随县、襄阳一线以北地区，消灭中国军队第五战区主力，之后，将汉水右岸的中国军队压缩在宜昌附近消灭。日军认为，攻克宜昌，将沉重打击第五战区，可给重庆及西南大后方以巨大威胁。

1940 年 3 月间，国民政府军事委员会即已觉察日军的企图，要求第五战区预先部署。

宜昌，国民政府陪都重庆的屏障，依山傍水，雄踞长江上游东端，俯瞰江汉平原，距重庆只有 480 公里，战略地位十分重要。

日军第十一军投入枣宜作战的部队，有驻防江北的第 3 师团、第 13 师团、第 39 师团，从江南调来的第 40 师团、第 6 师团池田支队、第 34 师团小川支队、独立混成第 14 旅团、吉田支队、临时混成第 101 旅团等部队，此外，还有第十三军等部队，以及第 3 飞行团、第 1 分遣支舰队、第 2 联合航空队、江水支队协同作战，统由第十一军司令官园部和一郎中将指挥。

贺新诚（军事科学院研究员）：

日军为隐蔽作战企图，故意声东击西，4 月下旬在九江附近进行“扫荡”，并以海军向鄱阳湖、洞庭湖实施佯攻，以航空兵对湘、赣两省要点进行轰炸，做出要进攻第九战区的姿态。

这时，第五战区的中国军队约有 30 个师，分左中右三线布防，左集团总司令孙连仲，辖第二集团军共 6 个师；中央集团总司令黄琪翔，辖第十一集团军、第四十五军共 6 个师；右集团总司令张自忠，辖第三十三集团军和王缵绪的第二十九集团军。此外，还有江防军司令郭忏，辖第 26 师、第 75 师、第 94 师、第 128 师共 10 个师；机动兵团总司令汤恩伯指挥第三十一集团军集结于枣阳东北地区；预备兵团总司令孙震指挥第二十二集团军部署于双沟；大别山游击军总司令李品仙，辖第二十一集团军、豫鄂皖边区游击部队等。中国军队参战兵力约30万人。

4月27日，中国军队第五战区确定了作战指导方针：战区以一部取日军正面，分路挺进日军后方，积极施行袭扰，主力适当控制于后方，相机以先发制敌行动，于枣宜地区与日军决战。

1940年5月1日，日军第3师团突破中国军队左翼防地。当日，张自忠亲笔写信昭告五十九军团以上主官，鼓励大家誓死抗敌、绝不退缩。

于江欣（军事科学院研究员）：

枣宜战役经历了两个阶段，第一阶段是从1940年5月初到5月下旬汉水以东枣阳地区的作战，第二阶段是从5月31日至6月中旬汉水以西宜昌地区的作战。

1940年5月1日，日军在鄂北点燃战火，5日攻陷泌阳，7日占领唐河，回旋转向枣阳。中国军队机动兵团自确山方面西奔，驰援收复唐河，随后跟着日军的尾巴猛追。

日军第13师团于6日从钟祥出发，攻陷丰乐河，过田家集，8日到了张家集和第3师团会合；日军第39师团和第6师团池田支队于5月4日从随县向西，中国军队第八十四军173师在唐县附近与日军遭遇。173师师长钟毅，为了掩护友军主力撤退，率部与日军血战，突围时遭日军伏击，战至身边仅剩一个卫士排。在弹尽援绝的情况下，身负重伤的钟毅命令卫士分散突围，随后举枪自杀，从容赴死，时年39岁。

5月8日，日军占领枣阳，却没有找到中国军队主力，反而被先前撤离核心的中国军队包围了起来。

5月10日，第五战区迅速部署对日军的反攻：令第三十一集团军从南阳地区急速南下，将日军第3师团包围于樊城附近；第三十三集团军主力东渡汉水，在枣阳西南至宜城之间截击日军第13师团和第39师团。一场激战就此展开。

在北线，从5月12日开始，中国军队第三十一集团军从东、南、北三面对日军第3师团展开连续攻击。日军粮弹不足，连日陷入苦战。战至5月15日，伤亡惨重的日军第3师团才在日军第十一军坦克团协同下突出重围，撤回枣阳。

在南线，第五战区右集团总司令张自忠率部于5月8日东渡汉水后，与绝对优势的日军在新街遭遇，恶战了一场。9日，张自忠率部北进到枣阳以西的峪山、黄龙垱一带，与后撤的日军展开激战，随后又奉命截击南逃的日军第13师团，歼

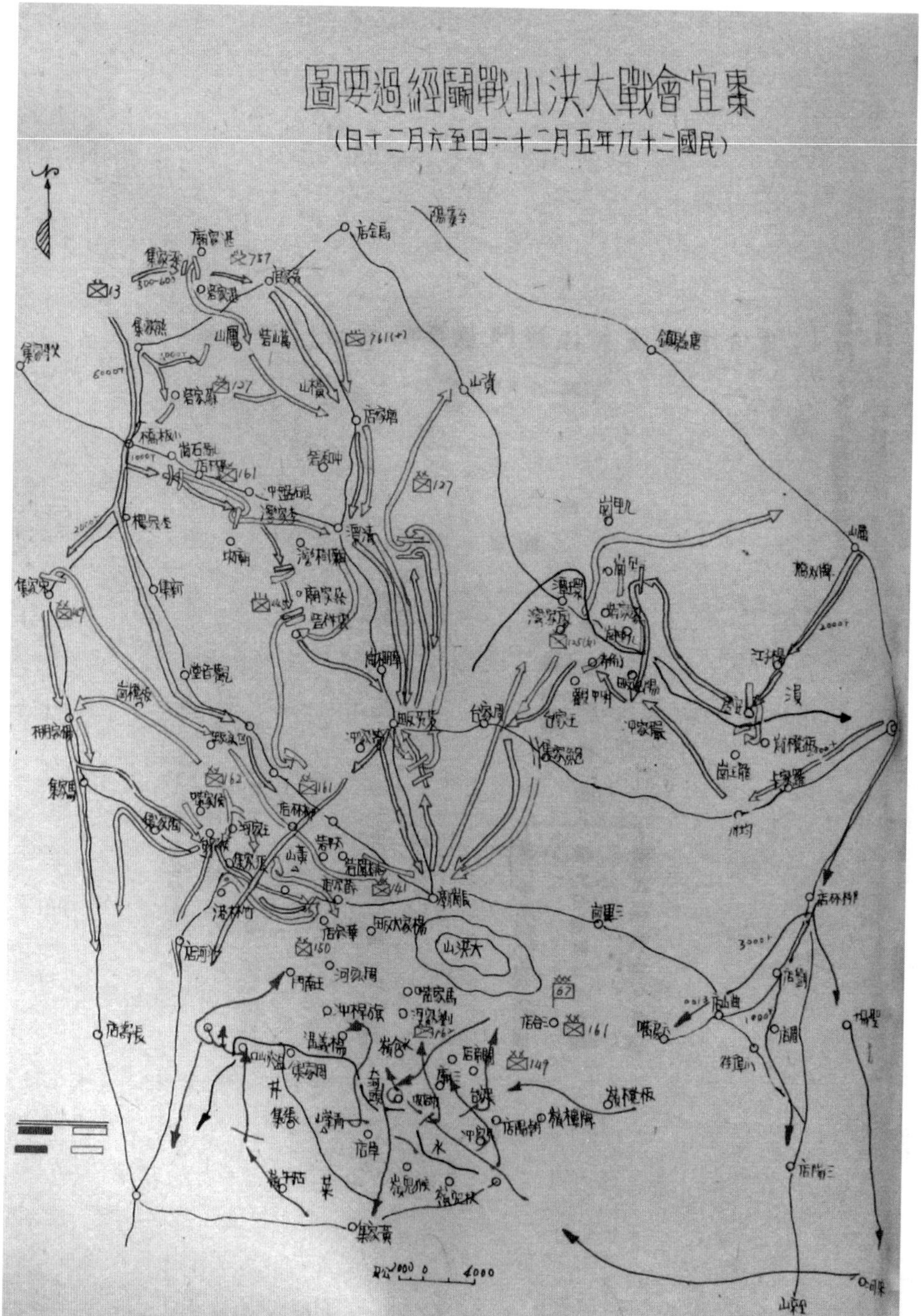

1940 年 5 月，枣宜会战大洪山战斗经过要图

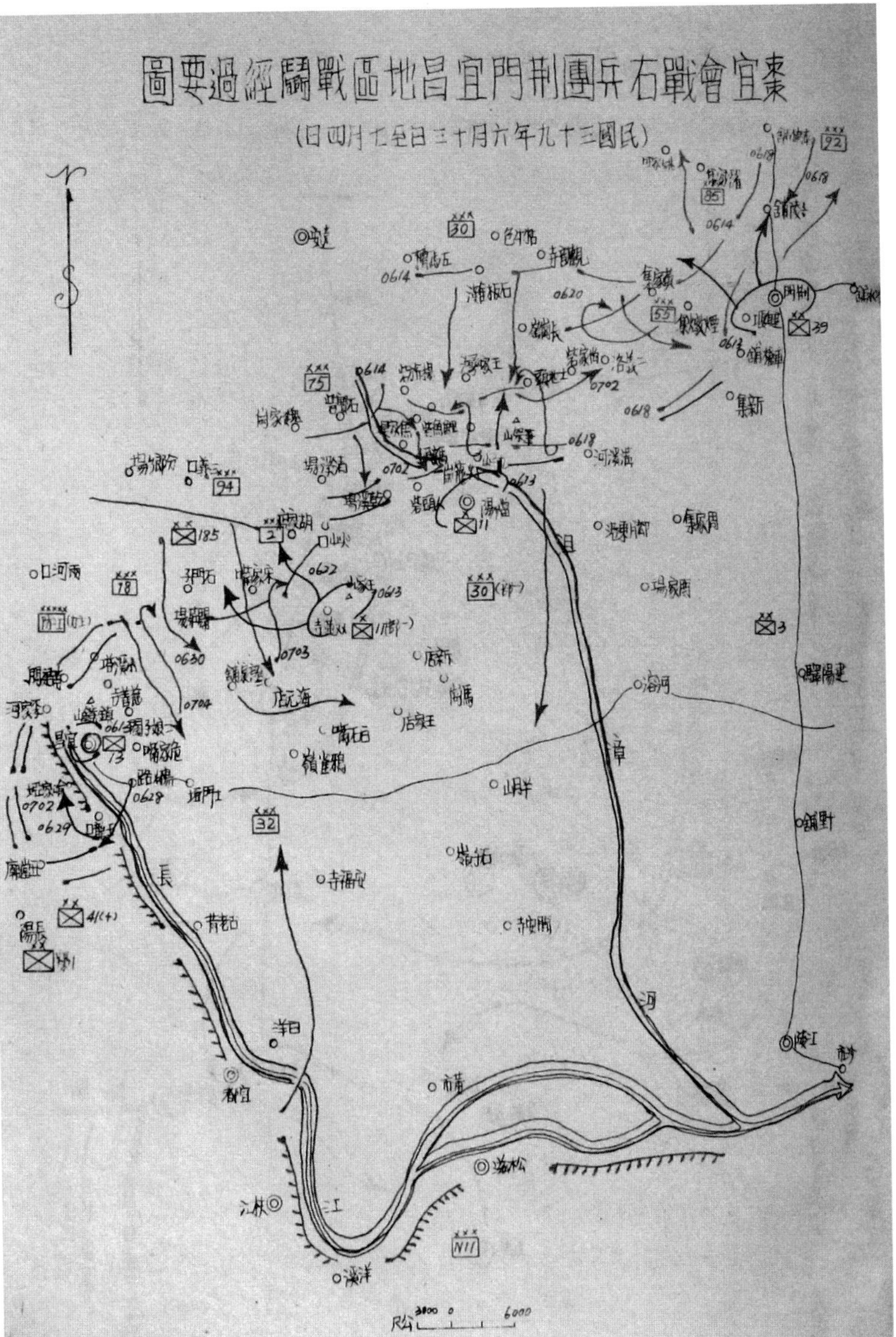

1940 年 6 月，枣宜会战右兵团荆门宜昌地区战斗经过要图

其一部。5月14日，张自忠率部2000多人在方家集侧击撤退日军近6000人，将其截为两段，退路被切断的日军全力向张部反扑。

彭训厚（军事科学院研究员）：

侵华日军截获了张自忠向蒋介石报告率部行动的电报，通过无线电侦查技术手段，准确地测知了第三十三集团军总司令部的具体位置。园部和一郎命令第13、第39师团向方家集、新街奔袭，合力夹击张自忠部。

5月15日夜，日军第39师团逼近南瓜店，16日拂晓完成对第三十三集团军总司令部的战术包围。16日上午，6000多名日军在飞机大炮的掩护下，向仅剩1500多人的张自忠部发起猛攻。

激战至下午，张自忠身中5弹，仍镇定自若指挥战斗，下午2时，张自忠手下只剩下数百官兵，他将自己的卫队悉数调去前方增援，身边只剩下高级参谋张敬和副官马孝堂等8人。不久，大群日兵冲到面前，张自忠头部中弹，腹部被日军刺中，这位曾击溃日本"铁军"板垣师团的抗日名将壮烈殉国，时年49岁。

身负重伤的马孝堂幸运脱险，向第38师师长黄维纲报告了张自忠殉国的消息。黄维纲立即率便衣队将张自忠遗体抢运回河西。医疗队将遗体重新擦洗，作药物处理，着上将礼服，入殓楠木棺材。

5月19日拂晓，反扑得逞的日军乘势大举反击，中国军队猝不及防，被迫向白河以西转移，日军跟踪追击。21日凌晨，日军第39师团在偷渡白河时遭中国军队猛烈射击，联队长神崎哲次郎等300多人毙命，迫使第十一军不得不下令停止追击。

贺新城（军事科学院研究员）：

汉水以东枣阳地区的作战，日军虽突进至预定地区，但未能消灭第五战区主力，相反，在中国军队的猛烈反击下一度陷于被动，作战时间和损失消耗均超过预料。在阻抗住中国军队反击后虽又转为攻势，挽回主动，但锐气已经大减。

日军停止追击后，并未立即撤回原防，而是收缩至枣阳附近进行休整。5月25日，日军第十一军下达了准备西渡汉水进攻宜昌的命令，决定以第3师团和第39师团于5月31日夜，分别由襄阳东南和王家集一带奇袭渡过汉水，合力进攻宜昌。

5月31日傍晚，日军第39师团对汉水西岸中国军队阵地进行了一个半小时炮击，然后从宜城以北的王家集强渡汉水；同日24时，日军第3师团在襄阳东南开

趁夜偷渡的日军第39师团

始渡河。两师团均未遇到强烈抵抗，天亮前渡河成功。

于江欣（军事科学院研究员）：

国民政府军事委员会和第五战区长官部战前都断定日军不会进攻宜昌，因此在第一阶段作战时将担任河西守备的第三十三集团军和江防军主力大部调往河东，根本没有研究在河西作战的计划，以至于河西兵力空虚，不仅南漳等县没有设防，宜昌的防御兵力也很少。

日军西渡汉水后，国民政府军事委员会才意识到判断失误，匆忙将第五战区部队划分为左、右两个兵团。左兵团辖第二集团军孙连仲部、第二十二集团军孙震部、第三十一集团军汤恩伯部和第六十八军刘汝明部，兵团长由司令长官李宗仁兼任。右兵团辖第三十三集团军冯治安部、第二十九集团军王缵绪部及江防军，派国民政府军事委员会政治部部长陈诚兼任兵团长。李宗仁指挥左兵团攻击襄花路、京钟路及汉宜路日军后方，断其补给联络，并以有力部队向襄阳、宜城间攻击渡河日军，策应右兵团作战；陈诚指挥右兵团以确保宜昌为主要任务。同时还决定第七十五军、第九十四军火速归还江防军建制，正在四川整训的第十八军紧急船运到宜昌担任守备。

可此时，渡河日军已乘虚而入，连续攻陷襄阳、南漳、宜城，对荆门、当阳形成南北夹击之势。

6月3日，陈诚到达宜昌，命第三十三集团军逐次抵抗从南漳、宜城南下的日军，依情况向荆门、仙居之线转移，与江防军协同作战，命第二十九集团军向钟祥出击，切断日军后方交通。

双方激战至6月8日，日军池田支队突破江防军第二十六军的阻击，占领沙市、荆州，随后沿宜沙公路逼近宜昌。10日，日军第3师团、第39师团、第13师团击退当阳中国守军后向宜昌发起进攻。中国军队第十八军两天前才到达宜昌，仓促部署防御。日军3个师团在战车部队和上百架飞机的掩护下发起猛攻。6月12日下午，宜昌陷落。

姚有志少将（军事科学院原战略部部长）：

此时，陷入战争泥潭的日本侵略军已不敢再轻易守城，占领宜昌后，他们立刻摧毁了这里的军事设施，将无法携带的缴获物资予以销毁或抛进长江，准备返回。不料，6月14日，在欧洲战场，德军攻陷了法国首都巴黎。日本陆军参谋部受此刺激，南进论抬头，提出把宜昌作为航空中继站能更有效地轰炸重庆，迅速解决中国问题。

6月16日，日本陆军参谋部命令日军中国派遣军暂时确保宜昌。6月16日，第五战区右兵团向荆门、当阳、沙市、十里铺等地的日军发起反击。6月17日，第十八军收复宜昌。同日，日军第13师团再攻入宜昌。6月24日，蒋介石致电李宗仁、陈诚，命令第五战区立即停止攻击。此后，双方军队在宜昌、当阳、江陵、荆门、钟祥、随县、信阳外围一线形成对峙，枣宜战役就此结束。

于江欣（军事科学院研究员）：

枣宜战役是武汉会战以来，日军在正面战场发动的规模最大的一次攻势。战役开始前，中国军队及时发现日军企图，正确判断其进攻方向，采取了相应部署。第一阶段以一部抗击日军，主力及时转移外线，使日军包围合击中国军队的企图落空，并且还乘日军返转之机适时反攻，予敌以重大杀伤。

枣宜战役历时一个半月。在这场战役中，中国广大爱国官兵表现出的牺牲精神给日军以强烈震撼。

1982年4月16日，中华人民共和国民政部批准张自忠为革命烈士。今天，在北京、天津、上海、武汉等将军昔日战斗过的地方，还保留着以他的名字命名的道路。

张自忠、钟毅……还有许许多多留下或没留下名字的战士，他们，永远都是我们民族的英雄。英烈千秋，浩气长存！

第 68 章　汪伪政权的覆灭

日本以小兵临大国，虽然占领了中国的大片国土，但却无法通过武力征服中国。因此，日本不得不求助政治、经济、文化等诸多手段来弥补武力的不足，企图最大限度地利用占领区的人力、物力为其侵略战争服务。于是“以华制华”、“以战养战”的战略，就成为日本对华战略的重要组成部分。

日本“以华制华”战略中最重要的，是建立各种傀儡政权和伪军。九一八事变后，日本在东北炮制了第一个傀儡政权——伪满洲国。1933 年侵入华北后，日军又相继成立了“冀东防共自治委员会”和“蒙古军政府”。全面侵华战争开始后，日军又在其所到之处建立起形形色色的伪政权。

1937 年 12 月，日本在北平成立以王克敏为首的“中华民国临时政府”；1938 年 3 月，又在南京组建以梁鸿志为首的“中华民国维新政府”；1939 年 9 月，又在张家口将内蒙、察南、晋北等伪政权，合组为以德穆楚克栋鲁普即德王为首的“蒙疆联合自治政府”，从而形成了东北、蒙疆、华北、华东四大地区性伪政权。此外，还有以武汉为中心的华中区及以广州、海南岛为中心的华南区等两大军管区。

1938 年 10 月，武汉会战后，日本迫于军事上迅速战胜中国已不可能，遂企图利用中国内部，尤其是国民党内部的矛盾，来达到分化瓦解中国抗战力量的目的。为此，日本将国民党副总裁汪精卫为首的集团列为诱降的主要对象。

汪精卫，国民党的元老，曾追随孙中山先生进行反对清朝统治的斗争。他曾行刺清朝摄政王载沣未遂。他曾任国民党中央副总裁，名义上是国民党政府的二号人物，却并无实权。

李学通（中国社会科学院研究员）：

抗战初期，汪精卫在国民党内遭受蒋介石的排挤，同时他看到国民党军队对日军战斗力的低下，再加上他本身的反共的态度主张，使他对抗战的前途丧失信心。于是，汪精卫与国民党中央宣传部部长周佛海等人同日本暗通款曲。

1938 年 11 月 7 日，日本方面和汪精卫派系的人员互派代表进行会谈，地点是在上海虹口的“重光堂”。所谓“重光堂”，其实是日本的特务机关。在这里，他们达成了一份秘密协议，史称“重光堂密约”。密约的基本内容是讨论双方各自的条件，安排汪精卫由重庆出逃投日的行动计划。

以重光堂协议为基础，汪精卫精心筹划如何投向日本的怀抱。12 月 18 日，汪精卫寻找机会潜离重庆，飞抵昆明，再逃往越南河内。随同叛逃的有汪精卫的老婆陈璧君和周佛海、陶希圣、曾仲鸣、陈公博、林伯生等人。12 月 29 日，汪精卫在河内公开发表通电，响应日本政府的诱降声明，发表致蒋介石的《和平建议》电报，又称为“艳电”，要求国民政府“与日本政府交换诚意，以期恢复和平”。

李学通（中国社会科学院研究员）：

汪精卫等人的叛国投敌，有着主客观上的多方面原因。最基本的原因是他们的民族失败主义，进而又发展为民族投降主义。在他们看来，与其彻底失败，不如按照日本要求的条件停止抗战，实现“和平”。除这个原因外，还与汪精卫个人强烈的领袖欲是分不开的。他妄图依靠日本帝国主义的支持，取蒋介石的地位而代之。而这一点，恰为日本帝国主义所利用。

汪精卫集团的叛国行径立即遭到了国共两党及全国各界人士的猛烈讨伐。1939 年 1 月 1 日，国民党中央通过了永远开除汪精卫党籍，撤销其一切职务的决议。1 月 5 日，中国共产党号召全国人民“用一切方法打击卖国叛党的汉奸汪精卫”，“拥护国民党中央永远开除汪精卫党籍的决议”。1 月 24 日，中共中央致电国民党，表示要进一步加强国共两党以及各抗日党派和全国人民的团结，以粉碎日本目前正在加强的分化中国内部的阴谋。全国各界及著名人士也纷纷写文章、发通电，声讨汪精卫集团，反击日本的诱降攻势。

在国民党内部，蒋介石除了在政治上鼓励讨汪运动之外，还派人赴河内暗杀他。但是，暗杀行动因汪精卫当晚临时更换房间而没有成功。

刺汪案件发生后，日本和汪精卫集团加紧了另立国民政府的行动步伐。1939 年 5 月，汪精卫在日本人的保护下，秘密到达上海，与先期到达的周佛海等人汇合。此后，他们即着手筹建伪政权。经过与日本方面反复讨价还价，以及在各地的奔波筹备，最后在 12 月 30 日签订了《日华新关系调整纲要》及《秘密谅解协议》等一系列秘密协定。

1940 年 1 月 23 日，由日本派遣军参谋长板垣征四郎直接参与，北平、南京等日本建立的地方伪政府头目同汪精卫共同协商建立伪中央政权。以此为基础，汪精卫集团于 3 月 20 日在南京召开了“中央政治会议”，正式组建汪伪国民政府。

板垣征四郎和汪精卫（图右）交谈

李学通（中国社会科学院研究员）：

在汪伪政府中，汪精卫自任“代理主席”兼“行政院院长”。为配合日本对重庆国民政府的诱降，汪伪国民政府特意留出一些部长职位，汪精卫也以“代主席”自称，目的是虚位以待，便于引诱蒋介石和国民党要人加入。

3 月 30 日，汪精卫集团的要员举行伪国民政府就职典礼。这一天，南京街头又挂起了青天白日满地红国旗，只是在旗子左上端多了一条三角形的黄色飘带，上面写着“和平、反共、建国”六个大字。这是在日本人授意下，汪精卫设计的新的国旗。典礼上，汪精卫发表了就职演说，宣布“国民政府”正式成立。

当晚，汪精卫发表对日广播讲话，对日本的扶植表示感谢。在讲话中，他声称，全国以内只有此唯一的合法的“中央政府”，决心“将过去容共抗日之政策彻底放弃，重新确立和平反共建国之政策”。汪伪政权的二号人物周佛海同时发表广播词说：“中日今后是患难的朋友。”

李蓉（中共中央党史研究室研究员）：

南京伪国民政府是在日本的操纵下的傀儡政权，它从一开始就受到了日本的控制，汪精卫没有任何的自由权力，所以这个政权完全是一个为日本侵略服务的反动政权。

1940年4月15日，八路军、新四军发表《讨汪救国通电》，电文中这样说道："为保卫祖国而战，已历三年，深知敌伪阴谋，在于分裂我内部团结，以求倾覆我国家，灭亡我民族，宰割我人民。"

伪中央政府成立后，日本随即与之进行"国交谈判"，正式确定双方的关系，并兑现此前的秘密交易。1940年11月30日，汪伪政府与日本签订了《中日基本关系条约》，包括正文、附属议定书、附属秘密协约等5件，主要内容：中日"善邻友好"，共同防卫东亚；汪伪政府承认"满洲国"；承认内蒙古、华北、海南岛及华南沿海、长江下游为特殊地带，日本可以驻扎陆海军；日本可以开发内蒙、华北的地下资源，汪伪须为日本开发中国其他地区的资源提供方便；赔偿日本的战争损失等等。

彭训厚（军事科学院研究员）：

根据这个条约，中国将完全由日本控制，彻底沦为日本殖民地。这个条约远超以前的《二十一条》等不平等条约，成为中国近现代史上最为屈辱的条约。然而，汪精卫集团却对这一条约甚为满意。在签订之时，周佛海竟然说："以战败国之立场，而能得此，较可心安理得。"

与此同时，汪伪政权同伪满洲国发表《日满华共同宣言》，宣布"三国"互相承认。随后，德国、意大利及其他法西斯仆从国相继承认汪精卫政权。

汪伪政权成立之后，日本对沦陷区进行了更加残酷的法西斯统治。日军通过汪伪政权，无限制掠夺沦陷区资源，将侵华军事费用，全部转嫁到沦陷区人民身上。

1940年5月1日，汪伪政权成立伪中央银行筹备委员会，委派周佛海出任筹委会主席。1941年1月20日，经过一阵筹备之后，伪中央储备银行在南京成立，周佛海任总裁。伪中央储备银行成立之后的第一件事，是要用它发行的"中储券"代替原来国民政府的法币流通。

汪伪政权为加速新货币的流通，发布了《妨害新法币治罪暂行条例》，硬性规定关税、盐税、统税等伪中央税收，一律只收中储券，日军军费支出、商品收购，全部使用中储券。

1941 年 12 月 7 日，日军偷袭美国珍珠港，太平洋战争爆发。美、英对日宣战。日本为增加战争补给，加紧对中国沦陷区进行剥削。汪伪政权大肆印制中储券，仅一个月内就发行 8000 万。

1942 年 5 月 31 日，汪伪政府发表正式公告，禁止法币流通，将法币以 2∶1 的比例兑换中储券。大量的法币被汪伪政权回收，搅乱了国民政府法币流通。同时，汪伪政权派出很多人，用回收的法币在非中储券流通区域抢购大批黄金。

抗战胜利前夕，汪伪政府又发行了面值一万元的中储券。汪伪政权漫无止境地印发中储券，却毫无保证金，造成严重通货膨胀，物价飞涨。短短 5 年时间，物价飞涨万倍，可以想见沦陷区人民过着怎样的生活。

李学通（中国社会科学院研究员）：

除了满足日本战争掠夺资源外，汪伪政权中的一些人也借着滥发中储券大肆敛财。比如，当时的汪伪政权“财政部长”周佛海，在银行保存的财产相当于黄金 7500 两。

在对占领区横征暴敛的同时，汪伪政府还协助侵华日军对中国抗日军民进行残酷的军事镇压和政治毒害。

1941 年 7 月 1 日，侵华日军和汪伪政府开始所谓的“清乡”。首先进行的就是军事“清乡”，最大目的就是“剿灭”沦陷区的新四军等抗日力量。在日军的指挥下，有数十万伪军配合，军事“清乡”从苏南地区展开。

伪军由投靠日军的汉奸组成，老百姓称他们为“二鬼子”。侵华战争开始之后，日军为了弥补在战争中的兵力不足，巩固占领区，掩盖侵略面目，组建了大量伪军。

1942 年，汪精卫以伪军事委员长的名义相继接收了一些地方汉奸部队，组建了一定规模的部队。国民党有些部队也以“曲线救国”的旗号大量投降，伪军人数达到极盛。

彭训厚（军事科学院研究员）：

据资料显示，1943 年伪军人数达到 62 万人。其正规军达 3 个方面军、3 个集团军及若干地方部队共 67 个师、20 个旅、11 个集团。伪军不仅在政治上完全为日军所控制，在军事上也由日本设置的最高军事顾问部指挥，军官教育、军事训练、武器装备等方面，均由日本人掌握。没有日军的命令，决不能采取任何行动。

日伪军在“清乡”地区修筑碉堡、炮楼，拉设铁丝网、电网，分割和封锁华中地区的抗日根据地。

在汪精卫“三分军事，七分政治”的方针下，汪伪政权在沦陷区广泛宣传“中日亲善”、“和平建国”，奴化沦陷区人民。1943 年 6 月初，日伪转向实施政治“清乡”，进行“和平编查保甲”和“武装编查保甲”，清查户口，实行“连保连坐”，建立“反共自卫团”、“爱乡会”等，企图建立和强化其伪化统治。

李蓉（中共中央党史研究室研究员）：

在世界历史上，投敌叛国的人和事并不罕见。但像汪精卫这样高层官员成为汉奸，而汉奸对中国人民迫害如此之深，都是罕见的。其中的缘由，值得人们深思。

在抗日民族解放战争洪流的冲击下，随着日本侵略者日渐走向灭亡，作为傀儡附庸的汪伪政权也露出濒死之象。

1944 年 11 月 9 日，汪精卫旧伤复发，死于日本名古屋帝国大学附属医院。

1945 年 8 月日本投降后，汪伪政权及伪军也随即土崩瓦解，大小汉奸接受国家法律和民族道义的审判，只落得遗臭万年的下场。

第 69 章　战略相持阶段中日双方的战略调整

1938 年 6 月 2 日，日本陆军大臣杉山元上奏日本天皇："虽然官民一致协作，昼夜工作，异常努力地从事各自担负的军需品的整备补给……但武器、弹药、飞机、坦克等重要军需品的生产，仍未能达到预期目的……步枪、炮弹都不够用，连学校用的教练步枪都被收回。"杉山元的上奏反映出侵华日军极尽猖狂的同时，也暴露着自身的致命缺陷。

1937 年 12 月，日军占领南京后，狂妄不可一世，对外宣称"不以国民政府为对手"，摆出单纯依靠武力击败中国的姿态。然而，日军很快认识到，军事进攻变得难以为继。全面侵华战争爆发以来，随着战局的不断扩大，为应付战争需要，日军急剧扩充兵力，陆军由战前的 17 个师团扩大为 34 个师团。兵力剧增的同时，兵员素质不可避免地大幅下降。

日军后方的军需物资供应更是力不从心。从 1937 年 7 月至 1938 年 3 月，短短 8 个月内，日本连续 4 次追加临时军费，累计总额高达 77 亿日元，是日本历史上甲午战争、日俄战争、第一次世界大战等三次对外战争所用军费总和的近 3 倍。

开支庞大、兵员不济、战线太长，种种不利因素，致使日军进攻乏力，陷入停滞状态。日军被迫向国民政府抛出了带有诱惑性的橄榄枝。

姚有志少将（军事科学院原战略部部长）：

到了战略相持阶段，日军在正面战场受到持续阻击，在敌后战场受到不断袭扰，如果同时应付两个战场，就要投入更大的兵力、更多的资源、更多的人员物资消耗。但是，日本国内本来就军需不足、供应困难。这两方面之间的矛盾，日本根本无法解决，所以针对正面战场，日本采取了"政治诱降为主，军事打击为辅"的策略。

1938 年 11 月 3 日，日本首相近卫文麿发表了"东亚新秩序"声明："如果国民政府抛弃以往的一贯政策，更换人事组织，取得新生的成果，参加新秩序的建设，我方并不予以拒绝。"

近卫声明的发表，标志着武汉会战后，日本被迫放弃单纯依靠武力征服中国的狂妄计划，企图以承认国民政府存在为条件，诱使国民政府对日妥协。

1937 年 12 月，南京遭受日军战火后成为一片废墟

与政治策略调整相适应，日本在军事上大大减轻对正面战场的战略进攻压力，集中力量巩固占领区。1938 年 12 月 6 日，日本陆军制定《1938 年秋季以后对华处理方策》，主要内容为：第一，放弃速战速决，准备长期战争；第二，明确规定军事要服务于政治；第三，限制作战空间、规模和强度，以减少消耗；第四，把作战重心转向巩固占领区。

齐德学少将（军事科学院原军事历史研究部副部长）：

日军在政治策略、军事策略调整之外，还进行了经济政策的调整，企图在沦陷区内建立长期自给的作战体制，来适应持久战争的需要。这是因为，日本已经发现，战争的长期化已经不可避免，所以就要求侵华日军努力提高独立生存能力，实现长期自给，企图以“节流”的方法减轻日本的国力负担。

日军陷入战争泥潭无法自拔，侵华策略发生根本性转折，正是中国军民在战略防御阶段坚持抵抗的必然结果。

1938 年 11 月 25 日，国民政府在衡阳召开南岳军事会议。蒋介石在会议上总结抗战形势，将抗战分为两个阶段，从七七事变到武汉撤军、岳阳沦陷为止，是抗战的第一时期。中国在各方面均劣于日本的情况下应战，必然要采取的战略是：不与日军争夺一城一地之得失，而是层层打击、逐步消耗日军。武汉撤军、岳阳沦陷以后属于抗战的第二期，即“我们转守为攻，转败为胜的时期”。其指导方针是，中国军队应以一部增强被日军占领地区内力量，积极展开广大游击战，以牵制消耗日军，主力应配置于浙赣、湘赣、湘西等要线，极力保持现在态势。不得已时，亦应在现地线的附近尽量牵制日军，获取时间之余裕，俟新战力培养完成，再行策动大规模攻势。

张明金（军事科学院研究员）：

按照当时蒋介石的战略规划，抗战形势发展到第二期，战区越扩越大，日军派到中国的兵力变得越来越分散，而且已经疲敝不堪，日本国小人少、兵源不足的缺点开始制约日军，日军再也不能取得更大战果。

南岳军事会议对中国军队的部署做出相应调整。在正面战场，战线北起绥远、南至广东，长达4000公里。国民政府领导下的部队有242个师、40个旅。国民政府将23个师留作战略预备队；以9个师又1个旅，担任西南大后方的守备任务；以13个师为基干，组建鲁苏、冀察两个游击战区；其余主力部队，分别部署于全国8个战区之内，共同担任阻击日军进攻的任务。

1941年12月8日，日军偷袭美国海军基地珍珠港，发动太平洋战争。此时，日本对华战略定位发生进一步变化，企图把中国变成日本侵略世界的战略基地。所以在正面战场，日军的方针是确保和稳定现有范围为主，采取的主要作战形式是“短促突击作战”。

日军的短促突击作战，遭遇国民政府军队反突击作战的有效抵抗。太平洋战争爆发后，国民政府明确了指导方针：“为策应盟军作战，争取共同胜利，连续实施攻势，牵制日军，使其不能抽兵南进，以减轻日军对盟军之压力，同时派兵入缅，协力盟军作战。”

在战略相持阶段历次防御作战中，国民政府军队大多发动短距离反突击战斗，以达到歼敌一部，恢复原有战线态势的目标。在桂南战役、第三次长沙战役中，中国军队甚至从防御转入坚决反攻，取得较大战果。

与日本军力的衰减相反，中国军民抵抗侵略的力量在逐步提升。中国军民坚持全面持久抗战的战略，一方面在正面战场节节抵抗，另一方面在日军后方大力开展游击战争，逐步形成了正面战场、敌后战场同时并存的基本格局。

姚有志少将（军事科学院原战略部部长）：

从总体上看，由于国民政府军事上的保守，正面战场大部分时间的战场形势是比较稳定的态势，虽然互有攻守，互有胜负，但是没有发生全局性的、根本性的变化。战略相持阶段，抗日的主战场其实是共产党领导的敌后战场，根据地军民抵抗了侵华日军（不含东北）近60%的兵力。

在日军100多万平方公里的战线后方，中国共产党领导的抗日游击战争蓬勃展开。至1938年10月，八路军、新四军已由改编时的5万余人发展到18万余人，迫使日军局促于主要城镇和交通沿线附近。

敌后战场抗日力量的不断壮大，让日军寝食难安。日军开始改变策略，将主要兵力用于进攻抗日根据地。在侵占武汉、广州之后，日军从华中、华南以及日本本土，抽调7个师团、5个混成旅团，全部编入华北侵略军序列，集中优势兵力，反复"扫荡"位于华北的根据地。敌后战场，面临前所未有的军事压力。

齐德学少将（军事科学院原军事历史研究部副部长）：

在日本陆军制定的《1938年秋季以后对华处理方策》中就规定，把侵华日军的作战重心转向巩固占领区。这一点很重要，它表明了日军在以后的战略相持阶段，他的主要进攻目标是什么。日军在方案里面指明了，对于正面战场，要把"兵力配备限制在最少限度内"。而对于敌后战场，却是"固定配备充分的兵力"，肃清后方的抗日武装，并且说这是"第一位的基础性工作"。

日军在战略相持阶段作战重心转向敌后战场，致使中国共产党领导的各个抗日根据地承担了主要的进攻压力，面临严峻考验。

1938年9月29日，中共中央在延安召开第六届中央委员会第六次会议，毛泽东做出《论新阶段》的政治报告和决议案，总结了前一阶段抗战的经验教训，分析了今后战争的发展趋势，规定了中国共产党在新阶段的战略方针和任务；提出了"坚持持久抗战，巩固和扩大抗日民族统一战线"的基本任务，确定了"巩固华北，发展华中华南"，开展敌后游击战争的基本方针。

为巩固华北，1939年春夏期间，华北八路军在进行"反扫荡"作战的同时，利用战斗间隙整训部队，做群众工作，深入减租减息，改造与建立政权，不断巩固与扩大根据地。

为发展华中，1939年初，周恩来代表党中央到达新四军军部，确定了新四军向南巩固、向东作战、向北发展的战略任务。至1939年底，新四军基本完成战略展开，创造了苏南、皖中、豫皖苏等抗日根据地，并与八路军一部相配合，共同开辟了皖东北抗日根据地。

敌后军民齐心协力，在军事上奋勇抵抗侵略。与此同时，一场掠夺与反掠夺的激烈斗争，在经济领域展开。

张明金（军事科学院研究员）：

日本国力先天不足，像钢铁、橡胶、石油、煤炭、大豆等等重要的军需材料、工业原料、粮农产品，都不能自给自足。日本为了解决国力不足的问题，采取了“以战养战”的策略。这个政策的实质，就是要在中国占领区内实行残暴掠夺，利用中国资源来满足侵略战争不断增长的物质需要，实现征服中国，进而称霸世界的邪恶目的。

日本在中国扶植傀儡政权，制定《对华紧急经济施策》，实行物资全面统制，巧取豪夺。

在金融上，日本肆意发行天文数字的纸币，到1943年6月，日伪发行的“军票”达35亿以上，按当时中日货币兑换率计算，仅此一项，就已经接近国民政府战前历年货币发行总额。战后国民政府接收清点日伪金融机构资产，计有黄金72.35万两、白银763.9万两，银圆37.18万枚，美元1570万元，巨额财富无一不是在中国掠夺而来。

在工矿企业方面，日本强占了沦陷区内所有的煤矿、炼铁、炼焦、电力、盐场等行业的经济资源。据战后统计，工矿企业损失达到53700万元。在粮农产品方面，日本实行“现地自活用粮”，在沦陷区、游击区实行竭泽而渔的征收、征购政策，横征暴敛。

齐德学少将（军事科学院原军事历史研究部副部长）：

日军绞尽脑汁，集中主力对根据地疯狂“扫荡”、逐步蚕食，发动政治、经济、文化、思想相结合的“总力战”，实行野蛮的烧光、杀光、抢光的“三光政策”，敌后战场进入抗战以来最为艰难的时期。

1941年11月7日，中共中央军委在《关于抗日根据地军事建设的指示》中指出：“在这一新阶段中，我之方针应当是熬时间的长期斗争，分散的游击战争，采取一切斗争方式，与敌人周旋。”

中央军委指出，游击战为抗击敌人的主要作战方式，杜绝空喊决战、运动战的急躁盲动倾向。每个抗日根据地的军事机构，均应包含主力军、地方军、人民武装；主力军应采取适当的精兵主义，军事建设的中心注意力应放在地方军及人民武装的扩大和巩固上。

历史证明，中共中央在战略相持阶段制定的军事指导方针，高瞻远瞩，切实可行，敌后战场广大人民群众，在中共中央的正确领导下，渡过艰难时期，迎来战略反攻阶段的最终胜利。

第 70 章　皖南事变

皖南事变烈士陵园位于皖南泾县城郊的水西山。1990 年初，为纪念皖南事变新四军将士殉难五十周年而修建。

纪念广场有“41.1.7”字样，表示“皖南事变”发生的时间。标记物后边的背景墙，记载“皖南事变”的经过。

“皖南事变”中，新四军战士在这里浴血奋战了七天七夜，抗击国民党顽军。这里已成为后人凭吊先烈追忆往事的历史遗址。

皖南事变是国民党蓄意制造的打击共产党、消灭共产党的一个重大事件。全国性抗战爆发之后，第二次国共合作的建立之初，中国共产党积极地配合国民党开展抗日斗争。八路军开赴山西抗日前线，进行平型关、雁门关、七亘村、黄崖底等许多作战，有力地配合了正面战场，沉重打击了日军。在这个过程中，中国共产党领导的抗日力量不断发展壮大。国民党蒋介石感到忧虑。蒋介石的本意是希望通过抗战来削弱共产党。共产党的发展，令蒋介石感到威胁。因此，他要限制共产党的发展。

1939 年 1 月 21 日至 31 日，中国国民党在重庆召开了五届五中全会，提出了限共、防共、溶共的反共方针，由此国共关系开始逆转。接着，国民党顽固派制造了一系列限定共产党的方案决策和反共摩擦事件，开展了许多打击共产党、压制共产党的活动，到 1939 年底至 1940 年初，形成了第一次反共高潮。

在第一次反共高潮中，国民党军先后发起三次进攻，充当急先锋的是阎锡山。1939 年底，他命令所部向中国共产党领导的山西新军发动全面进攻，即震动全国的“十二月事变”。中国共产党进行了有力的反击。同时，八路军粉碎了国民党顽固派对陕甘宁边区和冀西冀南地区的进攻，于 1940 年 3 月初打退了国民党顽固派的第一次反共高潮，继续维持国共合作、共同抗战的局面。

国民党五届五中全会制定的反共方针在华北、西北受挫之后，1940 年，国民党顽固派把反共的目标转向华中地区。

华中是新四军活动区域。南方八省游击队于 1937 年 10 月改编为新四军后，至 1939 年底，经过约两年的发展，新四军由最初的 1 万余人发展到近 5 万人，基本上完成了在华中敌后实施战略展开的艰巨任务。当时，新四军兵分三路，军部带第 3 支队驻皖南；陈毅、粟裕带第 1、2 支队开辟苏南根据地，成立了江南指挥部；

张云逸率第 4 支队开辟皖东根据地，成立了江北指挥部。

魏碧海（军事科学院研究员）：

新四军和八路军力量的壮大，对抗日是好事，蒋介石心里却不是滋味，担心共产党的发展壮大，威胁其统治，蒋介石为了限制共产党军队的发展，在1940 年下半年掀起了第二次反共高潮。

1940 年 7 月，国民党中央召开五届七中全会。会后，国民党向中国共产党提出了所谓“中央提示案”。如果按照提示案的规定，50 万八路军和新四军将被改编为 10 万人，并将全部赶到黄河以北狭小的冀察地区。中共中央一面据理与国民党交涉，一面于 1940 年要求全党做好应变准备。

在这一背景下，1940 年 10 月，发生了新四军对国民党顽固派军队的自卫反击战役——黄桥战役。韩德勤所部 1 万余人进攻陈毅、粟裕指挥的新四军，结果大败而归。

1940 年 10 月 19 日，何应钦向朱德和叶挺等发出“皓电”（“皓”为 19 日电码代字），指责八路军、新四军“不服从中央命令”，限令八路军、新四军在一个月内全部开赴黄河以北的指定地区。11 月 9 日，朱德、叶挺等发出“佳电”（“佳”为 9 日电码代字），驳斥何应钦的“皓电”中种种诬蔑不实之词，并拒绝其强令华中八路军、新四军全部集中黄河以北的无理要求。同时申明，为顾全抗战大局，决定新四军皖南部队“遵令北移”。

蒋介石不顾中国共产党的让步，于 12 月 8 日又发出“齐电”（“齐”为 8 日电码代字），声称“军令法纪之尊严，必须坚决维持”，要求黄河以南的八路军、新四军“迅即遵令”。12 月 9 日，蒋介石发出“手令”，令“长江以南之新四军，全部限于本年十二月三十一日开到长江以北地区，明年一月三十日以前开到黄河以北地区作战。现在黄河以南之第十八集团军所有部队，限本年十二月三十一日止开到黄河以北地区”。12 月 10 日，蒋介石又密令顾祝同，如至 12 月 31 日新四军“仍不遵命北移，应立即将其解决，勿再宽容”。

1940 年 12 月下旬，顾祝同根据蒋介石的命令，调集 7 个师 8 万余人的兵力，任命第三十二集团军总司令上官云相为“前敌总指挥”。12 月 29 日，上官云相在安徽宁国召开作战会议，以其第 52、108 师为右翼军，展开封锁于南陵、泾县、永济桥、丁家渡之线；以其第 144 师、新编第 7 师为左翼军，展开封锁于茂林、包村、钱家桥之线；以第 79 师于太平、石埭之间，以第 62 师于榔桥、三溪镇之间，占领阵地，阻止新四军皖南部队南进；以第八十八军、忠义救国军和第 2 游击区

新四军军长叶挺

项　英

部队于苏皖边郎溪地区，阻止皖南部队东进，构成东南西三面包围，将新四军皖南部队压缩至长江边相继歼灭。与此同时，蒋介石还令皖中李品仙部于江北无为地区加强布防，企图堵击渡江北移的新四军皖南部队。

蒋介石精心策划的反共内战，已呈一触即发之势。

此时，中共中央一方面连电新四军领导人叶挺、项英，要求皖南部队务必于12月底以前全线北移，并做好充分的自卫准备；另一方面，周恩来、叶剑英向蒋介石交涉新四军北移安全问题，同时还指示新四军驻苏南和江北的部队积极做好接应皖南部队的准备工作。

1941年1月4日晚，新四军军部及其所属皖南部队共9000余人，从云岭驻地出发，准备进入苏南抗日根据地，尔后北渡长江，向江北转移。

1月7日拂晓，转移途中的新四军在茂林地区遭到国民党顽固派军队7个师约8万人的拦截和围攻，皖南事变就此爆发。事变爆发后，中共中央一面令被围新四军坚决抵抗，一面要求蒋介石立即撤围，给北上的新四军让路。但是，蓄意消灭新四军的蒋介石却督令部队务期将被围新四军“一网打尽”。至1月14日，在国民党顽军的反复攻击下，新四军除2000余人突围外，其余6000余人大部牺牲，一部被俘。军长叶挺在与国民党顽军作最后谈判时被扣，政治部主任袁国平突围时牺牲，副军长项英、副参谋长周子昆突围后被叛徒杀害。

叶正大中将（叶挺之子）：

皖南事变是1941年1月份，国民党组织了7个师，围着9000人的新四军部队打，那个时候项英同志突围了，饶漱石同志当代理书记，饶漱石同志要我爸下去向国民党谈判，我爸奉命下去就给扣了，这一扣就扣了5年零49天，扣起来以后，就等于失掉自由了。

1月17日，蒋介石悍然宣布新四军“叛变”，下令取消新四军番号，声称将叶挺交付“军法审判”。国民党顽固派将第二次反共高潮推向了顶点。

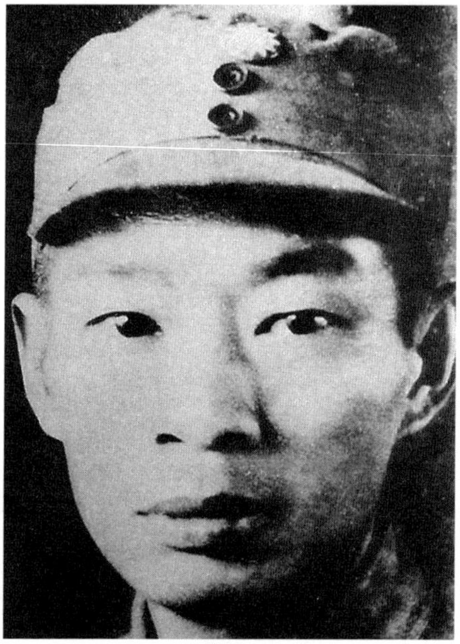

周子昆

皖南事变爆发后，国内外一片震惊。面对抗战以来最严重的分裂危机，中共中央提出在政治上取攻势、在军事上取守势、坚决击退国民党顽固派第二次反共高潮的方针。

周秉德（周恩来侄女）：

1月17日，在重庆的中共中央南方局书记周恩来，为皖南事变向国民党方面提出质问和抗议，并打电话怒斥何应钦说：“你们的行为，使亲者痛，仇者快，你们做了日寇想做而做不到的事。”同时，我们的《新华日报》刊登了这一事变的消息，却被国民党新闻检查强行阻拦。周恩来满腔愤怒，在被开了天窗之处，题写“为江南死国难者志哀！”“千古奇冤，江南一叶；同室操戈，相煎何急？！”的题词，声讨国民党顽固派。

1月18日，中共中央发言人发表谈话，全面揭露国民党顽固派制造皖南事变、摧残抗日力量的罪行，要求严惩发起内战的祸首，停止反共的军事和政治活动，严整抗战阵容，坚持抗战到底。同时，中共中央及南方局还通过在国民党统治区的报纸舆论，以及向民主党派、爱国人士交谈等方式，介绍皖南事变的真相和中国共产党反对内战、坚持团结的立场。1月20日，中共中央发布重建新四军军部的命令。同日，毛泽东发表谈话，提出了要求国民党当局悬崖勒马、停止挑衅，取消1月17日的反动命令并承认错误，惩办祸首，恢复叶挺自由，抚恤皖南新四军全体伤亡将士等12条要求。

李东朗（中共中央党校教授）：

皖南事变的影响对全国抗战来讲，开了一个国民党破坏国共合作抗日局面的先河。中共揭露国民党的反共行为，动员号召全国人民反对国民党破坏团结破坏抗战的这种行径，而在军事上进行了防御，防止国民党的进攻，维护了国共合作抗战的大局，维护了抗日民族统一战线。

中国共产党以抗战大局为重，正确处理皖南事变善后的立场与合理主张，获得了全国人民、各民主党派、海外侨胞的广泛同情和支持。国民党内的进步人士纷纷表示抗议，要求蒋介石改弦更张，停止反共。各地方实力派大多表示中立，与蒋介石保持距离。全国文化界数百著名人士联名发表宣言，反对国民党枪口对内、挑起内战的政策。苏联、美国、英国也对中国可能爆发内战造成有利于日本的局面表示强烈担心，纷纷向国民党当局施加压力。美国总统罗斯福的代表居里正式向蒋介石表示，在国共纠纷未解决之前，美国无法大量援华。

为了摆脱内外交困、空前孤立的境地，1941年3月8日，蒋介石在第二届参政会上发表演说，表示"以后亦决无'剿共'的军事，这是本人可负责声明而向贵会保证的"。国民参政会仍选举中国共产党参政员董必武为驻会参政员。3月14日，蒋介石约见周恩来。谈话间，蒋介石有意回避围攻新四军事件，并将各地反共活动的责任推到下级身上。对于共产党抗日武装活动区域和规模等问题，蒋介石既不直接回答，也不再讲开赴黄河以北的事情，而是含糊地表示，只要听命令，一切都好说。至此，国民党顽固派的第二次反共高潮终于被击退。国民党在政治上处于被动地位。

中国共产党坚持抗战、团结、进步的方针和有理、有利、有节的原则，以大局为重，正确处理民族矛盾与阶级矛盾的关系，维护了抗日民族统一战线，从而赢得了国内外各方面的同情与支持。中国共产党在全国的政治地位和政治威信大大提高。

第 71 章　晋察冀抗日根据地北岳、平西区 1941 年夏秋季反“扫荡”作战

1941 年，日军企图从中国抽兵“南进”，掘取东南亚地区的战略资源。为此，日军调整并确立了新的侵华战略。在正面战场实施“兵力渐减”的同时，在占领区强化“治安肃正”作战。

为推行“肃正”作战，日军纠集占领区的优势兵力，对抗日根据地实行以“治安强化运动”和“清乡”为主要内容，以“扫荡”、“清剿”、“蚕食”为主要手段，以政治、经济、文化、思想等相配合的“总力战”。同时，施行野蛮的烧光、杀光、抢光的“三光政策”，企图彻底摧毁抗日根据地。

华北是中国敌后抗战最活跃的地区，这里也成为日军所谓“肃正”的重点。

齐德学少将（军事科学院原军事历史研究部副部长）：

1941 年夏，日军华北方面军制定出《肃正建设三年计划》，将华北划分为“治安区”即日伪占领区、“准治安区”即抗日游击区及“未治安区”即抗日根据地。日军预谋把“治安区”转交伪政权负责，自己则抽身扩大“威力圈”，逐步将“未治安区”变为“准治安区”，将“准治安区”变为“治安区”，在未来 3 年逐步实现将“治安区”提高到 70%，“准治安区”降到 20%，“未治安区”降到 10% 的总目标，企图使华北的“治安”达到伪满洲国的“治安”状况。

为此，日军华北方面军通过广泛构筑封锁壕、建立堡垒区等一系列措施，将抗日根据地与物产丰富地区隔离，施行经济扼杀，妄图阻断抗日力量的发展。同时，日军提出“三分军事，七分政治”的原则，企图通过各种方式切断中国共产党与民众的联系。

1941 年 3 月至 1942 年 12 月，华北方面日伪军连续发动了 5 次“治安强化运动”，妄图“剿除”华北地区的“中共及其武装团体”，逐步达到消灭八路军主力和摧毁华北抗日根据地的目的。

姚有志少将（军事科学院原战略部部长）：

1941 年初，日军华北方面军的兵力为 11 个师团、12 个独立混成旅团共约

28 万人，伪军 10 万余人。日军对付抗日军民的手段多种多样，但主要的还是利用军事上的优势，集中主要兵力对抗日根据地进行持续的大规模“扫荡”。因此，反“扫荡”作战就成为抗日根据地军民斗争的中心内容和抗日游击战争的主要作战形式。

在一系列反“扫荡”战役和战斗中，各抗日根据地军民在中国共产党的统一领导下，深入动员，精心部署。一方面充分发挥地方武装和民兵的作用，广泛开展群众性的游击战争；另一方面将主力兵团置于高度机动位置，或集中兵力，破敌一路，或跳出敌人包围圈，转至外线作战，迫敌回援，或乘敌不备，袭击敌人的主要交通线和后勤补给基地。通过主力军与地方武装相结合、内线与外线相结合的战法以及机动灵活的战略战术，不断牵制、打击敌人，连续粉碎了日伪军的一次次“扫荡”。

1941 年上半年，日军华北方面军首先将进攻矛头指向平原地区，先后对鲁西、冀鲁豫边、冀东、冀中等平原抗日根据地实施大规模“扫荡”。日军集中兵力，分期分区，统一行动，利用平原地区的地理条件，以汽车、坦克和步兵组成机械化部队，力求迅速捕捉和围歼八路军主力和领导机关。

在日军优势兵力的疯狂进攻下，鲁西、冀鲁豫边、冀东、冀中等平原抗日根据地军民奋勇作战，挫败了日军消灭八路军领导机关和主力部队、摧毁抗日根据地的图谋，但由于缺乏反日军大规模“扫荡”的经验，没能有力打击快速运动的日军机械化部队，致使抗日根据地遭到较为严重的破坏和损失。

齐德学少将（军事科学院原军事历史研究部副部长）：

1941 年下半年，日军华北方面军将“扫荡”的重点转向山区的抗日根据地。其特点是：在日军华北方面军的统一指挥下，以机动兵团及从各地抽调来的部队，形成局部兵力优势，运用“铁壁合围”、“梳篦清剿”等战法，进行长时间、大规模的残酷“扫荡”，力图围歼抗日根据地的党政军领导机关和主力部队，同时摧毁抗日根据地，使八路军失去生存条件。

1941 年 7 月 9 日，日军华北方面军司令官多田骏大将，纠集日伪军 7 万余人，分成“进攻”、“封锁”两个军团，分期“扫荡”晋察冀抗日根据地，企图彻底击溃根据地抗日力量。

日军将计划分为两期，第一期预谋用两个星期时间，进攻、击溃根据地军民的集体战斗力；第二期企图在七周内，搜索、“扫荡”分散武装，同时转运、破坏根据地资源设施。北岳及平西区，成为日军“扫荡”的重点。不久，日军从东京调派冈村宁次接替多田骏任华北方面军总司令，指挥“扫荡”。

田越英（军事科学院研究员）：

1941年8月14日，日伪军在飞机的配合下，采取“铁壁合围”、“分区扫荡”、“梳篦清剿”等战法，向北岳、平西地区发起大规模“扫荡”。晋察冀军区司令员兼政治委员聂荣臻，指挥所属部队4万余人和广大民兵，采取内外线结合、广泛开展游击战的方针，反击日伪军的“扫荡”。

8月14日，日军为推行第一期计划，对抗日根据地施行“铁壁合围”。日军以甲进攻兵团，“扫荡”八路军平北抗日根据地古北口、密云地区；用乙、丙两个进攻兵团，“扫荡”冀中抗日根据地深泽、安平、无极、安国等地，企图将根据地军民向西方山地驱赶。

8月23日，日军针对北岳、平西地区，发动大规模“扫荡”。日军纠集进攻兵团及封锁兵团一部，向平西十渡与北岳娄山、水泉地区，中国共产党晋察冀分局驻地，及八路军晋察冀军区机关发起围攻。

姚有志少将（军事科学院原战略部部长）：

为避开日军锋芒，晋察冀边区党政军向阜平地区转移，八路军晋察冀军区一部分兵力以营、连为单位与民兵结合，在内线开展地雷战、麻雀战，迟滞和消耗日伪军。各军分区机关和部队主力适时跳出合击圈，转移到平汉、正太铁路和进攻之敌的侧后，摆脱日军第一次围攻。

8月25日，日军8000余人，对以娄山为中心的八路军晋察冀军区第一军分区机关和部队驻地实施合击。第一军分区机关和部队先机转移，使日军合围扑空。

三天后，也就是28日，日军又以2500余人合击两岔山区。八路军晋察冀军区第四军分区第5团1个连凭借天险设伏，毙伤日伪军100余人，掩护主力部队转移。

8月31日，日军甲兵团6000余人，分六路合围平西区八路军党政军机关所在地蓬头、小峰口地区。平西区八路军部队已先机转移，日军再次扑空。同时，日军乙、丙两兵团共5万余人，分多路向以阜平为中心的沙河两岸地区合击。

9月1日，晋察冀边区党政军领导机关、学校8000余人，因在转移中暴露目标，被日军包围在阜平以北以雷堡为中心的狭窄区域内。聂荣臻当机立断，命令由50人组成的小分队于当夜进至雷堡以东的台峪架设电台，以“军区呼号”实施无线

部队战士和农民一起埋地雷

电佯动，转移日军视线。次日下午，日军果然分兵7000余人向台峪推进。被围困在雷堡一带的军政领导机关抓住时机，连夜西进40公里，跳出日军的合围圈。

9月7日，军区领导机关成功转至平山县以东西文玉地区，继续指挥反“扫荡”作战。

齐德学少将（军事科学院原军事历史研究部副部长）：

在此期间，为配合晋察冀军区反“扫荡”，八路军第129、第120师和第3纵队兼冀中军区部队，相继对日伪军展开进攻，攻克广平、隆平、南和、沙河、清河等五座县城和宁武、忻口车站，一度切断日军铁路交通，迫使日伪军将总兵力的2/3约4万人撤回各要点和交通干线。

9月4日，日军转入第二期作战，对抗日根据地进行“梳篦清剿”。

八路军晋察冀军区于9月7日、15日先后发出指示，要求各军分区，在适当集结主力打击敌人的交通运输、消灭日军搜山“清剿”部队的同时，采取更大的分散，以游击动作极力控制地区，打击伪政权，恢复社会秩序。要求地方武装和民兵，以游击战掩护群众收割、保藏粮食，保卫秋收。

与此同时，侵入抗日根据地腹地蓬头、阜平、陈庄等地的日伪军2.7万余人，以化装突袭、远途奔袭、杀回马枪等战术，继续寻歼晋察冀军区主力部队。同时，分成小股进入深山区“抉剔”、“清剿”，烧杀抢掠。

晋察冀军区以一部协同民兵、游击队开展游击战，掩护群众转移，保卫和帮助群众秋收，并适时集中主力打击日伪军。

田越英（军事科学院研究员）：

9月14日，日伪军合击边区党政军机关连连扑空，随即实行烧光、杀光、抢光的“三光”政策，仅在曲阳县沟里村、平山县东西黄泥树、通家口、冷泉等村庄，就屠杀群众600多人。

9月19日，为遏制日军嚣张气焰，晋察冀军区主力在古玉树、焦家坳、王家坪、孟家庄等地，向日伪军发动伏击和袭击，毙伤日伪军600余人。在反“清剿”的斗争中，涌现出“狼牙山五壮士”的英雄壮举。

日伪军在边区军民的打击下，伤亡与日俱增，交通运输日益受阻。9月24日，日伪军被迫开始全线撤退，截至10月15日，“扫荡”晋察冀抗日根据地的日军基本撤出根据地。

与此同时，八路军晋察冀军区迅速集中主力，在地方武装和民兵的配合下，袭击、伏击、追击日军，10天内毙伤日伪军近400人，给日军以有力打击。

1941年，晋察冀军区部队袭击驻河北省涞源县的日军

1941年初，日军在冀中修筑的6层巨型碉堡，高达20余米

在北岳、平西反“扫荡”期间，晋西北、太岳、太行、冀南、冀鲁豫、冀中、冀东等抗日根据地军民，遵照八路军总部的指示，向日伪军后方交通线和据点发动突袭，有力配合了北岳、平西的反“扫荡”作战。

姚有志少将（军事科学院原战略部部长）：

在两个多月的反“扫荡”作战中，北岳、平西区八路军部队在友邻部队的有力支援下，共作战800余次，歼灭日伪军5500余人。民兵方面，仅北岳区即毙伤敌485人，俘敌30人，粉碎了日军消灭晋察冀边区领导机关和主力部队、摧毁抗日根据地的狂妄企图，但同时也付出了惨重的代价。

据不完全统计，在这次反“扫荡”作战中，八路军部队伤亡2000余人，人民群众死伤4500余人，青壮年被抓走将近2万人，房屋被烧毁15万余间，损失粮食近3万公斤，牲畜3万余头。

日军新建碉堡及据点113个，新修公路534公里、封锁沟158公里。同时，日军在第二军分区的冀晋两省边界以西制造了无人区，致使晋察冀抗日根据地面积缩小4000余平方公里，导致军民生产、生活处境艰难。

然而，中华儿女争取民族独立解放的燎原星火从未泯灭。

第72章　冀中抗日根据地军民的反“蚕食”和反“扫荡”斗争

冀中平原地处河北省中部，西起平汉路，东至津浦路，北临平津，南至仓石路，是由黄河、海河、滦河等水系长期冲积而形成。该地区物产丰富，交通发达，具有特殊的战略地位，成为抗日战争时期敌我双方争夺的重要地区之一。

日军为使中国华北地区成为其“兵站基地”，加紧对华北各抗日根据地进行所谓“治安肃正”作战，并把冀中区作为重点地区之一。

齐德学少将（军事科学院原军事历史研究部副部长）：

1941年初，日军华北方面军开始推行“蚕食”政策，并把冀中抗日根据地作为“蚕食”的重点地区之一。其主要方法：一是以交通线、据点为依托，逐步占领抗日根据地边缘的村庄或城镇，称之为“边缘蚕食”；二是以“扫荡”为先导，深入抗日根据地建立据点，称之为“跃进蚕食”。

日军还推行“治安强化运动”、“新交通政策”和军事、政治、经济、文化相结合的“总力战”，企图打击抗日力量，逐步侵占冀中抗日根据地。

八路军第3纵队兼冀中军区部队，在人民群众的支援下，采取“巩固基本区，突击边沿区，缩小敌占区”的方针，积极开展平原游击战，进行反“蚕食”斗争。

1941年1月下旬，日伪军开始进行普遍的“边缘蚕食”。驻津浦铁路沿线的日军第27师团、独立混成第7旅团各一部及部分伪军“蚕食”大城、青县、交河、献县地区；驻保定的日军第110师团一部及伪军“蚕食”高阳、安新、清苑、张登地区；驻石家庄的日军独立混成第8旅团一部及部分伪军“蚕食”藁城、无极、宁晋、赵县地区；驻沧石公路沿线的日军独立混成第7旅团、第8旅团各一部及部分伪军分别向公路南北两侧地区扩张。

姚有志少将（军事科学院原战略部部长）：

3月底，日军开始实施第一期“治安强化运动”，进行反动宣传，强化伪军、伪组织，建立伪保甲制度，加强殖民统治，造谣欺骗群众，以配合其军事上的“蚕食”和经济上的掠夺。

4 月 1 日至 7 日，日军第 21 师团及伪军各一部共 2000 余人，分别由保定、徐水、固城、新城、安新、定兴出动，重点对容城地区进行“跃进蚕食”，同时修筑从高碑店经新城至霸县的公路，并在沿线建立据点，进一步分割八路军第 3 纵队兼冀中军区第 10 军分区。

第 10 军分区第 27 团、第 32 团转移到北岳区，留下第 29 团、直属警卫营、游击总队和县、区武装，就地坚持斗争。

6 月 10 日至 21 日，日军第 110 师团主力和第 21 师团、第 27 师团、独立混成第 15 旅团各一部及部分伪军共 2 万余人，分别由保定、固城、安新、新城出发，首先将大清河、拒马河和周围的公路控制起来，建立临时据点，尔后向大清河以东地区进犯。

八路军第 3 纵队兼冀中军区第 10 军分区部队与日伪军多次激战后，转移至容城以西地区。日伪军跟踪追击，进行合围。第 10 军分区部队再次分散作战，向南转移至白洋淀附近。日伪军分成多股，划分区域反复“清剿”，沉没渡船，严密控制交通路口，以密集队形进行“梳篦式”搜索。第 10 军分区留下的少数部队和游击队即转入反“清剿”斗争。

姚有志少将（军事科学院原战略部部长）：

八路军第 3 纵队兼冀中军区部队经过半年多的反“蚕食”斗争，毙伤日伪军 3000 余人，但抗日根据地仍遭到严重“蚕食”，第 10 军分区仅剩 200 余平方公里面积的狭长地带，其他分区的许多地区也变为游击区，第 3 纵队兼冀中军区部队的活动受到很大限制。

为恢复被“蚕食”的地区，打击日军第二期“治安强化运动”，第 3 纵队兼冀中军区部队利用七八月份田间长满高秆农作物的有利季节，发起青纱帐战役。

第一阶段，广泛开展交通战，破路平沟，围攻据点，重点打击肃宁、蠡县、博野地区的日伪军。第二阶段，进攻重点转向高阳、安新、清苑、张登等地区，继续破坏日伪军交通线，袭击据点、岗楼，诱击、伏击小股日伪军，收复失地，恢复抗日政权。

9 月，为巩固青纱帐战役的成果，策应北岳区反“扫荡”，八路军第 3 纵队兼冀中军区部队向日伪军侵占的铁路及公路线展开历时一个月的交通破击战。

11 月 1 日，日军开始实行第三期“治安强化运动”。八路军第 3 纵队兼冀中军区部队再次进行历时一个月的交通破击战。

张明金（军事科学院研究员）：

各军分区主力部队与地方武装密切配合，先后发动群众20多万人次，破坏铁路、公路320余公里，平封锁沟100余公里，炸毁桥梁12座，摧毁碉堡37座，击毁汽车10辆、火车1列，共收缴电线杆1500余根、电线8700余公斤。

12月8日起，日军为切断冀中平原与山区的联系，确保平汉铁路的交通安全，以独立混成第8旅团2000余人及伪军一部，在坦克、装甲车及骑兵配合下，分别从东长寿、正定、藁城、无极等地出动，“蚕食”新乐以南地区，建立据点10余处，并以据点为中心修筑公路，企图实现由点到面的占领。

八路军第3纵队兼冀中军区第7军分区主力于23日发起反“蚕食”的攻势作战，以伏击、截击和袭击等手段，打击入侵的日伪军。至1942年1月11日反“蚕食”斗争结束，攻克据点两处，击毁坦克1辆，毙、伤、俘日伪军近800人。

齐德学少将（军事科学院原军事历史研究部副部长）：

在一年的反“蚕食”斗争中，八路军第3纵队兼冀中军区部队和地方武装共作战1100多次，歼灭日伪军1.4万余人，收复了部分被“蚕食”的地区。但冀中抗日根据地因被“蚕食”而缩小，日伪军据点、碉堡增加1倍，封锁沟、封锁墙增加5倍，使冀中平原的抗日武装斗争进入更困难的阶段。

1942年4月初，日军华北方面军开始部署针对冀中抗日根据地的大规模“扫荡”，迅速在冀中区周围和境内主要点线调集了3个师团、两个独立混成旅团又两个联队共5万余人的庞大兵力，由日军华北方面军统一指挥，采取“铁壁合围”、“拉网扫荡”的战术，企图一举“荡平”冀中抗日根据地。

在日军准备对冀中区进行大“扫荡”时，中国共产党冀中区委员会和八路军第3纵队兼冀中军区连续发出紧急指示，要求全区军民作好反“扫荡”准备，并采取坚壁清野，紧缩机关，划分活动区域，拟定分散活动方案等措施，同时推广运用地道战保存自己、打击敌人的经验。

姚有志少将（军事科学院原战略部部长）：

日伪军“扫荡”开始后，第3纵队兼冀中军区司令员吕正操、政治委员程子华根据中共中央关于长期坚持冀中平原游击战争的指示，指挥所辖的5个军分区及主力部队15个团、地方武装15个支队，共3万余人，采取内线坚持斗争，主力大部适时转移至外线寻机歼敌的作战方针，展开反“扫荡”作战。

敌后军民进行交通破袭战，破坏敌占区铁路

1942年5月1日至10日，日军动用约1.5万人兵力，先从边沿区开始“扫荡”，逐步向中心区压缩推进，限制八路军主力的活动空间。至10日，日军增兵至2万余人，逐步形成了由深泽县城沿滹沱河至献县城，再沿滏阳河至衡水，沿德石公路至晋县城，向北连接深泽县城的环形包围圈，即所谓“铁环阵”，完成了对中心区的合围。

八路军第3纵队兼冀中军区一部兵力以袭击、伏击、阻击等手段牵制进攻之敌，掩护冀中区党政军领导机关和主力转移，先后在无极县赵户村、肃宁县窝北镇、深县护驾池等地歼敌1000余人。

张明金（军事科学院研究员）：

由于时间比较紧迫，日伪军快速包围，各军分区的部队没有能够突破包围圈，大部分的人马只好退到中心区，陷入了拥挤被动的局面。从11日起，日伪军将中心区分割成4块，实行分区“拉网扫荡”，在飞机的配合下，采取多梯队、多层次、大纵深的部署，逐步搜索，逐步推进，日夜不停地连续进行合击。

至5月14日，日伪军总兵力已达5万余人。经10余天辗转激战，冀中区党政军领导机关和大部主力分别突出日伪军包围圈。随即，日伪军兵分多路追击突围部队。

在极端艰苦的条件下，八路军第3纵队兼冀中军区在内线坚持的部队和民兵依托地道和村间道沟，灵活运用地雷战、地道战、麻雀战，打击日伪军，保护人民群众和粮食、财产。

坚持在定县、无极之间赵户村的两个连，利用该村户户相通、片片相连，能藏、能打、能机动的地道体系，在23天中连续打退日军4次进攻，歼敌300余人。

6月初，日伪军占据了冀中区所有县城和较大的村镇，开始转入全面“清剿”，到处搜捕冀中区党政军机关人员，破坏抗日政权和群众组织。

9日，第8军分区机关与第23团、第30团各一部，在肃宁至河间公路以南的顶汪、薛村地区遭日伪军3000余人的围攻，激战终日，歼敌300余人后，乘夜暗安全转移。在向外区转移的作战中，第8军分区司令员常德善、政治委员王远音、第9军分区政治部主任袁心纯等牺牲，其余各部虽遭遇重大损失，但大部分机关和部队最后突破封锁、堵截和追击，转移到邻县。

7月初，日军收缩于主要城镇，“扫荡”结束。

行军中的八路军

齐德学少将（军事科学院原军事历史研究部副部长）：

冀中抗日军民在两个多月的反“扫荡”作战中，共作战 270 余次，毙伤日伪军 1.1 万多人，粉碎了日军消灭冀中八路军领导机关和主力部队的企图，但是自身也遭到很大损失。其中有定县大队、民兵各一部及群众 800 余人在北疃村地道中惨遭日军毒气杀害的北疃惨案。

历经血雨腥风的冀中抗日根据地被日伪军分割成 2670 多块，形成“格子网状”，大部沦为敌占区，部分变为游击区。八路军第 3 纵队兼冀中军区部队减员 46.8%；地方党政机关和群众团体遭到很大破坏，群众伤亡、被掳 5 万多人，造成了“无村不戴孝，处处闻哭声”的悲惨景象。

冀中敌后抗日游击战争进入最为残酷和困难的阶段。以八路军主力一部为骨干与地方武装、民兵相结合的武装力量，始终在冀中平原上坚持着英勇的抗日斗争。

第 73 章　华中抗日根据地军民反“清乡”、反“清剿”斗争

为巩固华中占领区，确保主要交通线，最大限度地攫取华中的战略物资，谋求自给和支援太平洋战场作战，日军一方面向华北抗日根据地进行残酷“扫荡”，推行“治安强化运动”；另一方面在华中地区大力扶植南京汪伪政权，并乘皖南事变发生之机，大量扩编伪军，向华中敌后抗日根据地发动猖狂进攻。

1941 年至 1942 年，日军对华中抗日根据地除进行频繁的“扫荡”外，还有计划地进行了大规模的“清乡”。

姚有志少将（军事科学院原战略部部长）：

“清乡”是日伪军运用“总力战”来进攻华中抗日根据地的一部分。它综合运用政治、军事、经济、文化等手段，企图以点线的占领扩大到面的占领，彻底摧毁抗日根据地，全面建立伪政权，最大限度地掠夺人力、物力，以支持其“大东亚战争”。

1941 年 2 月 17 日，日军中国派遣军总司令部下达的《昭和十六年以后现地长期战政略指导》中提出，对政治上与军事上的重要地区，应确立高度的治安。具体步骤是先以日军为主，在“清乡”地区周围建立封锁线，切断新四军和抗日根据地的内外联系，进而反复“扫荡”，尔后以伪军、伪组织为主，进行政治、经济“清乡”，建立伪政权。

1941 年 5 月，汪伪政府在南京成立了“清乡委员会”，由汪精卫任委员长，周佛海、陈公博任副委员长，李士群任秘书长。随后，日军第十三军成立“清乡”指挥所及特务机关，直接指挥日伪的“清乡”活动。

日伪在江南第一期“清乡”的目标是苏南的苏州、常熟、太仓地区。为此，首先在苏常太抗日根据地周围集结兵力，并依托城镇据点、铁路、公路和河流，利用汽车、摩托车和汽艇等进行巡逻，控制水陆交通，建立封锁线，构成包围圈，切断了苏常太抗日根据地与其他抗日根据地的联系。

为了坚持华中敌后抗战，1941 年 1 月 25 日，新四军军部在盐城重新成立，陈毅任代理军长，刘少奇任政治委员，并立即着手整编部队，将全军扩编为 7 个师、

1 个独立旅，共计 9 万余人。2 月 1 日，中共中央、中央军委进一步明确新四军的战略任务是：打破敌顽夹击，着重巩固陇海铁路以南、长江以北、津浦铁路以东的基本根据地，并大力经营苏南、发展皖中和鄂豫边区的游击战争。根据中共中央指示，中共中央中原局与东南局合并，组成中共中央华中局和中央军委华中军分会，刘少奇任华中局和华中军分会书记。

4 月 27 日至 5 月 21 日，中共中央华中局和新四军军部在苏北盐城召开高级干部会议，明确了新四军坚持华中敌后抗战，迅速加强抗日根据地各项建设的战略任务，同时，对新四军各师作了具体部署。

1942 年 1 月 20 日至 3 月 5 日，中共中央华中局在江苏阜宁县单家港举行第一次扩大会议，确定以“继续坚持华中敌后抗战，完全巩固各根据地，加强与聚集力量，以便在适当的时机反攻日军，争取中国抗战的最后胜利”作为华中敌后抗战的方针。这对粉碎日伪军的“扫荡”、“清剿”、“清乡”，坚持华中敌后抗战阵地，发挥了重要的指导作用。

1941 年 7 月 1 日，日军独立混成第 11 旅团及伪军一部共 1.5 万余人，按预定计划开始对苏常太抗日根据地进行“清乡”。日伪军首先采取分进合击和梳篦式“清剿”，寻歼新四军第 6 师第 18 旅主力及党政机关。

齐德学（军事科学院原军事历史研究部副部长）：

日伪军大量增设据点，并在据点之间以铁丝网、电网、竹篱笆等，将根据地分割成若干小块，然后进行分区“清剿”，同时派出大量“清乡”人员，逐乡编组保甲，建立伪政权。而战斗在苏常太抗日根据地的新四军第 6 师第 18 旅，由于缺乏反“清乡”经验，将日伪这一动向误判为一般性“扫荡”，于是决定以游击战法坚持就地斗争，导致损失重大，抗日根据地全部丢失。

8 月下旬，新四军第 6 师第 18 旅一部奉命渡江转移到苏中地区。9 月初，日伪军集中 4000 余人的兵力，转向对江阴、无锡、常熟地区的澄锡虞抗日根据地进行第二期“清乡”。留在苏南坚持斗争的新四军第 6 师第 18 旅，总结苏常太地区反“清乡”的经验教训，采取以隐蔽斗争为主的方针，主力部队适时转移至外线澄西地区，以少数地方武装依靠群众掩护，坚持原地斗争。至 12 月中旬，第 18 旅全部奉命转移到苏中江都、高邮、宝应地区。

在新四军第 6 师第 18 旅进行反“清乡”斗争的同时，第 16 旅在苏南茅山地区对敌发动攻势，连克延陵镇和九里铺等日伪据点 30 余处，恢复和扩大了金坛、丹阳、武进地区的金丹武抗日游击根据地。

随后的11月28日，日伪军各一部共3000余人“扫荡”溧阳地区。新四军第6师第16旅旅部由于对敌情不明，在塘马与日伪军遭遇，第16旅旅机关人员与警卫部队一道与日伪军展开白刃战，数次击退日伪军的合围，但终因兵力相差悬殊，后仅一部成功突围。

张明金（军事科学院研究员）：

塘马战斗，第6师参谋长兼第16旅旅长罗忠毅、第16旅政治委员廖海涛以下270余人壮烈牺牲。成功突围的部队，后经整顿，继续坚持以茅山地区为中心的苏南抗日根据地。

1942年春，日军第15师团一部又对京沪路以北澄西地区实施第三期“清乡”，同时对京沪路以南茅山抗日根据地进行“扫荡”，企图摧毁苏南抗日根据地，消灭新四军第16旅。

根据新四军军部指示，第16旅在京沪路以北，采取以隐蔽斗争为主，组织精干的便衣武装，打击小股日军，坚持澄西地区的斗争；在京沪路以南，采取以地方武装、民兵为骨干，开展广泛的游击战，粉碎日军的“扫荡”，旅主力则分散游击，恢复了四块游击根据地。

1942年3月9日，日伪军在实行第三期“清乡”的同时，又对苏中抗日根据地进行“清剿”。日军独立混成第12旅团及伪军各一部共5000余人兵分三路对南通地区进行“清剿”、“扫荡”。新四军第1师集中10个团的兵力进行反“清剿”、反“扫荡”作战，于丰利坝、马塘、河仓堡等地消灭日伪军800余人。

齐德学（军事科学院原军事历史研究部副部长）：

1942年6月12日，日军独立混成第12旅团及伪军7个营共4000余人，对海门、启东地区进行“清剿”。采取先大块区域封锁，尔后在封锁区内分块进行“清剿”的策略，挨户搜捕根据地党政军人员和抗日群众骨干。同时，编组保甲，建立伪政权，进行经济掠夺和“反共和平”宣传，企图以军事和政治相结合的手段，围歼新四军第1师主力于海滩地区。

对于日伪军的“清剿”行动，新四军第1师兼苏中军区早有准备。新四军苏中军区将后方机关事先转移，主力适时跳出封锁圈，留在原地斗争的部队积极分散活动，袭击“清剿”之敌。

6月24日，根据新四军军部的统一部署，第2师在天长、仪征、扬州地区；

1941 年 10 月 7 日，第 6 师第 18 旅从苏南北撤至江（都）高（邮）宝（应）地区，执行开辟新区任务。图为该旅部分指战员

第 3 师在陈家洋、海河、上冈地区；第 18 旅在江都、高邮地区；第 2 旅在盐城、东台、建阳地区；第 1 旅在泰兴、黄桥地区，同时对当面日伪军守备薄弱的据点和交通线展开破袭战，策应苏中反“清剿”斗争。

张明金（军事科学院研究员）：

在头 1 个月的反“清剿”中，新四军第 1 师歼灭日、伪军 2000 余人，使“清剿”之敌遭到沉重打击。之后又坚持了近半年的反“清剿”斗争，打破了日伪军消灭新四军第 1 师主力、变苏中为其占领区的企图。

1942 年 12 月 21 日，为进一步推行“清乡”计划，汪伪“清乡委员会”制定了《1943 年上半年清乡工作要领》，除继续在苏南进行“清乡”外，欲将“清乡”运动扩展到苏中等抗日根据地。

1943 年 4 月 1 日，华中日军以第 60 师团及伪军一部共 1.5 万余人，采取先军事后政治以及军事与政治相结合的手段，开始对新四军苏中军区第 4 军分区的南通、如皋、海门和启东地区进行“清乡”。

日伪军首先进行“军事清乡”，在根据地中心区的南通县中部和海门、启东以北地区大量增设据点，并依托据点日夜出动部队，采用“梳篦”、“拉网”战术，分区进行反复“搜剿”，企图消灭抗日武装和党政军领导机关。

反“扫荡”期间，苏中部队在行军途中

姚有志（军事科学院原战略部部长）：

新四军在抗日斗争中不断总结经验，对于日伪“清乡”的特点，新四军代军长陈毅在《苏南反“清乡”斗争的总结》中就有所论述：“‘清乡’是长时间的精密的篦梳，其目的不仅在于打击我军之主力，而且要使我之地区彻底伪化，故集中力量软硬兼施以彻底破坏我地方党及民众团体为敌伪‘清乡’之特点。”

苏中区抗日军民根据苏南区抗日军民反“清乡”斗争的经验，进行了坚持艰苦斗争的准备，为取得反“清乡”斗争的胜利作了相应的部署。

新四军苏中军区第 4 军分区大部主力转移至“清乡”区边沿线上，袭据点，毁篱笆，断交通，积极打击日伪军。

在日伪军深入中心区进行“搜剿”时，新四军苏中军区坚持内线斗争的部分主力、抗日地方武装及民兵，在日伪军空隙中灵活穿插，避敌主力，专打敌“清乡队”，并大量组织锄奸组、狙击队，捕杀敌“清乡”人员。

苏中区其他新四军部队，也在东台、兴化等地进攻日伪军据点，先后攻克安丰、富安、钓鱼庙等 10 余处据点，有力地策应了内线的反“清乡”斗争。

至 1943 年 5 月底，日伪“军事清乡”即告结束。

张明金（军事科学院研究员）：

从1943年的6月初，日伪军转向“政治清乡”，开始对南通、如皋、海门、启东地区进行“编查保甲”,就是现在说的清查户口,并强制实行“连保连坐”制度，建立“反共自卫团”、“爱乡会”等反动的民团武装。

针对日伪“清乡”策略的变化，新四军苏中军区第4军分区采取以武装斗争为主,结合“合法”斗争的方针,继续以短枪队和民兵打击小股敌人和“清乡”人员，同时开展政治攻势，动员和掩护群众进行反对编查保甲的斗争。

在新四军第4军分区的军事打击和政治攻势下，伪军大批反正，伪职人员纷纷自首,日伪建立的伪组织名存实亡,从而打乱了日伪占领区“政治清乡”的计划。

1943年8月以后,日军进行的“机动清乡”被挫败,接着又进行为期3个月的“延期清乡”,企图以更加残酷的烧光、杀光、抢光“三光”政策,彻底破坏抗日根据地。

在此严重情况下,第4军分区加强秘密和“合法”斗争,主力部队则到“清乡”区边沿和敌占区积极打击日伪军，至12月底粉碎了日伪军的“延期清乡”计划。

齐德学（军事科学院原军事历史研究部副部长）：

在9个多月反“清乡”斗争中，苏中军民共摧毁日伪军据点49处，歼灭日伪军和“清乡”人员2400余人，争取伪军、伪行政人员1700多人反正，取得了反“清乡”斗争的重大胜利。

在苏中反“清乡”的同时,苏南和浙东抗日根据地军民也展开反“清乡”斗争。两区抗日军民采取游击战和政治攻势相结合、公开斗争与隐蔽斗争相结合的方针，经过艰苦斗争，成功粉碎了日伪军的“清乡”计划。

华中各抗日根据地军民采取灵活战术，长期坚持反“围剿”、反“清乡”斗争，坚持了抗日根据地的发展，为迎来抗战的最终胜利起到了不可磨灭的历史性作用。

第74章　华北抗日根据地军民反“治安强化运动”斗争

1939年，日军在华北地区大力推行“治安肃正计划”，实施“以铁路为柱、公路为链、碉堡为锁”的所谓“囚笼政策”。

为缩小、摧毁华北抗日根据地，日军大力增修铁路和公路，在铁路和主要公路两侧深挖封锁沟，高筑封锁墙，特别在平汉路北段两侧各10公里地带构筑了长达500公里的封锁沟，以切断北岳、太行山区抗日根据地与冀中、冀南平原抗日根据地的联系，断绝山区抗日根据地的经济来源。

与此同时，日军进入平原抗日根据地后，沿纵横交错的公路大量增设据点，以三里一岗楼、五里一据点的“格子网”状部署，将抗日根据地分割成若干小块，并在分割封锁的基础上,对抗日根据地各个部分进行“边沿蚕食”和“跃进蚕食”。

贺新城（军事科学院研究员）：

为打破日军依托交通线和据点对抗日根据地进行的封锁和“蚕食”，华北各抗日根据地根据中共中央和中央军委的有关指示，采取主力军、地方军与民兵、自卫队相结合；军事斗争与政治斗争相结合；公开斗争与隐蔽斗争相结合的方针，开展了广泛的分散的群众性反封锁、反“蚕食”斗争。

1941年5月上旬，冀南军区以新编第7、第8旅及各军分区部队，并动员7万群众参加，对冀南各主要公路展开5昼夜的大破袭，切断了日军的交通线，打破了日军的封锁与“蚕食”计划。9月上旬至12月下旬，冀中区动员40多万群众对日伪军占据的公路和铁路进行大破击，破坏公路、铁路近400公里，破坏封锁沟100多公里，摧毁敌碉堡近40个，有力地打击了进行封锁、“蚕食”的日伪军。

一时间，各根据地战斗捷报不断，一场场轰轰烈烈的反封锁、反“蚕食”的战斗不断地在华北大地上拉开帷幕。

贺新城（军事科学院研究员）：

各抗日根据地军民还根据八路军野战政治部的指示，于1941年七八月间普遍组织了由党政军基层干部组成的武装宣传队进入敌占区，开展政治攻势。

8 月 20 日至 25 日，八路军破坏敌忻口南北铁路

八路军拆除、捣毁日军碉堡

太行军区第 1 军分区组织的武装宣传队经常跨过封锁沟向日伪军进行宣传。第 386 旅组织的武装宣传队在襄垣、潞城地区，摧毁了距敌据点 10 里以外的全部伪组织。冀南军区组织的武装宣传队向敌占区散发宣传品 39 多万份，瓦解了不少伪军、伪组织，争取了大量同情分子，并以他们为内应，攻克了近 30 个日伪据点。第 120 师直属队及独立第 1 旅、第 2 旅分别组织武装宣传队赴祁县、太谷、清水河、和林格尔等地区，开展对日伪军的工作，发动与组织群众破路填沟、镇压汉奸，并在宁武、崞县、神池、朔县之间恢复了 200 多个村的抗日政权。山东抗日根据地军民大力开展政治攻势，有力地推动了瓦解日伪军的工作，被争取的伪军和伪组织比 1940 年增加了两倍。

姚有志少将（军事科学院原战略部部长）：

武装宣传队就是在这样的条件下产生的一种新的组织和斗争形式，它对瓦解日伪军和伪组织，打破日军封锁与“蚕食”，起到了重要作用。

华北日军在加紧进行“扫荡”和“蚕食”的同时，还进行了“治安强化运动”，以作为其“总力战”的一个重要组成部分。

1941 年 3 月 30 日至 9 月 8 日，日军先后发动了两次“治安强化运动”，主要目的和形式是在其占领区内，整顿和加强伪政权和伪组织，扩充伪军，建立与扩大乡村自卫团，清查户口，实行保甲制，以破坏中共地下组织，搜捕中共工作人员，并加强对占领区内人民的经济掠夺。同时，日军还以县警备队等汉奸武装对抗日根据地进行小规模的军事进攻。

姚有志少将（军事科学院原战略部部长）：

为粉碎日军的这次“治安强化运动”，八路军除以地方武装和民兵打击日伪军的军事进攻外，主要是派出武装宣传队深入日伪占领区，镇压汉奸特务，开展政治攻势，瓦解伪军和伪政权，揭露敌人的阴谋。

第129师派出59个宣传队，携带50万份宣传品，进入日伪占领区开展广泛的宣传活动。晋察冀军区派出的武装宣传队，专门打击日伪军的别动队，使日伪军不敢远离据点活动。山东八路军大力开展对日伪占领区的政治攻势，争取了许多伪军在伪组织中暗中为八路军服务。

在八路军接连不断的强大的政治攻势与军事打击下，日军的前两轮“治安强化运动”破产。

1941年11月1日，日军展开第三次“治安强化运动”。一面在占领区内实行配给制，推行计口售粮、售物，强征房、地捐等各种苛捐杂税，加紧对钢、铁、粮、棉等战略物资和其他物资的掠夺；一面利用铁路、公路和封锁沟，实行彻底的经济封锁，断绝根据地的物资来源；同时加紧对抗日根据地内物资的掠夺和破坏，妄图从经济上窒息抗日根据地，摧毁抗日军民的抗战意志。

杨功坤（国防大学教授）：

华北各抗日根据地军民针锋相对地展开了一系列反经济封锁的斗争。一方面以武装宣传队到敌占区和游击区展开政治宣传，镇压顽固的汉奸；一方面以地方武装带领广大群众开展反封锁斗争。

在抗日根据地边缘地区，广大军民积极破坏日伪占据的交通线和封锁沟，保证所需的各种物资能够输入根据地。在抗日根据地内，则加强金融和市场管理，加强内外贸易，执行正确的商业政策，秘密购进日伪占领区的医药和通信器材等物资，加强出入抗日根据地物资的管理，严禁由日伪占领区向抗日根据地输入奢侈品和非必需品，严禁粮、棉、油等重要战略物资流入日伪占领区。

各抗日根据地经过艰苦斗争和一系列有力的措施，终于粉碎了日军的第三次“治安强化运动”。

姚有志少将（军事科学院原战略部部长）：

从日军对抗日根据地的长期封锁、“扫荡”，以及华北广大军民如何坚持对敌有效斗争的实际情况出发，1942年1月，中共中央北方局召开会议，以武装宣传队等组织的经验，正式决定建立武装工作队，简称武工队，深入敌占区，开展有效的对敌斗争。

1942年3月30日，日军又发起为期两个半月的第四次“治安强化运动”，以“解放东亚”、“剿共自卫”为口号，对华北人民进行欺骗宣传，同时在其占领区加紧推行保甲和配给制度，并在抗日根据地边沿抢修碉堡、公路，增筑封锁沟墙，企图压缩抗日根据地，巩固与扩大其占领区。日军对华北抗日根据地疯狂的“蚕食”，使许多抗日根据地特别是平原地区仍然处于退缩局面。

根据敌后斗争形势变化的需要，中共中央北方局和八路军总部于1942年5月4日联合发出《关于反对敌人“蚕食”政策的指示》，强调指出：反“蚕食”斗争是目前华北的党和军队的一项最紧急的任务，只有争取这一斗争的胜利，才能渡过黎明前的黑暗。反“蚕食”的基本方针应是以武装斗争为中心，发挥党政军民的整体力量，把政治斗争与军事斗争、隐蔽斗争与公开斗争有机地结合起来，展开全面的对敌斗争，针对敌人“蚕食”的每一步骤，予以及时有效的打击。

这一指示在八路军华北各战略区迅速得到贯彻执行，从1942年下半年起，华北各抗日根据地的反“蚕食”斗争进入了一个新的阶段。

到1942年8月底止，太行、太岳、冀南3个地区，共抽调约1400人，组成了42支武工队。其中太行地区的武工队越过封锁沟，深入日伪占领区，按照“不大打，不硬打，积小胜为大胜，保存自己，消灭敌人”的原则，在抗日群众的配合下，展开军事的和政治的、公开的和隐蔽的多种形式的斗争。在4月10日至18日，共进行战斗45次，毙伤日、伪军310名，俘虏50名，摧毁伪“维持会”300余个，镇压顽固汉奸400余名，隐蔽地开辟和恢复了有5万人口的抗日游击根据地。

杨功坤（国防大学教授）：

实践证明，采取武工队的组织形式和斗争形式，适合于开展广泛的群众性的游击战争，有利于贯彻“敌进我进”的方针和开展军事、政治、经济和思想文化等全面对敌斗争，并能充分发挥人民战争的威力，对打破敌人的“蚕食”、封锁和“治安强化运动”起了重要作用。

从1942年下半年起，华北各抗日根据地反“蚕食”斗争进入了一个新的阶段。1942年下半年，北岳区认真贯彻执行毛泽东“把敌人挤出去”的指示，积极开展反“蚕食”斗争，共恢复和建立了1600个村政权，其中许多是小块的抗日游击根据地或隐蔽根据地。晋冀鲁豫边区积极贯彻“敌进我进”方针，共派出近1000支武工队

日军防止八路军进入的无人区封锁线上的碉堡

和小部队，开展变游击区为根据地及在日伪占领区建立隐蔽的抗日游击根据地的斗争。晋绥边区积极开展反“蚕食”斗争，组成了15支武工队，总计收复大小村镇218个，恢复抗日政权171个，进行反“蚕食”战斗224次。所有这些都为瓦解日军第四次“治安强化运动”攻势起到了关键作用。

1942年10月8日，不甘于前几次失败的日军发动了第五次“治安强化运动”，企图在政治上实行怀柔、欺骗政策，瓦解人民群众的抗日意志；在经济上进行封锁，掠夺战略物资；在军事上进行连续不断的“扫荡”，消灭八路军主力和领导机关。

贺新城（军事科学院研究员）：

1942年是华北敌后抗战严重困难的一段时期。日军的战术方法是老调重弹，“封锁”、“蚕食”、“扫荡”，对抗日根据地进行的千人以上兵力的“扫荡”达77次，其中1万人至5万人的大“扫荡”达15次，使华北各抗日根据地面积缩小，人口减少。

1942年10月20日，日伪军各一部共1.6万余人，以太行北部和太岳北部地区为重点，同时开始“扫荡”。八路军太行、太岳军区采取内线坚持与外线出击相结合，主力军、地方军和民兵相结合，展开广泛的群众性游击战争，迫使“扫荡”太行地区的日伪军于11月12日撤回原据点，“扫荡”北岳北部的日伪军也被迫于11月18日撤离抗日根据地。

1942年10月中旬，日军第12军开始对山东抗日根据地进行“扫荡”。11月2日，山东军区机关在对崮峪遭日军合围，在特务营及鲁中第2军分区一部的奋力掩护下，军区机关虽分路突出重围，但特务营大部壮烈牺牲。在山东八路军内、外线部队打击下，日军被迫于 12 月底撤回原据点。至此，八路军打破了日军的第五次“治安强化运动”。

华北敌后抗日军民坚决贯彻执行中共中央为战胜严重困难、渡过难关而制定的一系列重要政策，在中国共产党的领导下，展开军事、政治、经济、思想文化等全面对敌斗争，粉碎了日军的“扫荡”，打破了其所谓的“治安强化运动”，基本上制止了敌人的“蚕食”，扭转了不利局面。

第 75 章　广泛的群众性抗日游击战争

从 1942 年下半年开始，华北各抗日根据地即结合精兵简政，实行主力军地方化，对地方武装进行整顿与加强，使民兵数量迅猛发展，质量也得到很大提高。到 1942 年底，晋冀鲁豫地区民兵发展到 9.2 万余人，晋绥地区民兵发展到 3 万余人，自卫队员发展到近 16 万人，晋察冀和山东地区的民兵也有了很大的发展。

在数量发展与质量提高的基础上，民兵的作战技能与斗争艺术也不断提高。在作战指导上，由过去的村自为战，逐步发展为地区性的民兵联防。

《抗日游击战争的战略问题》封面

《论持久战》封面

“民兵联防”是抗日游击战的重要形式之一。北京电影制片厂1963年出品的故事片《小兵张嘎》，通过一个孩子的视角，折射出地方武装与日军斗争的情景。

在晋绥地区，联防民兵在日军必经之路上挖壕沟、埋地雷，修筑防御工事。在警戒线上设立岗哨，监视日军动向。武装侦察员一旦发现日军出击，就能立即通知整个联防区提前投入战斗。

冀中地区民兵根据本区情况，抓住日军外出活动的规律，创造了埋伏在碉堡附近，待日军一出门便给以痛击的“堵门战”和埋伏在树林村边活捉敌零散人员的“捕捉战”。山东地区的民兵在开展“麻雀战”的同时，还开展了日军走到哪里民兵打到哪里的“车轮战”，同日军转圈子的“推磨战”，以及一村打响四处驰援的“蜂窝战”。

《小兵张嘎》剧照

胶东区沿海民兵，在海上进行游击战，经常截获和击沉敌人的运输船只，俘虏押船之敌。

姚有志少将（军事科学院原战略部部长）：

据不完全统计，仅山东民兵在1943年3月到1944年3月的一年中，就作战7000多次，大量歼灭敌人有生力量，缴获大批武器装备及军用物资。几乎是“遍地枪声响，村村打敌人”。

上海电影制片厂1956年出品的故事片《铁道游击队》，改编自民兵传奇，再现了交通破袭战的经典战斗场面。

抗日战争期间，日军利用交通线分割包围抗日根据地，对当地军民实施封锁和突袭。为此，中国共产党领导地方武装，利用暗夜和恶劣天气作为隐蔽，趁日军放松警戒时，向其交通线发动突袭。

杨功坤（国防大学教授）：

交通破袭战，又称“破击战”，是指破坏敌军交通及通信设施，借以打击敌人的作战方式。晋绥区的民兵在1943年上半年向同蒲铁路和神池至五寨、离石至岚县等5条公路线开展8次全面破袭，切断了日军的交通运输和通信联络，收割电话线4万多斤。此外，五寨县和黎城的民兵，也纷纷通过破坏桥梁、

《铁道游击队》剧照

公路、通信设施等手段，阻断日军交通网，给日军的交通运输造成了很大的困难。

地雷战，是根据地军民普遍运用的游击方式。1962年，八一电影制片厂运用教学与叙事相结合的手法，拍摄了军事教育片《地雷战》。

抗日战争中，由于抗日根据地武器装备落后，容易制造的地雷就成为民兵打击日军的主要武器。

太行地区民兵在1943年5月反“扫荡”作战中，巧布地雷阵，使日军到处遭到杀伤。在左权县、平顺县、涉县等多地，无论在小河沟、大道旁，还是在水缸下、门楣上，凡是日军可能触及的地方，抗日军民都预埋了地雷。日军在这次“扫荡”中共触发地雷1900多枚，死伤1000余人。

山东地区的民兵除以地雷阵保卫村庄外，还开展了“飞行爆炸运动”，把地雷变成进攻性武器。他们不仅制造了铁雷、石雷、瓦罐雷、瓷瓶雷等，而且埋设方法日益巧妙，有拉雷、绊雷、滚雷、水雷、连环雷和真假结合的子母雷等。

贺新城（军事科学院研究员）：

抗日军民把大量地雷埋设在日军交通线上和据点周围，甚至在日军的操场、办公室、浴池等场所，日军都有触雷丧命的危险。鲁中地区民兵在日伪军据点周围布下层层地雷阵，将据点变成了囚笼。遍布各地的地雷阵，使日军惶惶不安、寸步难行。

晋察冀抗日根据地北岳区民兵在1943年反“扫荡”中，大显地雷战的神威。阜平县城厢民兵中队长李尚忠率领民兵，巧布地雷阵，使进入阜平县城之敌处处遭到地雷杀伤，炸得日军行不敢走路，住不敢入屋。爆破英雄李勇率领的爆破组，在北岳区春季反“扫荡”中，以冷枪射击和地雷阵相结合的战法，毙伤日军130多人；在秋季反“扫荡”中，又创造出以地雷战与麻雀战相结合的战法，共毙伤日军300多人，炸毁汽车5辆。日军曾扬言要以100名“皇军”的代价活捉李勇。

在群众性抗日游击战中，冀中平原军民为克服在平原地带与日军作战无险可依的劣势，创造出挖凿地道，开展地道战的战斗方式。八一电影制片厂1965年出品的故事片《地道战》的外景地，正是当年的战场遗址。

清苑县冉庄，位于河北省保定县西南30公里处。抗日战争期间，这里的民兵依托地道，曾两次打退日伪军的进攻。第一次日伪军以1个团的兵力向冉庄进犯，民兵在村头伏击日军后转入地道，利用暗室和高房工事，用步枪和手榴弹，结合地雷阵杀伤日军，毙敌50多人。此后，日伪军又以两个团的兵力进行报复，30多名民兵在仅有17支步枪的情况下，依托地道与日军战斗13个小时，毙敌70多人，民兵无一伤亡，迫使日军无功而返。同时，肥乡县、平乡县的军民，也纷纷搭建地道网络，使来犯日军陷入“迷魂阵”。

姚有志少将（军事科学院原战略部部长）：

在冀中平原地区，民兵修建起户户相通、村村相连的地道网，形成房顶、地面、地下相互串联的“立体攻防体系”，既能防毒防水、掩护军民，又可以借助密道发动奇袭。地道战在平原地区反“扫荡”、反“清剿”作战中发挥了重要作用。

“围困战”是群众性抗日游击战争中另一种有效的斗争方式。不少影视剧以“沁源围困战”为题材，将沙场故事搬上银屏。

1942年10月20日，日伪军1万余人，分多路向太岳抗日根据地岳北区发动“扫荡”。在决死第 1 旅等部的顽强打击下，“扫荡”日军于 11 月 18 日被迫撤出根据地。但留下 1 个大队的兵力及部分伪军驻守沁源县城和交口等据点，妄图建立所谓“山岳剿共实验区”。1943 年，日军对太岳区进行大规模“扫荡”的同时，还在太岳区腹地沁源及太岳区周围广建据点，加紧对太岳区的“蚕食”。

为粉碎日军企图，岳北区军民在中共太岳区委的领导下，以决死第 1 旅为骨干，结合县游击大队及民兵组成 13 个游击集团，对驻守沁源的日军展开长期的围困斗争。太岳区军民通过打击日伪军分散部队，破坏临屯公路等方式反击“蚕食”。6 月中旬，决死第 1 旅第 25、第 59 团及白晋武工队、沁县游击大队各一部，利用沁县敌工站内线情报，一举拔除沁县道兴、寨坡底据点，俘虏伪军 70 余人，迫使沁县余凹据点的日伪军弃守逃窜。8 月，第 57 团又对安泽县府城镇日军展开围困。太岳区军民的反“蚕食”斗争，迫使日伪军在 1943 年夏撤销十余处沁源及周边地区的据点。

杨功坤（国防大学教授）：

沁源围困战是一场由广大人民直接参加的斗争。在两年半的围困中，被日军杀害的沁源群众有 3100 余人。为围困敌人，实行空舍清野，长达近百里的交通线两旁 10 里以内的群众共计 1.5 万余人，实行了有组织的大转移，使 1600 平方公里的地方成了无人世界。沁源人民为斗争胜利作出了巨大贡献和牺牲。

1945 年 3 月中旬，岳北区军民对困守沁源城关和交口据点的日伪军发起总攻。沁源军民以 1.5 万颗地雷密布雷阵，采取袭击、狙击、夜袭等手段困扰日伪军，切断其交通补给。日伪军于 4 月被迫撤出交口与沁源城据点。至此，沁源 8 万军民，历时两年半的围困斗争胜利告捷。

在长达两年半的围困战中，太岳军区第 1 军分区部队和英勇的沁源人民共作战 2730 余次，歼灭日伪军 4000 余人，使日军建立“山岳剿共实验区”的计划彻底破产，创造了群众性长期围困战的范例。

1945 年 4 月 21 日，《新华日报》发表社评，称“沁源不是靠飞机大炮打下来的，它是靠八万老百姓和正规军、游击队、民兵的团结一致，经过长期围困与最后的围攻斗争，而将敌人赶走的”，“它比一般县城的光复有其更重大的意义”。

在各种形式的抗日游击战中，八路军敌后武工队是一支重要的战斗力量，被誉为“袖中利剑、怀中匕首”。

贺新诚（军事科学院研究员）：

1941 年夏，为打破日军的“扫荡”与“蚕食”，八路军各部队选调党政军基层干部组成武装宣传队，进入敌占区，发动人民反抗日伪军。1942 年 1 月，中共中央北方局做出“关于普遍建立武装工作队”的决定。华北各抗日根据地，选派营级以下优秀官兵，组成武装工作队深入敌占区。按照“不大打，不硬打，积小胜为大胜，保存自己，消灭敌人”的原则，在抗日群众的配合下，展开多种形式的斗争。

1942 年 5 月 4 日，中共中央北方局和八路军总部联合发出《关于反对敌人“蚕食”政策的指示》，要求正规军要用三分之一或二分之一的部队，以营、连为单位，分散到边沿区，与党政机关密切配合，灵活地开展游击战争，并充分发挥武工队的作用，针对敌人“蚕食”的每一步骤，予以及时有效的打击。

按照指示，1942 年下半年，北岳区共恢复和建立了 1600 个村政权。在突击宣传周中，武工队和八路军小部队，在封锁沟外逮捕近 6000 名伪组织人员，经过短期教育后释放，给伪组织极大震撼，对争取和瓦解伪组织，起到积极作用。冀中区为执行武工队的任务，将连队改为小连大班制，全面开展分散的群众性游击战争。冀东区也派出大批武工队、小部队，深入到敌后地区，开展军事斗争和政治斗争，攻克日伪军据点 40 余处，基本上恢复了原有的基本区，并开辟了北宁铁路以南、滦河以东的部分新区。

姚有志少将（军事科学院原战略部部长）：

采取武工队的组织和斗争形式，适合于开展广泛的群众性游击战争。1942 年，在晋冀鲁豫、冀南军区和晋绥边区等地，先后有百余支武工队与日伪军进行大小战争七百余次，摧毁伪组织近三百个，毙伤日伪军千余人。对打破敌“蚕食”、封锁和“治安强化运动”起到了重要作用。

广泛的群众性抗日游击战争，是主力部队作战的重要补充。它使敌人陷入人民战争的汪洋大海，为抗日战争的最后胜利奠定了基础。

第 76 章　地 道 战

《地道战》这首歌曲，是 1965 年八一电影制片厂摄制的经典影片《地道战》的主题歌。随着电影的公映，这首歌曲也在中国广为传唱，留在很多中国人的记忆中。

电影《地道战》主要讲述了抗日战争时期，冀中抗日军民为了粉碎日军的残酷“扫荡”，在中国共产党的领导下，利用新创造的斗争方式——地道战，打击日本侵略者的故事。

1941 年 7 月 10 日，冈村宁次接任日军华北方面军司令官。冈村宁次到任后即提出了深挖封锁沟、高筑封锁墙、强化堡垒政策，以及在大扫荡中实行杀光、烧光、抢光的三光政策。在此政策下，日军对抗日根据地的军民群众进行疯狂的杀戮，抗日根据地军民群众的房屋被烧毁，粮食被抢走，所有家禽家畜、农副产品被洗劫一空。

1941 年秋，日军进一步推行“治安强化”运动，将冀南、冀东、冀中、晋冀豫地区作为重点扫荡地区，同时对其他抗日根据地进行“蚕食”和“扫荡”。与此同时，在约 6 万平方公里的冀中平原上，日军修筑据点、炮楼 1783 处，修公路 2 万多公里，挖封锁沟 8878 公里，把冀中平原细碎分割成 2670 块，进行恐怖统治，使冀中军民蒙受了巨大的战争苦难。

为应对日军的残酷扫荡，在中国共产党的领导下，八路军在冀中地区发动人民群众，组织民兵队伍，建立抗日根据地，坚持与日军进行斗争。

齐德学少将（军事科学院原军事历史研究部副部长）：

冀中抗日根据地军民认真贯彻毛泽东的《论持久战》思想理论，把“保存自己，消灭敌人”作为战争的军事目的。毛泽东认为，只有保存好自己的力量，才有可能发展壮大，为赢得胜利创造必要的条件。因此在平原地区组织游击作战，首要的问题就是如何保存自己。

抗日战争进入相持阶段后，共产党领导的八路军抗日武装，长期依靠游击战与日军进行斗争并赢得了一场场胜利。但此前的游击战都是在山区，而冀中是一片辽阔的平原地区，无坚可守，无险可据，难以隐蔽打击敌人。

怎样在平原地区实现“保存自己”的军事目的呢？冀中抗日根据地的军民认真分析了敌我形势和地理特点。

在兵力和武器装备上，日本占有极大优势。但日军占领了城市和乡镇后，却无法对乡村长期占领，只能采取分割袭扰的方法进行“控制”。冀中平原地区土层深厚，很适合于挖掘地道。通过地道来隐藏自己，是一个很好的保存自己的方法。

于是，冀中抗日根据地军民为了保存自己的力量，长期坚持平原游击战争，开始挖掘和利用地道与日伪军进行斗争。

1942 年 1 月，冀中区党委发出文件，明确指示冀中要开展深入的地道斗争。规模宏大的地下工程就此展开。

魏碧海（军事科学院研究员）：

地道战是抗日军民在对敌斗争中创造的一种战术，经历了一个由简单到复杂、由被动躲藏到积极防御的发展过程。所谓积极防御，就是防中有攻防兼备。从 1938 年春天开始，冉庄等地就开始挖地洞。最初，老百姓是为了躲避敌人的残害，在自己家中挖掘地洞。这种洞只能躲藏一两个人，比较小，人躲在里面只能蹲着，俗称“蛤蟆蹲”。

“蛤蟆蹲”地道在一定程度上发挥作用，但是由于地道出入口只有一个，而且地道口也不够隐秘，因此地道一旦被日军发现，躲在里面的人无法逃生。

1942 年 5 月 1 日，侵华日军纠集日伪军 5 万余人，在飞机的配合下，出动数百辆坦克、汽车，由冈村宁次亲自指挥，对冀中军民发动了空前残酷、“铁壁合围”式的“五一大扫荡”。这次扫荡，日军凭借军事上的机动优势，采取多路密集的“拉网式”、“梳篦式”战术，企图从四面八方将八路军领导机关和主力部队予以歼灭。

1942 年 5 月 27 日拂晓，日军第 110 师团第 163 联队第 1 大队和伪军 500 多人，分路包抄河北定南县委、县大队及后方机关所在地北疃村。少量受伤八路军战士和大量村民进入北疃村的地道隐蔽，被日军包围的八路军主力顺利分散突围。

但日军进入村庄后发现了地道入口，并向地道内投掷催泪瓦斯和毒气瓦斯，地道内的很多村民和受伤八路军士兵窒息而死。无法忍受毒气的人们在冲出地道口之后被日军开枪打死或用刺刀刺死。在这次事件中，共有 800 余人遇难，村中 120 余户中有 24 户被灭门。史称“北疃惨案”。

田越英（军事科学院研究员）：

“北疃惨案”发生之后，日军的暴行没能吓倒根据地的军民。他们吸取教训，进一步地改进地道，进行更加隐蔽的斗争。

冉庄位于河北省清苑县，距保定市约30公里。

1942年，日军进行“五一大扫荡”后，在冉庄村周围仅9公里范围内，就建有炮楼15座，公路4条，形成“抬头见岗楼，迈步登公路，无村不戴孝，处处起狼烟”的悲惨景象。

冉庄军民为应对日军的残酷扫荡，总结以前战斗中的经验教训，将单口隐蔽洞改造成能进能出的双口地道，万一敌人发现一个洞口，洞中人员可以从另一个洞口转移出去。后来，民兵和群众又把双口洞继续加宽加长，左邻右舍的地洞互相挖通，一家连一家，一户连一户，双口洞变成了多口洞，短洞变成了长洞。

锄头和箩筐就是当年冀中抗日根据地军民用来挖地道的工具，冀中抗日根据地的军民就是利用这样简单原始的农具创造出一个世界战争史上的奇迹。

冉庄地道以十字街为中心，有东西南北主要干线4条，南北支线13条，东西支线11条，还有通向其他村庄的地道。地道全长约16公里，形成了村村相连，家家相通，能进能退，能攻能守的地道网。地道内设有照明灯和路标，建有储粮室、厨房、厕所和休息室。

就像电影《地道战》中所表现的，在冉庄，整个村落设有各种构思巧妙的地道口，为使敌人不易发现洞口，抗日军民把地道出入口巧妙地隐蔽起来：有的修在屋内墙壁上，有的修在靠墙根的地面下，还有的建在牲口槽、炕面、锅台等处，

向城内挖地道

伪装得与原建筑一模一样。

抗日军民在村里各要道口的房顶上修建了高房工事，在地面修建了地堡，还根据不同的地形地物，分别在小庙、碾子、烧饼炉、柜台、墙角、墙根等处修筑了工事、枪眼。所有这些工事都和地道相通，既能观望，又能射击和拉雷。地道与地面工事有机地结合起来，构成了一个立体火力交叉网。

为使敌人不敢进入洞内，抗日军民在洞口修筑了陷阱、埋设地雷、插上尖刀，或者在洞内挖掘纵横交错的“棋盘路”；为了防止敌人用水、火、毒破坏地道，地道内还设有卡口、翻板和防毒、防水门，并且设有直通村外的突围口。这样，地道战工事就有了“五防”功能，即防破坏、防封锁、防水灌、防毒气、防火烧的特点。

从 1943 年开始，地道战进入了一个新的发展阶段。在冀中平原和冀南一些地方，逐渐形成了房连房、街连街、村连村的地道网，形成了内外联防，互相配合，打击敌人的阵地。

在北起北京南郊，西到河北省保定中部偏南，东到沧州以西廊坊偏南，南至

根据地的民兵利用地道打击来犯日军的情景

石家庄北部以及衡水中北部的这片广大地区，无数村庄都修挖了地道，并逐渐贯通起来，成了根据地广大军民进可攻、防可守、退可走的地下堡垒。到 1944 年下半年以后，所挖的地道就有一万多里长了。在战争最艰苦的岁月里，抗日根据地军民以英勇的战斗精神和无穷智慧筑起一道“地下长城”，化无险可守的平原为抗敌要塞。

魏碧海（军事科学院研究员）：

在人类的战争史上，自古以来，就有地道战这种战术。但是，像这样大规模地挖掘地道，将地道战这种古老的战术发挥到极致，可谓前无古人。此前的地道大多只是用来藏兵运兵，更多的是防御功能，而抗日根据地的地道除了防守功能以外，还有进攻的功能，其功能非常完善，这在世界军事史上也是非常罕见的。

冀中抗日根据地的军民不仅用地道保存了自己的有生力量，而且以地道为依托，牵制并消灭来犯日伪军，有力地实现了消灭敌人的军事目的，创造了积小胜为大胜的经典游击战例。

聂荣臻元帅曾为此亲笔题词：“神出鬼没，出奇制胜的地道战，是华北军民保家卫国，开展游击战争，在平原地带战胜顽敌的伟大创举。地道战又一次显示出军民战争的无穷伟力。”

田越英（军事科学院研究员）：

冉庄地道战是抗日根据地军民地道战的一个缩影。类似的村庄和战例还有很多，比如河北正定县的高平村、北京顺义的焦庄户村等等。

地道战是中国共产党领导冀中平原抗日军民的一个创造，是坚持平原游击战争的一种有效的作战形式,对于坚持敌后抗战起到重要作用。在整个抗日战争期间，抗日根据地广大军民在中国共产党的领导下,把“地道战”与“麻雀战”、“破袭战”、“地雷战”等各种战法结合起来，配合主力部队共同打击敌人，同日军展开了空前规模的军民游击战争。凭借军民战争的战略战术，根据地军民在广阔的土地上神出鬼没地袭扰、围困、消耗和打击敌人，使日本侵略者晕头转向，顾此失彼，草木皆兵，真正做到了“陷敌于军民战争的汪洋大海之中”，创造出辉煌战绩，堪称世界战争史上的奇迹。

第 77 章　日本的殖民政策及经济文化掠夺

日本资源匮乏，但军国主义者们还是悍然发动了远超出其潜能的侵华战争。

日本发动全面侵华战争前，据当时日本商工省、农林省等部门的调查统计，日本的重要战略物资自给率已是严重不足，而发展兵器工业和军需工业所需的战略资源更是奇缺。特别是日军占领了包括当时中国首都南京及战略枢纽武汉等城市后，不仅征服中国的战争目的始终不能实现，“速战速决”的军事战略方针也宣告破产。日军统帅部于 1938 年在《昭和军制建设纲要》中强调“总体战发展到顶点，所使用的手段分为武力、经济、政治和思想等四个方面”，以此求助于政治、经济、文化诸多手段补其不足。

为了支援侵略扩张，日本国内的物资资源供应早就到了竭泽而渔的地步。为支撑战争机器的运转，日本除了国内竭尽全力外，只有加紧对中国沦陷区的经济掠夺，并妄图把中国变为侵略战争的物资供应基地。

田越英（军事科学院研究员）：

日本对中国经济资源的掠夺主要集中在三大占领区——东北、华北和华中地区。这也是日本政府在《日满华经济建设要纲》中提出的“日满华”三位一体的“生存圈”。在“日满华共存共荣”的虚假外衣下，日本所谓的“生存”方式就是在中国进行疯狂而野蛮的掠夺。

中国是一个农业大国，广阔的土地和丰富的农业资源是日本军国主义一直垂涎并蓄意鲸吞的一块大“肥肉”。

占领东北后，日本首先推行的是大规模的“满洲农业移民”运动。从 1937 年实行第一期日本移民开始，为取得日本移民用地，日本政府和关东军以武力为后盾，炮制各种方针、政策，强行掠夺中国东北的土地。据资料显示，到 1941 年初，“满洲拓殖有限公司”共掠夺移民用地达 2000 余万公顷，是日本国内耕地面积的 3.7 倍。至日本投降前夕，在东北掠夺的移民用地高达 3.9 亿多亩，日本移民人数百万以上。而关内，从 1937 年 7 月 7 日卢沟桥事变到太平洋战争爆发，日侨数量由 8 万余人激增到近 70 万人，其中大部分是移入的农业人口。仅一个“中日实业公司”在“华北掠夺的土地就达 3400 万亩”。此外，日军以修筑兵营、演习场、飞机场等军事设施及铁路、公路为名，任意侵占的土地更是多不胜数。这种驱赶中国民众，将中国视为自己国土的丑恶行径，成为日本侵华的严重罪行之一。

由于日本帝国主义的野蛮侵略和土地掠夺，中国的农业生产遭到严重破坏和衰退。为了最大限度地掠夺粮食和农产原料，日本对农产品实行了严格的“统制”政策。在中国沦陷区，中国农民无法选择种植什么样的作物，只能种植日本人需要的水稻、大豆、棉花等。而收获的农产品，日本凭借一些大公司垄断价格，强迫农民按日伪政府定价、定量，把粮食卖给日伪的收购机构，这被称作“粮谷出荷”。在刺刀保驾的“粮谷出荷”政策下，中国农民要交出的“出荷粮”占到总产量的40%至50%以上。这意味着中国农民辛苦劳作一年，最终连口粮和种子都没有保障。

张明金（军事科学院研究员）：

日本对中国农作物的掠夺可以说也是非常野蛮的，手段也是多样的。比如，当时的高粱原价是每斗2元多钱，但是日本限定的官价是每斗只有6角。如果存量不交，马上就以论罪抓捕，甚至枪毙。而日本人付给中国老百姓的买粮款还并不完全是现金，因为他们还发行了所谓的“股票”，美其名曰鼓励农民投资，所以买粮款很大一部分又被“股票”给代替了。所以农民只能以极低的价格被迫卖掉粮食之后，又不得不以数倍的高价再买进粮食，这种恶性的循环，导致了大量中国百姓被活活饿死。

这些通过武力掠夺的粮谷，除保证日本侵略军外，每年运往日本国内约占三分之一，只有一小部分供应中国国内各方面的需求，轮到普通中国百姓头上，只有玉米皮、杂粮粉和粉碎的谷壳、树皮、草根等混合物。许多百姓在饥饿中挣扎，只能背井离乡四处乞讨，饿死者不计其数。

在掠夺土地和农业的同时，日本还在沦陷区大量建立工矿企业，以法西斯统治手段控制和掠夺中国的工矿资源。

在中国东北有臭名昭著的“一社一业”，即“南满洲铁道株式会社”和“满洲重工业开发株式会社”。这两大垄断组织在完全独占东北的重工业和铁路交通的基础上，掠夺的“触角”涉及钢铁、煤炭、石油、天然气以及飞机、汽车制造等各领域，几乎控制了整个东北地区的经济命脉。据一项1945年的调查，当时东北的全部工业中，日伪资本高达99.15%，使得东北沦陷区的整个生产计划成为了日本经济计划的一个组成部分。由于日本殖民主义经济急剧扩张，东北地区的民族工业受到致命的打击，几乎无以生存。

对于关内沦陷区工矿业的掠夺和控制，日本则是采取“军事管理”、“委托经营”

和“中日合资”、“租赁”、“收买”等多种形式，借助“满铁”分支“兴中公司”之手，控制交通、港口，对矿产优先开采。

在对中国金融的控制与垄断上，日本侵略者的行为同样令人发指。

按照日本政府的记录，日本“大东亚战争”的战费，共达 7559 亿日元，约为现在的 170 兆日元以上。如此巨大的战费，其大部分是由日本政府所操纵的“蒙疆银行”、“中国联合准备银行”、“华兴银行”和“中央储备银行”负责开销。这四家银行在中国各地开设了多家分行，均享有钞票发行权，大量发行所谓的储备券、蒙疆券、联银券和军用票。

田越英（军事科学院研究员）：

这些根本不具备货币性质的废纸，依靠着日军的刺刀维持“信用”，凭借着侵略者的暴力恐怖流通市场，导致了中国的经济濒临崩溃，沦陷区出现严重的通货膨胀和物价飞涨。

侵华日军军用票 10 元正面

侵华日军军用票 10 元背面

日军还通过这种无限发行的纸币，疯狂套购中国有限的白银，并偷运出关或走私国内。据记载，仅 1935 年 4 月至 5 月间，秦皇岛海关缉拿到的走私白银总额就达 17 万元之多，未能缉获的数目更是惊人。当时中方每月外流白银达到约 400 万元。

日本对中国这种大规模、成系统的经济掠夺，并非一己之力可以完成的，而是以对数千万中国劳动力的榨取和几百万中国劳工的生命为代价来获取的。

自 1931 年九一八事变到 1945 年日本投降的 14 年间，日本从我国各占领区，先后以诱骗、强征、抓捕等手段，有计划地抢掳输出和就地役使了中国强制劳工达 1000 余万人左右。东条英机内阁还于 1942 年 11 月颁布《关于中日劳工遣入日本的决定》，从中国强征数万劳工到日本服劳役。

这一时期，中国劳工在极为恶劣的工作条件与非人的残酷折磨下，大量死于非命。中国工人一旦进入日本人的矿场，就如同进入人间地狱。矿上有驻军，四周有碉堡，平时带有铁镣，审讯室里的刑具应有尽有，劳工们稍有反抗即会遭到毒打，直至折磨致死。在这里，日军实行的是“人肉开采”政策，冒顶、透水、瓦斯爆炸以及冻饿、疾病和日伪迫害，吞噬着无数矿工的生命。

彭训厚（军事科学院研究员）：

在中国很多地方，还有日本侵略者留下的“万人坑”。比如辽宁阜新矿区，在一个占地仅 5 平方公里的地方，就有 4 处万人坑，埋葬着 13 万死难矿工的

日军在吉林辽源煤矿留下的万人坑

遗骸。而日本人在这里掠走煤炭约 2600 万吨，平均每采集 200 吨煤，就留下 1 具矿工的尸体。据初步估计，仅东北就有 200 多万劳工失去生命，而像这样的“万人坑”，还有大同煤峪口万人坑、吉林丰满万人坑、济南琵琶山万人坑等等，这些都是日寇掠我资源、杀害我同胞的历史铁证。

日本还利用其他“国家犯罪”的手段对中国资源和财富进行巧取豪夺，最主要的表现就是赤裸裸地抢劫。

抢劫，是日军入侵中华大地以来，自上而下都习以为常而疯狂实施的行为。仅以南京沦陷后为例，日军有计划地在城内的大公司、博物馆、学校、大商家以及达官富贾的公馆，犹如“水洗”一般地进行抢劫搜刮，就连住户的铁门、铁栅、铜锁等认为能制造枪炮子弹的原料也不放过，直到家徒四壁为止。据记载，自 1937 年 12 月 21 日起，古董字画、珠宝古玩以及大量的铜铁制品，在南京下关码头堆积如山，等着船只运回日本。战后国民政府教育部曾编了一本《被日劫夺文物目录》，列举的查有实据的被劫文物包括古籍、字画、碑帖、古物、艺术品等共 360 万件，件件都是稀世之宝，其价值无法估量。

为征服中国，文化侵略也是日军侵华的一大方式。通过摧毁文化名城、历史

日本关东厅银行业例会，是日本对中国进行经济掠夺的重要会议之一

古迹和各类文化教育科研机构，以及对沦陷区人民大力推行奴化教育，日军企图在思想、精神方面消磨、摧残甚至泯灭中国人民的民族意识和反抗意志，以达到“思想灭华”、“文化灭华”的目的。

日军侵华期间，对中国的名城古迹和文化教育机构进行了大肆破坏。从中国东北直达广州，日军所经之处，文化名城付之一炬，名胜古迹化为废墟，教学机构夷为平地，古籍珍本抢劫一空。国民政府 1946 年提交的《文物损失估价表》中指出，被日军洗劫的著名历史古迹达 741 处。国民政府教育部编写的《敌人摧残我文化事业录》记载：截至 1937 年 10 月，就有天津的南开、河北的女师、河北工学院、上海商学院、广州的中山大学等 23 所高校和相关文化教育机构先后被炸。

田越英（军事科学院研究员）：

较之对“有形文化”的破坏，日军对中华民族“无形文化”的侵蚀显得更加狡猾、毒辣和具有欺骗性。

1937 年“七七事变”后，日军不仅在中国 19 个省创办了多达 600 至 900 余种亲日报纸，还扶植建立了“华北电影股份有限公司”、“株式会社满洲映画协会”等众多电影公司和“中央广播电台”、“大上海广播电台”等 50 多座电台，以垄断中国传媒市场，为日本对华文化侵略服务。同时，严格推行审查制度，实行文化专制，规定凡日军不允许报道之事，一律不得报道；一切不利于日本帝国主义侵略扩张的电影、歌曲、戏剧和书籍，坚决予以取缔。在日伪的严厉控制下，敌占区的中国文化事业遭到严重摧残，民众无法通过媒体得知真相，深受殖民文化的毒害。而日本则配以残酷的镇压手段，大肆宣传封建道德和反共舆论，以此磨灭中国人民的反抗意识。

日本还在“建立东亚新秩序之始基”、“亲仁善邻”等教育方针指导下，有目的、有计划地制定了一系列奴化教育方针。

张明金（军事科学院研究员）：

首先对中国教材进行篡改和删减，凡是含有中华民族国家意识和足以引起民族国家仇恨的内容，一律进行删改，有的地方甚至禁止教授中国的历史、地理课，代之以“东亚和平，中日亲善”等内容。其次是强制推行日本语教育，加强语言奴化。按照日本制定的日语普及方案，日本人在各沦陷区开设大量专门的日语学校，将日语定为“国语”课，全面控制了从小学到大学各级各类学校的教育主权，试图按照“皇化教育”的理念实施教学，从小就向青少年灌输奴化思想，泯灭学生的民族意识，从而推销日本文化。

到 1945 年日本投降，日本在侵华战争期间的疯狂经济掠夺，使中国可用于再生产的资本几乎缩减为零。战争和劳役造成的数千万人伤亡，使中国几乎丧失了建设和发展的人力支柱力量。文化殖民极大摧残了中国人民的民族意识和民族文化。

“忘记过去的人注定会重蹈覆辙”，已经站起来的炎黄子孙们绝不允许悲剧重演。

第 78 章　76 号魔窟

抗日战争时期，汪精卫叛国集团在日本帝国主义支持下，成立伪国民政府，并专门建立了一个汉奸特务机构，以恐怖手段镇压中国人民的抗日活动。这个堂而皇之打着汪伪集团“国民党中央执行委员会特务委员会特工总部”招牌的特务组织，在整个抗日战争中，追随日本侵略者，甘当鹰犬，破坏抗战，残害人民，干下了无数罪恶勾当，给国家和民族造成了严重危害。因其办公地址位于上海极司菲尔路 76 号，今万航渡路 435 号，所以被人们称为“76 号魔窟”。

1937 年 11 月，日本帝国主义占领了上海。二十世纪三十年代的上海，已是中国重要的政治、经济、文化中心。日军占领上海后，便把它作为政治诱降、扶植汉奸傀儡的主要活动据点。国难当头，沉渣泛起。一些游荡在上海滩的社会渣滓、政治上不得势的民族败类，在日本侵略者的招降下，先后落水。

对于日军的侵略行径以及汉奸的卖国活动，中国共产党人与日本侵略者和汉奸展开了坚决的斗争。国民党的特务机关则用恐怖手段处置了一批投敌汉奸。一时间，上海滩的汉奸们人人自危，惶恐不安。

日本侵略者为了扫清侵华道路上的障碍，决心打破这种局面，扶植、筹组一支汉奸武装特工队伍，作为扼杀上海抗日力量的别动队。

在这样的形势下，名不见经传的国民党“中统”特务李士群被日本人看中，骤然成为汉奸行列中一个举足轻重的人物，也成为汪伪“76 号”特工总部的始作俑者。

李士群，1907 年出生于浙江遂昌一个贫苦农民家庭，20 年代初进入上海大学学习，大革命时期加入中国共产党。1928 年，李士群在上海以记者身份从事中共地下工作。1932 年，李士群被国民党“中统”特务逮捕，随即叛变，成为“中统”上海区一名直属情报员。“中统”机关后来发现，李士群善于舞文弄墨，于是派他与丁默邨、唐惠民等特务一起，编辑特务杂志《社会新闻》，这是一本有名的造谣刊物，对共产党极尽污蔑诽谤之能事。

这时，卖身投靠的李士群，只是“中统”特务机关内部无人问津的一个小角色。为了早一天飞黄腾达，他急于找到更大的靠山。

汪伪特工总部原址——极司菲尔路76号（今万航渡路435号）

贺新城（军事科学院研究员）：

李士群这个人，有着强烈的权力欲和极大的政治野心。日本加紧侵略中国，让他看到了出人头地的机会，就像后来他自己常常对手下所说的："可以在河边摸大鱼，何必到河中心摸小鱼？我们都是没有根基的人，到重庆是同别人竞争不过的。蒋介石依靠英美，我李士群什么都没有，就依靠日本人。"

1938年夏秋之间，"中统"特务机关命令李士群赴武昌，担任国民党株萍铁路特别党部特务室主任。李士群瞅准机会，携带私吞的特务经费，由广西、云南，经越南河内逃往香港，和日本驻香港总领事中村丰一接上头，正式投入日本侵略者的怀抱。

之后李士群大肆拉人下水，壮大自己的势力。"中统"特务机关上海区情报员唐惠民、国民党中央宣传部驻沪特派员章正范等人相继就范。李士群昔日在《社会新闻》的老上级丁默邨，也抵挡不住金钱利诱，心甘情愿投降日本侵略者。

丁默邨，湖南常德人，为人阴险冷酷，曾担任国民党军事委员会"调查统计局"

第三处处长，地位一度与特务头子戴笠、徐恩曾相差无几。1938 年 8 月，第三处被撤并，丁默邨仅担任了少将参议的闲职。丁默邨心有不甘之际，李士群找上门来，于是二人一拍即合。

在很短时间内，李士群、丁默邨以降日的国民党“军统”特务机关和“中统”特务机关人员为骨干，加上收买流氓、地痞等社会渣滓做打手，拼凑起一个汉奸特务组织班底，经日本特务清水董三引荐，拜会了日本在华特务头子土肥原贤二。

李士群、丁默邨的卖国计划，正合土肥原贤二胃口。

贺新城（军事科学院研究员）：

这个时候，日本正在上海扶植汪精卫，筹建伪政权，可是没有达到预期的效果，为什么呢？日本占领上海以后，苏州河以南的租界地区仍属英、美管辖，形成了所谓的“孤岛”。共产党利用“孤岛”坚决抗日；国民党特务机关，则使用恐怖手段，处置了一批汉奸。上海的反动分子，都不敢露头了。所以，日本人为了压制国共两党在上海的活动，把李士群、丁默邨的特务组织拨给了汪精卫。

1939 年 9 月 5 日，在汪伪“国民党六届一中全会”上，成立“中国国民党中

“76 号”特工总部头子丁默邨（左）与李士群

央执行委员会特务委员会特工总部”。总部驻地选定于上海极司菲尔路76号——原安徽省主席陈调元公馆。丁默邨被任命为特工总部主任，李士群、唐惠民为副主任。

“76号”成立以后，迅速扩充实力，在内部组建完善机构：第一处，主要负责对付“军统”；第二处，负责对付“中统”，其中附设“CP”股，专门对付共产党和新四军；第三处，负责对付“忠义救国军”；第四处，负责对付租界；“行动总队”和“警卫总队”，则专门负责具体实施行动。

杨功坤（国防大学教授）：

“76号”的首要活动，是保卫汪精卫一伙的生命安全；第二，与国民党的“军统”、“中统”展开对攻；第三，对沦陷区共产党领导的抗日救亡运动血腥镇压；第四，进行绑票勒索、栽赃陷害，以及进行烟、赌、毒的罪恶勾当，牟取暴利。

在日本侵略者的操纵指使下，汪伪特工总部以最野蛮、最残酷、最无耻的手段，破坏抗战，残害人民，为日本侵略者张目，为汪精卫集团卖国投降活动开道，干下了无数的罪恶勾当，给民族和国家造成了严重危害。

从1939年到1943年，不足4年的时间内，“76号”制造的暗杀、绑架事件有3000余起，血腥事件每天都在发生。在这种无孔不入的白色恐怖笼罩下，在沦陷区坚持斗争的共产党人面临着更为严重的生命危险。

茅丽瑛，启秀女中英文教师，1938年5月加入中国共产党，同年当选“职业妇女俱乐部”主席，她积极从事抗日救亡活动，以歌咏、话剧、演讲等形式支援前线。

1939年7月15日，茅丽瑛在租界发起“物品慈善义卖会”，李士群指使两名特务冒充顾客，在现场大肆破坏，被租界巡捕抓获。

在法庭上，茅丽瑛亲自出庭作证，公开揭露汉奸行为。茅丽瑛的举动，让李士群恼羞成怒。

1939年12月12日，“76号”特务陈剑飞等8人，潜伏在上海“职业妇女俱乐部”附近。茅丽瑛刚刚走出俱乐部大门，陈剑飞立即紧步跟上，赶在茅丽瑛前面，突然转身，拔枪射击，正中茅丽瑛腹部。

茅丽瑛伤及腹部，并非要害，在仁济医院，弹头很快被取出，但是人们发现，弹头事先被涂上了毒药。3天后，茅丽瑛与世长辞，年仅28岁。

76号魔窟在残杀共产党人、抗日志士的同时，和国民党“军统”、“中统”特务机关展开对攻。

于江欣（军事科学院研究员）：

汪精卫集团投降后，准备“还都南京”，建立伪中央政权，这对重庆的蒋介石政权，是一个严重威胁。于是，潜伏在租界的蒋方特工，对汪伪头目使用了恐怖手段。比如：派“军统”特务詹森，成功刺杀了青帮头目季云卿；派吴赓恕、戴星炳刺杀汪精卫，结果因为戴的妻子泄露机密，这次行动失败了。

季云卿是李士群在青帮内部的后台，汪精卫是李士群飞黄腾达的恩主，“中统”特务针对这两个大汉奸的暗杀行动，导致李士群的疯狂反击，詹森、吴赓恕、戴星炳三人，很快被李士群抓进76号魔窟，惨遭杀害。

李士群杀心不止，国民党“军统”特务机关上海区全部组织系统被连根拔起，区长陈恭澍以下100多人被捕，大批枪支弹药落入魔掌。

李士群为汪伪政权立下大功，汪精卫投桃报李，将早就成为傀儡的丁默邨正式调走，任命李士群为特工总部主任，不久又命他接替周佛海任警政部长。李士群的势力极度膨胀，分别在江苏、浙江等地设立了8个区级特务机构，手下特务最多时达到20万人，遍布沦陷区。

拉拢、控制如此庞大的特务组织，李士群需要大量金钱。

贺新城（军事科学院研究员）：

“76号”是一伙职业特务和帮会流氓的混合体，是一个“政治怪胎”，它除了为汪伪“和平运动”鸣锣开道之外，还越出了政治活动的轨道，勒索绑架，栽赃陷害，以至于烟、赌、毒，只要有利可图，无所不为。

1940年7月24日，中国化学工业社总经理方液仙被抓进“76号”魔窟，遭到毒打而死。方液仙死于非命的原因在于，他经营三星蚊香、三星牙膏，家资巨富，成为李士群眼中最好的猎物。方液仙拒绝了李士群的敲诈勒索，结果被害死。李士群心有不甘，让方液仙的家属花了10多万元钱，才领回方液仙尸体。

赌博、毒品是李士群眼中的暴利行业，上海沦陷后，日本推行毒化和麻醉政策，沦陷区内赌场林立，毒品泛滥，给李士群提供了发财良机。

于江欣（军事科学院研究员）：

李士群把所有赌场纳入“76号”管辖，所有赌台必须向他交纳“孝敬费”。“76号”还私自开设吗啡厂、香粉店，大量出售白粉之类的毒品，牟取暴利。上海沦陷期间，仅受赌博危害的就在50万人以上，4000多户人家倾家荡产。

“76号”还充当了日军“清乡”运动的先锋队和主力军，积极配合日军破坏抗日组织，消灭抗日武装的活动。当时任“76号”总部主任的李士群，兼任“清乡委员会”的秘书长，负责主持“清乡”运动。他利用手中掌握的相当规模的特务机构和一支特务武装，配合日伪的“清乡”活动，打击中共领导的抗日根据地军民的反“清乡”斗争。

李士群自恃背后有日本人撑腰，越来越忘乎所以。在社会上，他臭名远扬；在汪伪内部，他成了众矢之的；就是在日本人眼里，他也变得势力过于膨胀，不易驾驭，有尾大不掉之感。所有这些，都注定了他的结局。

1943年9月6日晚，日本上海宪兵队特高科科长岗村，借口调解李士群与伪税警总团副团长熊剑东之间的矛盾，设宴款待两人。席间，万般小心的李士群碍于日本人的情面，吃了一块牛肉。牛肉中，有一种日本人最新研制的毒药，无色无味，中毒后不会立即发作，但毒发后就无药可救。

36小时后，9月8日，李士群突然开始上吐下泻，身体萎缩，皮肤变黑，最终一命呜呼。

李士群死后，“76号”特工总部被撤销，另立政治保卫局，仍驻“76号”原址，但其权势已经一落千丈。汪精卫死后，政治保卫局再而降为第一局下属的上海分局。

抗战胜利后，“76号”彻底灰飞烟灭。“76号”头子之一的丁默邨，于1947年2月8日被南京国民政府以汉奸罪判处死刑，其余大小头目也得到应有的惩罚。

第 79 章　大青山突围

如今，我们来到山东省沂蒙山区大青山的脚下，除了可以望见那绵延不断的山峦，一碧千里的林木，还可以看到一座庄严肃穆的纪念碑。碑上刻着十个大字，向人们诉说着 70 多年前发生在这里的一场激烈的大青山突围战。

1941 年，中国共产党领导的华北敌后抗日根据地不断发展壮大，这引起了日本侵略者的高度重视。日本侵华军总司令部为此制定了“华北治安战施策大纲”，并下达了《肃正建设计划》，决心把华北变为第二个“满洲国”。抗日战争进入了艰苦困难时期。

沂蒙抗日根据地，当时作为山东抗日根据地的指挥中心，涵盖了鲁中、鲁南、滨海三大战略区，成为日军攻击的重点目标。山东军区党政军领导机关，及八路军第 115 师和山东纵队、抗大一分校、战地医院等单位，都长期驻扎在这里。

11 月 2 日，日军侵华总司令畑俊六调集了 5 万余人的兵力，亲自坐镇临沂指挥，对沂蒙抗日根据地发起了“铁壁合围”式的“疯狂扫荡”。

张明金（军事科学院研究员）：

日军以第三十二师团和独立混成第十旅团主力等共计 5 万多人，全部是日军最精锐的师团，从沂蒙山的周围，向沂蒙山的中心地带，分进合击，其目的就是消灭共产党在沂蒙地区的主力部队。

畑俊六安排少量兵力控制于机动位置，寻找八路军主力部队进行机动作战，同时将更多兵力集结于沂蒙地区，大批捕捉壮丁，赶修临时公路，对据点周边反复进行“清剿”。每“清剿”一地，即挨户搜查抗日根据地党政干部和伤病员，并在八路军常驻村庄，实施大规模野蛮的烧光、杀光、抢光政策。

为了粉碎敌人的“清剿”，山东党政军领导机关立即带领广大沂蒙抗日军民，开始反“扫荡”斗争。他们先后组织了留田突围、石岚伏击战、绿门山战斗等，其中，规模最大的一次便是大青山突围战。

位于沂蒙山区腹地的大青山，海拔 686.2 米，是费县、蒙阴、沂南三县交界处的最高峰。由校长周纯全率领的中国抗日军政大学第一分校学员是此次大青山突围战的主体力量。

中国抗日军政大学，是中国共产党在抗日战争期间，所创办并领导的一所旨在培养军政干部的军事化学校。在其诸多分校中，抗大一分校创办时间最早、办学时间最长、培养干部最多，被誉为“敌后办学的先锋”。

周纯全，1905 年生，湖北红安县人，曾任红四方面军总政治部主任、中国工农红军总政治部副主任等职，1940 年任抗日军政大学第一分校校长，1955 年被授予上将军衔，荣获一级八一勋章、一级独立自由勋章、一级解放勋章。

张明金（军事科学院研究员）：

当时在日军“扫荡”的第一阶段，为了避开日军的扫荡行动，抗大一分校跳出日军合围圈，转移到泰安和莱芜根据地。到了第三阶段“扫荡”快结束的时候，又奉命返回，继续开展敌后办学。

1941 年 11 月 29 日，抗大一分校 3000 余人在完成了与日军的战斗周旋和转移之后，奉命由泰莱根据地返回沂蒙中心区。

当时的抗大一分校共有 3000 多人，虽然规模庞大，但大都是非战斗人员，战斗经验不足，只有第五大队是有武装的学员队。他们所配武器数量少且质量差，仅有几百条破旧步枪，弹药严重不足，一旦与日军交火，损失将不堪设想。

1942 年，青木一男大东亚相在南京视察时会见总司令官畑俊六

就在抗大一分校紧急转移的同时，八路军总部决定：为保证党政军领导机关的安全，将部队非战斗人员转移到大青山地区，战斗结束后，再与主力部队会合。

与此同时，日军主力部队在沂蒙地区开展的“扫荡”行动依旧声势浩大，可收效甚微，几次针对八路军主力部队进行的合围都被其一一化解。

畑俊六决定改变战术，以一个混成旅团5000多人秘密进入大青山四周，布置了一个“守株待兔”般的合击圈，企图消灭进入这一带的八路军部队和机关。而这一严重敌情，抗大一分校并没有发现。

11月30日凌晨，在大青山西北侧担任警戒的抗大一分校五大队一中队，遭到了日军疯狂的偷袭。

学员们从三八式步枪特有的“叭勾”声和炮声判断，他们遭遇的正是日军的主力部队。就在此时，侦察员前来报告，经界湖、坦埠、桃墟向岱崮方向围击的三路敌人，每路都有一个联队，共计5000多人，现在也转头向这里奔袭过来。这一消息如同火上浇油一般让在场的所有人都坐立不安起来。

敌情十万火急，周纯全校长命令紧急集合，所有人向大青山以南突围！

魏碧海（军事科学院研究员）：

因为校部战斗力有限，只有一个警卫连和一个侦察队。侦察队战斗力稍强，侦察员一般都是两支枪，在周纯全校长的带领下，部队开始向南山撤，一直撤到了胡家庄，部队向南爬过了一座山，到了南涝坑。

为了集中精力作战，防止机关受损失，2000多名机关人员向大青山转移，不料和抗大一分校的队员同时涌进了狭窄的南涝坑。

当时，日军畑俊六的一个中队，已经抢占了大青山一号高地，用迫击炮、掷弹筒、机关枪向正在转移的抗大队伍射击，并向抗大前哨连急袭。

周宏林（开国上将周纯全之子）：

应该讲因为这场战斗是一个突发性的战斗，当战斗打响的时候，现场局面是比较混乱的。第一是没有准备，第二严格讲是三个不同的队伍汇在一起，缺乏有效的统一指挥。在这个关键时候，我父亲（周纯全）作为一分校的领导，担当起这次战斗的主力作用和指挥作用。

在生死存亡的危急时刻，周纯全校长根据领导机关的命令，担负起了指挥突围作战的任务。他在南涝坑召集会议，紧急分析敌情，命令部队顺着李行沟和梧桐沟，向西南方向突围。

魏碧海（军事科学院研究员）：

危急关头，周纯全下了一个死命令，让第五大队的第二、第三中队抢占李行沟的北岭和南岭，掩护领导机关和抗大一分校突围，不完成任务，谁都不准撤下来。

战斗力最强的校五大队，在大队长陈华堂的指挥下展开作战。

陈华堂，1931 年 1 月参加中国工农红军，曾任红三军第七师战士、班长、排长、教导团排长，1955 年被授予少将军衔。

抗大一分校五大队利用山石作掩护，在各制高点与日军展开了生死阻击战，为掩护身后首脑机关的撤退赢得宝贵的时间。

在今天的大青山胜利突围纪念广场上，我们看到这样一座石雕，那位身成弓状的男子是时任五大队二中队队长的邱则民，他因沉着机智，被誉为“英勇善战的知识青年”。他的区队在陷入日军重围后，机枪手牺牲，他立即抱起一挺捷克式机关枪，猛扫敌群。

张明金（军事科学院研究员）：

捷克机枪当时是我军最好的武器，当时部队中有句老话，叫作“老兵怕机枪”。这句话其实就是针对捷克机枪而言，捷克机枪的精准度很高，只要被瞄准射击，基本上就无法闪躲，当时全大队唯一的一挺捷克式机关枪就在二队，基本上人人都会使用，这样在机关枪手牺牲或负伤以后，能够保证他人继续使用。

在抗大一分校五大队的拼死掩护下，训练部副部长闫捷三带领部队突出重围，由南涝坑经李行沟，向西冲去。

于江欣（军事科学院研究员）：

阎捷三是训练部的副部长，他冲在最前头，组织部队硬把那口子撕开了，所谓“撕开”就是硬把日军打下去，留出那么一片空地，一段没有敌人的地方。

此时的李行沟与梧桐沟已成血海。顺着这条用一个个鲜活生命开辟出来的通道，几千个人越过黄草关河，奔向塔山，离成功突围仅差一步之遥。前方突然涌

115 师指挥员在前线

出一股密集的机枪火力，众多战士瞬间倒在日军的疯狂扫射中。

于江欣（军事科学院研究员）：

眼看最后一道封锁线马上突围成功，在侧方突然出现了一个日军精心布置的机枪阵地，周纯全一看当时的情景，就清楚地知道不干掉敌人的机枪阵地，部队就无法继续前进，当时他就组织战士们把剩下的手榴弹全部集合起来，组成爆破小组，不惜一切代价把它炸掉。

终于，大部分人员突围后，周纯全等几个人，凭借仅剩的八颗手榴弹，干掉了日军的机枪阵地，最后一批学员也顺利突围。

周宏林（开国上将周纯全之子）：

五大队的大队长陈华堂，担任打开突破口的阎捷三，他们关键时刻都是在第一线拼杀的，还有我父亲，一直在包围圈中坚守战斗，应该是最后一批突围的。

在这场血与火的战斗中，抗大一分校毙伤日军数百人，掩护 5000 多人突出重围，五大队二中队共牺牲七八十名学员；抗大一分校共牺牲 200 多名学员，大部分都是连和营以上的干部。在这场大青山突围战中，牺牲级别最高的是时任山东战工会副主任兼秘书长陈明。

陈明，1902 年生，福建龙岩人，1925 年加入中国共产党，1927 年 12 月担任中共福建临时省委书记，1939 年 3 月，陈明随八路军 115 师到达山东，担任过中共山东分局党校校长、省战工会副主任兼秘书长等职。

陈明的妻子辛锐是位温文尔雅、笑容甜美的女子。她是泉城济南有名的才女。1941 年 3 月 8 日，陈明与辛锐结婚。也就是在这一年，他们夫妇俩先后在这场突围战中壮烈牺牲。

陈明和辛锐

魏碧海（军事科学院研究员）：

在那次突围中，辛锐所在的突击小组刚跑出一百多米，后面的日军就追了上来。辛锐催促战友们撤离，她独自留下来掩护。当日军合围上来时，辛锐拉响了手榴弹。

同样为这场战斗献出生命的还有德国共产党员、太平洋学会记者汉斯·希伯。他在跟随山东分局进入五道沟时，遭到敌人机枪扫射，壮烈牺牲，时年 44 岁。在希伯一生中，有近 20 年是在中国度过的。他通过新闻报道，让全世界了解了中国革命和抗日战争的真实情况。

为了纪念这位国际友人，1942 年，山东军民为他修建了一座纪念碑。碑上刻着罗荣桓等同志的联名题词：为国际主义奔走欧亚，为抗击日寇血染沂蒙。

张明金（军事科学院研究员）：

大青山的突围作战，是抗日战争时期，以军校为主体，独自抗击日军侵略规模最大的一仗。在这场战斗中，抗大一分校发挥了重要的作用。他们面对强敌和突发情况，顽强抗争，最终以少数人的牺牲，换取了大多数人胜利突出重围，粉碎了日军的“清剿”计划，保存了大批的有生力量。时任中共山东分局书记朱瑞，当时在评价这次战斗时说，这是“一场壮烈的拼杀，换取了几千人转危为安的空前胜利”。

2014 年 9 月 1 日，国务院公布第一批国家级抗战纪念设施、遗址名录。以“大青山胜利突围纪念广场、纪念馆”和烈士墓为主体的“山东省费县烈士陵园”位列其中。烈士们的英灵将永远受到国家的保护和后人的缅怀。青山依在，沂水长流，历史的功绩，也将永远被人们铭记。

第 80 章　狼牙山五壮士

狼牙山，旧名为狼山，位于河北省易县西部。抗日战争时期，这个地区是晋察冀抗日根据地的东线门户。狼牙山处处奇峰险隘、悬崖峭壁，宛如一道坚固的铜墙铁壁耸立在太行山脉，东面是丘陵和平原，直通平汉路，战略地位十分重要。如今狼牙山是河北的游览胜地，因八路军五名勇士浴血抗击日寇，舍身跳崖而闻名。

狼牙山五壮士的事迹激励无数军民。新中国成立以后，描写他们事迹的文章长期被收入学生教科书中。狼牙山五壮士作为原型被拍成电影，从而使他们家喻户晓。

1941 年，日军为将华北地区变成发动太平洋战争的兵站基地，加紧对华北抗日根据地进行分割、“蚕食”和“扫荡”。从 8 月中旬起，日军华北方面军调集 7 万余人的兵力，采取“铁壁合围、分区扫荡、梳篦清剿、辗转抉剔”等战术，对晋察冀抗日根据地展开大规模“扫荡”。9 月 24 日，日伪军 3500 余人合围狼牙山地区。

齐德学少将（军事科学院原军事历史研究部副部长）：

日军之所以重视狼牙山，是因为狼牙山周边地区，是八路军晋察冀根据地的核心区域。当时八路军晋察冀军区第一军分区机关、部队和涞源、易县、徐水、满城四个县的党政机关、游击队及周围村庄的数万名群众都隐蔽于该地区。情况十分危急，必须转移群众和大部队主力。

晋察冀军区第一军分区司令员杨成武制定“围魏救赵”的作战方案，命令第 3、第 20 团佯攻管头、松山、甘河一带日军，促使日军从狼牙山东北方向调兵增援，以便于被围的游击队员与人民群众从狼牙山东北方向突围。牵制日军的任务交给了第一军分区第 1 团第 7 连及其他部队。

1940 年秋，在山东沂蒙抗日根据地

杨成武，1914 年生于福建长汀，客家人，1929 年参加红军。土地革命战争时期，曾任红一师师长，

1955 年被授予上将军衔，获一级八一勋章、一级独立自由勋章和一级解放勋章。

7 连接受任务后，立即向山上开进。在日军必经道路上埋下地雷，炸得日军丢下 50 多具尸体慌忙逃走。这使得日军指挥官深信八路军主力已被围住，命令部队再次疯狂地向狼牙山方向进攻。

鏖战多时，前沿阵地上的 7 连第 2 班、机枪班的同志大部分已经牺牲，连长身负重伤。在阻击任务基本完成以后，连长和指导员决定其他同志转移阵地，留下一个班继续阻击敌人。

7 连第 6 班主动请缨。这个班由五人组成，班长马宝玉，战士葛振林、宋学义、胡德林和胡福才。连长和指导员商议后，同意由第 6 班担任继续阻击的任务。

马宝玉，1916 年 10 月出生于河北省蔚县陈家洼乡下元皂村。

葛振林，1917 年出生于河北省曲阳县党城乡喜峪村。

宋学义，1918 年出生于河南省沁阳市北孔村。

胡德林和胡福才都是河北省容城县人。胡德林于 1922 年出生，胡福才比他小一岁。

狼牙山壮士

马儒林（军事科学院研究员）：

这五个人的性格不同，打仗各有特点。班长马宝玉沉着指挥战斗，等敌人走近后才下命令痛击。副班长葛振林打一枪就大吼一声。宋学义扔手榴弹习惯于把胳臂抡一个圈，使出浑身力气。胡德林和胡福才的年龄比较小，全神贯注地瞄准敌人射击。

五名战士利用险要地形，一次又一次击退日军。日军一批批倒下，他们搞不清楚山上究竟有多少八路军，认为对战的是八路军主力部队，便下令炮轰。五名战士在炮轰时隐蔽起来，炮火一过，他们又开始攻击。就这样边打边向山顶退去，把日军死死牵制在狼牙山上。

掩护任务胜利完成时，马宝玉下令撤离。刚走不远，就面临岔路口的选择：向北是部队和群众转移的方向，走这条路可以迅速归队。但是敌人尾随在后面，追上来将会使部队和群众处于危险境地；向南走，通向狼牙山的顶峰——棋盘陀，那里三面悬崖绝壁，是一条绝路。

班长马宝玉思考片刻，带头向棋盘陀走去，战士们紧跟在后面。每个人心里都很清楚，班长要把日军引上绝路。他们宁可牺牲自己，也要保证主力部队和群众的安全。

五勇士边打边撤，有意暴露行踪，让日军认定八路军主力就在山上。到达狼牙山峰顶，五勇士凭据险要地形，击退日军多次进攻。班长马宝玉负伤，五人子弹都已用尽，只剩下一颗手榴弹。马宝玉指挥四人用石头攻击，顿时石头如冰雹一般向日军头上砸去，日军士兵纷纷滚落深谷。当日军再一次扑上来时，马宝玉用尽全身气力扔出最后一颗手榴弹，随着一声巨响，手榴弹在日军士兵中间炸开。

于江欣（军事科学院研究员）：

当时在狼牙山上，五个人当中有三个人还不是共产党员，就在战斗间隙，马宝玉和葛振林写下介绍三名战士加入中国共产党的介绍信。

弹药用完后，马宝玉率四人走到悬崖边，将所携枪支扔下山崖。眺望群众和部队远去的方向，马宝玉宣布他们的任务胜利完成。说罢，他走到悬崖边上，以誓死不做俘虏的民族气节，第一个纵身跳下深谷，四位战士相继从悬崖上跳下去。

五位壮士在狼牙山上的纵身一跃，定格为中华民族抗日战争史上悲壮的一幕。

“风萧萧兮易水寒，壮士一去兮不复还，呜呼！三壮士已战死矣，而生者犹继

狼牙山纪念塔落成典礼

续为人民战斗，望狼牙山巍巍之高峰，谁不为之赞叹而高歌。我军对民族之忠贞，坚信我民族之不可战胜也……”这是节选自建在狼牙山上“五壮士纪念碑”碑文中的语句。两千年前，燕国太子丹，曾在这里送别去刺秦王的壮士荆轲。两千年后，五位八路军战士又在这里用鲜血和生命，写下更为光辉的诗篇。

狼牙山五位壮士跳崖之后，马宝玉、胡福才、胡德林壮烈牺牲，生前连一张照片都没有留下。宋学义和葛振林被悬崖上的树枝挂住，幸免于难。

葛振林伤愈后，先后投入解放战争和抗美援朝战争，屡建战功。朝鲜停战后回国，1955 年被授予少校军衔，曾任湖南衡阳警备区后勤部副部长，1982 年离休，2005 年 3 月病逝，其骨灰被安葬在衡阳市烈士陵园。

宋学义被折断了腰骨，经后方医院抢救得以幸存，1944 年，转业到河北省易县管头村任农会主席，1971 年在郑州病逝，遗体被安葬在沁阳烈士陵园。

五勇士的事迹，迅速传扬出去。1941 年 11 月 7 日，晋察冀军区司令员聂荣臻签署训令，将他们命名为“狼牙山五壮士”。1942 年 4 月，晋察冀军区在棋盘陀上建立“三烈士塔”，1959 年 3 月重建，更名为“狼牙山五勇士纪念塔”，聂荣臻同志亲笔题词：“视死如归本革命军人应有精神，宁死不屈乃燕赵英雄光荣传统。”

但是，在五位战士舍身壮举的背后，还有一些较少有人注意的细节，令人深思。

于江欣（军事科学院研究员）：

对于英雄人物，人们最为关注的是他们的英雄壮举。其实，每一个英雄，都有他的成长历程。在革命战争年代，我们中国共产党领导的军队，绝大多数成员都是来自农民。我们在军队中开展强有力的政治工作，就像一个大熔炉，能够把普通战士锻炼成具有大无畏精神的革命英雄。当然，还有一个重要的原因就是：日本帝国主义的野蛮残暴，也是对群众最好的教育，激发他们与敌人进行斗争的顽强意志。

这五位壮士都出身贫苦，备受地主剥削。

马宝玉全家三代八口人，住在一间低窄破旧的茅屋里，以租种地主的田地为生，每年打下的粮食绝大部分进了地主的粮仓，自家只能留点杂粮，拌着野菜吃，过着极度贫困的日子。

卢沟桥事变后，日本侵略者的铁蹄践踏华北，使大批中国民众流离失所，被抛向更加痛苦的深渊。是共产党的革命队伍发现了他们，拯救了他们。

胡福才和胡德林流浪三天未进食，饿昏在路旁的水沟里。八路军第一军分区第1团战士把自己的干粮送给他们，拯救了两个苦难生命。两人进入部队后，真切感受到八路军是抗日队伍，为老百姓服务。部队所过之处，备受老百姓拥护，被当作亲人一样关怀，使得他们重新有了家的感觉。在党组织的培养教育下，他们懂得“为谁扛枪”、“为谁打仗”的革命道理，练就一身过硬的杀敌本领。他们先后参加攻打容城、保卫阜平、激战大龙华、转攻雁宿崖、黄土岭等多次战斗，作战非常勇敢，身负重伤，仍然坚持战斗。

狼牙山五壮士的壮举，是长期接受革命教育的结果，是报答人民群众养育之恩的内心驱动，是对日本侵略者无比憎恨的必然选择。

马儒林（军事科学院研究员）：

五壮士跳崖后，赶上山来的日本指挥官被眼前的一幕震惊了，这时他才弄明白，围攻一天，耗费大量弹药，死伤数百人，与之战斗的却只有5名八路军。随后他下令士兵整齐排列，站在五壮士跳崖处，恭恭敬敬地三鞠躬，朝天鸣枪致敬。

1997年7月14日，一位老人来到狼牙山脚下，先是笔直地站着，随后用日语大喊一声，又笔直地跪下，趴在地上号啕大哭。

他就是追杀狼牙山五壮士的日军指挥官茅田幸。他命令士兵脱帽敬礼、鸣枪致敬的事情被告发，不久便被遣送回国。他特意挑选八十岁生日这天前来谢罪，忏悔追杀狼牙山五壮士的行为。承认他在侵华战争中对中国人民犯下的罪行，也是他今生难以忘却的噩梦，一生受良心鞭笞，谢罪是他寻求解脱的唯一途径。

齐德学少将（军事科学院原军事历史研究部副部长）：

对于日本来说，侵略中国的历史是永远抹不去的罪恶。正视历史，反省侵略战争的罪行，是避免日本重蹈侵略战争覆辙的根本前提。

在中国抗日根据地，还有很多像狼牙山五壮士一样的英雄。例如，1940 年夏季，八路军冀东军分区副司令员兼 13 团团长包森，带领新组建的部队休整，被驻蓟县和平谷两地的大批日伪军包抄。发现敌情后，包森急令部队转移。警卫班班长马振东带领 6 名战士，主动要求牵制和阻击敌人，掩护战友撤退。最终弹药用尽，马振东和 6 名战士砸毁枪支，跳崖殉国。

再如，1942 年冬季，日军集结了 1000 余兵力，突袭晋察冀军区第十一军分区 7 团驻地，河北省涞水县曹坝岗村。2 连奉命掩护党政军领导机关和群众转移，战斗打得非常激烈。

李文舸（济南军区 26 集团军某旅政治委员）：

2 连副排长李连山带领 8 班阻击敌人，激战 15 小时，最后仅剩下李连山等 5 名同志们。勇士们誓死不当俘虏，纵身跳崖，壮烈殉国。1943 年初，聂荣臻司令员签署嘉奖令，表彰五勇士英雄事迹。

正是因为有着无数这样有名或无名的英雄，根据地的军民形成最为强大的力量，粉碎了日军时间最长、最野蛮的“毁灭扫荡”。1943 年以后，日军再也组织不起对边区中心区的大规模“扫荡”进攻。这标志着日军“蚕食”、“扫荡”政策的破产。

壮士已去，精神永存。2009 年，“狼牙山五壮士”当选为“100 位为新中国成立做出突出贡献的英雄模范人物”。

第 81 章　黄崖洞保卫战

在山西省长治市黎城县往北 45 公里的西北方向，有一座巍峨险峻、雄伟壮观的高山，因为四周悬崖陡壁都是黄色，因此得名黄崖山。在黄崖山西面 1600 米的崖壁上有个高 25 米，宽 20 米，深 40 米，可容纳百人的天然大石洞，名叫黄崖洞。

在抗日战争中，八路军的武器十分匮乏，一个战斗班只有三五支枪，有的战士不得不用古老的长矛和大刀和全副武装的日军厮杀。为了解决武器装备问题，1938 年 11 月，毛泽东在中共六届六中全会的报告中提出：“每个游击根据地，都必须尽量设法建立小的兵工厂，办到自制弹药、步枪、手榴弹的程度，使游击战争无军火缺乏之虞。”

张明金（军事科学院研究员）：

根据党中央和中央军委的指示，八路军总部在 1939 年 5 月成立军工部。同年 7 月，八路军又在地形隐蔽的黄崖洞，建立黄崖洞兵工厂。

黄崖洞兵工厂成立后，在八路军总司令朱德、副总司令彭德怀的关怀下，生产能力得到较快的发展。1940 年，兵工厂先后研制生产出五五式步枪和八一式步枪及一大批各式各样的地雷。

1940 年 8 月 20 日，震惊中外的“百团大战”爆发。在八路军连续大规模破袭和攻击下，华北日军损失惨重。一直想在华北有一番作为的日军华北方面军司令官多田骏接连“出丑”，不禁恼羞成怒，要彻底摧毁和消灭八路军的抗日根据地。从 10 月 6 日起，日军调动数万兵力向华北各抗日根据地开始进行报复性“扫荡”。

1940 年 10 月 11 日，日军对沁河上游进行“扫荡”。日军沿沁县至西营及王家峪的路线东进。10 月 25 日，日军 500 人，沿桐峪河谷来到了八路军总部设在辽县、武乡县、黎城县交界地区的黄崖洞。

黄崖洞兵工厂四面险峰环抱，同外界只有两条羊肠小道相通，一条沿西北方向翻越山顶直达武乡县王家峪村，与八路军总部机关所在地相连；另一条沿山谷而下，出东口是南面绝壁中裂开的一道裂缝，俗称“瓮圪廊”，是唯一下山的出口。

10 月 25 日，日军占领瓮圪廊。当正在黎城八路军指挥所的彭德怀听到日军开始进入黄崖洞的消息，不禁大怒，即刻命令第 386 旅第 772 团和第 16 团赶到黄崖洞，

黄崖洞兵工厂生产八一步枪和子弹，五〇炮，图为兵工厂生产手榴弹的情景

打退日军进攻。

陈知建少将（开国大将陈赓之子）：

保卫黄崖洞的是两个团，一个是八路军的直属骑兵团，一个是特务团，也就是警卫团，他们不够了，再加上我爸一个团，就这三个团也是把日本鬼子拼得够呛。

日军见八路军大队人马来援，放了一把火后逃离了黄崖洞。

张明金（军事科学院研究员）：

其实，冈崎支队当时不知道黄崖洞有八路军的兵工厂。冈崎支队是一直在沿西井至黄崖洞这一条路线追杀八路军的指挥机关。但是，这次日军对黄崖洞地区的“扫荡”，却引起了八路军总部的高度重视。

为了增强保卫黄崖洞兵工厂的力量，确保军工生产安全，1940 年 11 月，八路军总部特务团奉彭德怀的命令进入黄崖洞设防，肩负起保卫黄崖洞兵工厂的光荣使命。

八路军总部特务团，又称“朱德警卫团”，前身是中国工农红军中央军委特务团。全国性八年抗战中，跟随朱德驰骋华北战场，担负着保卫八路军总部，执行作战警戒和宣传群众，发展地方武装等任务，参加了反日军的“九路围攻”、“百团大战”等著名战役。

1941 年，黄崖洞兵工厂在八路军总部特务团的保卫下和八路军总部的鼓励下，得到了迅速发展，研制出五〇炮及其炮弹。黄崖洞兵工厂的最高月产量为 400 多支步枪，50 门五〇炮，炮弹 2000 多发。这批武器运往前线后，有效地增强了八路军的作战实力。被朱德总司令誉为八路军的“掌上明珠”。

日军在与八路军的作战中，曾夺得少量由黄崖洞兵工厂生产的八一式步枪、五〇炮等武器。日军在研究后发现，这些武器的性能居然丝毫不比他们手中的同类武器差，这才引起了日本侵略者对黄崖洞兵工厂的注意。

1941 年春，日军两次对黄崖洞兵工厂进行试探式进攻，均因当地军民的袭扰和八路军总部特务团的严密防守，其破坏黄崖洞兵工厂的计划未能得逞。

黄崖洞兵工厂遗留下的锅炉

彭训厚（军事科学院研究员）：

1941年秋，日军停止正面攻势，加紧对八路军进行疯狂“扫荡”。在屡次“围剿”不见成效之时，日军把失败的原因归结到黄崖山兵工厂的存在。于是，日军的目光再一次投向了黄崖山。

1941年10月30日，接替多田骏新任日军华北方面军司令官冈村宁次命令日军第36师团及独立混成第4旅团一部共7000人，在日军飞机的掩护下，分南北两路对太行山抗日根据地发动了“捕捉奇袭”的“扫荡”，妄图彻底捣毁黄崖洞兵工厂。

11月3日傍晚，从黎城出动的2000多日军在辽县下南会村30里处，被负责侦察的八路军小分队发现。综合各方面的情报，彭德怀、左权判断，日军此次“扫荡”的真正意图在于合击八路军总部机关，破坏黄崖洞兵工厂。于是两人立即命令担任保卫黄崖洞兵工厂任务的八路军总部特务团出击迎敌，粉碎日军的“扫荡”企图。

八路军总部特务团刚到黄崖洞以西20里左右的上温村时，即与日军先头部队交上了火。11月5日，日军窜向黄崖洞东南的西井镇。当天夜间，彭德怀直接通过电话向八路军总部特务团团长欧致富下达命令，要特务团所有预备队立即撤进黄崖洞。随后，左权接过电话又解释了八路军总部的作战意图：既然日军总想进攻黄崖洞，外围部队就让出一条路放日军进来，然后由八路军总部特务团在黄崖洞防区里狠狠地教训它一顿，从中也检验一下八路军的防御作战能力及黄崖洞兵工厂防御工事的坚固性。

左权，字孳麟，号叔仁，曾用名左纪权，1925年加入中国共产党，1934年参加长征，1936年任红一军团代理军团长。抗日战争爆发后，历任八路军副参谋长、八路军前方总部参谋长。

张明金（军事科学院研究员）：

（一是）黄崖洞地势非常险要，易守难攻。当时黄崖洞有两个主要的进出口：一条是东南方的南口，通向黎城；另一条是西北方的左会垭口，通往武乡。二是黄崖洞的周围已经建起了坚固的防御工事，形成了严密的防御体系。三是黄崖洞已经储存了充足的武器弹药和食物，特务团在里面坚持十天半月毫无问题。四是特务团老兵多，战斗经验丰富，战斗力较强，对当地地形又很熟悉。因此，左权认为，只要正确指挥，打退日军的进攻是有把握的。

八路军总部特务团团长欧致富，原名欧阳致富，壮族，广西田阳县人，是参加过长征的著名将领。欧致富根据左权的指示，命令特务团严阵以待。

1941 年 11 月 9 日，日军集中 5000 多人从黎城向黄崖洞南口进军，直奔黄崖洞兵工厂。10 日下午，日军开始试炮，企图用炮弹扫雷。特务团设雷组的战士则与日军炮弹打起了“游击”，待日军全面炮击后，又突击埋雷，专等日军步兵的到来。

11 月 11 日拂晓前，日军几次偷袭黄崖洞南口，均未得逞，天亮后，便对南口发起了强攻。300 多名日军步兵企图分头夺取各个目标，一举攻占黄崖洞兵工厂。突然间，一颗颗滚雷从天而降，八路军总部特务团前沿各机枪阵地也猛烈开火。日军乱作一团，撤了回去。日军第一次冲锋被打退，伤亡 200 余人，特务团无一伤亡。

黄崖洞兵工厂四面绝壁环绕，不要说平射炮不好打，就是曲射炮对它也不起作用。日军步兵失利后，想用炮火进行报复，根本就不起作用。气急败坏的日军向黄崖洞方向投放了几十颗毒气弹。欧致富和三营营长涂玉山在前沿阵地观察日军情况，中毒昏了过去。

马儒林（军事科学院研究员）：

当欧致富中毒醒来的时候，八路军副参谋长左权让他休息，但是欧致富坚决不肯下火线，坚持指挥作战。

11 日下午 5 时左右，日军一部趁着火力掩护向南口冲来。他们每人手上拿着几条绳索，见着尸体就套，套住腿的拖腿，套住头的拖头，日军想拖回尸体。八路军总部特务团将滚雷、手榴弹都扔下崖去，把日军又炸倒了几十个。

日军经过这几次进攻，意识到想要拿下黄崖洞，正面进攻是不行的。于是，11 月 12 日夜，几十个日军偷偷爬上了大断崖，准备和正面日军夹击八路军。11 月 13 日拂晓，日军突然集中 10 余门火炮，向桃花寨、跑马站 1461 高地和高地后边大断崖上八路军总部特务团第 4 连的工事开始猛烈炮击，第 4 连第一排阵地被突破。欧致富马上调整部署，组织部队进行反击。欧致富经过观察，发现日军企图夺占跑马站山下的沟，借路进攻黄崖洞兵工厂所在的水窑洞。

马儒林（军事科学院研究员）：

欧致富决定诱敌深入，给日军让出一条路，在瓮圪廊沟底布雷，然后两边火力夹击，把日军消灭在沟底。

八路军总部特务团的这一招果然奏效。日军迅速攀崖，从右侧攻下沟来，企

图一举攻占水窑洞的洞口。开始，日军急于占领洞口，多路攻击前进，结果踩响了好多地雷。为减少伤亡，他们又改成一路进攻。这样一来，便陷入了八路军总部特务团左侧高地和水窑洞口右侧崖上两翼火力的夹击之中。日军既躲不开又逃不掉，突进到沟底的200多日军，还未接近水窑洞口的核心工事，就悉数被歼。

日军吃了亏后，从11月14日开始，日军不断发动猛烈进攻。直到11月16日晚上，日军还是被拦阻在水窑洞口，进不了黄崖洞兵工厂。恼羞成怒的日军使用了火焰喷射器，水窑洞口阵地顿时烈焰腾腾。此时，黄崖洞兵工厂机器设备已转移完毕。

张明金（军事科学院研究员）：

从11月11日到16日，仗已经打了6天，可是日军却连兵工厂是什么样子都还不曾见到。一个小小的黄崖洞，让骄横不可一世的日本“皇军”吃尽了苦头，也丢尽了脸面。

日军第36师团师团长舞传男坐立不安，给进攻部队的几个主要指挥官下了死命令，两天内必须攻下黄崖洞，否则要他们以死来谢罪。

在受到舞传男严厉斥责后，进攻黄崖洞的日军于11月17日发了疯似地向水窑洞口发起了更为猛烈的攻击，有一小股日军闯进了黄崖洞兵工厂区，但是他们见到的只是一片碎石瓦砾。日军在工厂区折腾了半天，一无所获，反而引爆了埋在里面的各种地雷。此时日军斗志全无，一个个都在等待援军的到来。11月18日，日军在飞机的掩护下，又兵分3路向八路军总部特务团防守阵地发起了攻击，但日军已是强弩之末。在欧致富指挥下，八路军总部特务团粉碎了日军的进攻，并于深夜开始全面反攻，很快就收复了全部阵地。至此，七天七夜的黄崖洞兵工厂保卫战胜利结束。

此次战斗，在左权的直接指挥下，八路军总部特务团以1300人，抗击了5000多日军的进攻，歼灭日军近千人，八路军伤亡166人，伤亡比例6∶1。战后，八路军总部特务团被八路军总部授予“黄崖洞保卫战英雄团”的光荣称号。黄崖洞保卫战是八路军以少胜多的光辉战例。

第 82 章　十字岭战斗

1942 年，对战斗在太行山上的八路军来说是异常艰苦的一年。1941 年 12 月太平洋战争爆发后，日军华北方面军制订 1942 年度《治安肃正建设计划大纲》，并依此集结大量兵力，重点对晋察边区冀东、冀中区和晋冀鲁豫边区太行、太岳区进行大规模的毁灭性“扫荡”，以巩固其占领区，使之成为“大东亚战争兵站基地”。1942 年 2 月，日军纠集 1.2 万余人的兵力，采用“铁壁合围、捕捉奇袭”等战法，进行春季大“扫荡”，奔袭中共中央北方局和八路军总部驻地太行区北部的桐峪、洪水、王家峪。

八路军第 129 师师长刘伯承、政治委员邓小平，根据中共中央北方局和八路军总部的指示以及日军的动向，积极部署太行、太岳抗日根据地的反“扫荡”作战，采取“敌进我进”、内线与外线斗争相结合的方针，以主力适时转移至外线，以一部兵力和地方武装坚持内线斗争，粉碎了日军 1942 年春季大“扫荡”。

春季大“扫荡”失败后，日军很快于 1942 年 5 月对太行、太岳抗日根据地发动大规模的夏季大“扫荡”。这次大“扫荡”，日军纠集了 3 万余人的兵力，采取“铁壁合围”、“捕捉奇袭”、“抉剔扫荡”、“分路合击”等战术。从 5 月 15 日开始，计划分 3 期进行：第一期准备对太岳南部沁河河畔的八路军作战，第二期准备对太行区涉县以北的八路军作战，第三期准备对涉县以南的八路军作战。后来在执行中，日军又增加了第四期对太岳以南的国民党军的作战。

为了此次大“扫荡”，日军除主力第一军外，冈村宁次另从第 36 师团挑选两个联队伪装成八路军，专门用来捕杀八路军首脑和搅乱八路军的指挥中枢，谓之“挺进杀人队”。

罗箭少将（开国大将罗瑞卿之子）：

其中有一个叫益子部队。益子（益子重雄）是日军的一个中尉，他是这个部队的头。（他们）化装成八路军，也给老百姓扫地、担水，夜间行动。益子部队是专门对付彭德怀、左权和我父亲（罗瑞卿）这些八路军总部的人的。

1942 年 5 月 15 日，日军派出第 36 师团主力及第 69 师团一部共 7000 余人，直奔太岳区南部沁河两岸的东峪、马壁地区，八路军总部机关及各单位就在附近。

姚有志少将（军事科学院原战略部部长）：

八路军总部机关战斗部队少、非武装人员多、后勤部门物资多，根据这些实际情况，八路军总部机关确定了机动战术：在日军分路合击的同时，寻机穿插迂回突围，然后在日军合击扑空撤退时，伺机集中优势兵力歼灭日军。

5月24日，在茫茫夜色中，八路军总部机关各单位开始转移。除太行联合中学等少部分单位从麻田沿漳河往南转移外，其余大部人员向麻田东面的山区转移。

25日拂晓，八路军总部和中共中央北方局进入南艾铺、窑门口一带，正好与野战政治部和后勤部门的队伍相遇，一时间队伍变得更加庞大。

就在这时，日军独立混成第3、第4旅团主力，独立混成第1、第8旅团一部及第36师团主力共10000余人，从四面八方迅速奔来，对这一地区构成铁桶大合围。

罗箭少将（开国大将罗瑞卿之子）：

这个益子部队已经到了我们八路军总部的驻地了，正好警卫连的战士碰见这支部队，问是哪一个单位的，他们也说不清楚是哪个师哪个团的，这个益子部队怕暴露就撤了。益子部队还是知道了咱们大体的位置，所以人家是有目的的来，把咱们包围了。

情况万分紧急，彭德怀、左权迅速指示警卫部队一边派出人员侦察，一边加强对十字岭四周高山的警戒。

十字岭，位于山西省麻田东部的太行山顶，正岭呈东西走向，绵延数十里，和南北走向的山岭交错形成“十”字，因此得名。

张明金（军事科学院研究员）：

十字岭位于南艾铺和北艾铺之间，是八路军总部和北方局机关队伍向北突围的必经之地。如果控制了十字岭，南、北艾铺一带就成了一盘活棋。

中午时分，日军飞机侦察到了八路军的行踪。左权意识到敌机很快会来进行轰炸，便立即召集各路负责人，讲明这一严峻形势，决定后勤部队单独一路向东北羊角、黄泽关先行突围，其余部队听候命令。半小时后，果然数架日军飞机来袭。在飞机轮番轰炸、扫射的掩护下，日军地面部队也开始进攻，枪炮声一阵紧似一阵。

彭德怀、左权、罗瑞卿紧急碰头，立即决定分别向西、北、南三个方向突围。

被摧毁的民房

突围命令下达后，各路队伍迅速行动。

与此同时，日军也觉察到八路军要分散突围的意图，加紧收缩包围圈。天上飞机扫射，地上炮火轰炸，一时间，缺少实战经验的八路军后方人员慌乱奔跑，被炸伤的骡马拖拽着肠子四处蹦跳，各种物资散落满地。直接造成中共中央北方局机关报《新华日报》（华北版）社长兼总编辑何云等 40 多位同志壮烈牺牲的重大损失。

张明金（军事科学院研究员）：

在这种危难的时刻，左权置生死于不顾，他登上高坡，指挥人员突围，不停地高喊："同志们，不要怕！加快速度，冲出山口就是胜利！"听到左权的声音，慌乱的人群很快稳定下来，队伍突围的速度也大大加快了。

下午 2 时许，日军挺进杀人队穿着八路军服装跨越清漳河东犯，悄悄进至十字岭，由此横插过来，企图将八路军突围队伍拦腰截断。左权及时发现这一情况，即命时任总部警卫连连长的唐万成速带警卫连战士抢占前面的山头。

张明金（军事科学院研究员）：

这时，从十字岭右侧一道坑梁的背后，也突然响起了激烈的枪声，炮弹也轰轰轰打了过去。四五架飞机也一齐飞向那边助战。原来日军还有一个更大的阴谋，他们在停止进攻摆出退兵的样子，其实是想引诱隐蔽转移的大部队出现，因此，他们以退兵遮人耳目，暗地里来了个分兵，以一支部队从左侧偷袭，另一支精锐部队抄到了八路军的背后去了，企图切断整个转移队伍的道路。

此时，八路军总部大部人马还在十字岭南山坡上。左权冷静观察后，命令驮着辎重的骡马队伍走通向山顶的道路，徒手人员分头经岭东绕道翻山通过。悬崖险路，光山秃岭。突围队伍沿着山坡，犹如数条长龙向十字岭北部蜿蜒伸去……

日军很快又发现了突围的队伍，便集中了几乎所有火力对准十字岭猛烈轰击。一架架在阳光照射下闪着刺眼亮光的红头飞机露出狰狞的面目，怪叫着、俯冲着。十字岭上硝烟弥漫，地动山摇，人声、马声、枪炮声响成一片，队伍顿时失去控制。

张明金（军事科学院研究员）：

直到太阳快要落山的时候，仍然还有一部分人没有突围出去。在这种情况下，面对生与死的考验，此时的左权毅然坚守在指挥岗位上，他决心要带领大家共同转移出去，到达安全地带。这时，离突围日军的包围圈就差一道山梁了，这也是日军组织的最后一个火力封锁口，冲过去就是胜利！所以，左权一面沉着地指挥警卫连进行掩护，一面高声催促机关人员加速突围。

最终，在左权的带领和指挥下，北方局、新华社和八路军总部机关大部成功突围。但左权却在指挥突围作战中，被日军的炮火击中，英勇牺牲，年仅 37 岁。

左权，1905 年生于湖南省醴陵县黄茅岭，是黄埔军校一期学员，1925 年加入中国共产党，随后赴苏联，在莫斯科中山大学、伏龙芝军事学院进行了 5 年的系统军事学习，曾任红 1 军参谋长，参加了开辟中央苏区和五次反“围剿”作战，参与指挥所部在长征中的作战。1937 年任红 1 军团代理军团长。抗日战争时期任八路军副总参谋长、前方总部参谋长等职。

罗箭少将（开国大将罗瑞卿之子）：

左权将军牺牲以后，召开了一个追悼会，我父亲去讲话。说我们只有三句话，第一句话报仇，第二句报仇，第三句还是报仇。激励八路军战士坚定抗日的信心，渡过这个最艰难的时刻。通过我们的情报，这个益子部队还在县城里头，准备要开庆功会，我们派武工队过去把它收拾了，总算给左权将军报个仇。

英雄铁血亦柔情！在左权的家书中，每一个字都深深地表达着将军对夫人刘志兰和女儿左太北的真挚情感。

“志兰！亲爱的，别时容易见时难，分离21个月了，何日相聚，念念念……我虽如此爱太北，但如时局有变，你可大胆地按情处理太北的问题，不必顾及我，一切以不再多给你受累、不再多妨碍你的学习及妨碍必要时之行动为原则。”将军心中流淌的始终是深沉的大爱，这爱是那样细腻，那样深刻。

就在这封信寄出的第三天，征战在太行山抗日最前线的左权就与日夜挂念的妻女永别了，他以热血和生命实践了自己“与华北人民同甘苦、共生死”的诺言。

在得知左权同志壮烈殉国后，毛泽东和朱德眼含热泪，久不能语。为悼念昔日亲密的革命战友，朱德于1942年6月2日写下感人至深的悼诗：“名将以身殉国家，

1940年8月，左权送夫人刘志兰和女儿左太北去延安前在武乡砖壁留影

愿拼热血卫吾华。太行浩气传千古，留得清漳吐血花。”

姚有志少将（军事科学院原战略部部长）：

刘伯承和邓小平合写了《纪念我们的战友左权同志》一文，文章说：“左权同志的牺牲，不仅是中华民族、中国人民和我党、我军的重大损失，就是在同志感情上，即个人的友谊上，也使我们失掉了一个最亲密的战友。我们的悲伤，是不可以言语形容的。”

周恩来闻讯后，从重庆特地发来专电，并于6月21日在重庆《新华日报》上发表《左权同志精神不死》的悼念文章：“左权同志死在壮年，以他的志行才力，经验学识，所能贡献于国家民族，尽力于革命军队者正大，今一旦壮烈牺牲，对于抗战事业，尤其是对于十八集团军和敌后人民，真是一个无可补偿的损失……他之牺牲，证明他无愧于他所信仰者，而且足以为党之模范。”

1942年9月，为永久纪念壮烈牺牲的左权将军，晋冀鲁豫边区政府将山西辽县改名左权县。

新中国也不会忘记为了全民族的解放而为之奋斗的英雄先烈们。20世纪80年代末90年代初，中央军委审议确认左权为中国人民解放军军事家。2009年，在迎

山西左权十字岭

接新中国成立 60 周年之际，左权被评为“100 位为新中国成立做出突出贡献的英雄模范人物”之一。

“流不尽的是清漳河，唱不完的是左权歌！”烈士的鲜血凝聚成威武不屈的抗日民族精神，永远激励着后人。

第 83 章　百花洞战斗

在中国的版图上，我们不难找到那颗璀璨的明珠——深圳，而要追溯到抗日战争时期，这里还只是广东的一个小县城——宝安。抗日战争中，扭转了东江人民抗日武装命运的上下坪会议就是在这里召开的。

1940 年 3 月，广东东江地区的国民党顽固派向中国共产党领导的东江人民抗日武装发动进攻。东江人民抗日武装领导者认为部队东移海陆丰有利于生存和发展，结果却遭遇国民党顽军围追堵截。在极为困难的处境中，东江人民抗日武装接收到中共中央“必须大胆坚持在敌后抗日游击战”的战略指示。为贯彻中央指示精神，调整行动，1940 年 9 月中旬，中共前线东江特别委员会在宝安县上下坪村召开了部队干部会议。

会议决定，将原有部队统一整编为广东人民抗日游击队，下辖第 3 大队和第 5 大队。第 3 大队开赴东莞，建设以大岭山为中心的抗日根据地；第 5 大队留守宝安，建设以阳台山为中心的抗日根据地。

魏碧海（军事科学院研究员）：

上下坪会议在东江人民抗日武装东移受挫重返敌后的关键时刻召开，具有重要的战略意义。会议统一了思想，增强了团结，坚定了部队回师东莞、宝安、惠阳敌后战场的信心。会议形成的正确决策，为东江人民抗日武装的发展指明了方向。

大岭山区由红山、大岭山、莲花山、水濂山等组成，北面是莞城，莞太公路沿山区西缘直至太平，东面紧邻广九铁路与莞樟公路，南面与宝安县的阳台山遥遥相望。

当地驻有日伪军 3000 余人，附近水乡地区驻有伪军刘如发、李潮部共 2000 余人，此外还有部分国民党顽军盘踞在横沥、樟木头、塘厦等地，并深入到大岭山的金桔岭、大朗等地，形成日、伪、顽势力犬牙交错的复杂局面。

1940 年 11 月初，广东人民抗日游击队第 3 大队到达大岭山地区，立足未稳。驻东莞日军调集厚街、桥头部队 200 余人奔袭大岭山区，妄图一举歼灭第 3 大队。第 3 大队不畏强敌，以劣势兵力和装备在黄潭村与日军激战 4 小时，毙伤日军 30

余人。

战后，第 3 大队又乘胜沿莞太、宝太公路线出击，连续袭击霄边、锦厦、厚街、桥头、赤岭、篁村等多个日伪军据点，截击日军车辆，破坏日伪军交通运输和通讯联络，惩治汉奸，缴获了一批武器弹药和军用物资。第 3 大队取得了重返东莞、宝安敌后的初次大捷。

魏碧海（军事科学院研究员）：

虽然首战告捷，但从长期斗争形势来看，第 3 大队以几十人对战上千日伪军，无异于鸡蛋碰石头。要想冲破这种敌强我弱的不利局面，就必须扩大部队规模。于是，中共东江特委决定，成立军政委员会，创建一支包括主力部队和地方武装在内的人民抗日武装！

大岭山区在 1939 年建立了中共大岭山区委，发展了一批党员，有一定的群众基础。许多乡村都建立了抗日自卫队，中共东莞组织领导的“模范壮丁队”曾活动在这一带山区。在此基础上，第 3 大队组织的群众参军活动在大岭山区如火如荼地展开了，大批爱国青年争相要求入伍。与此同时，第 3 大队还深入发动青年农民拿起武器，抵抗日军侵略，先后在各村成立了组织严密、战斗力较强的抗日自卫队。大岭山民众的抗日热情被点燃，当地群众纷纷奔走相告：“老模队又回来了！”

1941 年 5 月，一支 800 余人的抗日武装力量在大岭山抗日根据地建立起来，他们用灵活机动的游击战术主动出击日伪军据点，打开了战斗局面。

第 3 大队在抗日自卫队的配合下，连续三次击退水乡地区伪军刘如发部 200 余人的侵扰，毙伤伪军多人。还分别击溃了驻大朗、樟木头国民党顽军的袭扰和进攻，保护了当地群众的利益。

第 3 大队由曾生任大队长，林平任政治委员。

曾生，原名曾振生，1910 年 12 月出生于广东省宝安县一户华侨家庭。他在少年时期曾随父到澳大利亚求学，毕业于商业学院中专部。1936 年加入中国共产党。日军入侵广州后，他临危受命，回到东江敌后，恢复党组织，建立抗日武装，开展敌后游击战争，1955 年被授予少将军衔。

林平，1908 年 7 月出生在江西省兴国县，1930 年参加红军，1931 年加入中国共产党，曾任红军闽南独立第 3 团团长、闽南红军第 2 支队支队长等职，抗日战争时期任中共广东省委常委兼军事委员会书记、中共东江特别委员会书记等职。

在大岭山东面茂密的荔枝林中，隐蔽着一个小村庄，这个村庄有着一个美丽

东江纵队司令员曾生所拍的照片

的名字——百花洞。百花洞和它周边的几个村庄是大岭山区抗日根据地的中心地区。

1941 年 6 月 10 日，大队长曾生正在百花洞村召开民运工作会议。

就在这一天，驻东莞县城的日军经过长时间窥伺密谋，派出长濑大队 400 余人和伪军 200 余人，采取突袭战术，一路从桥头经大迳、大环，直逼百花洞。另一路则从莞城经上下山门、髻岭、新屋场直击百花洞，形成合围态势，妄图摧毁大岭山区抗日根据地。

在百花洞召开会议的第 3 大队大队长曾生还不知道，一场恶战正向着这个安静的村庄逼近。

马儒林（军事科学院研究员）：

当时百花洞的情况是：第 3 大队政治委员林平和军事负责人梁鸿钧带领领导机关驻在大岭村，副大队长邬强带领第 3 中队保卫领导机关；第 1 中队驻在大沙乡的长圳村，负责对北面日伪军和金桔岭方向的顽军警戒；第 2 中队驻在大环村，负责向莞太公路方向的日伪军警戒。

狂妄的日军没有想到，他们刚进入大岭山区范围，就被第 3 大队厚街情报站发现，通信员当夜把情报送到了正在百花洞的曾生手上。曾生等领导人立即做出部署，诱敌深入，调兵布控。

6 月 11 日的拂晓前，曾生派人到大环村去联络第 2 中队，了解敌情，但派去的人去了不久便跑回来，报告大环方向发现了日军。曾生等人即率领百花洞抗日自卫队迅速抢占百花洞西南的制高点，同时，派通信员速到大王岭村向领导机关报告。邬强一接到情报，便率领第 3 中队跑步赶往百花洞。

梁鸿钧

1941 年 6 月 11 日早晨，天刚蒙蒙亮，一队日伪军出现在通往百花洞的北面小路上。曾生一声令下，抗日自卫队立即向日伪军发起猛烈射击。日伪军遭遇突袭，阵脚大乱，慌忙卧倒反击，并拼死抢占北面山地。

于江欣（军事科学院研究员）：

第 1 中队抢占大环村后高山，第 2 中队从龙山二村出发，抢占太公岭村后小山，第 3 中队抢占大环村对面，也就是百花洞左侧山岭。随后，曾生亲自率领抗日自卫队抢占百花洞西南的小山头制高点，因为装备和人数处于明显劣势，只有利用“地利”优势打伏击，靠敌明我暗的游击战来阻击来犯日军。

首战告捷，曾生并没有与日军硬拼，而是利用且战且退的迂回战术，让日军吃尽了不少苦头。与此同时，第 1 中队虎门队在中队长彭沃的率领下已进至百花洞东侧的大岭村，抢占村侧山头阵地。

这一年，彭沃刚刚 25 岁，却是名副其实的老红军。他于 1930 年在海陆丰参加红军，跟着彭湃闹革命，1938 年跟曾生回惠阳县坪山组建游击队。他所率领的虎门队，在 1940 年 10 月刚成立时只有 29 人，平均年龄 19 岁，武器装备也少得可怜，而此时已增加至近百人，步枪几十支，队里还有一位有名的机枪射手——吕苏。

日军以为击退了曾生的伏击部队，攻占了百花洞西北面的山地后，沿田埂继续向左侧的荔枝园进犯。日军大队长长濑骑着高头大马，率领日军 100 余人踏入虎门队伏击阵地。彭沃果断下令打那骑马的军官，吕苏开枪射击，长濑应声倒地。虎门队枪声四起，日军群龙无首，慌忙向荔枝园方向逃窜。

马儒林（军事科学院研究员）：

当时枪声一响，长濑随即跌落马下，马跑了，人滚了几滚，倒在地上不动了。群龙无首的日本人一看中了埋伏，顿时慌了手脚，几百号人向荔枝园方向落荒逃窜。彭沃随即下令追击，彻底消灭残余日军。

第 1 中队紧追溃逃日军，第 2 中队则冲锋在前，便凭借有利地形，用火力把小高地上的日军压制在草坑中，与日军形成对峙。邬强率领第 3 中队从大王岭赶至百花洞，与曾生部会合，迅速占领百花洞南面高地。

第 2 中队迅速移动到大环村北面山地的制高点，并配合第 3 中队切断了日军通往大环村西南的退路。驻在附近的第 5 大队第 1 中队和重机枪中队迅速抢占了祁岭。与此同时，太公岭、髻岭、连平等地各乡的抗日自卫队和民兵也纷纷投入战斗。

民兵队伍开赴前线，配合主力作战

于江欣（军事科学院研究员）：

各乡抗日自卫队得知日伪军来犯的消息以后，立即抢占高地，利用一切武器包括洋枪、洋炮、土枪、土炮打击日伪军。各村群众积极登山助战，到处敲锣击鼓、呐喊助威，有的还在铁皮桶里点燃鞭炮，模拟枪弹声，威慑敌军。同时还自发组织起救护队护送伤员，并且为指战员送茶送饭。对取得战斗胜利，起到了很大的作用。

连绵起伏的山脉上到处是抗日军民。进犯的日伪军陷入人民战争的汪洋，虽然发动一次次疯狂反扑，企图突出重围，但均遭失败，被压缩在百花洞与大环之间的几个小山头上，进退两难。

激战至 6 月 11 日下午 15 时，日伪军连续施放了两次烟幕掩护撤退，均未奏效，后来又放出军鸽向驻石龙的日军求援。大沙抗日自卫队击落了救援的军鸽，截获了求援报告和地图。日伪军退路被断，突围无望，只得就地在荔枝园北端的小高地挖掘堑壕，固守待援。6 月 11 日深夜，日军偷偷派两名士兵经大环村的伯公坳向莞城求援，结果在伯公坳出口被大迳抗日自卫队捕获。

6月12日上午，战斗仍呈胶着状态。日军开始出动飞机支援，向被围日伪军空投食品、弹药，但在猛烈的火力射击下，飞机无法低飞，只得无劳而返，空投的物资也大多成为抗日军民的战利品。尤作困兽之斗的日伪军再次向连平方向突围，在抗日军民的打击下，仍旧未能得逞。

于江欣（军事科学院研究员）：

绝望的日军被迫从广州、石龙紧急调集步兵、骑兵一共1000多人驰援百花洞，用火炮及重武器猛烈轰击，这才强行打开缺口，让被困的日伪军得以逃脱。

历时两日的百花洞战斗，共毙伤日军50余人，击毙日军大队长长濑，缴获长短枪10余支、战马数匹及弹药、物资一批。第3大队和抗日自卫队共伤亡10余人。

战后，大岭山抗日根据地的军民在连平圩举行了祝捷大会。会上，政治委员林平、大队长曾生高度赞扬部队和抗日自卫队指战员不怕牺牲、英勇作战的战斗作风和革命精神，以及大岭山抗日根据地群众紧密支援部队作战的英勇行动。大会还展览了缴获的战利品。

百花洞战斗的胜利，是广东人民抗日游击队重返敌后对日作战的一次重大胜利，保证了大岭山抗日根据地的建设和发展，增强了东江地区抗日军民胜利的信心，扩大了中国共产党和广东人民抗日游击队的影响，沉重打击了日军的侵略气焰。战后，日军曾哀呼：百花洞一战“是进军华南以来最丢脸的一仗”。

第 84 章　山东纵队反“扫荡”突围

沂蒙山区泛指位于山东腹地的泰山、鲁山、沂山和蒙山。这里地势险要，地理位置得天独厚，是山东的战略制高点。向北可以攻占胶济铁路，向西可以控制津浦铁路，向南可以直下徐海地区，进一步威胁陇海路徐州至开封段。

全国抗战开始后，在中国共产党领导下，山东八路军在沂蒙山区建立和发展了抗日根据地。中共山东分局、第 115 师师部和八路军山东纵队指挥机关常驻沂蒙山区，这里成为山东抗日根据地的政治、军事中心地区。

日军为消灭八路军山东党政军领导机关和主力部队、摧毁鲁中沂蒙山区根据地，于 1941 年 9 月中旬至 10 月上旬，首先对沂蒙山区周围的泰山区和鲁南的郯城、码头地区进行“扫荡”；同时，抽调第 21 师团、第 33 师团、第一军的第 36 师团和独立混成第 3 旅团、第 4 旅团、第 9 旅团各一部，加强驻山东地区的日军第十二军。

10 月下旬，日军第十二军集中 5 万余人兵力，准备对沂蒙山区抗日根据地进行“扫荡”。其部署是：以第 32 师团及独立混成第 10 旅团主力配置于新泰、蒙阴、

日军大规模大“扫荡”

平邑、费县地区，以第 21 师团、独立混成第 5 旅团和第 6 旅团主力配置于沂水、莒县地区，以第 17 师团主力、第 33 师团一部配置于临沂地区。从而对鲁中沂蒙山区构成了合围态势。这次“扫荡”以日军第十二军司令官土桥一次中将为总指挥。

姚有志少将（军事科学院原战略部部长）：

针对日军的“扫荡”企图，10 月上旬，山东军政委员会和第 115 师首长相继发出紧急指示，提出开展全面的群众性的游击战争，采取内外线斗争相结合的方针，进行反“扫荡”作战，划定地方武装及游击小组的作战地域，规划了主力部队灵活地袭击敌之侧翼和后方交通线与据点等一系列要求和部署。

11 月 2 日，山东军政委员会决定：山东分局第 115 师直属队，适时转移至鲁南地区；山东纵队直属队转向泰山区；山东纵队第 1 旅主力转向日军合围圈的外围，待机作战；抗大一分校转向泰安、泗水、宁阳地区；鲁中军区及各军分区和县区武装就地领导民兵坚持斗争。活动在鲁中区附近的教导第 1 旅和山东纵队第 2 旅、第 3 旅、第 4 旅、第 5 旅等部，分别在滨海南部和北部、胶济路沿线及新泰以东和烟台一带，对当面之敌开展攻势，配合沂蒙山区的反“扫荡”作战。

11 月 2 日晚，蒙阴、沂水、莒县的日伪军秘密出动，4 日拂晓，偷袭山东纵队指挥机关的驻地——马牧池。

齐德学（军事科学院原军事历史研究部副部长）：

日军这一次扫荡，采用了“铁壁合围”的战法，从临沂、蒙阴、沂水等多个方向同时出击，形成了一个三角形的包围圈，然后不断向中心压缩，企图把八路军挤压到一个特别狭小的地带，最终越压越小，直到把根据地彻底消灭。所以，这个战法又叫“铁桶阵”，包围圈一旦形成，八路军最为擅长的游击战术就难以施展。

此时在马牧池的八路军，除山东纵队指挥机关外，还有山东纵队青年团。这支部队刚刚结束反顽作战，是 11 月 3 日下午转移到马牧池村的，正担任山东纵队指挥机关的警卫任务。

田越英（军事科学院研究员）：

这支部队是隶属于山东纵队的青年团。这时候，徐向前司令员已经离开山东，中央军委和八路军总部指定罗舜初协助山东纵队政委黎玉主持军事行政工

1938年底，山东人民抗日救国军第5军改为八路军山东纵队第3支队。这是在山东省清河地区举行支队成立大会

作，所以罗舜初就担负起了指挥青年团，保卫纵队机关的任务。

罗舜初，1914年出生于福建上杭，1931年参加红军，曾长期在毛泽东、周恩来、朱德身边担任参谋工作。1939年5月，罗舜初随徐向前进入山东，成为山东纵队参谋处长，1955年被授予中将军衔。

日伪军这次偷袭马牧池是有备而来。他们在汉奸的带领下，不走大路，避开村庄，假冒八路军地方部队，骗过哨兵并将其杀害，然后分成多路迅速涌入村内。日军进村后，按照事先约定，不开枪射击，每经过一户院落，就向里面投掷毒气弹，然后径直向村后的山东纵队指挥机关驻地冲去。

最先发现异常的是山东纵队参谋处长罗舜初的警卫员王登洲。当他听到外面一阵杂乱的脚步声后，本能地意识到有情况，随即一跃而起，立即向罗舜初报告外面有情况！

接到警卫员王登洲的报告，罗舜初当即部署青年团就地投入战斗，负责阻击，司令部人员则全体撤出马牧池村，到村后山上集合。

罗小明（开国中将罗舜初之子）：

出来以后，到了后山上，我父亲（罗舜初）就检查情况，作战科、通信科都已经到了，结果一问，作战科的地图还在墙上没摘下来。他说那不行，我们作战离不开地图，必须得派人溜进村子，把那地图取回来。然后这个警卫员说："我去，我熟悉。"他进去以后，趁着敌人不防备，把那个地图又从墙上摘下来，回到了山上。

罗舜初指挥青年团，保护纵队机关，从马牧池转移到南墙峪，获得缓冲的机会。然而，南墙峪并非久安之地，仍处于日军"铁桶阵"铁壁一般的包围圈之中。

6 日，日军对南墙峪实行"铁壁合围"战术进行合击，最终要将八路军围缩在狭小地区内消灭之。土桥扬言，要用这个新战术"剿灭沂蒙地区共军，消灭其根据地"。

越来越多的日军从四面八方层层叠叠汹涌而来，将纵队指挥机关、青年团和区党委机关逼迫到南墙峪的一座山峰上。罗舜初率领青年团战士英勇阻击，日军一时之间未能攻上山峰。

面对山下密密麻麻的敌人，罗舜初将如何选择才能带领部队突出重围？

齐德学（军事科学院原军事历史研究部副部长）：

敌人的"铁桶阵"确实非常厉害，一旦掉进"铁桶阵"里面，要想破了它，一是与敌决战，但是敌我力量对比悬殊，行不通；二是强行突围，这时候选择什么方向突围才能彻底摆脱包围圈，就成了关键问题。

罗舜初把纵队干部召集到一起，首先向大家介绍了敌情，随后做出了一个让人难以理解的决定：向蒙山方向突围。

有的干部马上提出反对意见，向蒙山方向突围是自投罗网！敌人正是从蒙山方向的蒙阴城滚滚而来，我军不能从正面硬碰硬，应该选择敌人力量薄弱之处，比如向东或向北突围才是正确的选择。

罗舜初耐心解释：向东突围，地形不利。东面是沂水地区，处于沂河冲积平原，地势广阔平坦，利于敌人机械部队展开，而不利于我军隐蔽游击，反而更容易被敌人纠缠上；向北突围，两面受敌。北面是博山方向，有大批国民党顽军驻守，一旦顽军不顾民族大义，拒绝我军进入，我军就会进退两难，腹背受敌。

田越英（军事科学院研究员）：

罗舜初选择的蒙山方向，看似凶险，却正是日军力量薄弱的地方。这时候，敌人从蒙阴倾巢出动，他的后方必然兵力不足，防备空虚，就为我军留下更大的回旋余地。只要我军到达敌人后方，把根据地内线作战变成外线作战，攻敌所必救，调动内线的敌人，不得不回撤到外线，“铁桶阵”就必破无疑。

罗小明（开国中将罗舜初之子）：

他们因为在沂蒙山这段时间，地形各方面都非常熟悉，通过敌人的火把还有篝火，发现有一些地方是有缺口的，没有敌人，也没有火把，可以从那里突出去。于是就决定向西南方向，从敌人没有占领的这些小路走。为了加快行军速度，要求把暂时用不着的东西全都扔掉。通信科长来问电台怎么办？我父亲说把电台砸了，只保留一个沟通联络的密码译本，其他东西全都销毁。

山东纵队的干部战士们利用熟悉地形的优势，机敏灵活地寻找敌人缝隙，迅速穿插，终于抢在日军马队到来之前越过公路封锁线，天亮后到达芦山地区。

罗舜初带领几名军事干部上山察看地形，布设岗哨。刚登上山岗，他身下的战马猛地向下一卧，罗舜初毫无准备，险些被掀下马来。“嗖”的一声，一颗子弹

日军“扫荡”

从他头顶飞过，将头上的军帽打掉在地上。

霎时之间，四面枪声大作，轻重机枪子弹雨点一样飞过来，中间还夹杂着一阵阵炮声。山东纵队遭到突然袭击，队形顿时变得散乱。罗舜初重新组织队伍，边打边撤，退到一个小山岗上，几发炮弹落在罗舜初周围，距离他仅有十几米，爆炸扬起大堆尘土，从空中向罗舜初砸下来。

齐德学（军事科学院原军事历史研究部副部长）：

狭路相逢勇者胜！罗舜初决定自己留下来做掩护，让警卫班长陈炳武保护政委黎玉和机关人员率先突围，自己则带着几个作战参谋和警卫员们，边打边撤，一口气跑出去 10 多里路，终于摆脱了敌人。

部队经过短暂休整，继续向蒙山方向前进。很快，在马头崮，日军阴魂不散，又一次拦住去路。

罗舜初迅速反应，利用有利地形，登上崮顶。日军已经近在咫尺，从望远镜中看过去，日军士兵的面目和军衔全都一清二楚。这股敌人却并不发动进攻，只和八路军抵近对峙。

罗舜初发现，对面的日军为数不多，所以不敢轻举妄动。于是，罗舜初走为上计，白天大张旗鼓带领部队和日军面对面对峙；到了后半夜，则组织战士们悄悄走下崮顶，轻松摆脱了对面的日军，突破了日军最后一道封锁线，进入东蒙山的深山峻谷中。

随后，罗舜初带领部队转移至天宝山区，在山东纵队第 1 旅接应下，穿插进入新泰县一带。

至此，山东纵队完全跳出了日军的“铁壁合围”。

姚有志少将（军事科学院原战略部部长）：

山东纵队成功实现突围作战的同时，11 月 5 日，山东境内八路军的另一支主力部队——115 师政委罗荣桓带领 115 师师部、山东分局和山东省战工会机关，在留田突破日军 11 路合围，顺利到达蒙山南端的黄埠前村。

山东八路军两支主力部队指挥机关虽然相继跳出了日军的包围圈，但是，“反扫荡”任务还没有彻底完成。

土桥一次从多次扫荡失败的教训中获得经验，在捕捉八路军首脑机关的企图落空以后，仅留下少量兵力继续搜寻，伺机决战，而以主力部队在八路军根据地内线安设据点、修筑公路、大肆“清剿”。

日军对八路军常驻地或工厂、医院所在地区凶残烧杀，实行“三光政策”，捉走壮丁近万人，残杀群众3500余人，奸污妇女无数。仅马牧池一村，即遭日军三次纵火，全村所有的房屋都化为灰烬。

为了调动敌人到外线，减轻根据地内线的压力，山东纵队派出小股部队，在石兰一带伏击日军，歼灭日军运输队300余人，将临蒙公路上的日军纷纷调动到了东西蒙山地区。

同时，以主力一部转入内线，分散坚持，打击敌伪的烧杀破坏和伪化活动，镇压汉奸叛徒，支持群众斗争。

经过50余天，大小150余次战斗，八路军山东纵队以伤亡1400余人的代价，歼灭日伪军2000余人，彻底粉碎了日军规模空前的“大扫荡”。日军第三次“治安强化运动”彻底破产，于12月末，无可奈何地撤离了沂蒙山抗日根据地。

“扫荡”日军在行军过程中

第 85 章　三战杨家横

1940 年夏初，日本侵略者更加疯狂地“扫荡”山东鲁中抗日根据地，企图用杀光、烧光、抢光的“三光”政策把抗日根据地一口吞掉。鲁中抗日根据地军民连续粉碎日伪军的多次“扫荡”，进行了百余次的大小战斗，拔除敌据点 10 余处，其中“杨家横之战”打得极为出色。

杨家横位于莱芜城东北 18 公里处，东、北、西三面均为高山，龙盘河从村前流过，形成约 5 公里长的峡谷。在地形上，杨家横进可攻，退可守，是沂蒙山区与泰山、莱芜地区之间的联络枢纽，也是山东抗日根据地与陕北之间的安全通道上的一个重要地区。

抗战期间，八路军大量人员、物资、黄金，经过这条安全通道，源源不断地输送到延安，进而有力地支援着全国范围内的抗日斗争。

1940 年 5 月，八路军总部和山东分局、山东纵队命令：泰山区部队重新打通徂徕山、莲花山和莱芜、博山边通向沂蒙区的两条战略要道。因为日军已在这一带建立据点，实行“蚕食”伪化，截断了八路军泰山区到沂蒙区的两条战略通道。山东纵队决定把打通战略要道的任务交给第 4 支队完成。

田越英（军事科学院研究员）：

接到任务后，第 4 支队领导廖容标、胡奇才、赵杰等人，迅速召集由各团干部和泰山军分区领导参加的会议，研究作战计划，部署作战任务。最后确定，由第 1 团攻打峨峪，莱、新、泰三县的独立营配合作战；第 2 团攻打博莱边之敌，第 1 团 1 营配合行动；泰山军分区部队准备迎击从章丘出动的南下之敌。

廖容标，1912 年出生，江西省赣县人，1929 年参加中国工农红军，时任八路军山东纵队第 4 支队司令员，1955 年被授予中将军衔。

胡奇才，1914 年出生，湖北省红安人，1930 年参加中国工农红军，时任八路军山东纵队第 4 支队政治委员，1955 年被授予中将军衔。

赵杰，1913 年出生，河南省商城县人，1928 年参加中国工农红军，时任第 4 支队副司令员，1955 年被授予少将军衔。

1940 年 5 月 6 日，按着第 4 支队的部署，第 2 团取得了峨峪战斗的胜利，收复了莲花山抗日根据地，恢复了这一带的区乡村抗日政权，打通了徂徕山、莲花山与沂蒙区间的这一条战略要道。

5月19日，日军大队长龟熊纠集周村、张店据点的日伪军共约1000余人，从博山出动，分两路向莱东进犯。廖容标、胡奇才、赵杰指挥第4支队第2团和第1团1营立即展开阻击战，在杨家横激战一天两夜，取得胜利，共毙伤日伪军300余人，并缴获大量武器装备，保卫了泰山区抗日根据地，保障了博莱边通往沂蒙区和鲁北的这一条战略要道的畅行无阻。

赵领军（开国少将赵杰之子）：

一战杨家横，日军损兵折将。莱芜城日军头目从泰安、新泰等据点，抽调1个日军大队、2个伪军大队，共约1000余人，于1940年11月，再次向杨家横发动报复性扫荡。

这次迎战龟熊的是八路军山东纵队第4支队（已改编为第1旅）第2团，团长吴瑞林，政治委员李伯秋。

吴瑞林，四川巴中人，1915年出生，1932年10月参加中国工农红军，后参加长征，1955年被授予中将军衔。

李伯秋，辽宁辽阳人，1916年出生，1936年考入北平师范大学教育系，参加一二·九运动，加入中国共产党，1955年被授予少将军衔。

1945年8月，解放临沂城战后留念

第 2 团下属 3 个营，加上直属的炮兵连、侦察连、警卫连，全团共 15 个连队 3000 余人。针对敌情，吴瑞林作出了如下部署：由吴瑞林率第 1 营、第 2 营连夜悄悄进至杨家横一带；2 营占据杨家横山顶，控制制高点，1 营置于杨家横西侧的小山沟，构筑野战隐蔽工事，当敌正面攻击受挫后，从右翼迂回 2 营纵深时，给敌以出其不意的打击；并从各营调集 30 名特等射手，每 3 人为一独立战斗小组，同时，将 4 个掷弹筒和 4 挺轻机枪，分别编为独立战斗小组使用；18 个独立战斗小组，从莱芜城东 10 公里处开始布置，每隔三五公里一个小组，隐蔽射击，相机转移，从而达到袭扰日军、迟滞进攻的目的。

田越英（军事科学院研究员）：

日军刚刚走出莱芜城，就不断遭到战斗小组冷枪冷炮的袭扰，一路上被击毙了 30 多个人。龟熊手下一个中队长叫池田，平日里凶狠残暴，作恶多端，就是在这次战斗中，被战斗小组击毙了。

日伪军到达杨家横之后，龟熊并不急于进攻，先用望远镜观察了一二十分钟，才下定决心，命令日军向山东纵队第 4 支队 2 团主阵地发动正面冲锋。在九二步兵炮、八二迫击炮、掷弹筒连番轰击的掩护下，龟熊部队向 2 团阵地发动了三次冲锋，均被击退，损失了 200 余人。

正面进攻受挫，龟熊准备调整战术。他在望远镜中仔细观察 2 团左右两翼阵地，即杨家横东山阵地和西山阵地。龟熊判断 2 团阵地左侧即杨家横东山有八路军主力布防，不宜攻击。

张明金（军事科学院研究员）：

龟熊上当了，杨家横东山其实是 2 团防守薄弱之处，只有 2 团 3 营的一个连，带着一些民兵设防。龟熊在望远镜里看到的机枪、迫击炮、地雷，都是假象，是事先伪装好的。

龟熊决定向二团主阵地右侧——杨家横西山进攻。进攻之前，他还使出了声东击西的办法，命令炮兵向东山轰击，步兵主力却向西山扑过来。

西山阵地由 2 团 1 营负责防守。龟熊发动冲锋前的炮火准备，让 1 营阵地立刻淹没在一片火海之中。密集的炮声持续了 40 分钟之久。望着西山山顶上的连天炮火，吴瑞林却是稳坐钓鱼台。

龟熊轰击的两个山头，都是吴瑞林事先布置的假阵地，山顶上的战士，其实是捆扎的草人。真正的一营主力，早已隐蔽在山沟里，日军的炮火再猛烈，也难以奏效。

龟熊自以为猛烈轰击之后，八路军损失惨重，没想到他派出的第一梯队，不到 3 分钟就被击退，伤亡六七十人。龟熊赶紧派出第二梯队，结果伤亡更大。龟熊只得在援兵的接应下败回莱芜城。两天两夜的时间里，龟熊指挥的日军部队伤亡 500 余人，损失大批武器弹药等物资。

张明金（军事科学院研究员）：

二战杨家横，龟熊的部队大伤元气，但是他并不甘心。于是，他开始联合驻扎在博山城的大池田，再次出兵杨家横。这个大池田就是在二战杨家横中被第 2 团狙击小组击毙的那个小池田的哥哥。龟熊用激将法，煽动大池田出兵为他的弟弟报仇。

1941 年 1 月 1 日，山东纵队第 4 支队 2 团的干部战士们和群众一起庆祝元旦节。当日夜间，大池田抓住战机，指挥从淄博、博山一带纠集起来的日伪军约 1000 人的兵力，南北夹击，连夜偷袭杨家横。

南北两路日军分头齐进，分别到达南、北博山镇，距离杨家横已经近在咫尺，可是两路日军，再也无法前进一步。

北路日军松木中队，在古德范村北山沟，遭遇顽强阻击，2 团 1 营副营长胡念军，率领小分队和 5 个特等射手隐蔽设伏，精准射击，5 分钟之内，中队长松木被特等射手击毙。日军队伍顿时大乱，死伤五六十人，逃回博山城。日军派出野岛中队，再次从北路攻击前进至北博山镇，结果同样遭到阻击，伤亡四十余人，逃回博山城。

北路日军先后受挫，南路日军也是一败涂地。在南博山，2 团 3 营副营长柴玉兴，率领小分队和几名狙击手，采用与一营同样的战法，不分昼夜，轮番袭扰打击日军，粉碎了该路日军的进攻。

日军费尽心机，连夜偷袭，不料连八路军主力的确切位置都没有弄清楚，一败再败，损兵折将。大队长池田亲率主力，倾巢而出。

张明金（军事科学院研究员）：

三战杨家横，吴瑞林采用了一阻击、二袭扰、三伏击的战法：首先隐蔽主力，以小部队与日军周旋，杀伤、疲惫、拖垮敌人，最后将日军引诱到 2 团预设的埋伏圈中，聚而歼之。这个战法，充分利用了大池田想报仇，急于决战的心理。

针对敌强我弱的特点，吴瑞林采用了连环设伏、逐步杀伤日伪军的战法。

胡鲁克（开国中将胡奇才之子）：

2团主力首先向苗山镇以西的杓山转移，同时派出小分队袭扰日军，池田部3名日军中队长、2名伪军中队长、7名小队长，以及大量士兵被击毙。池田本人也受了轻伤，被迫放弃骑马，改为步行，一天只能走15公里，既怕冷枪冷弹，又怕地雷石雷，进入村庄，也弄不到吃的，伪军逃兵不断增加，原本强悍的战斗力大为减弱。

疲累交加的池田，渐渐被吸引至杓山以北，突然遭到八路军迫击炮的连续5发炮弹轰击，池田反而大喜过望。山上隐隐约约有数百名八路军，还有迫击炮这种重武器，必然是吴瑞林2团的主力。于是池田立即命令部队发动炮击，持续一个小时之久，随即分两路猛攻。

张明金（军事科学院研究员）：

实际上，池田又钻进了吴瑞林设下的圈套，山顶上根本没有2团主力，战士们挑选了很多石头，把200多顶旧军帽放在上面，伪装主力，迫击炮也加强了池田的错觉。一个小时的炮击，让池田白白消耗了大量弹药。同时，2团在日军向山顶冲锋的路上，早就埋好了很多地雷、石雷，炸得日军七倒八歪。

池田在杓山大吃苦头的同时，吴瑞林已率主力到达望夫山一带，再次设下埋伏，寻机待战。

池田在杓山中了埋伏，被引诱到望夫山时，变得小心翼翼，迟迟不肯钻进埋伏圈，而将日伪军集中在一个地主的大院里。

吴继云（开国中将吴瑞林之子）：

吴瑞林得知敌情，立即指挥战士调整炮位，瞄准地主大院，连发4炮，炮弹接连落入院子里，顷刻之间杀伤日伪军30余人。2团主力随即转移到杨家横，占领杨家横东、北、西三面制高点，同时切断日军后路，关门打狗。

池田虽然被吴瑞林牵制，但是并没有丧失最基本的判断能力，面前的杨家横地形，对日军大为不利。他会乖乖进入埋伏圈吗？

田越英（军事科学院研究员）：

池田本来可以避免钻进口袋阵的，但是当部下告诉他，这里是杨家横时，他彻底失去了理智，因为他的弟弟小池田就是在这里被打死的。

池田率队刚刚走进杨家横包围圈，吴瑞林指挥全团战士一起开火，日军大部被歼灭。残部在飞机掩护下，仓皇败回博山据点。战后，大池田剖腹自杀。

三战杨家横，共消灭了上千日伪军，缴获了大量武器装备。

吴瑞林率领山东纵队第 4 支队 2 团，在杨家横三战三捷，彻底粉碎了日军“蚕食”、分割山东根据地的企图，确保了山东根据地内部以及与延安党中央之间的战略联系畅通无阻，成为莱芜人民坚持抗战的一次战斗典范。

第 86 章　田家会大捷

兴县位于山西省西北部，北倚保德，东邻岚县、岢岚，南连方山、临县，西隔黄河与陕西神木相望，县域面积 3000 多平方公里，是山西省内版图最大的县。

中国地势整体西高东低，而兴县地势却是西低东高。境内群山逶迤，丘陵棋布，沟壑纵横，地形破碎，是开展山地游击战的极佳战场。

姚有志少将（军事科学院原战略部部长）：

1940 年初，中共中央决定成立晋西北军政委员会，作为统一领导晋西北、晋西南、大青山地区各项工作的最高领导机关，由贺龙任书记，关向应任副书记。1940 年 11 月，经中共中央批准，成立了晋西北军区，贺龙为司令员，关向应为政治委员，续范亭为副司令员。

续范亭，1893 年生于山西崞县，早年参加孙中山领导的同盟会，在国民党任职时，曾隐退一段时间，之后与共产党人合作，创建山西新军。1940 年 1 月 15 日，续范亭就任晋西北行政公署主任，1947 年病逝于延安。中共中央根据续范亭临终前的申请，追认他为中国共产党正式党员。

晋西北抗日根据地，东至同蒲路西，西起黄河东岸，南抵汾离公路，北到长城脚下，南北长约 270 公里，东西宽约 160 公里，幅员相对比较狭窄。晋西北下辖有 30 多个县，但中国共产党管辖下的人口仅 100 多万，是名副其实的地瘠民贫地区。但是，晋西北抗日根据地极其重要，它保卫着陕甘宁边区，维护着党中央和华北各根据地的交通。当时，许多从晋察冀、晋冀鲁豫、山东和江苏等地去延安开会和出差的人员，都要经过晋西北，也都要在兴县落脚。

姚有志少将（军事科学院原战略部部长）：

军区司令员贺龙曾自豪地说过："晋西北虽然条件差，但离党中央最近，党中央是我们的脑壳，我们有责任保卫他……兴县是延安的大门，我们要为党中央、为毛主席看好这个大门。"

鉴于晋西北抗日根据地的重要战略位置，日军千方百计地设法摧毁这个抗日根据地。

1940 年 3 月 9 日，日军华北方面军召开了兵团参谋长会议。在会议上，日军华北方面军副参谋长平田正判忧心忡忡地表示，在晋西北，近来中共军队渗透颇为显著，任其发展下去，不久即可能变成完全赤色地带。若不趁其根基尚未巩固之前彻底予以剿灭，则其祸害恐将波及河北和蒙疆。

此后，日军频频对晋西北抗日根据地发动大“扫荡”，兴县也屡遭日军洗劫。

1940 年 6 月至 7 月，日军集中两万余兵力，发动夏季大“扫荡”，妄图消灭兴县、临县、岢岚地区的八路军，并一度进占兴县城。1940 年 12 月至 1941 年 1 月，日军再集中两万余兵力，发动冬季大“扫荡”，又对兴县、临县、岢岚等地疯狂“扫荡”，二度进占兴县城。1942 年 2 月至 3 月，日军又集中 1 万余兵力，发动春季大“扫荡”，矛头仍指向兴县、临县、岢岚等地区，三度进占兴县城。

杨功坤（国防大学教授）：

在贺龙的亲自指挥下，日军的三次大“扫荡”都失败了，日军对晋西北发出的“彻底予以剿灭”的叫嚣，成为根据地军民的笑谈。而在残酷的反“扫荡”磨砺下，晋西北军民越发坚强。

鉴于 1942 年春季大“扫荡”收效甚微，1942 年 5 月中旬，日军第 69 师团步兵第 59 旅团第 85 大队主力，加上一部分伪军，计有日军 600 余人，伪军 100 余人，组成“讨伐队”，再一次奔袭第 120 师兼晋西北军区所在地兴县城，决心打击八路军晋西北军区领导机关。

日军第 85 大队的大队长是村川大佐，所以又称此大队为村川大队。这个大队相当有战斗力，在 1942 年春季大“扫荡”中是急先锋，是奔袭兴县的主力。2 月 6 日，偷袭兴县城得手；2 月 7 日，扫荡兴县西北地区；2 月 8 日，扫荡兴县西南地区；2 月 18 日，扫荡兴县东北地区；2 月 20 日至 25 日，在兴县东北孙家庄、大树岔地区，合击八路军第 358 旅直属队及第 716 团。所以，这个大队非常骄狂。

于江欣（军事科学院研究员）：

村川大佐，自诩为“游击战专家”，经常模仿八路军战术作战。在这次作战前，他扬言说组成“讨伐队”是要进攻兴县东南的静乐，连编入“讨伐队”的伪军都信以为真。1942 年 5 月 14 日，村川率领“讨伐队”由岚县寨子村出发，突然转向兴县城，意图进占兴县城，并且对兴县地区大肆破坏，预定时间为一周。村川行动前做足了情报功课。

自 1942 年春季反“扫荡”结束后，八路军第 358 旅各团以小部队活动于边沿区，积极开展游击战争，主力仍集中进行战备整训：旅直属部队驻守兴县以东沟门前、恶虎滩地区，第 716 团驻守岚县界河口、大蛇头地区，第 7 团主力驻守静乐米峪镇地区，第 8 团驻守岢岚东南的铺上地区。当日军向兴县进犯时，正值第 716 团第 2、3 营前往宁武地区背粮未回，只有 1 营在驻地担任警戒。

在村川指挥下，“讨伐队”迅速隐蔽西进，先袭占岚县、兴县公路上的要地、岚县西北的界河口。在吴家沟、杂石沟附近，八路军第 716 团 1 营发现“讨伐队”行迹，两度交火，并俘获伪军 2 名，初步掌握敌人企图袭占界河口的情报。

敌情迅速上报晋西北军区，当时晋西北军区司令员贺龙已经前往延安，由晋西北军区参谋长周士第主持工作。

周士第，1900 年生于广东乐会，1924 年毕业于黄埔军校，同年加入中国共产党，参加过北伐战争和南昌起义，任红军第 25 师师长，参加过长征，抗日战争时期任八路军第 120 师参谋长，新中国成立后，被授予上将军衔。

姚有志少将（军事科学院原战略部部长）：

根据当时的敌情，军区首长周士第等指示：“村川大队已深入我根据地内，我各路部队均可陆续到达，外线部队也已牵制住了各据点的敌人，变被动为主动，歼敌时机已经成熟。敌人此次奔袭不成必定速撤，我们一定要在运动中消灭敌人。这一仗打好了，对晋西北的斗争局面将起到一定作用。因此，一定要坚决、彻底地消灭这股敌人。”

1942 年 5 月 15 日，晋西北军区参谋长周士第等果断决定，经过三次反“扫荡”作战，晋西北军民斗志昂扬，大可与日军一战。这股日伪军孤军冒进，犯了兵家大忌，须先以少数兵力袭扰、消耗、疲惫日伪军，尔后集中主力相继将其歼灭。同时，周士第组织驻兴县城内的机关和群众转移到城外，实行空室清野。

命令下达，八路军各部积极行动起来：第 716 团 1 营向界河口收拢，密切监视敌人，并保持与敌接触，2 营、3 营火速归队；工人武装自卫旅集结于兴县东南李家湾、郭家圪台地区，视情况使用；兴县游击大队集结于县城东南二十里铺、车家庄、康宁镇各点，监视袭扰敌人，准备配合主力作战。

日伪军避开阻击，绕路继续前进，于 5 月 15 日拂晓进至界河口西南 6 公里的李家庄隐蔽。5 月 16 日晚 11 时，日军从李家庄出发，于 5 月 17 日拂晓进占兴县城。

杨功坤（国防大学教授）：

日伪军进入兴县城后，逐渐发现是座空城，才醒悟八路军早有准备。他们不敢久留，在当天中午退出兴县城，爬上南山，企图向东南撤退。工人武装自卫旅和游击队、民兵当即出击，使日伪军在当天只运动了3公里，进到白家塢地区。

晋西北军区认为歼灭这股日伪军的时机已经成熟，当即进行了严密的战斗部署：以第716团、工人武装自卫旅向白家塢之敌进攻；第358旅第8团主力则于5月18日拂晓抽调到岚县大蛇头附近，准备阻击岚县可能增援之敌，及堵击白家塢之敌向东逃窜之路；第358旅第7团以一部向岚县赤坚岭、东村的敌人据点积极活动，袭击敌据点及交通运输，配合内线战斗；决死2纵队派出两个连，于5月18日拂晓时分前进到兴县以东奥家滩附近，准备阻击由普明、赤坚岭可能增援之敌，并准备截击白家塢之敌东窜；独1旅派出1个连，于5月18日进至兴县以南阳坡村，向方山、马坊警戒，并防白家塢之敌南窜；决死4纵队派出有力部队，向方山、离石积极活动，阻止离石可能向北增援之敌；第3军分区、第4军分区、第8军分区各以主力一部袭击离石、岚县线上日军各据点，钳制敌人外出增援，配合兴县以南地区的部队作战。包围已经形成，打援已经部署，村川已经插翅难飞！

在5月17日黄昏前，第716团2营、3营以一昼夜80公里的速度，从岢岚急行军赶回兴县。由于第358旅主力团已汇合，晋西北军区参谋长周士第等下令，第358旅参谋长李夫克率部迅速进至郭家圪台，和工人武装自卫旅取得联系，并指定李夫克等组成前方指挥所，统一指挥战斗。

李夫克，江西莲花人，1915年出生，1931年加入中国共产主义青年团，同年参加中国工农红军，1933年转入中国共产党，参加过长征，抗日战争时期，曾任八路军358旅参谋长，晋西北军区参谋处处长兼第1军分区副司令员等职，1955年被授予少将军衔。

于江欣（军事科学院研究员）：

根据敌情，李夫克判断，敌人退返原来据点有4条道路可通，而以向东南溃退的可能性最大，所以李夫克就以第716团和工卫旅6团在白家塢东南的二京山设伏，决心以伏击歼敌于运动中。

不出李夫克所料，5月18日上午，日军果然由白家塢出发，向东南方向逃窜，行至二京山时，受到八路军第716团及工人武装自卫旅的阻击，遂转向西南方撤退，随即被第717团等部包围在肖家坬西南高地。5月18日晚上9时，日军乘天黑由赵家沟向东南突围，到达田家会地区时，又被赶来的第716团及工人武装自卫旅包围。

5月19日18时30分，第716团及工人武装自卫旅对日军发动总攻，经过两小时激战，将日军完全压缩在田家会村内。战至21时，除少数日军乘天黑四散溃逃外，日军第85大队全部被消灭。村川孤军深入，弄巧成拙，不久也一命呜呼。

田家会大捷，八路军抓住日伪军孤军深入的战机，集中兵力，展开连续围歼，以伤亡75人的代价，歼敌500余人，缴获山炮1门，轻重机枪8挺及大量步枪和其他军用品，让屡屡进犯的日军付出了沉重代价，为遭受日军毁害的兴县人民报仇雪恨，有效地保卫了晋西北中心区。此后，日伪军再也不敢狂妄自大、孤军深入晋西北抗日根据地。

第 87 章　全民族团结抗战的中流砥柱

中国共产党积极倡导建立并坚决维护抗日民族统一战线，凝聚全民族的力量共御外侮。九一八事变后，中国共产党率先提出武装抗日和建立抗日民族统一战线的主张。从 1931 年 9 月 20 日至 1932 年 4 月 15 日，中共中央与中华苏维埃共和国临时中央政府先后发表了《为日本帝国主义强暴占领东三省事件宣言》《关于日本帝国主义强占满洲事变的决议》《为国民党反动政府出卖中华民族利益告全国民众书》和《对日战争宣言》等十多份文件，号召全中国的民众组织起来，广泛开展抗日救亡运动，反对蒋介石妥协退让，要求一致对外，抵抗日本侵略者。

1931 年 12 月 14 日，国民革命军第二十六路军 17000 名官兵不愿意再执行“剿共”的政策，毅然在江西宁都起义。

王晓建（中国人民解放军总参谋部某部参谋）：

宁都起义前，毛泽东在瑞金听取袁汉澄——也就是袁血卒——汇报宁都起义的准备情况时，说过一句掷地有声的话：“有爱国主义思想的人，是容易和共产党合作的。”

红军总司令朱德在瑞金会见联络起义事宜的袁汉澄时说：“欢迎你们同我们站在一个阵线，去打倒日本帝国主义，挽救民族危亡。”这是中国共产党抗日民族统一战线政策的一次成功实践。同时，中国共产党建立抗日武装，战斗在抗日斗争的第一线。

周伟（东北抗联将领周保中之女）：

1931 年底，我父亲周保中中断了在苏联军事学院的学习，从苏联回国。他要求参加国内的抗日战争，周恩来向我父亲交代，让他去东北，当时叫满洲。1932 年 1 月，满洲省委书记罗登贤同志向周保中转达了中共中央关于让我父亲周保中担任中共满洲省委委员、军委书记的任命。东三省的抗日民族武装就在中国共产党的领导下，有组织地开展起来了。

1935 年 12 月 23 日，中共中央政治局通过《关于军事战略问题的决议》。决议

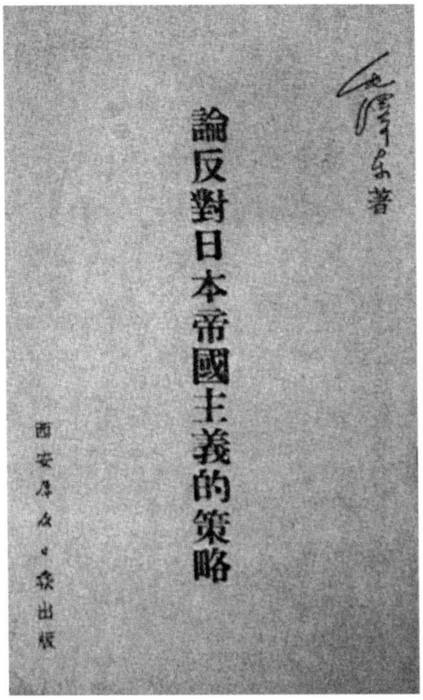

《论反对日本帝国主义的策略》封面

确定“扩大红军”的方针，红军是“准备直接对日作战的力量”，提出了抗日游击战争在战略上的重大作用。

1935 年 12 月在陕北瓦窑堡召开的中共中央政治局扩大会议通过了《中央关于军事战略问题的决议》，并确定了抗日民族统一战线的策略方针。会后，毛泽东又做了《论反对日本帝国主义的策略》的报告，批评了中共党内“左”倾关门主义的错误，阐述了抗日民族统一战线的政策。

1936 年 12 月 12 日，西安事变爆发，中国共产党捐弃前嫌，不计历史恩怨，以民族大义为重，劝助张学良、杨虎城释放了蒋介石，促使西安事变和平解决，推动全国抗日民族统一战线的初步建立。

西安事变后，国民党采取联共抗日的政策。卢沟桥事变后，作为执政党的国民党承认共产党和其他党派的合法地位，接受了中国共产党提出的抗日民族统一战线的方针政策，实现了国共第二次合作，推动了全民族抗战的崭新局面向前发展。

姚有志少将（军事科学院原战略部部长）：

全国抗战爆发后，中国共产党继续作出不懈的努力，促成了抗日民族统一战线的正式建立，实现了近代以来不曾有过的全民族共同抗敌的崭新局面。

当全国抗战局面发生严重危机时，中国共产党坚持发展进步势力、争取中间势力、孤立顽固势力等方针原则，巩固和扩大了抗日民族统一战线。在整个抗日战争中，由于中国共产党的积极倡导、努力推动、模范实践和坚定维护抗日民族统一战线，并坚持正确的方针与策略，抗日民族统一战线才得以建立和坚持下来，成为始终凝聚全民族力量、夺取抗战最后胜利的光辉旗帜。

姚有志少将（军事科学院原战略部部长）：

抗日战争中，中国共产党明确提出坚持实行全面全民族的抗战路线和持久战的战略总方针，实行以弱胜强的战争指导。

制定正确的抗战路线和战略方针是取得抗战胜利的基本保证。中国作为半殖民地半封建的弱国，要战胜日本帝国主义强国，必须实行一条弱国打败强国的战争指导方略。全国抗战爆发后，中国共产党提出彻底战胜日本帝国主义强国的十大救国纲领，并完整系统地提出了实行全面全民族的抗战路线和持久战的战略总方针。

实行持久战的战略总方针，是指导中国抗日战争胜利的成功战略。毛泽东先后发表了《论持久战》和《抗日游击战争的战略问题》等重要著作，从理论上阐明了中国抗战为什么要实行持久战，科学分析了所处时代和中日双方的特点，揭示了抗日战争的发展规律，以极富前瞻性的战略眼光，勾画出全国持久抗战发展演变的三个阶段，阐述了中国在战略相持阶段转弱为强、准备反攻的重要意义，并且指明最后胜利属于中国的光明前景。其光辉思想，指引全国军民最大限度地动员起来、武装起来，陷敌于人民战争的汪洋大海之中。

姚有志少将（军事科学院原战略部部长）：

中国共产党领导的抗日武装开辟和发展敌后战场，广泛开展游击战争，创造有利于全国抗战的战略格局。

正面和敌后两个战场的战略格局是中国抗战的特点，它极大影响了中国抗战的进程。敌后战场的开辟是两个战场形成的关键所在，没有敌后战场的开辟，也就没有两个战场的存在。

两个战场战略格局的形成，特别是敌后战场的开辟，构成了中国抗日战争“犬牙交错”的特殊战争形态。它陷敌于前后牵制、内外夹击和多种反包围的汪洋大海之中。

姚有志少将（军事科学院原战略部部长）：

中国共产党领导的八路军、新四军、华南人民抗日游击队和东北抗日联军等抗日武装，深入敌后，动员、组织和武装群众，实行主力军、地方军和民兵、自卫队相结合的武装力量体制，积极开展抗日游击战争，开辟了华北、华中、华南和东北四大敌后战场，把敌人的后方变成抗日的前线。由于敌后战场的开辟，与正面战场相互策应，构成了中国抗日战争两个战场的战略格局。

中国抗日战争是弱者同强者的较量。基于中日双方优劣短长的科学分析，中国共产党实行战略创新，把抗日游击战争提高到战略地位，制定了一整套开辟敌后战场和开展游击战争的纲领、原则和方针。

敌后抗日军民，在广阔战场上独立自主地开展群众性的游击战争，实行人民战争的战略战术，创造出伏击战、破袭战、地雷战、地道战、麻雀战等一系列巧妙战法，有效地牵制和歼灭了大量日军，抗击了几乎全部伪军。

人民抗日武装在战争中赢得群众的极大拥护，不断发展壮大，逐渐成为抗战的生力军。广阔的敌后战场，逐渐上升为中国抗战的主战场。到战略反攻阶段，敌后战场成为全面反攻和争取抗战胜利的战略基地。大规模的敌后游击战争，在持久抗战中发挥了重大的战略作用。

敌后战场能发挥如此大的作用，就是积小胜为大胜，最后决定整个战局的胜利。从 1937 年 8 月 25 日至年底 4 个月的时间里，有统计的八路军对日军一次歼敌 100 人以上的主要战斗 35 次，击毙日军 9280 人。如果加上小规模的战斗，击毙日军已超过 10000 人。这是八路军在游击战争中积小胜为大胜取得成功的范例。

刘武（开国元帅朱德外孙）：

（19）38 年 1 月，朱德和彭德怀发布了第十八集团军训令，是关于战术的指示。提出了 16 条战术原则，把战略上的持久战和战术上的速决战有机地结合了起来。

韩京京（开国中将韩伟之子）：

在抗战初期的 1938 年和 1939 年，八路军在作战中很好地运用了这些原则，不断地消灭敌人、保存自己，以一个又一个漂亮的小规模歼灭战打击着日本侵略者。比如：1938 年 2 月 9 日至 10 日，晋察冀军区部队在平汉铁路北段的破袭作战中击毙日军 400 余人，八路军伤亡 79 人；2 月 18 日至 28 日 344 旅在娘子关——井陉战斗中击毙日军 200 余人，八路军伤亡 50 余人；3 月 16 日，386 旅及 769 团在山西潞城县的神头岭战斗中击毙日军 1000 余人，俘日军 21 人，八路军伤 186 人、牺牲了 54 人；1939 年的 3 月 25 日，晋察冀 4 团在上下鹤山战斗中击毙日军 270 人、生俘日军两人，八路军牺牲 40 人等等。（这些战斗）都是以比较小的代价，夺取比较大的胜利。

按 1944 年八路军参谋长叶剑英接见中外记者时发布的数字，这时八路军对日作战已超过 90000 次，这其中还不包括那些小规模的战斗。中国共产党直接领导和指挥下的八路军、新四军、华南人民抗日游击队和东北抗日联军在整个抗日战争的全过程中积小胜为大胜，抗击了 58% 至 75% 的侵华日军和几乎全部伪军，与日军作战12.5万余次，歼灭日军52.7万余人，从日军占领区解放国土100多万平方公里、人口1亿多，成为战胜日本法西斯的主力军。

姚有志少将（军事科学院原战略部部长）：

中国共产党创建抗日民主根据地，打造争取抗战最后胜利的战略基地。抗日根据地是游击战争赖以执行自己的战略任务、达到保存和发展自己、消灭和驱逐敌人目的的战略基地，是敌后抗战的基本依托。

中国共产党及其领导的抗日武装，在开辟敌后战场、发展抗日游击战争的过程中，在全国创建了许多抗日根据地。在各抗日根据地，实行了一整套抗日民主的方针政策，开展调整生产关系、促进生产力发展的各项社会改革，尤其进行了新民主主义的政治、经济和文化建设，提高了广大群众抗战和生产的积极性。

在各抗日根据地，贯彻各项社会改革政策，建立“三三制”政权，实现了中国社会史无前例的政治民主；开展“减租减息”，改革农村社会的生产关系，提高了广大群众抗战和生产的积极性；实行精兵简政和开展大生产运动，减轻了人民群众的负担，密切了党政军民关系；实行抗日的文化和教育政策，丰富了军民的政治和文化生活，激励和鼓舞了人民群众的抗日热情。

因此，抗日根据地不仅成为游击战争最能长期支持的坚强阵地和全国抗战的重要堡垒，而且成为抗日民主建设的典范，并为建立新中国提供了丰富借鉴。

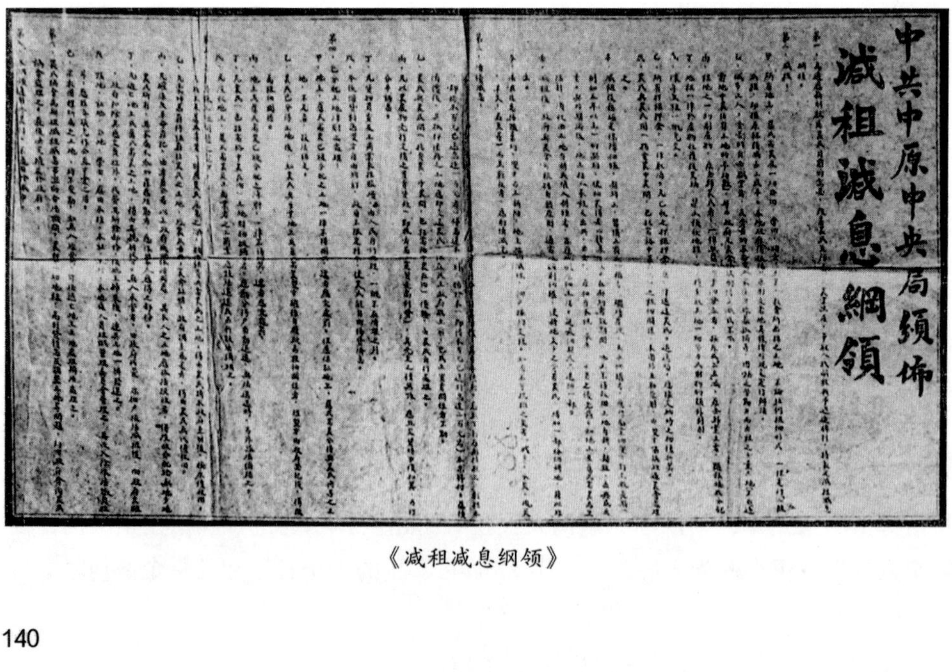

中共中原中央局颁佈

減租減息綱領

《减租减息纲领》

姚有志少将（军事科学院原战略部部长）：

共产党人充分发挥表率作用，以崇高精神和模范行动，鼓舞全国人民的抗战意志和必胜信念。

中国抗日战争是一场长期、艰苦、复杂的民族解放战争。中国共产党始终把号召、带领和团结全国人民共同抗战视为崇高的使命，并身体力行，充分发挥先锋和模范作用。

姚有志少将（军事科学院原战略部部长）：

中共中央所在地延安作为敌后抗战的大本营和指导中心，呈现出政治民主、政府清廉、政治经济发展、文化繁荣、民族团结的生动局面，成为广大进步人士和革命青年向往的革命圣地。无数共产党人用鲜血和生命铸就不朽的民族之魂，表现出不屈不挠的战斗意志，并强有力地感染和激励着全国人民的抗战热情和斗志，从而赢得了人民群众的信赖和拥戴。

伟大的中国抗日战争，充分显示了中华民族有同侵略者血战到底的气概，有在自力更生的基础上光复旧物的决心，有自立于世界民族之林的能力。抗日战争胜利的历史说明，中国人民能够在亡国灭种的危境中开辟出民族奋起的新道路，中华民族具有无限的生命力。中国共产党高举抗日民族统一战线旗帜，实行人民战争的抗战路线和方针政策，领导中国人民争取民族独立和解放，率领人民抗日武装力量坚持持久抗战，不愧为全民族抗战的中流砥柱。

第 88 章　抗战时期的戏剧

1931 年“九一八事变”爆发,日本侵占了中国东北三省。从此,“抗战”这一主题,成为中国文艺创作的主流。这其中，抗战戏剧在国家和民族生死存亡的紧要关头，在鼓舞人心、凝聚士气、支持抗战方面起到了尤为突出的作用。正如戏剧家田汉所说 :“中国自有戏剧以来，没有对国家民族起过这样伟大而显著的作用。”

当时，田汉本人就创作了大量抗日爱国题材的剧本。1934 年 6 月 30 日，由田汉编剧、聂耳作曲的中国第一部新歌剧《扬子江暴风雨》在上海公演。该剧描写了 1932 年“一·二八”事变后，上海码头工人不顾日军威胁，拒绝搬运日军用于屠杀中国人的军火，并团结一致，奋起反抗，把日军军火扔进了扬子江。该剧一经公演，便引起轰动，演出结束后，观众高呼“打倒帝国主义”等口号，久久不肯离开剧场。

李蓉（中共中央党史研究室研究员）:

1937 年 7 月 7 日，全国性抗战爆发，上海戏剧工作者最先做出反应。7 月 15 日，上海剧作者协会召开全体会议，根据剧作家夏衍的提议，将该组织扩大改组为中国剧作者协会，以适应团结抗日的形势需要。

中国剧作者协会号召中国的作家和艺术家们，有笔的时候用笔，有嘴的时候用嘴，到嘴笔都来不及用的时候便誓将以血肉和敌人相搏于战场。会议决定集体创作三幕剧《保卫卢沟桥》，以揭露日寇的侵略暴行，激励国人英勇抗日。

《保卫卢沟桥》的创作集合了上海演剧界各路精英，上海影剧界一百多人参加演出。如此前所未有的集体行为，显示出上海戏剧工作者强烈的历史使命感和炽热的爱国情感。

《保卫卢沟桥》创作人员的战斗热情之高昂和观众反应之强烈都是空前的。演出日夜进行，直到 1937 年八一三淞沪抗战爆发才被迫停止。

李学通（中国社会科学院研究员）:

《保卫卢沟桥》是上海戏剧工作者团结抗日的先声，是中国戏剧阵线的战斗宣言。《保卫卢沟桥》的上演，揭开了中国抗战戏剧运动的序幕。

1937年8月7日，上海戏剧界和电影界主要演员百余人在蓬莱大戏院联合演出《保卫卢沟桥》

八一三淞沪抗战爆发后，抗战话剧呈现风起云涌的局面。为广泛开展抗日宣传，当时中国剧作者协会组成13个救亡演剧队，分派到上海各街头巷尾、电台、学校、广场去演出。

在这些演出中，救亡演剧一队编创的《八百壮士》最受欢迎。该剧以当时的抗战史实为依据，描写了淞沪会战期间守卫大场防线的中国军队第88师第524团400余人，奉命据守苏州河北岸的四行仓库，在日军的重重包围下，孤军奋战4昼夜的英雄事迹。

李蓉（中共中央党史研究室研究员）：

抗战初期的戏剧呈现出形式多样的演出样式，大批适应战争环境和流动演出需要的街头剧、活报剧、独幕剧、茶馆剧、游行剧等应运而生。它们大都采取简短通俗的表演形式宣传抗战、鼓舞士气。

街头剧《放下你的鞭子》是抗战初期影响最为广泛，演出遍及全国的一个剧目。该剧描写了父女两人，由于日本侵略者占领东北家乡，被迫过着颠沛流离的生活，靠卖艺为生。由于长期流浪挨饿，本来善良的父亲竟用鞭子抽打没有力气卖艺的亲生女儿，引起围观群众的激愤，经卖艺女香姐的哭诉，大家终于明白应该把鞭子对准造成这苦难生活的日本侵略者和不抵抗的卖国贼。

李学通（中国社会科学院研究员）：

话剧真正走向大众是在抗战时期。从客观上讲，战争的威胁唤醒了艺术家们的觉悟，坚定了他们保家卫国的理想信念。从主观上说，面对着民族存亡的危机，艺术家们进一步增强了以艺术服务于抗战的责任意识和使命感。他们放弃了大城市的生活，走向工厂、农村、军营乃至战斗的前线，以话剧动员民众、宣传抗战、鼓舞士气，深受民众的欢迎。

1937 年 11 月 12 日，日本侵略军占领上海，中国共产党组织留沪的部分戏剧工作者到未被日军占领的法租界和公共租界继续开展抗战戏剧运动，史称“孤岛”戏剧运动。

“孤岛”戏剧运动由剧作家于伶主要负责。1937 年 12 月，于伶和剧作家欧阳予倩、阿英等组织成立了青鸟剧社，揭开了“孤岛”剧运的序幕。从 1938 年秋至 1941 年底，青鸟剧社共演出了几十部寓有抗敌意义的外国剧和历史剧，激励“孤岛”人民在艰难条件下保持民族气节。1941 年 12 月，日军进入租界，上海全部沦陷，“孤岛”戏剧运动便告结束。

全国文艺界抗敌协会在汉口举行聚会，有各地作家 300 余人参加

1937年10月以后，京、沪失陷，武汉一时间成为全国的政治、经济、文化中心。当时，全国18个戏剧团体，95%的戏剧工作者都汇集到汉口，使武汉剧坛空前活跃起来。

演剧团体和剧人的空前集中，客观上具备了戏剧界联合起来的基础，一个统一领导全国戏剧运动的中心组织应运而生。12月31日，中华全国戏剧界抗敌协会在武汉光明大戏院开会成立。协会章程宣称："本会以团结戏剧界人士，发展戏剧艺术，推动抗敌工作为宗旨。"大会通过了田汉起草的《中华全国戏剧界抗敌协会成立宣言》，指出："对于全国广大民众作抗敌宣传，其最有效的武器无疑是戏剧。"

李蓉（中共中央党史研究室研究员）：

中华全国戏剧界抗敌协会的成立，对于团结组织全国戏剧人服务抗战、御侮救亡有着十分重要的现实作用。不仅如此，它也积极推动了抗战戏剧运动，发展了戏剧艺术。不同种类不同派别的戏剧人才空前融汇，使各类戏剧在艺术上、美学上相互影响渗透、相互借鉴，无疑大有益于戏剧艺术的发展。

1938年初，国民政府改组军事委员会，下设政治部，陈诚任政治部部长，周恩来任政治部副部长。政治部下设四个厅，其中第三厅掌管宣传工作，厅长由郭沫若担任。三厅下设第五、第六、第七处，其中六处主管艺术，田汉任处长，集中了洪深、徐悲鸿、冼星海等一大批优秀的进步艺术家共同工作。

1938年4月，台儿庄大捷的消息传到武汉，第三厅上下群情振奋。田汉立即派抗敌演剧队第九队去台儿庄前线进行慰问演出。九队队长吕复带领队员到达台儿庄，立刻组织创作人员根据台儿庄大捷的胜利进行创作，很快演出了活报剧《血战台儿庄》，演出后大大鼓舞了全体官兵的抗战斗志。后来，他们又把这个戏改编为卡车剧《台儿庄大捷》，到各战区和各地进行巡回演出，受到抗战军民的欢迎。

彭训厚（军事科学院研究员）：

第三厅做的最有意义的工作是组织了10个抗敌演剧队和4个抗敌宣传队。当时，国民政府害怕高涨的群众抗战运动冲击到其腐败统治，千方百计抑制群众救亡团体的活动，提出整编、遣散群众团体。为保存抗战戏剧力量，周恩来同志据理力争，争取到编制和经费，终于由第三厅出面将这些抗日宣传团体保存了下来。

1938年8月，抗敌演剧队和抗敌宣传队等正式成立。出发前，周恩来亲自给他们作了长达四五个小时的“形势与任务”的报告，指示他们：“深入前线，随军行动，进行坚持抗战到底、反对妥协投降的宣传。”

各演剧队分赴各战区后，克服种种困难，积极开展灵活机智的演剧宣传，为鼓动民众与将士勇于抗战做出了难以估量的贡献。

1938 年 10 月，武汉失守，大批剧人云集重庆，重庆剧坛开始活跃起来。1939 年 1 月，为纪念中华全国戏剧界抗敌协会成立一周年，重庆戏剧界动员 2800 多人举行盛大火炬游行，并以农村赛会形式演出了“抗敌剧协”编定的，由《自由魂》《民族公敌》《群魔乱舞》《怒吼吧中国》等剧目组合而成的组剧《抗战建国进行曲》。

彭训厚（军事科学院研究员）：

1940 年至 1941 年间，由于国民党倒行逆施，实行文化专制政策，压制和摧残进步的戏剧活动，曾经蓬勃发展的重庆剧运沉寂下来。重庆戏剧界根据周恩来的指示，一面疏散戏剧工作者到香港和西南，另一方面集结未转移的重庆戏剧工作者组织中华剧艺社和中国艺术剧社，开展职业演出。

重庆的戏剧运动进入职业化演出后，以“雾季公演”最具影响。1941 年 10 月 11 日，新组建的职业剧团中华剧艺社在重庆国泰大戏院举行首次公演，剧目为五

郭沫若与文艺界人士合影

幕话剧《大地回春》，揭开了重庆雾季公演的序幕。

雾季公演共举办四届，创作并演出了《大地回春》《天国春秋》《屈原》《忠王李秀成》《北京人》《法西斯细菌》《长夜行》《孔雀胆》《风雪夜归人》《家》《虎符》《蜕变》《正气歌》《戏剧春秋》《重庆屋檐下》《桃花扇》《清明前后》等一百多部大型话剧。

李蓉（中共中央党史研究室研究员）：

四届雾季公演在重庆雾季日寇空袭的间隙进行，其历史作用与意义很大。这些抗战戏剧坚定了重庆人民的生存意志和不屈抗战的决心。雾季公演产生了许多新作，成熟了许多剧人，发展了戏剧艺术。可以说，重庆雾季公演创造了中国戏剧的黄金时期。其中如《屈原》《戏剧春秋》等剧，今天看来也是十分优秀的作品。

1941 年，皖南事变之后，郭沫若怀着对蒋介石残杀新四军的巨大愤怒，自 1942 年 1 月 2 日晚间开始动笔，至 11 日夜间，9 天时间写出了五幕历史剧《屈原》。随后，郭沫若把全剧念给周恩来听，周恩来听了十分感动，他特别重视《雷电颂》，他说："屈原并没有写过这样的诗词，也不可能写出来，这是郭老借屈原的口说出自己的怨愤！"

4 月 3 日，《屈原》在国泰大戏院上演，取得轰动效应。

1944 年 2 月 15 日至 19 日，西南八省上千名戏剧工作者集中桂林，举行了轰动中外的西南第一届戏剧展览会，形成了桂林及整个大后方抗日戏剧的一次剧展文艺高潮。

李学通（中国社会科学院研究员）：

这次剧展实是国统区进步剧人在以戏剧配合大反攻前的向广大戏剧工作者的再动员，为抗战最后胜利做准备。同时，也是对抗战进步戏剧力量进行一次集合和大检阅，总结过去剧运的经验教训，确定以后剧运发展的方向，重振剧人的精神，匡正大后方话剧运动健康向前发展。

对于这次盛大空前的剧展，美国著名剧评家爱金生曾高度评价说："如此宏大规模的剧展会，有史以来，自古罗马时代曾经举行外，尚属仅见。中国处在极度艰困的条件下，而戏剧工作者以百折不挠之努力，为保卫文化，拥护民主而战，迭予法西斯侵略者以打击，居功至伟。"

李蓉（中共中央党史研究室研究员）：

与大后方戏剧如火如荼的发展相对应，中国共产党领导的敌后抗日根据地的戏剧活动也繁花似锦。据统计，抗战期间，根据地创作演出的各类戏剧作品就达近千部。

在这些作品中，最著名的是《把眼光放远点》。该剧表现了兄弟两人对待各自的参加八路军的儿子的不同态度，哥哥坚决支持儿子抗战到底，弟弟则唆使儿子开小差回家当良民，由此引发了一场家庭风波，从而歌颂了敌后广大农民支持抗战的坚毅和智慧，也讽刺了一部分富裕阶层眼光短浅、犹豫动摇的心理。

此外还有描写抗日军民利用敌伪矛盾将粮食和枪支送交八路军的《粮食》《十六条枪》；有第一次正面反映中国共产党内两条路线斗争的优秀作品《同志，你走错了路》；还有表现军民关系的作品，如《我们的指挥部》《到山那边去》《子弟兵和老百姓》《夏伯阳》，以及描写英雄母亲的《戎冠秀》，表现战士成长进步的《李国瑞》等等，都受到抗日将士与广大民众的热烈欢迎。

抗战期间的中国戏剧得到了前所未有的普及和发展，广大戏剧工作者用戏剧手段当作抗敌的武器，鼓舞中国人民和爱国将士反对侵略，冲破黑暗，追求光明，终于迎来民族解放的春天。

第 89 章　抗战时期的音乐和民歌

九一八事变后，随着民族危机的不断深入，爱国军民掀起了此起彼伏的抗日救亡运动。抗日战争为中国音乐提供了一个新的创作背景。在中国左翼作家联盟的领导下，一些进步的音乐工作者开始谱写鼓舞斗志的歌曲。

1935 年初，电影《风云儿女》开拍，左联的重要成员田汉受命为电影谱写主题歌。但在电影拍摄期间，田汉被捕。在被捕前，他将歌词写在一张包香烟的锡纸上，后由夏衍交给聂耳。

1959 年，由著名导演郑君里指导的电影《聂耳》艺术地再现了《义勇军进行曲》充满激情的创作过程。

聂耳怀着强烈的爱国热情很快将歌曲谱完，以“义勇军进行曲”为歌名发表在上海《电通画报》上。随着电影《风云儿女》的上映，这首震撼人心的战歌迅速传唱全国，成为抗日救亡音乐的代表。

《风云儿女》海报

李蓉（中共中央党史研究室研究员）：

《义勇军进行曲》诞生于抗击日本帝国主义侵略的战争年代，象征着为捍卫国家和民族的尊严，中华民族的坚强斗志和不屈精神永远不会被磨灭。

《义勇军进行曲》影响极为广泛。在抗战中，这首歌曲在中国军队中广为传唱。曾在中国远征军担任上尉参谋的著名历史学家黄仁宇曾回忆道："我们在成都草堂寺青羊宫做军官的年代也唱过不知多少次了。其音节劲拔铿锵，至今听来还令人想念当日抗战时的气魄。"

根据中国远征军 200 师师长戴安澜将军的作战秘书张家福回忆，200 师的军歌就是《义勇军进行曲》。

1939 年，著名国际友人伊斯雷尔·爱泼斯坦在《人民之战》一书里这样形容这首抗日歌曲的流行程度："这首歌的曲和词深深扎根于中国人民之中。从前线到大城市，从城市到最遥远的乡村，每一个中国人都知道这首歌，都会唱这首歌。"

20 世纪 40 年代，美国黑人歌唱家罗伯逊的演唱使《义勇军进行曲》传遍世界。

彭训厚（军事科学院研究员）：

《义勇军进行曲》激昂的歌声响彻了中国以及世界，以极大的动员力和感召力吹响着抗日救亡的号角。

东北三省的沦亡，还催生了这样一首著名的歌曲。东北失陷后，大批东北人民背井离乡。在陕西西安的街头，出现大批东北军官兵和流亡者。1936 年，在西安二中执教的中共地下党员张寒晖，目睹了同胞的悲惨经历，激起创作的冲动。他将北方女性的哭诉声艺术化，谱成了《松花江上》的曲调。

1936 年 12 月 9 号，西安出现了大规模的学生游行，他们要求国民政府停止内战、联合抗日。游行队伍中有人唱起《松花江上》，集国难家仇于一身的张学良听了之后沉痛地说："请大家相信我，我是要抗日的，我在一周之内用事实来答复你们。"三天之后，张学良和杨虎城发动了震惊中外的西安事变，迫使蒋介石停止内战，联共抗日。

李学通（中国社会科学院研究员）：

在全国抗战开始后，抗战音乐的发展可以分为两个阶段。第一个阶段是 1937 年 7 月至 1938 年 10 月武汉失守，是全民族大团结歌咏的高峰时期，音乐家以极大的热情投入到抗战歌曲的创作中，创作了风格多样的抗战音乐。

抗战歌曲创作高峰时期的代表作品有麦新的《大刀进行曲》、吕骥的《武装保卫山西》、贺绿汀的《全面抗战》等齐唱歌曲；冼星海的《保卫卢沟桥》《在太行山上》《到敌人后方去》、贺绿汀的《游击队歌》《垦春泥》、郑律成的《延安颂》、夏之秋

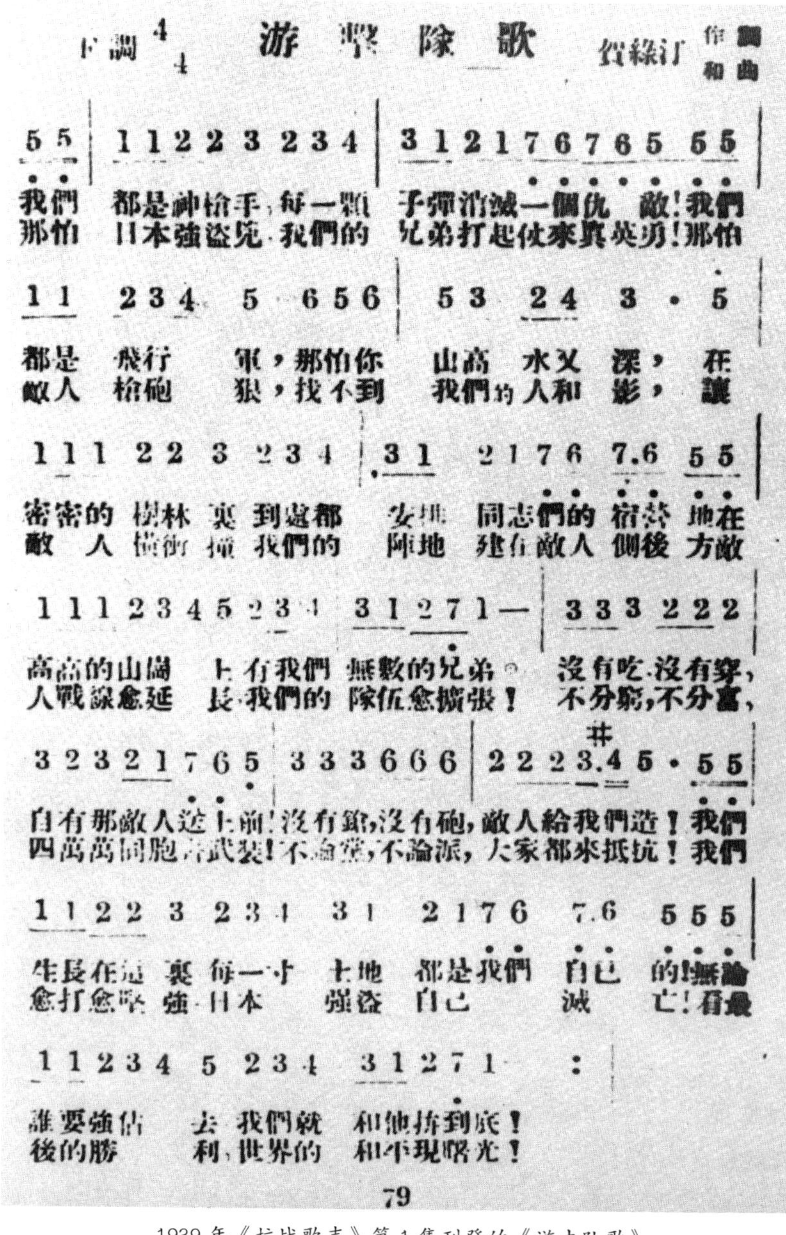

1939 年《抗战歌声》第 1 集刊登的《游击队歌》

的《歌八百壮士》《最后的胜利是我们的》等合唱歌曲。

1937 年，音乐家贺绿汀随上海救亡演剧一队巡回演出，他在途中对八路军游击战所取得的战果深有感触，随即创作了《游击队歌》。1938 年，在山西八路军高级将领会议上，献给全体八路军战士的《游击队歌》的演唱，受到朱德、刘伯承、贺龙、任弼时等一致赞扬，从此在全国军民中得到广泛流传。

彭训厚（军事科学院研究员）：

《游击队歌》内容是歌颂中国人民在中国共产党的领导下，以游击队对付敌人的正规军，让敌人在不知不觉中成为我们的“运输大队长”。这首歌曲好听好唱，以真实的描写、轻快的节奏以及动人的气氛，赞美中华民族的民族智慧。

在抗战歌咏方面，全面抗战爆发后，抗战歌咏组织迅速发展壮大。1937 年 8 月，上海成立了有 50 多个团体组成的“国民救亡歌咏协会”。1938 年 1 月，在武汉成立了全国音乐界统一战线组织——“中华全国歌咏协会”，形成了全民族歌咏的抗战音乐的新局面。

当时，任职国民党军事委员会政治部第三厅的冼星海、张曙组织了很多抗战歌咏活动。1937 年 9 月至 10 月，冼星海在推广救亡歌咏时反复强调，救亡歌曲“是负有建设大众国防的责任的，它的呼声愈强大，影响也就愈强大。换言之，它就是我们民族唯一的精神安慰者，更可以说是我们的国魂”。

李学通（中国社会科学院研究员）：

1938 年 10 月，武汉失守。由于政治环境的影响，抗日根据地和国统区呈现出不同的发展状况。在抗日根据地，抗战音乐的创作突出表现为大型合唱作品。比较著名的有，郑律成的《八路军大合唱》、马可的《吕梁山大合唱》、田涯的《儿童大合唱》等。冼星海创作的《黄河大合唱》是其中的优秀代表。

1938 年 11 月武汉沦陷后，著名诗人光未然从陕西壶口东渡黄河，途中亲历了黄河的险峡急流、怒涛漩涡，目睹了船夫们与狂风恶浪搏斗的情景，聆听了悠长、深沉的船夫号子。

1939 年春天，光未然回到延安后，创作出长篇朗诵诗《黄河吟》。同在延安的音乐家冼星海听到《黄河吟》，触发了创作灵感，写成了这部音乐史诗——《黄河大合唱》。

《黄河大合唱》以黄河为背景，热情歌颂中华民族源远流长的光荣历史和中国

《黄河大合唱》在延安的首演

人民坚强不屈的斗争精神，痛诉侵略者的残暴和人民遭受的深重灾难，广阔地展现了抗日战争的壮丽图景，并向全中国全世界发出了民族解放的战斗号角。

彭训厚（军事科学院研究员）：

《黄河大合唱》无论从词曲，还是二者的结合上，都是抗战音乐的巅峰之作。一批又一批抗日将士和爱国学生高唱着“风在吼，马在叫”走向了抗日战争的最前线，奋勇杀敌。

1942年5月，毛泽东主持召开了“延安文艺座谈会”。广大文艺工作者响应毛泽东同志的号召，纷纷深入前线和农村，与工农兵群众相结合，虚心向工农兵学习，向民间艺术学习。

在这一潮流之中，鲁迅艺术学院的师生从陕北各地收集陕北民歌数千首，成立了专门机构进行民歌研究。他们不同程度地学习和吸收了陕北民歌、陕北秧歌等民间艺术的营养，使得抗战民歌的创作如火如荼。

在这些抗战民歌中，《张学良》《抗日将士出征歌》《五月赞》《自卫军打日本》《调转枪口打日本》《红旗》《拥护八路军》《平型关大战》《百团大战》等民歌，反映了全国性抗战以来，八路军、新四军挺进敌后建立抗日根据地，边区人民全力支援抗战，抗日军民奋勇御敌的历史。

李学通（中国社会科学院研究员）：

当时没有报纸广播，不论开展什么工作，都是民歌开先声造舆论。一个新民歌编创出来，用不了几天就传唱得家喻户晓，老少皆知。陕北民歌具有鲜明的时代性、深厚的人民性、罕见的纪实性、独特的艺术性、强烈的战斗性。

1943 年春节，延安掀起了新秧歌和秧歌剧运动。以鲁迅艺术学院为主的文艺工作者，学习改造陕北旧秧歌，演出了反映工农兵生活的新秧歌和秧歌剧《兄妹开荒》，深受群众欢迎，轰动了延安。

反映大生产运动的《兄妹开荒》运用陕北语言，以陕北民歌曲调为基础而创作，既有鲜明的民族特色和乡土气息，又有纯朴有力、明朗乐观的时代气息。

《兄妹开荒》的成功带来了《刘二起家》《夫妻识字》《一朵红花》《动员起来》《回娘家》《红布条》《牛永贵挂彩》《周子山》等一大批优秀的秧歌剧和多幕剧的产生。这些剧目无不受到陕北民歌和陕北民间艺术的影响。在这样的氛围中，“鲁艺”的文艺工作者创作了新歌剧《白毛女》。

李蓉（中共中央党史研究室研究员）：

当时正值 1945 年中共七大准备召开之际，苏联红军已经向德国反攻，第二次世界大战胜利的曙光已经来临。延安鲁迅艺术学院的艺术家在院长周扬的指示下，根据 1940 年流传在晋察冀边区一带“白毛仙姑”的民间故事传说，加工改编出了歌剧《白毛女》。

新歌剧《白毛女》采用北方民间音乐的曲调，吸收戏曲音乐，借鉴西欧歌剧的创作经验，是在新秧歌运动基础上发展起来的中国民族新歌剧的奠基石，为民族化的新歌剧开辟了道路。

《白毛女》的创作和演出获得了巨大的成功，成为解放区文艺的标志，迅速风靡各个解放区。这出歌剧还曾在国统区演出，广受赞誉。

在国统区，抗战音乐的创作多借由古代诗词创作而成，比较著名的有陈田鹤的《河梁话别》、郑志生的《满江红》、陆华柏的《汨罗江上》、谭晓麟的《正气歌》等。

在抗战歌咏活动方面，1938 年 11 月，在重庆成立了由陈立夫任名誉会长的“中华全国音乐界抗敌协会”等抗战音乐组织。这些抗战音乐组织举行了一些抗战歌咏活动，其中最著名的是 1941 年 11 月由国民政府教育部发起的“千人大合唱”。

当时，重庆正在经历世界战争史上规模空前的大轰炸，重庆四分之一的面积成了废墟。“千人大合唱”由著名音乐家李抱忱等参与主持，规模庞大的管弦乐团伴奏，大、中、小学生组成的21个歌咏队在敌军轰炸的废墟上联手参加，反映了重庆人民顽强斗争、不屈不挠的时代精神。

李学通（中国社会科学院研究员）：

两大区域的抗战音乐的发展有着不同的模式和路径。共产党统治区是一种现实主义与民众相结合的大众化模式，国民党统治区是理想主义色彩的学院派模式。但双方挽救民族危亡、重建国家的愿望都是真切的。

抗日战争的14年间，创作和传唱于各地的抗战音乐已难以统计。能够见到的收录最多的是抗日名将阚维雍之子阚培桐编著的《救亡之声——中国抗日战争歌曲汇编》，共收录抗战歌曲3621首。这些作品的曲作者包括了当时所有著名的音乐家，词作者涵盖更为广泛，不仅有胡适、郭沫若、老舍、闻一多、欧阳予倩等著名知识分子，还包括于右任、冯玉祥、白崇禧、陈立夫等军政要员，以及陈毅、杨靖宇等共产党将领。这些抗战歌曲在内容上囊括了抗战主题的方方面面，成为抗日战争的珍贵记录。

冼星海说过：“在抗战中，全世界的艺术界都注意中国，尤其是在新音乐发展方面。他们称我们的民族是歌咏的民族，因为根据抗战音乐的普遍和发生作用的缘故。成为中华民族呼声的抗战音乐不是偶然的，它是通过大众、通过斗争，然后组织，从整个民族反应出来的民族呼声。”

抗日战争已经过去半个多世纪，今天，我们仍然可以从抗战歌曲中汲取新的力量，这是因为它不仅充满艺术的魅力，更重要的是蕴含了中华民族的伟大爱国主义精神。这种精神永远激励和鼓舞着一代又一代的中国人为中华民族的伟大复兴而奋斗。

第 90 章　抗战时期的美术和学术思想

1931 年九一八事变后，中国人民的抗日情绪日益高涨，进步的青年美术家用各种美术形式进行抗日救亡宣传活动，特别是左翼美术运动逐渐将工作的重心转移到民族救亡上。

鲁迅是五四新文化运动的旗手，也是左翼美术运动的发起者。他倡导的“新木刻运动”代表了“为大众而艺术”的思潮。

鲁　迅

“新木刻运动”在思想上吸收了欧洲版画，特别是珂勒惠支和苏联作品中的人道主义和革命精神，在形式上借鉴了外来版画。强烈的思想性和明显的欧式技法是 20 世纪 30 年代“左翼”木刻的特征。

“新木刻”发挥了美术作为革命斗争武器的功能，在民众中起到了宣传革命真理、鼓舞革命斗志的作用。木刻艺术成为这一时期人们精神表达的一种重要方式。

李蓉（中央党史研究室研究员）：

1930 年 3 月，中国共产党组织领导的“中国左翼作家联盟”成立，使马克思主义文艺理论的基本观点在进步的文艺界得到广泛的普及，催生出无产阶级革命文艺运动。“左联”成立后，中国共产党组织于 1930 年 7 月在上海领导成立了“中国左翼美术家联盟”。“美联”不仅把美术运动看作美术流派运动，更看作是为大众服务，为无产阶级服务的一种手段。

1937 年 7 月，全国性抗日战争爆发。1937 年 11 月至 12 月，上海、南京相继陷落，武汉成为国民政府的军政中心。国民政府军事委员会设立政治部，周恩来担任副部长，政治部下设第三厅，负责宣传工作，厅长由郭沫若担任。第三厅设有文艺处美术科，广泛吸收文艺骨干。

为了使美术界更有力地开展抗战宣传活动，一系列全国性美术团体在武汉先后成立，包括“中华全国美术界抗敌协会”、“中国美术界抗敌协会”、“全国木刻界抗敌协会”、“中国漫画界抗敌协会”等。艺术家们为了支持抗战救亡运动，不分派别、不分阶层而一致团结起来。

于江欣（军事科学院研究员）：

战争使抗日救亡成为美术创作压倒一切的主题。以前以精英自居的知识分子在救亡图存的时代精神的感召下，喊出了“绘画入伍”、“文化从军”的口号。1938年4月，台儿庄大捷之后，一些青年美术家按捺不住内心的激动，组成“战地写生团”，纷纷奔赴战区。

1938年10月广州、武汉相继失守后，全国有关美术院校、团体相继转移到以重庆为中心的大后方。徐悲鸿作为中央大学教授来到重庆，先后创作了《风雨鸡鸣》《漓江春雨》《巴人汲水》《群马》《奔马》《灵鹫》《群狮》等作品，表达了对中华民族奋起觉醒的热切期望。

1940年，徐悲鸿完成了巨幅水墨画《愚公移山》。在国家生死存亡的年代，徐悲鸿溯本清源，回到中国文化生成的价值源头，去寻觅百折不挠的民族精神。《愚公移山》有力地表达了中国人民反法西斯侵略的决心和毅力，鼓舞人民大众去争取抗战的最后胜利，极具现实意义。

李蓉（中央党史研究室研究员）：

这一时期，在救亡的旗帜下，国统区和陕甘宁边区两个不同政治区域中的美术交流不断。特别是陕甘宁边区的木刻作品，带着陕北高原泥土的芬芳和阳光般的明快，一次次地出现在大后方的展览会和报刊上。许多美术家在这些作品中强烈感受到他们苦苦寻觅的时代精神和艺术气息。

延安的木刻艺术在鲁迅先生倡导的“新木刻运动”的基础上发展和进步。1938年春，为了适应急速发展的抗日事业的需要，迎接边区文化建设高潮的到来，中国共产党在延安创办了“鲁迅艺术文学院”，培养革命文艺的新生力量。

“鲁艺”开辟出一条从革命实际出发，理论与实践相结合，学校与社会相联系的办学方针。先后培养出焦心河、彦涵、古元、夏风等优秀的青年木刻家。在创作中，美术家们都自觉地以反映抗战为题材，鼓舞中国军民的抗战信心和战斗热情。

木刻版画因其自身的复制能力，特别符合根据地抗日宣传等工作的需要，在中国现代绘画史上，没有其他任何一种艺术形式像木刻版画那样，可以如此紧密地与根据地结合在一起。而延安极度匮乏的物质条件，更使得表现材料相对简单的木刻版画成为了现实的选择。

美国记者爱泼斯坦感叹："历史上没有任何艺术比中国新兴木刻更接近人民的斗争意志和方向，它的伟大之处在于它一开始就是作为一种武器存在的。"

李蓉（中央党史研究室研究员）：

"延安木刻运动"属于无产阶级美术运动，在艺术内容上的特点是歌颂的，歌颂陕甘宁边区人民在共产党领导下的生活状况，歌颂敌后军民的英勇战斗的英雄事迹，并逐渐形成了富有民族特色的独立风格。延安的木刻运动不仅是中国木刻的一个里程碑，同时也是抗战时期革命斗争的可贵史料。

抗战美术是一个特定时期的文化形态。在深重的民族危机面前，美术家经历

美术家古元（右）在创作木刻画

了血与火的洗礼。他们做出了历史的抉择，将小我服从于祖国的命运，将个人的艺术理想服从于民族大义，谱写了抗战美术的辉煌篇章。

在抗日战争艰难困苦的条件下，中国思想学术界的知识分子，出于对国家和民族的使命感，撰写出一大批具有深远意义的理论著述，为中华民族保存了思想学术的火种。

1937 年 11 月，南迁湖南长沙的国立北京大学、国立清华大学、私立南开大学组成临时大学，以保存中华民族教育文化资源。随后，侵华日军逼近湖南。临时大学继续南迁，在 1938 年 2 月到达昆明，同年 4 月改称“国立西南联合大学”。

冯友兰，时任西南联大哲学系教授兼文学院院长。他曾在 1930 年和 1934 年先后完成并出版了《中国哲学史》上下卷。这是第一部系统研究中国传统哲学的专著。冯友兰为中国哲学史的学科建设做出了重大贡献。

同当时大多数学者一样，冯友兰虽身处后方，却心系国事，为中华民族之存亡殚精竭虑。当时日本侵略者占领了中国半壁河山，悲观消极的情绪在中国知识界有所蔓延。与悲观消极论者相反，冯友兰怀着抗战必胜的信念，认为沦陷的失地一定会光复，中华民族必然会重新崛起。

从 1937 年至 1946 年，冯友兰为完成他的“新理学”哲学体系写作了《新理学》《新事论》《新世训》《新原人》《新原道》《新知言》六部著作，冯友兰将这六部著作称作“贞元六书”。

于江欣（军事科学院研究员）：

《周易》中“乾卦”的卦词为“元亨利贞”。“贞元之际”就是冬春之际的意思。冯友兰用“贞元”之际说明抗战时期固然面临黑云压城，但也是民族复兴的前夜。“贞元六书”的提法充分显示出冯友兰的哲学思考是与民族复兴大业息息相关的，表明爱国主义立场是冯友兰理论探索的根本动力。

在云南昆明宜良县岩泉寺内，有一石碑，上刻“钱穆教授著书处”，纪念钱穆先生于抗战时期在岩泉寺里完成《国史大纲》的往事。

钱穆是中国现代历史学家、国学大师、教育家，九一八事变之后，钱穆撰写的《中国近三百年学术史》中指出，要高扬天下为己任的宋学精神，大力表彰民族气节和爱国传统。

全国抗战爆发后，作为北京大学教授的钱穆随学校辗转到昆明加入西南联大。1938 年秋，钱穆经友人介绍来到岩泉寺隐居，以便躲避日军飞机的轰炸，完成他的史学巨著《国史大纲》。

冯友兰

钱　穆

李蓉（中央党史研究室研究员）：

当时生活的窘困、物资的紧缺以及内忧外患的状况，使钱穆将对中国命运的思考贯穿于全书始末。

1939年6月，《国史大纲》正式完成，1940年6月由商务印书馆出版。这部著作以独特的见解与细致的考证，成为当时各个大学通用的历史教科书，同时也奠定了钱穆史学大家的地位。

于江欣（军事科学院研究员）：

西南联大是中国现代教育史上汇聚众多学术大师和优秀人才的战时高等学府。西南联大的知识分子怀着抗战建国的坚定信念，在中国现代学术领域内做出了不朽的贡献。他们的著述和研究完成于困厄的抗战时期，由于鲜明的救亡意识，成为知识分子学术报国的光辉典范。

抗战时期，随着大批知识分子云集重庆和延安，马克思主义指导的学术文化迅速发展。

比如，史学文化，在重庆方面，在中共中央南方局的领导下，身居重庆的郭沫若、翦伯赞、侯外庐等人创办并主编了《读书月报》《理论与现实》《群众》等刊物，并于1942年发起成立了“新史学会”。在他们的共同努力下，重庆的马克思主义史学研究取得了很大成绩，并深刻影响了新中国成立后史学事业的发展。在延安方面，1940年1月，中共中央任命范文澜为中央研究院副院长兼历史教研室主任。在艰苦的环境中，范文澜撰写了《中国通史简编》和《中国近代史》两部重要论著。

范文澜一改中国传统史学以帝王将相为主角、循环不变为价值取向的写法，明确将马克思主义唯物史观贯穿到中国历史的内容中。

于江欣（军事科学院研究员）：

《中国通史简编》的显著特征在于：一是将劳动人民作为历史的主人，以区别于传统的帝王将相的历史；二是把中国历史划分为原始公社、奴隶社会、封建社会三个历史阶段，并将封建社会划分为四个不同的历史发展时期；三是注重阶级斗争，着重写统治阶级腐化残暴的统治以及农民起义对于历史发展的推动作用；四是注意收集生产斗争的资料、古代科学发明以及有关农业和手工业等的知识。

《中国通史简编》是中国第一部马克思主义通史著作，标志着中国共产党对于中国历史有了自己的发言权，为中国共产党的革命提供了有力的理论支持。

此外，中国新闻界也积极投身到抗日斗争中去。1937年11月8日，由范长江、夏衍、陆诒、章汉夫、朱明、彭集新、羊枣等在上海发起成立了中国青年记者协会。1938年3月30日，协会在武汉举行第一次全国代表大会，决定将协会更名为中国青年新闻记者学会，并通过了《中国青年新闻记者学会成立宣言》及学会简章。其宗旨是研究新闻学术，进行自我教育，促进中国新闻事业的发展，以致力中华民族之解放与建设。

范苏苏（时任中国青年记者协会主席范长江之子）：

在抗战开始后，于1937年11月8号成立的中国青年新闻记者学会发挥了重要的作用，大批记者深入到全国各个战场，如我父亲和陆诒、孟秋江、邱刚等一大批战地记者，都冒着生命危险报道了各地的抗战情况，为宣传爱国主义精神，鼓舞全国人民的抗战士气，做出了重要的贡献，还有些记者为此献出了自己宝贵的生命，如方大曾、李竹如、何云、高勇、乔秋远等人。

在抗日战争时期，许多中国知识分子仍在艺术和学术园地里辛勤地耕耘，中国艺术和学术的艰辛发展并没有因战争而中断。尽管一些学术思想和观点不同、艺术内容和形式各异，但是都表现出民族危亡之际，知识分子“学术救国”的爱国精神，并客观上推动了此后中国艺术和学术的发展。

第 91 章　抗战时期的电影

1931 年九一八事变后，中国电影人开始了电影抗战的艰难历程。他们把救亡图存、团结御辱的思想融入到电影创作中，在艰苦条件下仍然拍出了许多优秀的抗战故事片以及大量的抗战纪录片，为中国抗日战争的最终胜利做出了特殊的贡献。

和世界各国二战题材电影一样，中国最早出现的抗战电影是抗战电影纪录片。

1932 年，日军在上海制造了一·二八事变，第十九路军奋起反抗。上海众多电影制片公司相继推出了《十九路军抗日战史》《上海抗战》《上海浩劫记》等多部表现抗战的纪录片，成为中国抗日电影的先声。

李学通（中国社会科学院研究员）：

《十九路军抗日战史》真实记录了日军轰炸上海的民房和商务印书馆、同济大学、暨南大学等等，包括第十九路军在闸北青云路、庙行和八字桥三次战斗中奋勇抵抗的场景，以及上海人民临危不惧，支持第十九路军抗日的各种活动。影片的不少场面是摄影队员冒着枪林弹雨在前线拍摄的，被誉为“唤醒民众的爱国教科书”。

除了抗战电影纪录片，以抗战为题材的电影故事片也开始出现。但是由于当时的国民党政府坚持不抵抗政策，屡屡训令禁止拍摄关于抗战宣传的影片，一些爱国电影人士只好采取曲折的表达方式来表现抗战。其间拍摄的《恶邻》和《狼山喋血记》即为代表性作品。

《恶邻》是隐喻日本侵略者，而《狼山喋血记》则是借助村民们同仇敌忾“打狼”的故事暗示全国人民应该团结起来，同仇敌忾，抗击外侮，极大地配合了当时建立抗日民族统一战线的政治斗争。

1935 年 12 月 12 日，上海文化界 275 人发表了《上海文化界救国运动宣言》。1936 年 1 月 27 日，由欧阳予倩、蔡楚生等发起成立了“上海电影界救国会”，随后创作出一大批抗战题材的电影，如《共赴国难》《大路》《小玩意》《三个摩登女性》《迷途的羔羊》《十字街头》《马路天使》等。

1937年，现实主义电影《十字街头》受到进步电影评论家的推崇。影片描写了在当时民族矛盾与阶级矛盾日益尖锐化的社会中，知识分子离开彷徨的十字街头，走向抗战前线的感人经历。

该片导演沈西苓在谈到《十字街头》的创作过程时曾说："我们不能说一句收复失地，不能挂一张东北地图，掌握不到创作的自由权。"这也真实地反映出这一时期抗战题材电影故事片的艰难处境。

李蓉（中共中央党史研究室研究员）：

1931年到1937年间，全国抗战爆发之前，"抗战电影"的制片单位几乎都是上海的民营电影公司。他们把民族大义放在首位，不惜冒着经济风险和政治风险，拍出了很多激动人心的作品。值得一提的是以抗日战争时期生活为背景的影片《风云儿女》，其主题歌《义勇军进行曲》充满了爱国和救亡的激情，后来成为中华人民共和国国歌。

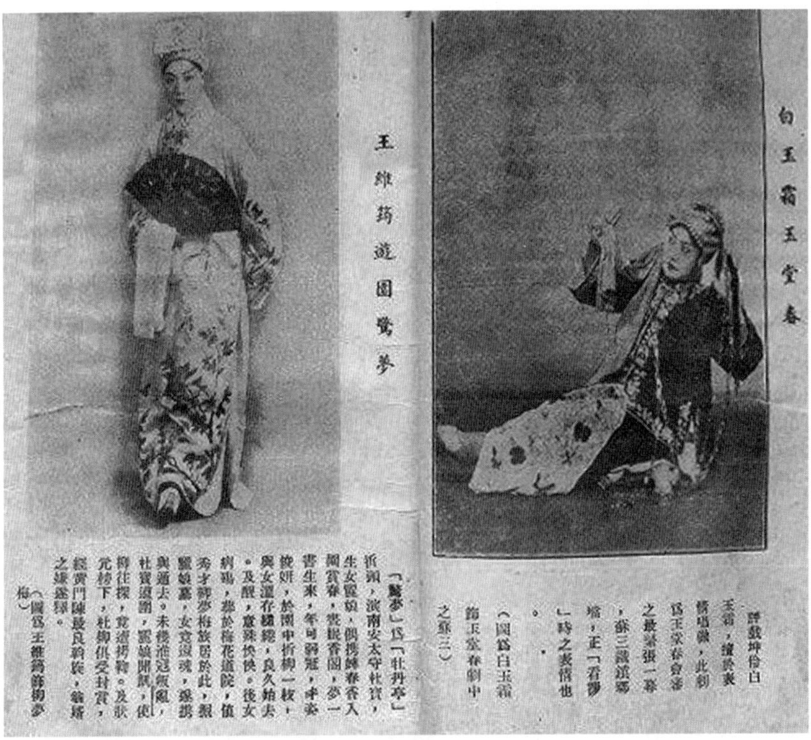

戏影生活

1938 年，上海新华影片公司拍摄影片《木兰从军》，这是花木兰的扮演者陈云裳剧照

1937 年 7 月，全国性抗战爆发，上海租界沦陷为“孤岛”。“孤岛”局势的复杂性决定了当时抗战电影故事片创作生产的处境，也形成了一些抗日电影故事片，曲折隐晦地表达爱国思想的创作特点。1939 年的《木兰从军》借古喻今，是孤岛时期影响最大的一部影片。1937 年 11 月上海沦陷后，大批进步艺术家陆续撤出上海，武汉成为当时国民政府政治、经济和文化的中心。

1938 年初，在国民政府军事委员会第三厅的领导下，“中华全国戏剧界抗敌协会”在汉口成立了。随后,《抗战电影》月刊出版,并开展了“关于国防电影之建立”的讨论。国防电影理论主张电影工作者在民族存亡的紧急关头必须以电影为武器，更好地为抗日斗争服务。

这一时期抗战电影的主要制片基地是国民政府下属的中国电影制片厂。从 1938 年 1 月到 10 月武汉沦陷，中国电影制片厂完成了《保卫我们的土地》《热血忠魂》《八百壮士》3 部故事片和《华北是我们的》等 50 多部新闻纪录片。

《保卫我们的土地》表达出中国人民要求抗战的民族愿望和爱国主义的庄严主题。除了在国内各地播映外，该片还被送往美国、菲律宾等国上映，受到了当地社会舆论的热议。

李蓉（中共中央党史研究室研究员）：

《保卫我们的土地》和七七事变前的抗战电影相比明显不同，它不再采取寓言、象征、影射、暗示的方式，而是正面描写抗日战争。汉口《新华日报》时评曾指出："《保卫我们的土地》是一部崭新的国防电影，它的每一句话都深深地刺入我们的心坎。回忆起一年前在沈西苓的《十字街头》中，连东北也不许思念的时候，感慨之余，是令人兴奋和愉快的。"

1938年10月，武汉失陷后，中国电影制片厂迁往重庆，先后拍摄了《保家乡》《好丈夫》《胜利进行曲》《火的洗礼》《塞上风云》《日本间谍》《气壮山河》《血溅樱花》等抗战电影。史东山、应云卫、孙瑜、夏衍、阳翰笙、田汉、司徒慧敏等一批进步的电影人参加了这些电影的制作。

另一家隶属于国民党中央宣传委员会的中央电影制片场则拍摄有《孤城喋血》《中华儿女》《长空万里》等影片。加上由同在重庆的西北影业公司拍摄的《风雪太行山》和《老百姓万岁》，抗战电影的发展达到了高潮。

这些影片题材广泛，类型不同，从正面战场到沦陷区军民的斗争，从缅甸远征军的壮烈出击，到表现日军战俘的故事，从激烈的空战，到情节曲折的间谍疑案，基本上构成了一种全景式的战争题材电影。

李学通（中国社会科学院研究员）：

在八年抗战的艰苦条件下，大后方一共生产了21部故事片，多部新闻纪录片也出自于政府的制片厂。同时，为更好地进行抗战宣传和民众动员，电影流动放映机构在"下乡"和"入伍"的呼声中遍布城乡及前线。电影成为当时民众士兵们了解时事政治、培养民族精神、树立必胜信念的最佳宣教形式之一。

在香港，仅1937年，就创作生产了25部以抗日救亡为主题的爱国电影，约占当年出产的85部电影中的三成。当年最有代表性的一部抗日电影是由香港电影界联合制作的赈灾筹款影片《最后关头》。

《最后关头》主要讲述一群大学生在一名爱国同学的教导下觉醒，分头到工商界、妇女界、农村、军人中展开抗日救亡活动和宣传，最后各界人士团结起来走上战场，与日军展开拼死冲杀。

本片于 1938 年在香港公映，观众反应十分热烈。该片上映时，所得 23900 元，除为前方将士购置 3000 元雨具外，其余全部购买了救国公债。

1938 年，香港粤语片在一些来到香港的进步电影工作者带领下也开始表现进步内容。蔡楚生、司徒慧敏等与香港一些爱国人士合作，拍摄了《血溅宝山城》和《游击进行曲》等爱国主题鲜明的影片。

1941 年皖南事变后，夏衍等人来到香港，为香港电影业注入新鲜血液，创作了《孤岛天堂》《白云故乡》等影片。这些抗战电影的创作和播出，深刻地影响了香港电影业。1941 年 12 月，太平洋战争爆发，随即日军攻占香港，香港抗日电影活动终止。

李学通（中国社会科学院研究员）：

中国的抗战不仅掀起了中国电影人的创作热情，也吸引了国外电影大师的镜头。当时，有多位国外纪录片导演来华拍片。其中，最杰出的代表就是世界著名的纪录电影大师尤里斯·伊文思。

1938 年 1 月，伊文思与两位助理带着一架特勃里大摄影机、两架手提埃姆摄影机和两万米胶片，通过"美国援华协会"的关系，经香港来到汉口，不久后前往台儿庄、西安、兰州、广州等地拍摄。

伊文思在中国拍摄的《四万万人民》是他电影生涯的代表作，影片让人们看到 1938 年中国人民生活的片段：台儿庄战役，中国军队与日军展开激烈战斗；汉口八路军的重要军事会议上，周恩来、叶剑英等领导人讲话和研究军事形势的情况；西安人民举行抗日游行的场面等等。伊文思曾说："我触到了中国，中国也触到了我，我拍了战争，拍了一个在战争中瓦解，又在战火中形成的国家，我看到了勇敢！"影片在美国和法国上映后，引起了轰动。

李学通（中国社会科学院研究员）：

《四万万人民》的推出，使伊文思成为少数亲历东方战场，第一个用电影记录中国反法西斯斗争的西方人。《四万万人民》以宽广和深邃的目光把中国抗战纳入国际社会关注的视野之内，看到了中国共产党身上所代表的民族希望和未来，为人类历史留下了珍贵的时代影像。

伊文思拍摄的《四万万人民》、美国导演弗兰克·卡普拉拍摄的《中国的抗战》、苏联摄影师罗曼·卡尔曼拍摄的《中国在战斗》和《在中国》等纪录影片，都成为中国抗战电影的重要组成部分，并且在世界范围产生广泛影响。

伊文思到延安拍摄的愿望在蒋介石政府的阻挠下未能实现。伊文思在离开中国之前，秘密地把一台埃姆摄影机和一部分胶片交给了“左翼”电影人吴印咸。吴印咸和袁牧之两人带着这台摄影机和从香港购得的全套电影器材到达延安。1938年9月，延安电影团正式成立。

徐建林（时任八路军电影团摄影徐肖冰之子）：

总政治部副主任谭政兼电影团团长，参加过两万五千里长征的老同志李肃负责政治和组织工作，袁牧之负责艺术指导，吴印咸和徐肖冰是担任摄影。另外，还从抗大学生里头找了两人，一个叫叶苍林，一个叫魏起。全团一共6个人。大概是用了两年多的时间，到前线、到各个根据地，去拍取大量的抗日素材，当时在黄帝陵，开拍《延安与八路军》。

影片是抗日根据地情况和八路军战斗生活的实录。前半部分以1937年全国抗战爆发，各地爱国青年奔赴延安为开端，记录了延安的自然风光和社会环境，以及延安抗日军政大学、陕北公学、鲁迅艺术学院师生的学习和生活，边区文化事业的发展和国际友人的访问，毛泽东等领导人的活动等。后半部分记录了八路军的战斗生活和建立敌后抗日根据地的情况，以及朱德总司令和八路军其他高级将领的活动等。

李蓉（中共中央党史研究室研究员）：

《延安与八路军》是抗日根据地摄制的第一部影片，前后拍摄两年有余。该片为历史保存了珍贵的瞬间，其清新朴素的风格为后来的解放区电影和新中国初期的电影创作提供了可供借鉴的传统。后来，这部影片的素材由袁牧之带往苏联进行后期制作，因苏德战争爆发和胶片失散，未能最终完成。但其中片段曾用于中苏合拍片《中国人民的胜利》和《解放了的中国》两部纪录片。

1942年2月，“延安电影团”完成《生产与战斗结合起来》。这是根据地摄制并公开上映的第一部纪录片。影片描绘了第120师第359旅一边战斗，一边生产，在延安南泥湾垦荒种地，使荒凉的南泥湾变成富庶的塞上江南。

此外，“延安电影团”还拍下了《陕甘宁边区第二届参议会》《十月革命节》《边区生产展览会》《毛泽东同志在延安文艺座谈会上》等新闻片和新闻素材，为历史留下了鲜活的珍贵档案。

抗日战争是中国近代史上唯一一次全民族反对外敌入侵取得完全胜利的民族解放战争。中国电影记录了这场胜利之战。今天,当我们重温那些抗战电影的时候,仍然能够感受到全国人民的爱国热情和力量。

第 92 章　香港大营救

1941 年 12 月 8 日，日军偷袭美国海军基地珍珠港，挑起太平洋战争。之后，日军飞机轰炸香港启德机场，开始大举进攻香港市区，12 月 25 日，香港沦陷，160 万香港同胞陷入危难之中。在成千上万的难民当中，有数百位来自大陆的爱国民主人士和文化界人士，他们成为日军重点搜捕的对象。此时距离他们到达香港不到一年的时间。

1941 年 1 月，皖南事变爆发后，重庆、桂林等地的文化界进步人士、爱国民主人士，因为坚持宣传抗日，抨击蒋介石“消极抗日、积极反共”的方针，不断受到国民党顽固派的打击迫害。在中共中央的关怀帮助下，有数百名文化精英相继转移到香港，继续从事抗日救亡运动。

在抵达香港的这数百名爱国民主人士和文化界人士中，有何香凝、柳亚子、茅盾、邹韬奋、夏衍、胡绳等。他们是中国文化界的精英，国家的瑰宝，不容有失。

日军偷袭珍珠港

日军占领香港

也因为如此，他们也成为日本侵略者重点搜捕的对象。

日军占领香港后，立即封锁香港至九龙的海上交通，实行宵禁，并分区、分段、挨家挨户展开检查，搜捕抗日分子、文化名人和民主人士；同时贴出告示，限令在港的文化界人士前往“大日本军报道部”或“地方行政部”报到，否则“格杀勿论”。日本文化特务禾久田幸助，在一些电影院打出幻灯字幕，点名要求被誉为“中国进步电影的先驱者”、“中国现实主义电影”的奠基人蔡楚生与电影技术专家、著名导演司徒慧敏等人到半岛酒店的日军司令部“会面”。

李蓉（中共中央党史研究室研究员）：

日军采取了强搜和诱捕两种手段，这几百名文化精英都迅速隐蔽起来，频繁更换在香港的住址，但是，他们大都不是广东人，不会讲粤语，在香港又人生地不熟，长期隐蔽困难很大，随时面临被日军抓走或杀害的危险。

当时，中共中央及南方局对数百位滞留香港的文化界人士和爱国人士的处境极为关心。早在日军进攻香港前一天，周恩来就电示八路军驻香港办事处主任廖承志，要求迅速做好应变准备。12月8日至9日，周恩来连续2天电示廖承志等人，要不惜任何代价，不怕牺牲，营救被困在港的文化界人士、著名爱国民主人士和国际友人，并将其转移至大后方安全地区。

廖承志，广东惠阳人，1908 年 9 月出生，是民主革命先驱廖仲恺与何香凝之子，1928 年加入中国共产党，1933 年参加红军，曾任红四方面军总政治部秘书长。全国抗战开始后，被中共中央派往国统区工作，上海失陷后，离开上海到香港组织八路军办事处，任八路军驻香港办事处主任。

1940 年 12 月 8 日清晨，遵照中共中央指示，八路军驻香港办事处的廖承志、连贯、乔冠华等人，巧妙避开日军巡逻艇，由海上到达位于旺角的一栋楼房，召集紧急会议，分析形势，研究对策，部署营救工作，决定将这一任务交给中共广东地方组织和广东人民抗日游击队完成。同时，对营救工作做了具体分工：八路军驻香港办事处的廖安祥、潘柱及东江游击队的李健行、何启明、何鼎华等人负责联系和转移营救对象；林平负责在九龙秘密接待，再从九龙撤退到老隆路段的护送工作；廖承志、连贯则分别前往老隆和韶关，布置国民党统治区沿途各地的掩护和交通线；中共后东特委负责从老隆至韶关路段的护送工作；中共南方工委和粤北省委则负责安排被营救人员到达韶关后的有关事宜。

而营救行动成功的第一步是找到分散隐蔽在四面八方的精英人士们，这无异于大海捞针。廖承志将这项艰巨的任务交给在八路军驻港办事处机要部门任职的潘柱。

潘柱当时年仅 22 岁，他接到任务后“吃不下饭，睡不着觉”，苦思良策，突然灵光一闪：只要找到《华商报》总主笔张友渔，或者生活书店经理徐伯昕，就可以打听到别人的行踪！

张友渔在文化界交往广泛，但是香港沦陷后，多数人变换了地址，变得更加警惕，能不能完成任务，张友渔也需要碰运气。

廖承志

连　贯

乔冠华

在寻找胡绳时，张友渔好不容易打听到地址，敲了半天门，出来开门的却是个不相识的女人，说了一句“没这个人”，就把门“啪”地关上了。张友渔失望地走到楼下，刚要离开，背后忽然有人叫他。回头一看，正是胡绳。

胡绳带着张友渔，在胡同里碰到了戈宝权，戈宝权提供了地址，他们又找到了茅盾和叶以群，接着在跑马地找到了于毅夫，在铜锣灯笼街找到了邹韬奋……

李蓉（中共中央党史研究室研究员）：

就这样，跟珍珠穿线一样，通过环环相扣，层层串联，联系网络逐渐扩大，终于，文化民主人士们被全部找到，分批安置到许多个临时联络点里面。其实，从周恩来到廖承志，都没有给出一个足够详细的营救名单，最终获救的800多人，是潘柱等人在寻找过程中，基于平时的社会关系动态形成的。

在联络点集中起来的进步人士们，还不能马上离开香港，廖承志在等待最为恰当的离港时机。

廖承志通知各个联络点的人们，就地隐蔽，断绝与外界的一切往来，等候撤离通知，并及时分发了隐蔽和撤离时必要的经费。

1942年元旦，撤离时机终于到来。日军占领下的香港，粮食燃料紧缺，供应困难，日军开始疏散大批难民返回内地。

1942年1月9日，第一批文化界人士开始踏上撤离香港的漫漫征途。在洛克道的临时集中点，茅盾、叶以群、戈宝权等人，换上老百姓的衣服，打扮成“难民”模样，由东江游击队的交通员引领，绕大街，穿小巷，尽量避开日军岗哨和检查站。黄昏时分，到达铜锣湾避风塘，登上一艘驳船。

第二天凌晨，他们改乘三只草席篷的小艇，抓住铜锣湾出口处日军巡逻兵换岗的空隙，穿过封锁，有惊无险地到达九龙。文化界人士的目的地是东江游击区，到达九龙，只是过了第一关。

从九龙到东江游击区的路线，主要有东、西两条线路：东线，从九龙市区经牛池湾到西贡，然后乘船渡过大鹏湾，在大小梅沙、上洞或沙鱼涌等地登陆，转入惠阳抗日根据地；西线，从九龙市区入青山道到荃湾，越过大帽山到达元朗，然后渡过深圳河，入梅林坳，进入宝安抗日根据地。

田越英（军事科学院研究员）：

东、西两条线路，都很危险，一路之上既有日军的哨卡，又有零星土匪出没抢劫，所以在廖承志安排下，东江游击队派出了最有经验的游击队员，沿途护送，确保每一位文化名人和民主人士的生命安全。

1942年1月11日，第一批文化界知名人士茅盾、邹韬奋、戈宝权、叶以群、于伶等数十人，继续夹杂在难民队伍里，撤离九龙市区，在游击队员护送下，沿西线入青山道，经九华径到达荃湾、元朗的交通线，之后避开日军的检查岗哨，进入大帽山区。

大帽山中间有一条小道，迂回曲折，杂草丛生，不易攀登，山上还有两股土匪拦路。

而撤离队伍必须从此路经过，如果绕山而行，四周都是交通要道，不仅要多走一天，还难以避开日军的盘查。负责护送的游击队员迎难而上，一面上山跟土匪交涉，一面从东江游击队请来援兵，做出先礼后兵的态势。果然，土匪很快就让出了道路，销声匿迹。游击队完全控制了大帽山，并分段警戒。

进入山区以后，道路崎岖，邹韬奋因为视力不好，走得跌跌撞撞。游击队员早有准备，提前给每个人准备了一根竹棍，帮助他们翻山越岭，渡过深圳河，到达宝安阳台山抗日根据地白石龙村，这里是抗日游击队控制的安全地带。一行人几天以来，一直悬着的心，终于放下来。

张明金（军事科学院研究员）：

东江游击队司令员曾生和政委林平，在村口迎接大家，将大部分人分散隐蔽在附近的山谷中。虽然条件艰苦，但是大家终于逃离了虎口，心情都很舒畅，和战士们一起唱歌、拉胡琴、吹笛子。

邹韬奋还欣然挥笔，为东江游击队创办的报纸《东江民报》题写了报头。茅盾也为《东江民报》副刊《民生》题写刊名。胡仲持、胡风等人也题了字。

从1月底到2月底，是营救工作最紧张的日子，每隔一两天就有一批人被从香港运送到九龙，每批少的10来人，多的20至30人。多数人走西线，到宝安阳台山抗日根据地，少数爱国民主人士中容易暴露身份的或因年老体弱不适宜爬山涉水的，则安排他们从东线撤离到惠阳——坪山抗日游击区。何香凝、柳亚子等人则乘船直接被护送到汕尾，然而他们的撤离行动却是一波三折。

潘柱和何香凝一家取得了联系，找到一条机帆船，让人护送他们和柳亚子父女会合，一起去海丰，然后转赴大后方。按照机帆船的正常行驶速度，两天后他们就可以到达中转站长洲岛。

但是好几天过去了，何、柳两家依然杳无音讯，潘柱心急如焚。

原来，何、柳两家的坐船没能躲过日军关卡的盘查，他们所乘坐的机帆船被强行拆除了发动机，没有了机器动力，帆船只能借助风力行驶，几天之后，海风逐渐变小，而船上的食物和淡水也见了底。在何、柳两家人绝望之际，游击队得知情况，派来一艘小艇，解了燃眉之急。这次遇险经历，给何香凝留下深刻印象，后来她写下了这样的诗句："水尽粮空渡海丰，敢将勇气抗时穷。时穷见节吾侪责，即死还留后世风。"

田越英（军事科学院研究员）：

从香港到东江游击区的秘密交通线上，港九地下党组织和东江游击队交通员、游击队员们，冒着生命危险奔走其间，将文化界人士和爱国民主人士大部分由西线安全运送到白石龙。

但是，这种安全是暂时的。距离白石龙村 10 公里处是日军警戒线。白石龙村全部人口不足 200 人，几批文化人士先后到达，人数突然暴增数倍，极有可能被日军的特务眼线发觉，彻底暴露。所以他们随即走进深山之中，继续转移，越过广九铁路，陆续到达惠州。

中共惠阳县委通过打入国民党内部的地下党员，用高价买到有关证件和走私船票，将这批文化人士安全送达老隆，接着转赴韶关、桂林，最终按计划到达西南大后方。

只有邹韬奋，本来按照计划，也应该是到桂林去，但是他成为国民党顽固派的重点通缉目标，国民党顽固派严令各地特务机关监视邹韬奋的行踪，扬言"一经发现，就地惩办"，如果继续前往国民党控制的桂林，无异于自投罗网。因此，邹韬奋到达老隆后改变计划，由地方党组织安排，在梅林县一个偏僻的山村隐蔽了几个月之后，改赴上海敌占区，最终渡过长江进入苏北抗日根据地。

张明金（军事科学院研究员）：

香港大营救行动，前后长达 11 个月，行程万余里，遍及 10 多个省市，中共广东地方组织和东江游击队几经周折，历尽艰苦，克服重重困难，终于将文化界人士、爱国民主人士及其家属共 800 余人，全部从日军"虎口"中成功营救出来，无一出现差错。

营救行动的成功，保护了中国一大批民族精英。有人说，如果这场营救行动不成功，整个中国的文学史和艺术史都将被改写。

在这 800 余人当中，还有部分国民党军政官员及其家属，如国民党驻香港代表——海军少将陈策、第七战区司令长官余汉谋夫人上官德贤等 10 余人。

这场秘密大营救行动，历时之久，行程之远，涉及之广，营救人员之多，前所罕见，被矛盾誉为“抗战以来最伟大的抢救工作”。

第 93 章　美德伏击战

美合地区位于海南琼山、澄迈、临高 3 县交界的山区。这里是中共琼崖特委和琼崖独立总队的抗日根据地。1940 年 12 月 15 日，国民党顽军 3000 余人进攻中共琼崖特委及独立总队创建的美合抗日根据地，发动“美合事变”，制造了琼崖国共两党公开分裂的局面。

面对国民党顽固派挑起的反共摩擦，琼崖特委和琼崖独立总队坚持团结、反对分裂，与国民党顽固派进行针锋相对的斗争，并作出相应部署：撤离美合抗日根据地，中共琼崖特委、琼崖独立总队部及特务大队向琼文抗日根据地转移；琼崖独立总队第 2 支队转向澄迈、临高、儋县活动；琼崖独立总队第 4 大队前往昌江、感恩、崖县、陵水、保亭等地，必要时向万宁转移；新建留守处，坚持美合地区的抗日斗争。

1941 年 1 月 29 日，中共琼崖特委、琼崖独立总队部及特务大队冲破国民党顽军的封锁，抵达琼文抗日根据地，与琼崖独立总队第 1 支队会合。

齐德学少将（军事科学院原军事历史研究部副部长）：

1941 年 2 月 15 日，中共琼崖特委在琼山县树德乡山心村召开第三次执委会议，决议“集中力量打退国民党反共逆流，坚持团结抗战”，并将琼崖独立总队第 2 支队调回琼文地区，加强抗日反顽斗争力量。

冯白驹

琼崖独立总队从政治上揭露国民党琼崖当局的反共阴谋，同时坚决反击国民党顽军的军事进攻。截至 1942 年 1 月，琼崖独立总队相继取得罗蓬坡、斗门、大水反顽战斗的胜利，巩固了琼文抗日根据地。

冯白驹，海南省琼山人，1903 年出生，22 岁考入上海大学，后投身革命。1926 年加入中国共产党，曾任中共琼崖党团特委书记，1930年后领导创建了琼崖工农红军独立师。全国抗战爆发后，经过国共谈判，琼崖红军改编为广东省民众抗日自卫团第14区独立队，即琼崖独立队，冯白驹任队长。1939年3月，琼崖独立队正式扩编为广东省民众抗日自卫团第14区独立总队，即琼崖独立总队，冯白驹任总队长。

冯白驹率领琼崖独立总队，反击琼崖国民党顽军反共逆流的同时，始终把抗击日本侵略者放在首位。

齐德学少将（军事科学院原军事历史研究部副部长）：

冯白驹曾明确地指出："我们虽然在反共军的进攻下，但是我们必须打击日本侵略者，打击我们唯一的凶恶的敌人。"1941年4月初，冯白驹和中共琼崖特委及琼崖独立总队联名发出抗击日本侵略军、迎接"红五月"的号召，要求部队集中优势兵力，狠狠打击日军，以掀起对日作战的新热潮。

1941年7月，考虑到国民党顽军多次受挫后暂时无法发动大规模进攻，中共琼崖特委决定抓住这一时机，以第1、第2支队主力移师文昌，拔除日军插入琼文抗日根据地内的美德据点。

美德村位于文昌县大昌乡，驻有日军一个分队的兵力，此地与潭牛、大致坡日军据点互为掎角之势。日军占据这里，既能进攻中共琼崖特委及琼崖独立总队的驻地，又可以配合潭牛、大致坡据点的日军"扫荡"琼文抗日根据地。美德日军据点就像一颗钉子，插入琼文抗日根据地腹地，严重威胁着中共琼崖特委和琼崖独立总队的安全。

美德村交通便利，从这里到潭牛的公路上，经常有日军车辆往返。冯白驹得知情况后，立刻做出战斗部署：集中第1、第2支队，采取连环伏击的战术，兵分三路，在美德至潭牛公路上分段打击日军辎重，进而诱伏潭牛、大致坡两地的日军援军，最终拔除美德日军据点。琼崖独立总队第1支队支队长吴克之和第2支队支队长马白山担任此次战斗的正、副指挥，率领第1、第2支队主力执行伏击任务。

张明金（军事科学院研究员）：

连环诱伏是指对敌人进行分步诱伏，前一步诱敌旨在为下一步伏击创造条件，最终达到一举歼灭敌军的效果。作为中华传统战术之一，早在三国时期，在"延津之战"中，曹操就曾利用这一战术，连续挫败对手。

1941 年 7 月 4 日，琼崖独立总队参战各部，按照作战部署进入伏击阵地。第 1 支队第 1 大队隐蔽在潭牛村后坡一带，第 3 大队埋伏在美德村附近，第 2 大队第 6 中队在第 3 大队左翼，距离公路不到 200 米处设伏。

7 时许，日军 30 余人乘坐军车，从潭牛方向沿公路驶向美德据点。就在汽车驶入离第 2 支队阵地只有百米之遥时，却突然停了下来。

原来、行进途中，日军发现周围田地空无一人。为避免遭遇伏击，决定放弃公路，改沿路旁树丛搜索前进。此时，日军尚未完全进入第 2 支队的伏击阵地，转而将进攻第 2 支队后方。

战情突变，第 2 支队支队长马白山果断命令部队抢占有利地形。以第 1 大队从正面迎击日军，第 2 大队向西展开，从侧翼迂回打击日军。一时间，枪声四起，双方陷入激战。

张明金（军事科学院研究员）：

第 1 支队支队长吴克之闻讯后，立即派出一个中队火速增援第 2 支队。同时，他命令埋伏在美德方向的第 3 大队和第 6 中队：“密切注意两侧敌情，如发现美德之敌向潭牛驰援，坚决堵击予以歼灭。”

林伯熙，海南省文昌人，1909 年出生，早年参加革命活动，1938 年春赴延安入陕北公学学习，而后回乡开展抗日工作，与国民党合作建立文昌县经济中队，任中队长。历任琼崖独立总队第 1 中队中队长，琼崖独立总队第 1 支队副支队长等职。

按照上级指示，林伯熙立即调整战斗部署，命令部队埋伏在美德至潭牛公路旁的灌木丛中，随时伏击美德方向的驰援日军。不久，两辆满载日军的汽车以前后 300 米的间距，向第 3 大队和第 6 中队的伏击阵地驰来。当日军进入射程后，随着指挥员的一声令下，战士们发起猛攻。

第一辆汽车上的日军来不及跳车，就有人当场毙命，日军顿时大乱。第二辆车上的日军，立即向公路两旁逃散。同时，利用车顶的重机枪，组织火力反击。日军用轻重机枪、掷弹筒猛烈轰击，企图压制第 3 大队和第 6 中队的进攻。

就在双方陷入僵持时，第 1 支队支队长吴克之立刻根据战局调整部署：趁大致坡日军尚未出动，除留少数部队警戒外，迅速抽调第 1 支队第 2 大队第 4 中队，赶赴美德方向增援，抢占坑尾村高地，配合第 3 大队和第 6 中队合击日军。同时，派遣第 1 大队奔赴潭牛方向增援。

齐德学少将（军事科学院原军事历史研究部副部长）：

坑尾村地形稍高，火力可以控制周围洼地，一旦将其抢占，就能与正面形成前后呼应之势，一举歼灭身处洼地的日军。因此，敌我双方争夺坑尾村高地的战斗，打得异常激烈。

面对日军的疯狂反扑，林伯熙命令第 6 中队继续进攻，同时，调遣第 7 中队向日军侧后高地迂回，率先夺取高地，以便形成夹击之势。为加强第 7 中队的战斗力，林伯熙派第 3 大队大队长符乙权转至第 7 中队，亲自指挥战斗。

就在战斗双方争夺坑尾村高地时，日军飞机突然出现在上空，向琼崖独立总队参战各部俯冲扫射，地面日军趁机发起又一轮攻势。

第 7 中队不畏日军炮火，奋勇冲向坑尾高地。一排排手榴弹密集落入敌群，迫使日军不断后撤。此时，日军急忙架设机枪点，疯狂扫射。琼崖独立总队第 7 中队的战士，被密集的子弹挡在土坎下。

见部队推进艰难，指挥员林伯熙果断调集短枪排投入战斗，命令其迅速打掉日军机枪点，以增援第 7 中队。短枪排受领任务后，迅速匍匐接近日军机枪点，用手榴弹与驳壳枪猛攻，成功捣毁了日军的机枪点。在短枪排的火力掩护下，第 7 中队抓住战机发起冲锋，一举抢占了坑尾村高地。

张明金（军事科学院研究员）：

这次伏击作战进行得异常激烈，日军遭到伏击以后，迅速组织了反扑，第 7 中队在中队长郑章、指导员张世英的带领下，集中兵力，奋勇占领了坑尾高地。在战斗当中，第 3 大队大队长符乙权不幸中弹牺牲。

为抢夺高地，日军 20 余人在飞机的支援下，向第 6 中队后方迂回包抄。中队长林成当即决定“将计就计”，令刘荣带领第 2 小队歼击妄图偷袭的日军。此时，琼崖独立总队第 4 中队，迅速赶来驰援，与第 2 小队夹击流窜的日军。

在驰援部队的策应下，第 2 小队隐蔽转移到日军的侧后，突然发起猛攻。四面骤起的枪弹声，令日军无法展开反击。趁日军阵脚大乱之际，第 2 小队第 6 班班长黄大明，率部冲向敌群，打得日军四处溃散。

得知战士成功抢占坑尾村高地，吴克之、林伯熙立即下令，发起全线总攻。随着嘹亮的冲锋号声，全体指战员蜂拥而起，喊着为战友报仇的口号冲向日军。一时间，呐喊声、枪弹声交织在一起。第 6 中队中队长林成身先士卒冲向洼地，奋勇杀敌直至中弹牺牲。

在指挥员的激励下，全体战士前仆后继，迅速歼灭处于洼地的日军。此时，第二辆汽车上的5名日军，携带一挺重机枪企图驾车逃窜，当行至三面铺一带三岔路口时，遭到第2支队第3大队第7中队警戒战士的截击，逃窜日军全部被歼灭，作战部队缴获重机枪一挺。

张明金（军事科学院研究员）：

在潭牛方面，琼崖独立总队第2支队与日军激战近一个小时。日军虽然在武器装备上占优，但第2支队却在人数和气势上紧紧地压制住对手。双方隔着开阔地带形成对峙。

得知部队遭遇伏击，日军匆忙调集潭牛、大致坡、文昌、海口等地的数百名士兵，企图反扑琼崖独立总队。

为加强潭牛方面力量，琼崖独立总队第1支队的一个中队，迅速赶往第2支队阵地。两支部队会合后，集中火力阻击潭牛方向的驰援日军。在密集的炮火下，日军见突破无望，只好仓皇撤回潭牛据点。

与此同时，从大致坡据点赶往美德增援的日军，中途突然遭遇大雨。红土遇雨水后变得泥泞不堪，加之日军皮靴厚重，致使部队行动迟缓。

正当日军驰援部队重重受阻之际，战斗在美德一带的琼崖独立总队已经开始组织撤离。为保证主力部队安全撤出战斗，第1支队副支队长林伯熙决定，留下第7中队负责掩护。第7中队兵分两路，分别警戒潭牛、大致坡方向的日军。

当大致坡出援日军缓慢行至下路桥一带时，突然遭遇第3大队的火力阻击。日军只好匆匆掉头，向大致坡据点溃退。至此，美德伏击战以琼崖独立总队参战各部的胜利而告终。

齐德学少将（军事科学院原军事历史研究部副部长）：

据战后统计，美德伏击战共击毁日军汽车两辆，歼灭日军60余人，缴获重机枪1挺、轻机枪2挺、掷弹筒1具、长短枪25支，以及大批弹药物资。战后，驻守美德据点的日军怕遭到琼崖独立总队的再次袭击，于第二日夜悄然撤走，这颗深入琼文抗日根据地腹地的毒瘤，终于被连根拔起。

美德伏击战，打击了日军的气焰，扩大了琼崖独立总队的影响，激励着琼崖根据地军民抗击日军的必胜决心。

第 94 章　侏儒山战役

侏儒山位于武汉西郊长江、汉江交汇处的三角地带，地处汉川、汉阳、沔阳的边界，是江汉平原通往武汉市的要道。这里山峦起伏、河湖港汊，水陆交织，易守难攻，是历代兵家必争之地。

1941 年冬，日军从中国战场抽调兵力增援太平洋作战，致使武汉近郊汉阳、汉川、沔阳（今仙桃）地区日军兵力减少，伪军军心浮动。新四军第 5 师决心集中一部兵力，歼击盘踞汉阳城西南侏儒山地区的伪定国军第 1 师，扩大鄂豫边区抗日根据地。

当时，这一带的伪军主要是伪定国军刘国钧部，该军下辖两个师。其军部率伪第 2 师盘踞在沔阳的沙湖，伪第 1 师汪步青部辖 3 个团约 5000 余人，盘踞在汉阳县的侏儒山、桐山头、永安堡、肖泗沟、九沟、汉川的南河渡一带，并设有兵工厂。此外，尚有伪军熊剑东、王维哲等部约二三百人，盘踞在汉川的系马口以及汉阳的黄陵矶、蔡甸、大集厂等敌据点内。

由于日军建立起来的伪政权不是统一的，这些伪军也互不统属。他们各自拥兵自重，互争地盘，互相排挤，相互猜疑，矛盾重重。

侏儒山

新四军第 5 师决心乘日军兵力不足，利用日伪矛盾，发起侏儒山战役，主要打击汪步青部。在斗争手段上，以军事打击与政治瓦解相结合。在作战指导上，坚持战役上以少胜多、战斗上以多胜少，通过多次作战，将敌人一口口吃掉。

齐德学少将（军事科学院原军事历史研究部副部长）：

侏儒山战役发起之前，李先念、任质斌、陈少敏等新四军第 5 师的领导同志，指挥政治部联络部长张执一、（第）15 旅政治部敌伪工作科长张斧等人带领武装小部队，对侏儒山地区的日、伪、顽的情况作了近半年的调查研究。不仅对侏儒山地区日、伪、顽的兵力部署和他们之间相互勾结、相互利用而又相互矛盾、相互防范的状况了如指掌，而且对汪步青部排以上军官的基本情况和内部的各种矛盾也成竹在胸。

时任新四军第 5 师师长兼政委的李先念，是侏儒山战役的总指挥。

李先念，1909 年出生于湖北黄安，1927 年加入中国共产党，1935 年率部参加长征。1939 年 11 月，任新四军豫鄂挺进纵队司令员。1941 年 2 月，任新四军第 5 师师长兼政治委员。

任志斌（左二）与豫鄂挺进纵队司令部人员在行军中

当时的新四军第5师共15000多人，自成立以来，多次挫败日伪军的“扫荡”、“蚕食”和国民党顽军的进攻。

1941年12月7日，新四军第5师第15旅发起了侏儒山战役。

当日，新四军第5师第15旅第44团第3营和天汉支队两个连，从汉阳的肖家集、索河出发，连夜分两路向侏儒山、南河渡奔袭。第3营在营长许大鹏带领下，利用获取的伪军口令，顺利地通过了伪军三道岗哨，直扑伪第3团团部，一枪未发，即将该团团部及特务连、卫士班100余人全部俘获，仅伪团长汪波扬逃走。

首战侏儒山，旗开得胜。新四军第15旅俘伪第3团军需主任以下官兵100余人，缴获迫击炮2门、重机枪2挺、轻机枪3挺、驳壳枪7支，步枪100余支。新四军无一人伤亡。

新四军在第一次奇袭成功后，严格执行优待俘虏政策，对被俘的伪军和家属一律给以宽待，进行争取教育后释放。

张明金（军事科学院研究员）：

遣送伪团长汪波扬的夫人周桂香前，联络部部长张执一略施小计，特意让她领略了新四军的“装备实力”。张执一命令连队把所有的轻重机枪、迫击炮和缴获的重武器集中摆在大路两旁，让连长带着周桂香从枪炮中穿行。等她走过之后，战士们抄小路到前面将这些武器摆开。周桂香走一路，战士摆一路，一连摆了好几里路。果然，周桂香回去后，逢人便讲：新四军太厉害了！人家兵多武器多，可威风啦！

同时，由于受到新四军优待，一些释放回去的伪军军官也对士兵讲：今后遇到新四军，没有我的命令，不准随便开枪！

如此一来，新四军的影响迅速扩大，伪军士气一落千丈，汪步青部军心更加动摇。新四军第15旅抓住伪军异常恐慌、军心涣散之机，再挥铁拳，于12月23日发起第二次攻击。

此次作战，第15旅旅长王海山亲率第44团和第43团第3营及第2营的两个连、天汉支队1个大队，向侏儒山、南河渡一线进攻；15旅副旅长兼第43团团长、政委朱立文则率该团第1营及第2营1个连向桐山头、永安堡一线进攻。

12月24日拂晓，第15旅及天汉支队两路部队组成一对铁钳，迅速向伪军夹击。第44团团长黄人杰、政委黄德魁率部一举攻占侏儒山南面的将军岭，乘机向坝上发展，全歼伪机炮营。第43团以一部兵力进攻桐头山，俘虏伪军1个连，以另一部兵力进攻裴家山，击溃伪新兵连。南河渡敌伪守军1个排，在天汉支队的攻击下，携枪反正。

12 月 24 日下午 5 时，新四军第 43 团部队在铁李甲湾村旁埋锅做饭。这时，重新集结起来的日伪军向这一带扑来，他们从侧面发起进攻，企图切断第 43 团退路。为避免战火伤害铁李甲湾的群众，朱立文带领部队后撤到索子河。激战中，朱立文与通讯班的几名战士中弹牺牲，血染索子河。

朱立文，1909 年出生，广西百色人。他 1930 年参加红七军，后加入中国共产党，1934 年参加长征，曾任周恩来警卫员。1941 年 4 月，朱立文任新四军第 5 师第 15 旅第 43 团团长兼政治委员，同年 12 月任第 15 旅副旅长。

朱立文是新四军第 5 师在抗日战争中牺牲的高级指挥员之一，时年 32 岁。

齐德学少将（军事科学院原军事历史研究部副部长）：

要消灭汪步青部，必须切断周围日军据点的增援。而切断日军增援，有两个办法。一是拿部分主力打援，一是设法扩大日伪矛盾，促使其互不信任。这两种方法，前一种不利于集中优势兵力消灭伪军，后一种难度较大，而且还要选好时机。

新四军第 15 旅开始研究再次作战的最佳时机。没过几天，机会来了。汪步青受到两次打击后，为稳住阵脚，故意写信给新四军，诈称“待机歼灭敌寇，再行反正”。新四军第 5 师查明汪步青的奸计后，巧用反间计，有意将汪步青的信泄露给日军，引起日军对汪步青的怀疑，一度把汪步青关押起来。新四军抓住机遇，在 1942 年 1 月 7 日对汪步青部发起第三次进攻。

三打侏儒山最为激烈，新四军第 5 师第 43 团、第 44 团和天汉支队全部投入战斗。第 44 团一举攻占侏儒山，第 43 团猛攻驻周家帮的伪军，伪军溃不成军，被歼 1 个营。10 日，伪定国军军长刘国钧率 1000 余人配合日军一部，分三路向西流河以南的蜈蚣岭第 43 团阵地反扑。第 43 团隐蔽于河堤下，当日伪军进至阵地前 200 米左右时，第 43 团的轻重机枪同时开火。经激战，毙伤日军 20 余人，俘伪军 400 余人，缴获日伪军步枪和轻重机枪 4000 余支及大批军用物资。

汪步青在新四军连续三次打击下，再也不敢回侏儒山老巢，在汉沔交界地区收容残部，企图东山再起。这时，驻天门、潜江的国民党顽军第 128 师，乘新四军第 5 师与日伪军作战之机，把部队开到彭家场附近，欲阻止第 5 师向沔阳发展。而日军经沙湖一战遭新四军沉重打击后，为挽救败局，急忙从沔阳各据点拼凑部分兵力，进驻沙湖。如此一来，第 5 师要继续追歼汪步青，必须穿过日军和顽军防地，极有可能遭到夹击。

为此，新四军主动与顽军第 128 师进行统战工作，还利用刘国钧与汪步青争夺地盘的矛盾，做刘国钧的工作，进一步孤立汪步青。刘国钧怕汪步青留在沔阳抢他的地盘，同时慑于新四军军威，只好按照新四军意图，令汪步青火速返回侏儒山。

1942 年 1 月中旬，伪军第 1 师由沔阳境内向汉阳响水港、萧泗沟靠拢，企图重占侏儒山。新四军第 5 师遂以第 43、第 44 团和天汉支队经萧泗沟逼近伪军第 1 师，发动第 4 次攻击。由于伪军第 1 师背靠长江，有日军炮舰支援，双方形成对峙。伪第 1 师佯称向新四军投降，所部转而向沔阳王家场、余家场、何家场撤退，其驻窑头沟的第 1 团约 700 人向三羊头窜逃。第 5 师即以第 44 团追至三羊头，歼其大部，并击退黄陵矶日军数十人增援。

侏儒山战役雕像

1月28日，新四军第5师第13旅配合第15旅，分两路向盘踞在王家场、余家场、何家场一带的伪军第1师残部发起总攻。第5师部队采取穿插分割、迂回包围的战术，打乱了汪步青的部署。经半日激战，歼敌1500余人，汪步青仅率数十名亲信侥幸逃脱。

张明金（军事科学院研究员）：

战后，新四军意外俘虏了汪步青兵工厂厂长刘松林。在他的指引下，新四军在东江垴、窑头沟、三羊头缴获伪军藏匿的机床11台、铣床、刨床各2台、钻床1台、马达2部等兵工设备，缴获轻机枪枪身50余件，步枪枪身2000余件，煤炭2万多斤。这批设备，在当时可以说是无价之宝，后来在新四军第5师兵工厂里发挥了很大的作用。

伪军第1师被歼后，日伪军极为震惊。日军纠集兵力，企图将新四军挤出川汉沔地区。2月2日，第5师第13旅第37团、第38团各一部，在沔阳彭家场东北的安家台一带宿营，进行战后休整。驻守沔阳仙桃镇的日军不甘心失败，从各据点拼凑了200多名日军和数百名伪军，在当天向第37团、第38团驻地扑来，并占领了沔阳胡家台。

胡家台是一个有200多户人家的村庄。日伪军开进胡家台后，老百姓纷纷逃走，日军住进祠堂和砖瓦房，伪军住草房。日军指挥官以为胡家台是一个易守难攻的宿营地，便放松戒备。

新四军第13旅旅长周志坚、政委方正平和副旅长黄霖根据敌情报告，迅速作出战斗部署：趁日伪军立足未稳、麻痹松懈之时，快速围歼，重点是消灭祠堂和瓦房内的日军。

新四军第13旅连夜出击，第38团第3营李营长带领第9连勇猛冲到祠堂，与日军展开激战。日军用两挺重机枪封锁大门，火力很猛，第9连久攻不下。情急中，新四军指战员抱来稻草，把点着的稻草从屋顶往下扔。顿时，祠堂里烟雾弥漫，火光熊熊，大火引起祠堂里的弹药爆炸，日军大部被歼。

胡家台之战，日军被打死、烧死近200人，伪军死伤无数，大部被俘。2月3日上午，沙湖一带日军数十人前来增援，被第15旅第44团击退。2月4日拂晓，汉川日军在3架飞机支援下，开往胡家台复仇。此时的新四军部队已主动撤出战斗，侏儒山战役结束。

齐德学少将（军事科学院原军事历史研究部副部长）：

侏儒山战役之所以能取得重大胜利，主要是由于新四军认真贯彻执行了中共中央在对敌斗争、统一战线等方面的政策和策略。首先，新四军选择了日军兵力薄弱的有利时机，以伪军中实力较强且对我威胁最大的汪步青作为主要打击对象；其次，在战前、战中，依靠群众对伪军情况进行了调查研究，利用矛盾使汪步青陷于孤立；再次，采取远距离奔袭，直插敌人中心，歼敌一部，及时退出的战术；最后，发动政治攻势，从思想上分化瓦解伪军部队，造成其内部混乱，继之以军事打击，因此每战能胜。

在近两个月的侏儒山战役中，新四军第5师共歼灭伪军5000余人，其中俘伪军950余人，毙伤日军200余人，控制了侏儒山及其附近地区，扩大了豫鄂边区抗日根据地，填补了武汉失守后该地区抗日斗争的空白。

第 95 章　开展整风运动及加强党的领导

1942 年春，毛泽东在延安高级干部会议上作报告，开始了抗战时期的整风运动。整风运动在中国共产党历史上具有重要意义。

李蓉（中共中央党史研究室研究员）：

抗日战争时期，中国共产党已经制定了一条正确的路线，实行了一系列正确的方针政策，党的工作卓有成效，但也存在着需要解决的问题。在党的历史上，如何对待马克思列宁主义及共产国际的指示，党内一直存在着思想分歧。分歧的焦点是要不要坚持实践第一的观点，要不要坚持一切从实际出发、理论联系实际、实事求是的思想路线。

遵义会议以来，中国共产党从军事上、政治上纠正了以教条主义为特征的王明“左”倾错误，但还没来得及从思想上系统地彻底清算这种错误，党的干部对这种错误的思想根源还缺乏深刻的认识。

1937 年 11 月 29 日，在共产国际工作了 6 年的王明乘苏联专机抵达延安。毛泽东到机场迎接，诚恳地希望共产国际和王明能够给中国的抗日斗争带来新的帮助。

但是，王明却从一个极端走向了另一个极端，提出中共要“一切经过统一战线”、“一切服从统一战线”。事实上，这是放弃中共在统一战线的主导作用，这种右倾错误给党的工作造成严重干扰。此外，党内还存在着主观主义、宗派主义和党八股等问题。

李蓉（中共中央党史研究室研究员）：

全国抗战爆发后，共产党的队伍也迅速发展，从 1937 年到 1940 年，党员人数由 4 万余人急剧增加到了 80 余万人，党员队伍发生了很大变化。其中许多人缺乏革命斗争的锻炼，或多或少地存在着各种非无产阶级思想，缺乏执行中共中央正确路线、方针和政策的自觉性。

为了提高全党的马列主义水平，提高全体党员和干部的思想觉悟，增强党的战斗力，1938 年，党的六届六中全会曾提出了马克思主义中国化的任务。1941 年 5 月，毛泽东在延安高级干部会议上作了题为“改造我们的学习”的报告，深刻论述了马克思列宁主义基本原理同中国革命具体实际相结合的原则，尖锐地批评了主观主义作风，号召全党注重调查研究，树立理论与实际相统一的马克思主义作风，从而在党的高级干部中开始了整风学习。

1941 年 7 月和 8 月，中共中央作出《关于增进党性的决定》和《关于调查研究的决定》，号召全体党员和干部开展调查研究，坚持实事求是的原则，遵守党的纪律，加强党的团结，从思想上、政治上、组织上克服各种不良倾向和作风。

1942 年 2 月 1 日，毛泽东在中共中央党校开学典礼上发表了《整顿党的作风》的演说；8 日，在中共中央宣传工作会议上发表了《反对党八股》的演说，全面阐明整风的任务和方针。全党的整风从延安开始。5 月下旬，中共中央政治局决定成立中央总学习委员会，简称总学委，毛泽东任主任。在总学委领导下，延安各单位、各系统，包括中央机关和陕甘宁边区等都成立了分学习委员会，近万名干部参加整风学习。华北、华中各抗日根据地的党组织和在国民党统治区的中共中央南方局也先后开展整风学习。

5 月，中共中央在延安召开文艺座谈会。毛泽东在会上发表讲话并作总结，阐明革命文艺为人民群众，首先是为工农兵服务的根本方向，系统地回答了文艺运动中许多有争论的问题，强调党的文艺工作者必须从根本上解决立场、态度问题。座谈会后，文艺界进行了认真的整风学习。

李蓉（中共中央党史研究室研究员）：

全党普遍整风的主要内容是：反对主观主义以整顿学风，反对宗派主义以整顿党风，反对党八股以整顿文风。整风以自我教育为主，采取“惩前毖后，治病救人”的方针。整风的方法步骤是：认真阅读文件，联系个人思想和工作，自我反省，开展批评与自我批评，提高认识，总结经验，逐步取得思想认识上的一致，增强党性，改进工作。

清算、批判王明的错误，总结教训，提高认识，成为整风运动的一个重要内容。至 1943 年夏季，全党普遍的整风运动告一段落。

从 1943 年 9 月起，中共中央领导层的整风运动达到深入讨论党的历史问题阶段。在深入研究党的历史、认清路线是非的基础上，经过一年半的讨论，在党的六届七中全会对党的历史上若干重大问题作出正式结论后，整风运动结束。

齐德学少将（军事科学院原军事历史研究部副部长）：

整风运动是抗日战争时期中国共产党运用批评和自我批评的方法在全党范围内进行的一次普遍的、生动的、理论联系实际的马克思主义教育运动。经过整风运动，实现了以毛泽东为核心的中共中央领导下全党新的团结和统一，为党领导人民战胜严重困难、夺取抗战的最后胜利，奠定了重要的思想上、政治上和组织上的基础。整风运动对于加强无产阶级政党的建设，增强党的战斗力，是一次成功的实践，是一个伟大的创举。

全国抗战以来，在中共中央领导下，抗日根据地从无到有，由小到大，各地的党政军民等组织系统亦相应建立。在几年的艰苦抗战中，各抗日根据地党的领导一般是统一的，各组织系统间的关系基本是团结一致的。但是，由于绝大多数抗日根据地处在敌后，并在地域上相互隔离，再加上游击战争分散活动的特性，各地区、各系统以及上下级之间的沟通联系比较困难，工作和斗争往往具有相对的独立性。此外，党内存在的主观主义、宗派主义现象也影响了各系统间的协调关系。随着抗战严重困难时期的到来，日军对各抗日根据地的封锁和分割日益严重，“扫荡”也更加频繁和残酷。

为适应严酷的战斗环境，统一和强化各抗日根据地的抗日斗争，1942 年 9 月 1 日，中共中央政治局作出了《关于统一抗日根据地党的领导及调整各组织间关系的决定》，指出“党是无产阶级的先锋队和无产阶级组织的最高形式，他应该领导一切其他组织，如军队、政府和民众团体。根据地的领导统一与一元化，应当表现在每个根据地有一个统一的领导一切的党的委员会”。规定“确定中央代表机关（中央局、分局）及各级党委（区党委、地委）为各地区的最高领导机关，统一各地区的党政军民工作的领导，取消过去各地党政军委会”，“各级党委的性质及成分必须改变，各级党委不应当仅仅是领导地方工作的党委，而应当是该地区的党政军民的统一的领导机关”，要求全党必须严格执行民主集中制，下级服从上级，全党服从中央。强调加强各抗日根据地领导的统一是为了更顺利地进行抗日战争，一切服从战争是统一领导的最高原则。

田越英（军事科学院研究员）：

1942 年 12 月 1 日，中共中央向各地区党的领导机关发出《中央关于加强统一领导与精兵简政工作的指示》，要求各抗日根据地结合精兵简政，加强统一领导，在建立领导一切的区党委和中央分局的基础上，确立各自的领导核心。

1943 年 3 月 16 日和 20 日，中共中央在延安召开政治局会议，着手从中央一级进行机构调整和精简，以加强中央的一元化领导。会议通过了《中央关于中央机构调整和精简的决定》，会议决定：毛泽东为中央政治局主席和中央书记处主席；毛泽东、刘少奇、任弼时组成中央书记处，根据中央政治局决定的方针处理日常工作，中央书记处讨论问题，主席有最后决定权；刘少奇参加中共中央军委并任军委副主席。同时，设立中央宣传委员会，由毛泽东、王稼祥、凯丰、博古组成，毛泽东兼书记，王稼祥任副书记；设立中央组织委员会，由刘少奇、王稼祥、康生、陈云、洛甫、邓发、杨尚昆、任弼时组成，刘少奇兼书记。上述委员会作为中央政治局和中央书记处的助理机关。为统一对各地区领导，会议决定华北党政军民工作统归王稼祥负责管理，华中党政军民工作统归刘少奇负责管理，陕甘宁、晋西北党政军民工作统归任弼时负责管理，大后方工作统归陈云负责管理，敌占区工作统归杨尚昆负责管理。

齐德学少将（军事科学院原军事历史研究部副部长）：

中共中央关于一元化领导的决定和指示下达后，各抗日根据地也结合整风运动和精简工作，对所辖地区的党政军民组织系统进行了调整。

1942 年 10 月 24 日，北方分局要求调整区党委和二级军区以下各级领导机构，实现各级党的一元化领导。在分局的领导下，晋察冀的北岳区、冀中区等区党委率先实行改组。继区党委之后，各地委、地分委、县委亦相继改组。改组后的各级党委成员包括党政军负责人、八路军各主力团的主要负责干部，也分别参加了驻防地区的地分委或县委。

1943 年 8 月，晋察冀分局为贯彻精简精神，减少领导层级，加强统一领导，决定撤销北岳和冀中的区党委、军区和行署建制，由分局、军区和边区政府直接对各地委、军分区和专署实行领导。

1942 年 12 月，中共山东分局召开扩大会议，于 20 日作出了《关于讨论中央统一根据地党的领导的决定的指示》，要求山东各地认真检讨和解决统一领导的问题，按中央的决定进行组织调整和干部配备。在此期间，山东分局本着一元化领导的原则，对分局和军区的组织机构进行了调整合并，进一步明确了分局领导的分工。同时要求山东根据地各级党委和军队的组织机构能合并的尽量合并，合并后的机构选择合适的军队或地方党的领导人负责。此外，还要求军队的领导干部参加党的委员会。山东根据地的八路军也进行了合并整编。

1943 年 3 月 11 日，第 115 师与山东军区合并，成立了新的山东军区，罗荣桓任第115师政治委员兼代师长、山东军区司令员兼政治委员，师部与军区机关也进行合并。3月18日，山东分局和山东军区决定，各区党委、地委实行统一领导，统一军事指挥。通过这些措施，山东党政军达到了高度集中统一，更加团结一致，大大提高了战斗力。

田越英（军事科学院研究员）：

这一时期，华北其他抗日根据地和华中各抗日根据地也先后按照中共中央决定的精神，根据各自情况对所属党政军民组织进行调整，从而实现了党对各方面工作的一元化领导。

1943年10月，中共中央在总结经验的基础上，将抗战时期实行的各项政策加以高度概括，形成著名的“十大政策”，即“第一，对敌斗争；第二，精兵简政；第三，统一领导；第四，拥政爱民；第五，发展生产；第六，整顿三风；第七，审查干部；第八，时事教育；第九，三三制；第十，减租减息”。抗日根据地军民以此为指导，在中国共产党一元化领导下，调动一切积极因素，充分发挥党政军民的整体力量，加强对敌斗争。

中国共产党在抗日战争的严重困难阶段，提出并实践的各项政策和措施，构成了一整套完备的政策体系，充分体现和发展了中国共产党倡导和坚持的全面全民族的抗战路线，从而使各抗日根据地军民不仅顶住了日军持续严酷的“总力战”，战胜了种种难以想象的困难，使抗日根据地得到了恢复和巩固，而且逐步积蓄了新力量，为转入局部反攻创造了重要条件。

第 96 章　谢家渡战斗

1942 年农历中秋节前夕，新四军第 1 师师长粟裕，率领第 1 师机关转战苏中，驻扎在南通二窎镇。粟裕的战马是一匹小黑马，一直随军行动，日本“梅机关”间谍美惠子，偶然认出了粟裕的这匹小黑马，立即将情报上报给日军独立混成第 12 旅团旅团长南浦襄吉。南浦襄吉结合其他信息判断，粟裕就在二窎镇。

粟裕领导的苏中根据地，物产丰富，扼守长江下游，威胁南京、上海，一直是日军的心头大患。

南浦襄吉获悉粟裕行踪，自然不肯放弃一举荡平苏中根据地的机会。1942 年 9 月 24 日，农历中秋节当天，南浦襄吉命令手下干将，第 52 大队大队长保田中佐，率领近 300 多名日伪军连夜出发，兵分两路，向二窎镇长途奔袭而来。

此时的二窎镇，正是一片节日气氛，其乐融融。在粟裕率领下，部队刚刚打了不少胜仗，攻下了悦来镇、三阳镇、斜桥、石港等地的一系列据点。恰巧又是中秋节，第 1 师第 3 旅第 7 团的同志们准备把庆祝胜利和中秋过节结合起来，好好庆祝一下。战士们学唱新歌，排练节目，购买月饼，到处喜气洋洋。

保田的突袭队从三余镇出发，兵分两路隐秘而快速地行动：第一路经湾头向白龙庙进犯；第二路由保田率领，直奔北新桥。

齐德学少将（军事科学院原军事历史研究部副部长）：

保田不仅非常凶狠，而且特别狡猾，是新四军第 7 团的老对手。第 7 团跟他交手近 3 年了，好几次想吃掉他，都落了空。人们形容保田“像个玻璃球，滑得没角没棱”。

保田对于偷袭行动志在必得，在他看来，新四军刚打完仗，兵困马乏，又是中秋节，正好乘虚而入，一击成功。精打细算的保田，忽略了关键的一点，他这一次的对手，是粟裕。

粟裕，原名粟多珍，侗族，湖南会同人，1907 年出生，1927 年加入中国共产党，参加南昌起义，长征时留在南方组织游击战争。抗日战争期间，任新四军第 2 支队副司令员、江南指挥部和苏北指挥部副指挥，1941 年任新四军第 1 师师长。1955 年被授予大将军衔。

粟　裕

粟裕非常注重情报工作，挑选了富有敌后经验又受过特工训练的精干力量，组成特工队，由敌工部特派员钟平率领，深入敌后，掌握军情。保田的一举一动，粟裕了如指掌，他决定将计就计，擒下保田。

擒下保田的第一步，是诱使保田进入埋伏圈。粟裕派第 7 团第 4 连作为诱饵，将保田吸引至 4 分区二窎镇，然后集中兵力围而歼之。跟保田对抗多年，第 7 团团长严昌荣十分熟悉保田的个性。几个月以来，保田连吃败仗，在斜桥、三阳镇被吃掉 1 个小队，急于报复的保田，多次扬言，要与新四军决一死战。现在，第 4 连摆到保田鼻子底下，他一定会咬钩上当。但是，第 7 团政委彭德清有不同看法，保田狡猾，一个钩子，恐怕钓不到他。

正当第 7 团领导焦急地等待第 4 连战报的时候，保田从战场上消失了。

第 2 营通信员报告，保田大队没到北新桥，去向不明，第 4 连正在跟踪寻找。保田的诡异行动，让严昌荣担心起来，赶紧命令 4 连停止追击，继续侦察。

保田的狡猾果然名不虚传，他看出第 4 连只是诱饵，干脆置之不理，在北新桥虚晃一枪，转而攻占二窎镇以南的余西。

保田占领余西，到底要耍什么花招？望着地图，严昌荣心头一震，余西紧挨着第 2 旅指挥部驻地——刘家园，保田的目标难道是刘家园？严昌荣改变部署，调动部队转向刘家园，保卫上级指挥机关。严团长的这一计划，正中保田的计策。

齐德学少将（军事科学院原军事历史研究部副部长）：

保田滑得很，粟裕的第一计，诱敌设伏，他没有上当，反而使出了调虎离山计，让严团长信以为真。其实他的最终目标，并非 2 旅指挥部，而是粟裕第 1 师指挥部所在地——二窎镇。保田攻占余西，他的目的是把第 7 团调离二窎镇，然后乘虚而入。所以说，保田的计策万一得逞的话，后果将难以设想。

粟裕及时纠正了严昌荣的部署，他告诉严团长："保田在虚弄刀枪，调虎离山，不要被他迷惑，要稳住。"粟裕要求，第 7 团以静制动，按兵不动。

果然，不久之后，侦察员报告，保田离开余西，向西前进。

粟裕设下的第一计，诱敌设伏，保田没有上钩。粟裕见机行事，设下第二计，设伏截击，在保田必经之路上设下埋伏，围而歼之。粟裕的目光落在了二窎镇东南，大河边上的一个小渡口——谢家渡。

严昌荣接到命令，调整部署，加强了谢家渡方向的兵力，命令第 7 团第 2 营立即进入阵地，加固工事，严阵以待。粟裕的第二计，保田会上当吗?

1942 年 9 月 25 日，保田骑着高头大马，来到谢家渡渡口，他并不着急过河，而是用望远镜观察地形，随即进行火力侦察，机枪射出一串串子弹，打向他认为可疑的地方，但是除了吓跑几只飞鸟，没有任何动静。保田仍是隔岸观察，几个小时之后，直到下午 3 点多钟，他才下达了向北渡河的命令，由此一只脚踏进了鬼门关。

张明金（军事科学院研究员）:

保田指挥先头部队过河登上了北岸，大部分还在南岸，正在卸装准备渡河。这时，对岸传来一声枪响，这是我军发动攻击的信号，隐藏在河北岸的新四军战士，一起向敌人扫射。《孙子兵法·行军篇》中讲到，“勿迎之于水内，令半济而击之”，此时，粟裕采用的战法就是半济而击。

在第 7 团三面猛攻下，登上北岸的日伪军一部被歼。第 7 团第 5 连趁机占领渡口北岸，与南岸之敌，形成对峙状态。

保田部队的核心是日军一个中队，士兵战术素养很高，虽然受到突发攻击，却并不慌乱，迅速聚拢，一边寻找第 7 团薄弱之处猛攻，一边构筑工事预备固守。第 7 团并没有绝对把握独立完成歼灭任务，保田很有可能再次逃脱。

粟裕将附近的 3 支机动部队——第 8 团、第 9 团、南通警卫团，全部调来参加最后的歼灭战，从而对保田形成了绝对优势。粟裕决定，将前伸到第 5 连阵地附近的一股敌人予以包围，把敌人切割为一大一小两股，利用被包围的一小股拖住保田主力，防止其逃脱，然后逐个歼灭。

为了麻痹保田，攻击信号改为吹三次开饭号：第一次准备出击，第二次部队出动，第三次完成包围。

两次开饭号吹过，3 支机动部队已经跑步出动，所有战士只等第三次开饭号吹响，立即投入战斗。但是，大家听到的竟然是停止前进的号声。原来，保田发觉新四军攻势强大，要夺路而逃。此时新四军的包围圈尚未形成，保田会十分轻易地全身而退。

如何才能拖住保田？粟裕使出了第三计——欲擒故纵。

张明金（军事科学院研究员）：

这时，第 7 团团长严昌荣从望远镜里发现，日军阵地前突然扬起一片烟雾，于是判断保田可能是施放烟幕准备要跑，所以第三次冲锋号就没有吹响，意在拖住敌人。

保田不再逃跑，粟裕的计划成功了一半，接下来，就是切断保田退路，完成包围。

黄昏时分，粟裕指挥第 7 团的第 6 连和第 7 连快速行动，不给保田留下逃跑的反应时间。第 6 连和第 7 连协同作战，就像两个拳头，一左一右交替攻击前进；第 6、第 7 连迅速攻占了日军据守的两座院落，不仅打开了进攻谢家渡的两座大门，而且把日伪军西南方向的退路彻底切断。天色逐渐暗下来，粟裕一声号令，部队从四面发动猛攻。

保田用密集火力，挡住谢家渡东、南、西三面，不让新四军靠近；唯独村北，一枪不发，任由负责攻击北面的第 5 连靠近谢家渡。保田的如意算盘是，放第 5 连进入火力网，一口吃掉第 5 连，进而从北面突围，逃往南通。

此时，第 2 营教导员柴如奎已经率领第 5 连过河，占领了南岸，向保田布下的口袋阵，直扑进去。千钧一发之际，严昌荣从各个方向传来的枪声中猛然警醒，立即派人通知第 5 连，停止前进，堵住北面。

张明金（军事科学院研究员）：

第 5 连真是死里逃生，再晚一点儿，就让保田一下子吞掉了。第 5 连刚停下来，天空里突然升起了许多颗照明弹，一大群日本士兵从谢家渡冲出来，保田狗急跳墙，搞反冲锋。这样一来，保田的兵力绝大部分都压在第 5 连身上。

严昌荣一面命令机动部队跑步支援村北的第 5 连，一面命令谢家渡村西的第 1 营加大攻势。

第 5 连的阵地成为战斗最激烈的地方，战士们背水迎战，一部分人退到水里，站在没腰的河水中英勇抵抗。连长彭家兴脚部负伤后，用一条腿支撑着，率领战士和敌人进行肉搏。十几分钟后，增援的一个连队及时赶到，和第 5 连会合一处，硬生生将日伪军逼回谢家渡村内。

第 5 连在村北激战的同时，村西的第 1 营两个连队乘虚而入，攻进谢家渡，占领了 3 幢房屋。

保田在村北突围不成，村西又被突破，再也无力挣扎。新四军趁日伪军混乱之机，发动猛攻，将几十名负隅顽抗的日军压制在几间屋子里，用手榴弹解决了战斗。

26 日凌晨 3 时左右，谢家渡战斗结束，保田一命呜呼，保田大队基本被歼灭。此次战斗，新四军共歼灭日伪军 110 余人，还缴获一些武器装备。

齐德学少将（军事科学院原军事历史研究部副部长）:

谢家渡战斗，是一场硬仗，在粟裕指挥下，面对狡诈凶狠的敌人，斗智斗勇，展现出高超的指挥艺术，突破了一般游击战术的原则，创造了扼守河流、凭河夹击、全歼敌军的光辉范例，给日军以沉重打击，有力地保卫了苏中根据地的中心区。

日军第 12 旅团长南浦襄吉最终损兵折将。谢家渡战斗之后，粟裕本着人道主义精神，将保田装入棺材，其余战死的日军官兵尸体全部整理好，用三条船运送到麒麟镇日军据点，交给南浦襄吉。南浦襄吉大为折服，三天后给粟裕回信表示感谢："贵军战后，归还战骸，宽仁厚德，诚贵军政略之胜利。"

战后，粟裕用缴获的战利品举办了一个小型展览会，极大鼓舞了群众的抗日热情，人们纷纷来到部队驻地，一起给打了胜仗的战士们补过了一个热热闹闹的中秋节。

被俘虏的日军士兵

第 97 章　朱家岗战斗

朱家岗，这个地名指的范围包括孙家岗、曹圩、尤岗、朱家岗等村庄。这里是平原上凸起的一大片土岗，长 2000 米，宽 500 米。东边是洪泽湖，西边是安河，北面是金锁镇和青阳镇。

抗战进入相持阶段后，日军大本营改变对华策略，大大减轻对正面战场的战略进攻，集中力量巩固占领区，提出肃清后方的抗日武装是“当前第一位的基础性工作”，为此，要“固定配备充分的兵力”。而对正面战场，则要求把“兵力配备限制在最少限度内”。

由于预见到日军将以主力进攻敌后抗日根据地，中共中央要求全党继续把工作的重点放在敌后和战区，并把巩固和发展敌后游击战争作为党的军事战略的首要任务，确定巩固华中、华南的战略方针。

早在 1938 年 9 月，中共河南省委军事部部长彭雪枫根据中共中央中原局指示，带领新四军游击支队东渡黄河，挺进豫东日军占领区，创建豫皖苏边区抗日民主政权。

彭雪枫，原名彭修道，河南南阳镇平人，1907 年出生，1926 年加入中国共产党，1934 年参加长征，1941 年皖南事变后任新四军第 4 师师长。彭雪枫投身革命 20 年，出生入死，南征北战，功勋卓著，被毛泽东、朱德誉为“共产党人的好榜样”。彭雪枫是抗日战争中新四军牺牲的最高将领之一。

淮北敌后抗日根据地位于侵华日军三大军事重镇——徐州、蚌埠、淮阴的核心地带，同时也是八路军和新四军联系的重要枢纽，战略地位十分重要。

魏碧海（军事科学院研究员）：

抗日战争进入相持阶段后，日军为了加快实现“以战养战”的目的，进一步巩固华中占领区，将贪婪的目光投向富饶的淮北平原，将侵略的魔爪伸向淮北抗日根据地。

1942 年冬，日军几经筹备之后，对淮北抗日根据地开始为期 33 天的大“扫荡”。日军调动的精锐部队主要以第 17 师团的清水旅团、第 13 师团混成旅团一部为基干，纠合伪军第 15 师窦光殿部、第 28 师潘干臣部组成，总兵力万余人。由第 17 师团长平林盛人统一指挥，采取分进合击战术。

日军从徐州、淮阴、泗县、盱眙、固镇等地，兵分五路，向淮北苏皖边区的中心——半城、青阳等地进行空前规模的“梳篦式”大“扫荡”，日军妄图在洪泽湖畔歼灭新四军第 4 师主力及淮北党政机关，摧毁淮北抗日民主政权。

得到日军大“扫荡”的情报后，新四军第 4 师师长兼淮北军区司令员彭雪枫、政治委员邓子恢立即召开师部会议。

针对武器精良的日军“扫荡”部队，会议决定：在日伪军“扫荡”初期，以一部兵力置于内线，配合地方武装就地坚持游击作战；主力跳出合击圈，转至日伪军的侧翼和后方，予以袭扰，伺机打击敌人。如日伪军在抗日根据地内增设据点，则以一部兵力返回抗日根据地，抓住日伪军兵力分散、作战疲劳、补给困难等弱点，与敌展开争夺战，歼击日伪军，恢复被战地区。

齐德学少将（军事科学院原军事历史研究部副部长）：

1942 年 11 月中旬，日军凭借飞机、坦克、汽车等机动兵力，分进合击，

彭雪枫（左四）与游击队人员合影

发展壮大的新四军部队

长途奔袭，打通泗宿公路，随后在青阳、金锁镇、归仁集等地建立据点，构筑岗楼。日军凭借这些据点，在泗洪县境内分区反复“扫荡”。

泗洪，古称泗州，地处洪泽湖腹地，土地肥沃，素有“淮上江南”的美称。这里抗日军民关系深厚，地形复杂，河湖广布，便于实施反“扫荡”策略。

2007年，为纪念彭雪枫将军诞辰100周年，第二炮兵政治部电视艺术中心摄制了电视连续剧《彭雪枫》，剧中真实地再现了朱家岗战斗的经过。

彭雪枫深知内线牵制任务艰巨，必须挑选一支机动灵活、执行力强的队伍来完成。彭雪枫考虑再三，决定将这个任务交给第26团。

第26团团长罗应怀，湖北黄安人，1929年参加中国工农红军，1932年加入中国共产党，1934年参加了二万五千里长征，1942年参加了土山、铜山、高集、青阳镇等战役战斗。

1942年12月，时年27岁的罗应怀临危受命。此前，第26团经过数次激战，仅有 3 个营 6 个连，总共兵力 550 余人，且弹药极为缺乏。但罗应怀对洪泽湖的芦苇荡比当地老乡还熟悉，在民兵配合下，与日军周旋了 20 余天。

12 月 7 日，罗应怀抓住时机，攻打防御薄弱的日军青阳镇据点，驻防日军遭受沉重打击。附近日军得到消息立刻回防。当日军赶到青阳镇时，第 26 团早已撤离战斗。

1942 年 12 月 9 日黄昏，新四军第 4 师第 26 团团部和警卫通讯分队驻守曹圩，1 营驻守孙家岗和张庄，2 营留守曹圩，3 营以一个排的兵力驻守朱家岗。

12 月 9 日深夜，日军获悉，第 26 团于当日黄昏驻扎朱家岗。日军急忙调集驻泗洪县周边兵力，共 1500 余人，分兵三路，在夜色掩护下，悄悄抵近朱家岗。

12 月 10 日凌晨，日军重兵包围朱家岗，对新四军阵地进行猛烈炮击。一时间，硝烟四起，天崩地裂，火光冲天。罗应怀紧急组织部队抵抗，等待救援。

战斗由团部驻地外围的交通沟展开，日军在交通沟东端进行密集炮轰，第 26 团战士跳下交通沟，凭借地形优势，击退了日军的多次冲锋。

魏碧海（军事科学院研究员）：

日军当时在朱家岗战斗中使用的武器装备是很先进的。九二式重机枪，它使用 7.7 毫米子弹，射速高达每分钟 450 发，有效射程 1000 米。九二式重机

活跃在洪泽湖上的新四军水上支队

枪上的螺旋状散热片形似鸡脖子，再加上射击时发出的“咯”“咯”声，被中国军民戏称为“鸡脖子”。

凭借重机枪的火力，日军抢占了曹圩外围的有利地形，将第26团战士压制在交通沟内。

12月10日上午8点，交通沟内战斗进入白热化阶段。团长罗应怀来到阵地亲自指挥作战。第26团战士打退了日军的多次进攻，但自身伤亡也在增多，阵地逐渐缩小。第26团战士在宽不到两米的交通沟内与日军展开白刃战，反复激烈拼杀，战斗到下午1点，阻挡日军长达8个小时之久。

齐德学少将（军事科学院原军事历史研究部副部长）：

由于这次战斗是遭遇战，应战非常仓促，因此空前激烈和残酷。虽然伤亡比较大，但是我们的战士没有一个后退的，更没有一个逃跑的，他们只要没断最后一口气，都坚持不下火线，有的阵地打得只剩几个人！战斗惨烈的原因还有一个，就是我们的武器相当落后，面对敌人的袭击，无可奈何。

丧心病狂的日军用燃烧弹烧毁房屋，村庄内瞬间浓烟滚滚，火光冲天。曹圩是团部所在地，团部的安危关系着整个战局。如果曹圩失守，团部被攻陷在所难免，副团长严光派出了最后的预备队——小鬼班。

所谓小鬼班，只有12个人。最大的不超过16岁，最小的还不足14岁。他们大多数是淮北根据地穷苦农民的孩子，有的父母被日寇杀害成了孤儿。新四军本来要送他们去后方学文化，但是，还未启程，就赶上了这次战斗。小鬼班接到命令纷纷拿起大刀、手榴弹，冲进战场，火速增援曹圩，趁乱杀进打麦场，抢下两辆牛车，堵住曹圩大门。

马儒林（军事科学院研究员）：

谁也没有想到在最关键最危险的时刻，十几岁的孩子竟成了无坚不摧的勇士，这是不可思议的奇迹！正是这小鬼班的战地传奇，为战斗的最后胜利起到了关键性的作用。

在淮北民间，几十年来一直流传着小鬼班在朱家岗战斗中英勇守圩门十进十出抗击日寇的故事。泗洪县朱家岗烈士陵园纪念馆里，至今还仍然陈列着一辆千疮百孔的木牛车，它见证了当年小鬼班枪林弹雨、出生入死的事迹。为此，2002

活跃在苏北抗日根据地的新四军骑兵团

年在朱家岗战斗 60 周年时，罗应怀将军撰写了《悼小鬼班》。

新四军第 4 师骑兵团在江苏淮宝县岔河镇建立，骑兵团团长周纯麟。这支骑兵团由师长彭雪枫组建。

彭雪枫是一个智勇双全的将领，率军南征北战，功勋卓著。他在以前的战斗中遭遇过敌人骑兵袭击，损失惨重。吃亏之后，彭雪枫痛下决心，要尽快建立自己的骑兵部队。他从军费中挤出 3 万元，组建起骑兵团。

骑兵团在 1942 年 8 月 1 日成立。彭雪枫从步兵团队调来战斗骨干，经过严格军事训练，形成一支战斗力强、纪律严明的骑兵部队。骑兵团迅速发展壮大成为淮北平原的抗日精锐之师。

马儒林（军事科学院研究员）：

彭雪枫还亲自设计一种马刀，刀身颀长，无比锋利。骑兵团战士们爱不释手，称之为“雪枫刀”。骑兵团经过大小数百仗，参加了程道口战役、山子头战役，成为豫皖苏抗日根据地一支铁骑劲旅，为打败日本侵略者立下了赫赫战功。骑兵团因为骁勇善战，屡建战功，被誉为“淮北铁骑”。

12月10日下午4时许，骑兵团奉彭雪枫军令，火速支援朱家岗，第26团随即发起了全面反击。包围朱家岗的日军，完全没有料到新四军援军会如此神速。在骑兵团的夹击下，日军如鼠逃窜，溃不成军，逃回据点。

至晚10点，历时18个小时的浴血奋战，新四军保卫朱家岗的战斗胜利结束。朱家岗战斗彻底击垮日军"围剿"部队，粉碎了日军在淮北地区33天大"扫荡"，巩固和壮大了淮北敌后抗日根据地。据统计，朱家岗保卫战共击毙敌军280余人，新四军第26团阵亡73人。

魏碧海（军事科学院研究员）：

朱家岗战斗是一场遭遇战，但也是一个以少胜多的模范战。在彭雪枫将军的战术指导下，力争为"大弱者中的小强者，大弱势中的小优势，大内线中作战的小外线作战"。第26团变被动为主动，成功拖住敌人，配合骑兵团，彻底粉碎了日军的"围剿"计划。

1943年10月10日的新四军《拂晓报》上，刊载了彭雪枫师长为73名烈士撰写的碑记："……余窃思革命军人肝脑涂地，为国捐躯，固分所应尔，而死难诸同志之黄尘侠骨，碧草忠魂，乃蒙各界同胞之思慕爱戴，扼腕凭吊，仰余烈而沐流光，庶可永安于九泉……"

朱家岗战斗胜利之后，新四军第4师各部重整军力，乘胜扩大战果，收复失地，大力开展反"蚕食"斗争。日伪军龟缩在青阳、归仁集、金锁镇等重要据点中坚守不出。不久之后，在新四军猛烈攻势下，日伪军放弃据点，全线撤退，淮北根据地全部恢复。

70多年前，新四军战士在这片土地上，创造了一个个可歌可泣的传奇。任凭岁月流逝，时代变迁，他们镌刻在石碑上的名字，也将世世代代镌刻在人们心中。

第 98 章　歪头崮八十五勇士

70 多年前，在山东沂水县城西北 30 公里处的歪头崮，发生了一场激烈的战斗，85 名八路军官兵与日军作战，血洒齐鲁大地。

太平洋战争爆发后，日军调整对华政策，加大控制占领区，使中国成为“大东亚战争”的兵站基地。在 1942 年 12 月 21 日召开的日本御前会议上，首相东条英机提出了一揽子“对华新政策”，并通过了《为完成大东亚战争而决定的处理中国问题的根本方针》，企图大力扶植和加强汪精卫伪政权的政治力量，并对蒋介石施加一定的压力，促成蒋介石、汪精卫合流，以达到其“以华治华”的目的。

为贯彻日军大本营的方针和意图，1942 年 12 月 26 日和 1943 年 1 月 7 日，日本华北方面军先后召开了所属各兵团团长和参谋长会议。1943 年 1 月 11 日，日本华北方面军司令官冈村宁次宣称：“华北地区自大东亚战争爆发以来，就担负起兵站基地的任务。”今后“要更进一步发挥野战军的本领，除对重庆军加大压力外，同时要与中国战士合作，剿灭华北建设致命之敌中国共产党军”。

1941 年至 1943 年，侵华日军将主要力量用于巩固占领区的治安作战，重点对敌后抗日根据地开展军事、政治、经济、文化、思想等相结合的“总力战”，实行更加野蛮残酷的“扫荡”、“清乡”、“蚕食”、“封锁”和“治安强化运动”，以及烧光、杀光、抢光的“三光”政策，企图彻底摧毁抗日根据地。

齐德学少将（军事科学院原军事历史研究部副部长）：

对于日本的对华新政策，中共中央方面早有判断。1942 年 12 月 23 日，中共中央北方局就发出《关于华北抗日根据地 1943 年工作方针的指示》，指出在华北我党我军的基本任务是进一步巩固抗日根据地，坚持敌后抗日游击战争，克服困难，积蓄力量，为反攻及战后作准备，以便迎接伟大新时期之到来。

1943 年春季，日军的大规模“扫荡”首先从山东开始。而此前由于日军的频繁“扫荡”、“蚕食”，山东的各抗日根据地已经步入最困难时期。仅在 1942 年 9 月至 1943 年 1 月间，山东境内的各抗日根据地就遭遇到日军 5 万人次以上的“拉网合围”大“扫荡”，“敌进我退”局面尚未能改观。由于日伪军残酷的“扫荡”、“蚕食”和封锁，山东全省抗日根据地不断缩小，到 1942 年底，根据地面积为 1.24

万平方公里，只占当时全省面积的 14%；游击区为 2.04 万平方公里，仅占全省面积的 23%。

然而，日军并没有就此罢手。1943 年 2 月 25 日，日伪军 3000 多人，再次对山东沂北、沂中抗日根据地发动“扫荡”。

26 日拂晓，日军逐渐向沂中根据地的北部地区靠近。

田越英（军事科学院研究员）：

当时八路军鲁中军区第 2 团第 1 营第 2 连，在第 1 营副营长徐福的带领下，正在沂河一带活动。他们获悉了日军出动的消息，迅速集合起来，决定涉过沂河，掩护当地老百姓向山上转移。

就在第 2 连战士们掩护老百姓爬到附近山间一个叫桃花坪的小村时，日军的马队已赶到了山下。

不一会儿，山下升起几发信号弹，表明各路日军都已经到位。此时，日军飞机发现了正在山沟里转移的部队和老百姓，便俯冲下来投了几颗炸弹，顿时火光冲天。

战斗打响了，大批日军向爆炸点蜂拥而来。

齐德学少将（军事科学院原军事历史研究部副部长）：

这时，第 2 连遇上了由第 1 营营长王子固带领的第 3 连。两位营领导迅速做出决定，由他们带领战斗力较强的第 2 连阻击日军，掩护兄弟部队和老百姓突围转移。

就这样，这支仅有 85 人的小部队迎着 3000 日军冲了过去，把日军紧紧地吸引到自己周围，使其他部队和老百姓得以安全脱身。在完成阻击任务后，他们边打边撤，沿张耿村的西山撤到歪头崮上，这时候天已经亮了。

歪头崮是一座石山，海拔 900 多米，在沂蒙山区是排不上名的小山。它北面坡度较缓，东、南、西三面都是悬崖峭壁，山顶比较平坦，但面积却仅有数百平方米。官兵们撤到这里后已经没有了退路，只能固守。

姚有志少将（军事科学院原军事战略研究部部长）：

固守歪头崮可以说是非常不容易。因为歪头崮的山顶是光光的石头，难以挖掘战壕。而且第 2 连的弹药也不足，每人平均只有几十发子弹和 4 颗手榴弹。

全连有两挺捷克式轻机枪，每挺只有两三匣子弹，而且已经消耗了一部分。再加上官兵经过一夜的急行军和战斗，体力消耗很大，当时唯一的优势是附近没有超过歪头崮的制高点。

2月的歪头崮寒风刺骨，但第2连官兵顾不上取暖，就积极修筑临时工事，认真清点武器弹药。营连领导紧急制订对策，最后决定先固守，再寻机突围。

这些经过多次严酷反“扫荡”战斗的老兵，已经将生死置之度外。

山下浓烟滚滚、马蹄声声。日军正在调兵遣将，逐渐对第2连阵地形成了两道包围圈，在张耿村南边的场院上，几门山炮一字排开，瞄准了3华里外的歪头崮。

黎明时分，日军的大炮轰鸣起来，炸弹落在山头北面较平坦的山脊上。沉闷的爆炸声过后，北山脊上飘荡起片片烟尘，随着北风覆盖了第2连的阵地，许多战士剧烈地咳嗽起来。“毒气弹！快把嘴捂上！”营长王子固大声地喊起来。随着毒气弹的爆炸，日军以为毒气弹已使八路军战士们丧失了抵抗能力，便从北面发起了第一次进攻。成群的日军跟随在烟尘后面，叫嚣着冲了上来。此时，前沿阵地的八路军战士们由于中了毒气弹，痛苦地蜷身伏在地上，大口地喘着气，有人已经昏迷过去。

然而，二线阵地的八路军战士在连长的指挥下开始反击。随着一阵机枪的吼叫和手榴弹的爆炸声，日军的嚎叫顿时变成了惨叫。尽管武器不好，但第2连的官兵都是有三四年以上战斗经验的老八路，枪法比较准。两排枪打过去，日军便丢下几十具尸体逃下山去。

齐德学少将（军事科学院原军事历史研究部副部长）：

日军的报复性炮击开始了，山炮、迫击炮、掷弹筒一起向第2连的阵地轰击，一时间，山上硝烟弥漫，弹片、碎石横飞。由于没有防御工事，第2连人员伤亡惨重。炮击持续近一个小时后停止了，看着伤亡过半的连队，营连领导决定尽快突围，于是开始组织突击队，调整有限的武器和弹药。

很快，日军在轻重机枪和掷弹筒的掩护下，开始第二次冲锋。但第2连官兵们弹无虚发，迫使遭受迎头痛击的日军后撤。这时，营连领导带领有两挺机枪的突击队开始反冲击，跟在日军身后向山下冲去。日军的几挺机枪开始实施拦截射击，阻断了八路军的突围队伍，只有营长王子固带着几个人冲下了山，其他官兵又撤回山头阵地，并在回撤途中收集了部分日军遗弃的枪支弹药。

不一会儿，山下响起激烈的枪声，是营长王子固带领的先头突围人员遇上了日军的第二道封锁线。当他们遭受重大伤亡到达沂水河边时，只剩下右腿被打断的营长王子固和通信员了。王子固命令通信员独自突围。但通信员却为掩护王子固英勇牺牲。面对蜂拥而来的日军，营长王子固把最后一颗子弹射向了自己。

齐德学少将（军事科学院原军事历史研究部副部长）：

此时此刻，面对敌人的重兵包围，第 2 连官兵已经非常清楚自己的处境。他们已经抱定了与日军血战到底、英勇殉国的决心。已经不能战斗的伤员们把为数不多的弹药交给战友，只留给自己一颗手榴弹。没有武器的战士就收集石块、棍棒。

中午时分，日军再次发起进攻。他们知道这支顽强的八路军部队已经弹尽粮绝，人数也不多，所以气焰格外嚣张，波浪般涌上山来，甚至对沿途发现的八路军烈士遗体也要捅上几刀。战斗打得极其惨烈，一阵殊死搏斗后，第 2 连只剩下几个人，且已弹药耗尽。身负重伤的第 3 排排长孙现明一面命令第 7 班班长李兴诗带领大家突围，一面拉响了最后一颗手榴弹，与刚冲上来的几个日军同归于尽。在一片硝烟中，李兴诗和最后几名战士跳下了悬崖。

田越英（军事科学院研究员）：

在跳崖的人当中有一人奇迹般生还，并且几经辗转回到营部，报告了此次战斗的情况。他就是第 3 排第 7 班副班长，年仅 19 岁的亓荣友。在这次战斗中，第 2 连 85 位抗日勇士除 3 人突围、1 人跳崖生还外，其余全部壮烈殉国。

幸存者：

在 1943 年 2 月 26 日的歪头崮战斗中，我们全连八十几位同志战死在歪头崮。日本鬼子，那个敌人多，三打两打就围到那个小山上去了。就在那个山头上打的，打到了 12 点就结束了战斗。抗日战士亓荣友回来了，来看望你们啊，我没有牺牲才有今天，来看望大家，我在这里表示最衷心的谢意。

战斗结束后，当地抗日政府组织群众掩埋了烈士遗体，并在张耿村为他们竖立了石碑。石碑的正面中间刻着“英勇殉国”4 个大字，两边刻有以下文字：“在五十倍于我的近代装备的陆空配合的敌人的严密包围下，你们显示了优秀的布尔什维克的艰苦奋斗英勇牺牲的精神，给敌寇多过我三倍的死亡打击和削弱了它进攻友军的时间和力量，完成了艰巨的任务而光荣牺牲。你们的血不是白流啊。”石碑的背面刻着："民国三十二年二月二十六日，敌伪三千余人，大举扫荡沂水，路经三区歪头崮，我十八集团军山东纵队鲁中军区二团二连据崮抵抗，经敌三次冲锋迄未得逞，继以飞机大炮猛烈配合，并施放毒气，激战终日毙伤敌旅团长以下二百余人。沂博路得非敌有，东里镇致未沦陷，英勇指战员八十一人亦壮烈牺牲。沂水党政人民对之同深哀悼，谨树志碑碣，出列姓名，以资纪念。中华民国三十二年上浣。"

1943 年清明节，当地抗日政府又为死难烈士举行了万人追悼大会。以后每年的清明节，张耿村的乡亲们都会来这里祭奠英烈们。

姚有志少将（军事科学院原军事战略研究部部长）：

古人讲："白刃交于前，视死若生者，烈士之勇也。"舍生忘死是军人忠和勇的最高表现形式，血性是军人的脊梁、胜利的刀锋。军人的血性也集中体现在战场上勇于拼杀、敢于献身的行动中。而这一切，在歪头崮 85 位勇士的英雄壮举中得到了充分的体现，他们不愧是中华民族的优秀儿女，充分展现了中华民族不屈不挠、不怕牺牲的英雄气概。

如今 70 多年过去了，见证了英雄壮举的沂水河依旧静静地流淌着，81 位先烈就长眠于崮下苍松翠柏掩映的烈士陵园内。

第 99 章　刘老庄战斗

“抗日救亡动刀枪，战斗在淮阴的刘老庄，八十二位英雄汉，抗击千余敌人小东洋。为人民战斗，为祖国解放，光荣的刘老庄连，万古千秋美名传。”这是《刘老庄连连歌》。1943 年 3 月 18 日，面对日伪军对新四军淮海区抗日根据地进行的疯狂“扫荡”，为掩护淮海区党政机关安全转移，新四军第 3 师第 7 旅第 19 团的第 4 连，即刘老庄连奋勇阻击敌人，打退敌人多次进攻，全连 82 名指战员壮烈殉国。著名作曲家贺绿汀听闻悲壮的刘老庄战斗事迹后，动情地谱写了这首慷慨激昂的《刘老庄连连歌》。

淮海区根据地，位于江苏北部，它像一条纽带，将八路军山东根据地与新四军苏中根据地连成一片。对于日军，淮海区根据地就像一把尖刀，威胁着日军占领的战略要地——徐州、淮阴，迫使日军在淮海地区的两大交通命脉——运河、盐河长期处于瘫痪状态。

陈　毅

1941 年 12 月太平洋战争爆发以后，为把中国变成“大东亚战争”基地，日军调集大部分兵力，对抗日根据地展开疯狂的“扫荡”。在苏北地区，日军从 1942 年 11 月中旬起，一次又一次对抗日根据地发动进攻。

苏北地区日军头目、第 17 师团师团长川岛，于 1943 年 3 月集中属下步兵、骑兵共 3000 多人大举“扫荡”，妄图一举摧毁中共淮海区党政领导机关，歼灭新四军主力部队。

3 月 17 日，遵照新四军代军长陈毅的部署，新四军第 3 师第 7 旅迅速集中，向泗洪县山子头地区进发，淮海军分区、淮海地委行署机关，跟随第 7 旅第 19 团行动，转移到淮阴城北六塘河一带。

张明金（军事科学院研究员）：

第 7 旅的行动，可以说是一举两得，既可以围歼山子头的国民党顽军王光夏部，又可以跳出日军的包围圈。这样，川岛的如意算盘就白打了。

陈毅的作战部署顺利进行，这时，一个始料未及的情况出现了。

3 月 17 日深夜，日军盘踞的据点淮阴城的北门悄悄打开，日军第 17 师团 1000 多名日军和 600 多名伪军蜂拥而出，向淮海区党政机关驻地——六塘河直扑而来。第 17 师团师团长川岛亲自出马，向部下夸下海口："这一次必定要把共产党的淮海机关一扫而光！杀不绝，不收兵！"

川岛的狂妄并非信口胡言，临行之前，他得到汉奸密报，新四军淮海机关就在六塘河，而且兵力不多。

3 月 18 日拂晓，川岛的大队人马突然出现在刘老庄地区，距离六塘河仅有 10 公里。一个小时之内，新四军淮海区党政机关就将面临被包围歼灭的危险。

时间紧迫，新四军第 19 团团长胡炳云命令第 4 连连长白思才率领战士坚守刘老庄，为领导机关转移争取时间。

刘老庄是苏北平原上的一个普通乡村，南距淮阴 25 公里，北距六塘河 10 公里，它是日军通往六塘河的必经之路，但是地势平坦，无险可守，构成了对第 4 连战斗力的极大考验。

齐德学少将（军事科学院原军事历史研究部副部长）：

第 4 连是一个具有光荣历史的英雄连队，第 4 连所属的第 19 团，前身是南昌起义时的教导团、长征时期的红军第 4 团、抗战初期的八路军 115 师 685 团。皖南事变后，被改编为新四军 3 师 7 旅 19 团，是新四军的主力团。虽然番号多次变化，但是第 19 团第 4 连的战斗力一直都在不断增强。

第 4 连连长白思才，战斗经验丰富，16 岁参加红军，参加过长征。抗战时期参加过平型关战役等重要作战，智勇双全。白思才观察研究刘老庄阻击阵地，发现刘老庄并非完全无险可守，但是，他选择主动放弃有利地形。

姚有志少将（军事科学院原战略部部长）：

从当时情况看，要更好地保存自己，更大地杀伤日伪军，最好的选择是进入刘老庄村里，拿房屋、院墙这些有利地形、地物作为掩体，据村固守。但是刘老庄村里还有不少群众没来得及转移，因此白思才把阵地选在村外面，那里是一片开阔地带，地形有利于敌不利于我，只有一条“抗日沟”可以利用。

第4连指战员虽然骁勇善战，但是地形不利，人数太少，只有82名战士，而且弹药匮乏。第4连即将迎战的对手，却是一股虎狼之师。

川岛带领的1000余人属于日军第17师团，单兵作战素质高，武器精良，装备山炮、九二步兵炮、迫击炮、掷弹筒、轻重机枪等多种兵器，并且配有冲击力很强的骑兵队。川岛自恃兵强马壮，在他看来，小小的刘老庄根本不值一提。

川岛的先头部队，很快出现在第4连阵地面前，逐渐进入射击范围。当日军先头部队距离第4连阵地只剩下五六十米的时候，白思才扣动扳机，手中的重机枪当先喷出火舌，日军尖兵应声倒地，指挥官人仰马翻。

第4连出其不意的攻击把日军打得晕头转向。望着撤退下来的残兵，川岛却转惊为喜。从枪声判断，前方的队伍有重机枪，说明是新四军大股主力部队，正好与其决战，一举歼灭。

川岛召集部队，摆开阵势，从侧面迂回包围第4连阵地，并切断前来增援的民兵队伍。

齐德学少将（军事科学院原军事历史研究部副部长）：

在当时情况下，日军还没有形成包围圈，第4连是有机会突围出去的。他们留下来坚守阵地，同敌人打一场防御战、消耗战，局面相当不利。第4连一共只有82名战士，虽然有一挺重机枪，这在当时新四军连队里是非常少见的，但是与日军相比，武器弹药仍然匮乏，日军如果持续发动冲锋，第4连的处境就会非常危险。

上午9时左右，日军的第一次冲锋开始了。在火炮、机枪掩护下，日军一个四五十人的步兵小分队向第4连阵地步步逼近。重机枪是第4连唯一一件“重武器”，由连长白思才亲自担任机枪手，成为主要火力点，战士们配合连长一起开火，很快击退了日军的第一次冲锋。

川岛十分恼火，登上刘老庄杨三堂屋顶亲自探查地形之后，组织了第二次冲锋。这次冲锋，日军投入了一个中队近200人的兵力，将大小火炮、十几挺机枪集中起来使用，企图形成更为猛烈的压制性火力，掩护步兵冲锋。

日军战法发生变化，白思才想到了第4连配备的另一种武器——枪榴弹。

枪榴弹是步兵近距离作战利器，以步枪发射，弹丸爆炸后产生大量破片和强大冲击波，主要用于杀伤点、面性目标，摧毁各种轻型装甲、永久火力点等野战工事。

第 4 连配有枪榴弹是川岛想不到的。川岛指挥日军趴在地上，匍匐前进，距离第 4 连阵地 100 米左右时，白思才一声令下，第 4 连枪榴弹集中打向日军火力点。顿时，日军火力点变成了哑巴。随后，第 4 连战士们各种枪支一起开火，进攻的日军乱成一团，扭头就跑。

张明金（军事科学院研究员）：

有 20 多名日军拼命爬到第 4 连阵地上。第 4 连战士们跃出战壕，端上了刺刀和步枪，与这 20 多名日军拼杀。不到 10 分钟，就把这 20 多名日军消灭。成功地击退日军第二次冲锋之后，第 4 连掩护新四军淮海区党政机关转移的目的已经实现，可以撤出阵地了。

白思才带领连队沿抗日交通沟转移，但是没走多远，他就发现，在交通沟断头，日军已经用机枪封锁了出口，第 4 连已经处于重重包围之中。更加危险的情况是，经过数小时激战，第 4 连的武器弹药快消耗光了。

武器弹药从何而来？第 4 连指导员李云鹏焦虑地环顾四周。阵地前沿 30 米处，横七竖八地躺着日军六七十具尸体，每个尸体上都有枪支弹药，李云鹏见状，有了主意。

李云鹏，1920 年 3 月出生于江苏沛县，1938 年 5 月参加抗日救亡活动，后加入中国共产党，被选送延安抗大学习，后成长为一名优秀的连队政治工作干部。

1 排长尉庆忠是一名老红军，首先站出来向连长和指导员请命。尉庆忠带领突击小组边挖沟边接近日军尸体。日军发觉了第 4 连的意图，拼命射击。突击小组冒着枪林弹雨，收集着枪支、子弹。终于，将大量武器弹药带了回来。不幸的是，老红军战士尉庆忠光荣牺牲。

有了武器弹药，战士们众志成城，连续打退了敌人第三、第四、第五次冲锋。

张明金（军事科学院研究员）：

在战斗中，指导员李云鹏充分发挥党员模范带头作用，把他们作为骨干力量配置在最重要的位置上。利用战斗空隙，李云鹏还坚持撰写战斗报告，向上级汇报第 4 连一天来的战斗情况，并请求批准第 4 连党支部火线接纳新党员。

经过一整天的战斗，第 4 连人数减半，战士们一粒粮食也没有吃，眼睛被硝

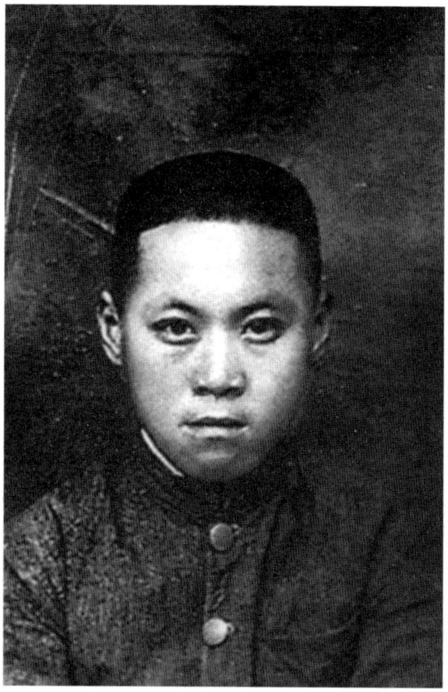

李云鹏

烟熏得红肿不堪，鼻子被炮火呛得鲜血直流，喉咙干得冒火，说话时声音微弱得根本听不清楚，交流要靠打手势进行。

太阳渐渐西沉，金色的阳光，照耀在第 4 连阵地；突然，炮声隆隆，第 4 连阵地上弹如雨下、烟尘滚滚。

日军孤注一掷，集中所有重型武器向第 4 连阵地发起猛烈轰击。连长白思才被弹片炸伤，一只手失去了活动能力，从昏迷中苏醒后，他挣扎着爬起来，来往于战壕内，继续鼓舞士气，指挥战斗。这时，第 4 连弹药再一次所剩无几，白思才清楚，最后的时刻到来了。

白思才命令，把仅有的子弹集中交给重机枪手使用，轻机枪全部拆散，步枪拆下枪栓，零部件埋入地下，机密文件就地销毁，绝不让日军得到一点有价值的东西。战士们枪上刺刀，严阵以待，准备与日军最后一搏。

日军以密集队形向第 4 连阵地包围而来，等待他们的是一阵激烈的枪声，日军应声而倒。第 4 连战士们打光了最后的子弹，白思才、李云鹏一声呐喊，率领战士们端起刺刀，冲向敌群……

夜幕降临时，刘老庄持续一天的厮杀声终于停了下来。川岛走上硝烟中的战场，想亲眼看一看自己面对的到底是怎样的部队？让他大感意外的是，与自己精锐兵力激战一天的仅仅是不足百人的一个连队。

日军撤走后，赶往阵地的地方机关同志和群众从尘土和血污中发现一位战士，前胸 3 处负伤，已经奄奄一息，经过紧急抢救，仍然没有挽回他 24 岁的年轻生命，在第 3 天早晨不幸离世。至此，第 4 连 82 位壮士，全部牺牲。

姚有志少将（军事科学院原战略部部长）：

刘老庄战斗，是我军战史上一个以少胜多的传奇。第 4 连 82 名壮士，连续击退日伪军 5 次进攻，阻敌前进 12 小时，歼灭日伪军 170 余人，胜利完成阻击与掩护任务。近些年来，人们推崇“亮剑精神”。在面对强大敌人的时候，应当有“狭路相逢勇者胜”的决心，要敢于亮剑，与敌人战斗到最后一刻。“刘老庄八十二壮士”代表的就是中国军人的“亮剑精神”。

刘老庄战斗之后，新四军将第 4 连命名为“刘老庄连”，重新调整兵员，恢复建制。“刘老庄连”的称号一直延续下来，此后，这个连队一直保持着 82 人的特殊编制。在抗日战争、解放战争中，刘老庄连征战大江南北，成长为一支屡立战功的英雄部队。

2009 年 9 月，“刘老庄连”被评为“100 位为新中国成立作出突出贡献的英雄模范人物”。2014 年 9 月，“刘老庄连”成为民政部公布的第一批在抗日战争中顽强奋战、为国捐躯的 300 位著名抗日英烈之一。

第 100 章　苏联援华及空军志愿队援华作战

位于重庆万州西山公园内的库里申科墓园，每年清明节都有人前来扫墓，缅怀在中国抗战时期苏联援华空军志愿队轰炸机大队长，铭记在中国抗战的艰难岁月，苏联政府对中国的援助及苏联空军志愿队援华作战所做的牺牲和奉献。

全国抗战初期，苏联是中国抗日战争的主要支持者。日本发动全面侵华战争，也是对苏联的重大威胁，客观上促使苏联考虑加强对中国的援助。因此，苏联不仅从道义上在国际舞台谴责日本的战争罪行，而且在经济和军事上给中国抗战很大的帮助。1937 年 8 月 21 日，中国同苏联签订了互不侵犯条约。接着，苏联政府开始对中国提供经济贷款和军事援助，并决定派遣苏联空军志愿队来华作战。

1937 年 10 月，从阿拉木图经兰州到汉口的航线开通，此后，经这条航线，苏联将中国急需的飞机、大炮、机枪、航空和装甲设备、枪炮弹药等军用物资，陆续运到中国。

1938 年 3 月和 7 月，苏联给中国政府两次贷款各 5000 万美元，总计 1 亿美元。1939 年 6 月又贷款 1.5 亿美元。1938 年至 1939 年，苏联向中国提供三笔共 2.5 亿美元贷款，居同期各国对华援助之首。中国用这几笔贷款向苏联购买了 600 架飞机，以及其他军用物资。中国以重要稀有金属和农牧产品作价偿还。

据苏联学者统计，从 1937 年 9 月到 1941 年 6 月苏德战争爆发，苏联向中国提供的军火有：飞机 904 架，其中轰炸机 318 架，坦克 82 辆，牵引车 602 辆，汽车 1516 辆，大炮 1140 门，轻重机枪 9720 挺，步枪 5 万支，子弹约 1.8 亿发，炸弹 3.16 万颗，炮弹约 200 万发。

在中国全国抗战前期，苏联是唯一以军火物资积极援助中国的国家，而且苏联援华的飞机及其他军火物资价格优惠，大大低于当时的国际市场价格。

齐德学少将（军事科学院原军事历史研究部副部长）：

苏联还派遣大批军事顾问、技术专家到中国。先后担任中国政府军事总顾问的苏联将领有德拉季文、切列潘诺夫、卡恰诺夫和崔可夫。他们帮助接洽苏联对华军事物资援助，协助制订作战计划以至参加重要战役的指挥。到 1941 年，派到中国政府和军队的军事顾问有 140 多名，各种专家上千名。值得一提的是，

1938 年，苏联空军志愿队的飞行员们

苏联还直接派遣空军志愿队来华参加抗战，为中国抗战作出重要贡献。

1937 年 10 月，第一批苏联空军志愿队来华。他们是由 254 名飞行员和机械人员组成。其中，马琴率领着 21 架“斯伯”轰炸机，普洛柯非也夫接任在途中殉职的库尔丘莫夫率领着 23 架伊 –16 战斗机。

1937 年 10 月 21 日，第二批苏联空军志愿队人员来华，他们由 447 人组成，并与第一批苏联空军志愿队共同组成 4 个大队，共有飞机 124 架。同年 11 月，由波留宁率领的第二批“斯伯”轰炸机来到中国，驻扎汉口机场。同年 12 月，由布拉戈维申斯基率领的伊 -15 战斗机大队分三批来中国，驻扎南昌机场。后来，汉口和南昌就成为苏联空军志愿队的中心基地。

此后，苏联不定期地从国内派人替换在华的苏联空军志愿队飞行员和地勤人员。从 1937 年 10 月到 1940 年底，苏联政府先后向中国提供了共计 1235 架作战飞机，达 2000 人的空军志愿队。作战飞机主要是伊 -15、伊 -16 战斗机和斯伯 -2、特伯 -3 轰炸机。特别值得一提的是，苏联空军志愿队的飞机是苏联政府无偿赠送给中国的。

田越英（军事科学院研究员）：

这些飞机性能较好，尤其是伊-16，它是世界上第一个采用封闭式座舱和可收放式起落架的单翼机，也是20世纪30年代最优秀的战斗机之一，在作战半径、升限、最大平飞速度等许多方面都占优势。这些飞机补充了中国空军在淞沪战役中的消耗，使中国空军很快又掌握了局部的空中优势。

1937年11月，淞沪战役后，中国空军飞机几乎消耗殆尽，中国空军第4大队把所剩飞机交给第5大队后，派飞行员赴兰州，陆续接收从苏联购买的飞机，中国空军获得了新的战斗力。1937年11月底，首批苏联空军志愿队到达南京参加南京保卫战。同年12月1日，苏联飞行员在南京5次升空作战，击落日军飞机3架。

田越英（军事科学院研究员）：

苏联空军志愿队参加南京保卫战，这在当时是严格保密的。在南京保卫战中，日军虽然不知道苏联空军已经参战，但却明显地感觉到南京上空的压力，意识到中国空军可能获得了新的援助和补充。于是，他们频频派出间谍，侦察情况，但始终也不知真相。后来在中国空军和航空公司工作的其他外国飞行员在不经意间走漏了消息，苏联空军志愿队的情况才被公开，并很快成为世界各国媒体报道的对象。

南京战役失败后中国空军经过整训并装备苏制飞机，重新投入战斗。

1938年初，中国空军共有飞机390架，其中轰炸机160架，战斗机230架。日军航空兵则保持着600架的数量优势。随着日本陆军地面作战不断向前推进，日军航空兵的活动范围也由东南沿海地区扩展到中国腹地。但是，由于苏联飞机性能较好，中国空军与苏联志愿航空队并肩作战，以各种方式有力地打击了日军空中力量。

张明金（军事科学院研究员）：

首先是迎战敌机，保护后方。中苏空军投入很大力量用于后方城市与战略要地的防空作战，给来袭日机以有力打击。1937年12月9日，日轰炸机数架，在14架驱逐机掩护下，袭击南昌。中苏空军出动4架飞机迎战，击落日驱逐机1架。

1938年2月25日，日轰炸机35架、驱逐机18架组成大编队再次袭击南昌。

中苏空军出动30架飞机，分3个队群迎战，击落日军飞机1架。

1938年4月13日，日军驱逐机17架，掩护8架轰炸机袭击广州。中苏空军出动飞机18架迎战，双方激战30分钟，共击落日机7架。

1938年在保卫武汉的4次大空战中，中苏空军共击落日机58架。其中，2月18日，日轰炸机12架、驱逐机26架袭击武汉。中苏空军出动29架飞机迎敌，经激烈空战，击落日机14架。4月29日，是日本的天长节，日军出动54架飞机大举侵袭武汉。中国空军第3、第4和第5大队出动19架飞机，苏联空军志愿队出动45架飞机迎战，经30分钟激战，击落日军飞机21架。“四二九”空战给日军航空部队以沉重打击，此后的1个多月，日军飞机未敢再侵袭武汉。

齐德学少将（军事科学院原军事历史研究部副部长）：

充分发挥空军作战，积极配合陆军作战。1938年3月，中国空军撤销前敌总指挥部，另设3路司令部：第1路司令部驻南昌，协同第3、第5战区作战；第2路司令部驻广州，指挥驻广东、湖南的空军部队，协同第4战区作战；第3路司令部驻西安，指挥驻河南、湖北等省的空军部队作战。

1938年1月至2月间，中国空军经补充后，即集结主力，对华中战场和津浦铁路南段的日军机场和阵地及在长江内活动的日舰实施轰炸，并截击破坏粤汉铁路之日机，给敌以重大损伤。

1938年3月至5月间，中苏空军参加台儿庄会战及徐州会战等战役。在“三一八”、“三二五”和“四一〇”空战中，击落日军战机15架，击毁3架，并多次轰炸日军阵地、车辆及集结与溃逃的日军部队。其中，仅3月18日，即向日军阵地投弹67枚，毙敌甚多，炸毁坦克、装甲车10辆。

此外，中苏空军还轰炸了黄河以北的安泽、灵石、风陵渡等日军据点，攻击了日军渡黄河的部队。1938年9月21日，中苏空军出动飞机，协助中国军队第十七军团进行武汉外围战，连续轰炸罗山、柳村一带，迟滞了日军在豫南的进展。

张明金（军事科学院研究员）：

深入敌后，攻击日军占领区的军事目标。1938年1月至6月，中苏空军轰炸日军机场20余次，炸毁日军飞机100余架。

1938年7月8日，中苏空军出动5次，轰炸安庆、芜湖日军机场及湖口日舰，炸毁日军飞机20余架，重创日军舰船10余艘。同年8月，中苏空军继续频繁出动，轰炸九江、安庆一带日军舰艇及登陆部队，炸沉大小舰艇9艘，炸伤23艘，迟滞了日军向武汉方面的推进。中苏空军自保卫武汉以来，前后5个月，共计炸伤日舰67艘，炸沉23艘，炸毁日机16架，击落日机62架，击伤9架。

张明金（军事科学院研究员）：

远程奔袭日军后方及日本本土。1938年2月23日，中苏空军从汉口起飞，跨海袭击日军在台北的松山机场，炸毁日军飞机12架、兵营10座、机库3座，给日军造成很大损失。

从1938年1月至10月的10个月中，虽然中苏空军在力量上处于劣势，但他们英勇作战，以弱胜强，共击落击毁日机264架。武汉、广州沦陷后，中苏空军的根据地西移四川的成都、重庆等地。11月，苏联空军志愿队又奉命暂停作战，集中到兰州对飞机进行大修。日军掌握了中国广大地区的制空权，对中国大后方的战略要地重庆、成都、兰州等地进行了多次猛烈的轰炸。

1939年初，中国空军拥有飞机不到100架，无法与保持约700架飞机的侵华日军航空兵相抗衡。在这一年里，虽然中国空军补充了200架新机，苏联空军志愿队新机队来华参战，但始终是在困境中坚持抗战。

1940年夏，日军集结陆海军航空队297架飞机，联合发动代号为“一百零一号作战”的突袭作战，对以重庆、成都为中心的中国大城市和空军基地进行持续轰炸，给中国后方造成巨大损害。同年9月，日军使用了新研制的零式驱逐机以后，中国抗战空中战场的形势更加严峻。

由于希特勒在欧洲地区发动战争，战火危及苏联的安全。1941年初，苏联空军志愿队奉令回国，其武器装备等移交中国空军。此时，中国抗战空中战场的作战更加艰难。

齐德学少将（军事科学院原军事历史研究部副部长）：

从1937年12月在南京上空秘密参战，到1941年从中国各地机场撤出，苏联空军志愿队参加了保卫南京、武汉、南昌、成都、重庆、兰州等地的25次战役，为中国抗日战争做出重大贡献，先后有200多名官兵献出了宝贵的生命。库里申科大队长便是其中的一位。

1939年8月15日，库里申科率队轰炸日军驻武汉的汉口机场，在武汉上空，他们遭遇多架日军战机围攻，在击落6架战机后，库里申科也受了重伤，他的座

武汉空战中伊-16 型战斗机飞行员在做战前交代

机左侧发动机也被击中，库里申科用单发动机冲出重围，沿长江返航。当飞到四川万县上空时，飞机失去控制。为了保障机组其他成员的生命安全，库里申科把飞机迫降在长江中。机组其他成员获救，库里申科却因伤势过重，无力泅渡而牺牲。

1939 年 11 月 3 日，库里申科遗体被打捞出水，安葬在万县太白岩书院旁。

1958 年 7 月 7 日，万县市人民委员会在西山公园内新建了库里申科烈士墓。墓前碑文用中、俄文写了这样一段话："在抗日战争中为中国人民而英勇牺牲的苏联空军志愿队大队长格里戈利·阿基莫维奇·库里申科之墓。"

苏联政府的援助和空军志愿队为中国抗战所做的牺牲和贡献永远铭记在中国人民心中。

第 101 章　美国援华及志愿航空队援华作战

2002 年 9 月 27 日，中美两国代表在西藏拉萨举行了一场二战美军飞行员遗骸交接仪式。这些遗骸是二战时期“驼峰航线”上的美军飞行员遗骸，失事时间为 1945 年，当时机上有 4 名美国机组人员，年龄在 18–22 岁之间。

在世界反法西斯战争的东方战场上，为支援中国人民抗日战争而牺牲的美军飞行员还有许多。

齐德学少将（军事科学院原军事历史研究部副部长）：

美国飞行员来华作战，源于美国的对华援助政策。美国对援助中国抗战的态度是经历了一个变化过程的。九一八事变后，美国及英、法等国虽然对日本进行了不同程度的谴责，但他们却反对从经济上制裁日本，不愿给予中国物资援助。同时，也尽量避免同日本直接冲突。但随着日本全面侵华战争不断扩大，严重损害了美、英、法等国在中国的利益，因而美国的对华政策才开始发生了变化。

1938 年 12 月，经过中美两国反复交涉，美国政府首次宣布向中国提供 2500 万美元借款。中国用这笔借款购买美国物资，并以桐油偿还。1939 年 2 月，中美两国正式签署《中美桐油借款合约》，时称“桐油借款”，标志着美国援助中国抗战的开始。

1940 年 4 月，美国向中国政府提供了第二次借款，即 2000 万美元的滇锡借款。但这些借款却被限制，只能购买美国的工农业产品，而不能购买军火类的产品。1940 年 10 月，美国为中国提供 2500 万美元的钨砂借款。1940 年 11 月，美国总统罗斯福宣布准备对华贷款 1 亿美元。1941 年 2 月，中美签订了《中美金属借款合约》，规定了中国以金属矿产为抵押，向美国借款 5000 万美元。直到 1941 年 3 月，美国国会通过《租借法案》，开始以租借形式对中国援助军火物资。

1941 年 4 月，罗斯福签署命令，批准美国退役军人可以加入陈纳德组建的美国援华志愿航空队，即“飞虎队”，以帮助中国空军同日军作战。1941 年 4 月和 5 月，罗斯福两度批准向中国提供价值 9000 余万美元的军用器材和武器弹药。1941 年 7 月，罗斯福还批准向中国空军提供装备和人员。

陈纳德与第 14 航空队驾驶员

田越英（军事科学院研究员）：

1937 年 5 月，中国航空委员会秘书长宋美龄，策划聘请美国陆军航空队退役上尉陈纳德以私人身份担任中国政府空军顾问。

克莱尔·李·陈纳德，1890 年 9 月生于美国德克萨斯州，1919 年从飞行学校毕业，逐步成为一名优秀的飞行员和作战指挥员。1923 年，陈纳德被任命为布鲁克斯基地飞行主任，晋升为上尉军衔，1937 年 4 月，因患耳疾从美国陆军航空队退役。抗战时期，他担任美国援华志愿航空队队长，后任美国陆军第 14 航空队指挥官，1958 年，晋升为空军中将。

陈纳德对空中作战理论很有研究，1935 年，他出版的战术教材《防御性驱逐的作用》在国际航空界引发关注。陈纳德在航空军事领域的成就也受到亟需加强空军力量的中国政府的注意。

1937 年 5 月，陈纳德接受了宋美龄的邀请来到中国。他希望能在这里“为一个正在争取民族团结和争取新生活的人民效劳”。6 月 3 日，陈纳德与宋美龄在上

陈纳德

海会见，这次会见，他被正式聘任为中国空军高级顾问。七七事变当天，陈纳德致电蒋介石，表示“愿以任何身份为中国政府效劳”。从此，陈纳德开始直接参与中国空军的作战指挥，帮助制定作战计划和作战命令。

张明金（军事科学院研究员）：

淞沪会战中，陈纳德驾驶中国政府为他购买的“霍克 75H”战斗机，亲临战场侦察敌情，掌握日本飞机性能及战术的第一手资料，分析日军空战的优点和弱点，形成了有针对性的战术原则，为日后“飞虎队”作战奠定了战术基础。

1940 年 11 月，陈纳德和中国航空委员会主任周至柔以及中国银行董事长、蒋介石的私人代表宋子文一起游说美国政府和军界支持中国抗战。在他们的努力下，12 月 19 日，罗斯福总统批准了对华援助，决定将交付英国尚未启动的 100 架 P–40 战斗机出售给中国。1941 年 4 月 15 日，罗斯福总统签署了一个秘密命令，允许美国陆、海军的预备役航空人员参加美国志愿航空队赴中国参战。

陈纳德等人以中央飞机制造公司名义在美国陆军航空队和海军航空队中招募现役空勤和地勤人员近 260 人。1941 年 8 月 1 日，中国空军美国志愿大队在缅甸东瓜正式成立，这就是后来赫赫有名的“飞虎队”。

美国志愿队受中国政府聘用，在序列上属于中国空军。中国政府为美国志愿队提供了 100 架从美国购买的 P–40 战斗机，其中一架在运输途中掉入大海，实际是 99 架。

美国志愿队下辖 3 个驱逐机中队，每个中队都有自己的绰号：第 1 中队为“亚当和夏娃中队”，第 2 中队为“熊猫中队”，第 3 中队为“地狱天使中队”。

陈纳德担任美国志愿队的指挥官，负责训练和指挥。他将自己积累的对日本航空兵作战经验传授给飞行员，并结合 P–40 飞机和日本飞机的性能特点有针对性地进行战术训练。与当时日军主要装备的零式战斗机相比较，P–40 战斗机的特点是机身坚固、火力强、俯冲性能好、维修容易；但其爬升能力差，水平机动性能远弱于日本的零式战斗机。

田越英（军事科学院研究员）：

针对这一特点，陈纳德提出了空中游击战术。他为志愿队制定了一套独特的3机编队的空中游击战术原则。这在当时崇尚进攻的空战理论界是不被认可的，也有悖于中国空军严惩临阵脱逃的军纪，但正是这种空中游击战术，让美国志愿队在自身飞机数量、质量均处于劣势的情况下，以最小的代价取得了最大的战果。

1941年12月8日，日本发动偷袭美国海军基地珍珠港后，战线逐步拉长，将驻留中国的日本飞机大批调往越南、泰国及缅甸一带，以应对西太平洋作战的需要。日军航空队对中国的作战以战略轰炸为主，政略轰炸为辅，轰炸的范围集中于湘、桂、浙、赣及滇西等地。

1941年12月20日，日军10架"川崎"九九式双发轻型轰炸机从越南河内机场起飞，企图轰炸昆明。日军的这次行动极为大胆，由于中国的空域已经很长时间没有大规模防御力量，日军的轰炸机肆无忌惮地没有战斗机护航。突然，美国志愿队的战机出现在日军轰炸机群面前，发起攻击，打得日军轰炸机群毫无还手之力，10架日军轰炸机只有1架逃回河内机场，其余全部被击伤、击毁。

这一战狠狠地教训了日军，使日军飞机很长时间都不敢进犯昆明。

首战胜利使陈纳德和美国志愿队成为中国人民心目中的英雄。昆明各界民众为他们举行庆功会；重庆媒体及民众都称他们如"飞虎添翼"。此后美国媒体也以"Fling Tiger"（飞虎）来称呼他们。美国《时代》杂志刊登报道他们的文章，陈

飞虎队雄姿

纳德还成为《时代》杂志的封面人物，从此，“飞虎队”就成了中国空军美国志愿队的代名，其知名度已远远超过他的正式名称。

张明金（军事科学院研究员）：

“飞虎队”员们还仿效英国皇家空军的做法，在P-40飞机机头两侧涂上张着血盆大口的鲨鱼，因为据说日本人惧怕鲨鱼，“飞虎队”以此来震慑日军的意志。这个具有特色的图案也成为“飞虎队”的特有标志。1942年4月17日，宋美龄发表题为“飞虎、鹰华传威名”的演说，热情赞颂“飞虎队”的光辉业绩。

“飞虎队”一直战斗在中国、缅甸、泰国、越南、柬埔寨的广大空域，使日军再也不敢肆无忌惮地轰炸重庆。他们的作战行动配合了英国皇家空军，为仰光港口和滇缅公路赢得了两个半月宝贵的畅通时间，使大量的军用物资得以源源不断地运到中国。到1942年5月底为止，“飞虎队”共参战100多次，击落、炸毁敌机297架，自己在空战中损失飞机仅12架，在地面损失61架飞机，23人牺牲，3人被俘。

1942年7月，美国政府将“飞虎队”纳入美军正规编制，改编为第10航空队第23战斗机大队，亦称为美国陆军第10航空队驻华航空特遣队，1943年3月扩编为美国陆军第14航空队。从此，“飞虎队”脱离了中国空军的序列，成为与中国空军并肩作战的盟国空军。陈纳德也由预备役转为现役，任驻华航空特遣队的指挥官，并晋升为陆军准将。至此，“飞虎队”完成了它的历史使命。

田越英（军事科学院研究员）：

1942年8月9日，为纪念“飞虎队”援华抗战一周年，中共《解放日报》发表了题为“在华美空军战绩”的社论，高度赞扬美国空中勇士的国际主义精神。

1942年3月，中美两国签订了《中美5亿美元借款协定》，6月，又签订了《中美租借协定》。据美国方面统计，战时美国对华援助总额达8.457亿美元，其中除2000万美元外，其余均作为无偿赠予。约计价值5.2亿美元的兵器、飞机、坦克、车辆、船舶及各种军用装备等运往中国。

1942年5月后，日军入侵缅甸，切断了中国最后一条国际交通线——滇缅公路。中国抗日战场开辟新的运输通道迫在眉睫。当时，中国沿海地区都被日军占领，唯有西南部的喜马拉雅山脉，因地势险要，日军无法控制，因此，开辟喜马拉雅山脉的空中航线就成为必然的选择。但喜马拉雅山脉，平均海拔高度为6000米，在这

战略物资通过“驼峰航线”运到中国昆明，再用汽车甚至马车、人力车转运到战争前线

一区域进行空中货运，危险性太大。

为了使中国战区坚持抗战，配合美军在太平洋地区对日军的战略反攻，罗斯福总统签署命令，要求克服困难，保持中国通道的畅通。于是，美国陆军空运队和中国航空公司终于开辟了飞越喜马拉雅山脉的中印航线。因为该空运航线所经过的一座座高山峻岭好像骆驼之峰，人们便形象地把这条航线称为“驼峰航线”。

“驼峰航线”成为当时中国获得外援物资的一条重要国际通道。航线开通之初，由于气象条件恶劣，运输量并不大。1942 年 11 月以后，天气转好，空运数量才有较大增加。1944 年 7 月以后到抗战胜利前夕，空运数量达到高峰。许多美国援华的作战物资都是从“驼峰航线”空运到中国的。

齐德学少将（军事科学院原军事历史研究部副部长）：

“驼峰空运”的危险是巨大的。中国航空公司的飞行员和美国飞行员既要面对极其恶劣的自然条件，又要战胜日军飞机的袭击。他们常常是在无可靠航图，无导航、气象等保障设施的情况下，冒着被日军飞机拦截攻击的危险，夜以继日地将国际援华物资从印度运往中国，因此损失严重，牺牲巨大。

在整个“驼峰空运”期间，美国空运队损失飞机 468 架，相当于美军第 14 航空队在 3 年作战期间所损失的飞机数量。中国空运队损失飞机 46 架。中美损失飞机共计 514 架，平均每月损失 12.5 架飞机，占全部投入“驼峰空运”飞机的 50%以上。中、美飞行员约有 1500 人为此牺牲，长眠于“驼峰”的高山峡谷之中。美军曾有人认为“驼峰空运”飞行的危险性不亚于二战中盟军对德国的战略轰炸。“驼峰空运”有力地支持了中国的抗战，也创造了世界航空史上的奇迹。

飞虎队及美军航空队的援华作战，为中国抗日战争的胜利做出了重要贡献，那些在抗日战争中为中华民族的解放事业做出牺牲的美军飞行员，永远铭记在中国人民的心中。

飞越驼峰的机型

第 102 章　营救美国飞行员

1941 年，陈纳德“飞虎队”在缅甸受训完毕，向昆明转场途中，其中 3 架飞机由于机械故障而迫降。由于语言不通，当地老百姓误以为飞行员是敌人，采取了武力对峙的行动。直到几天之后，疲惫的美国飞行员中有两个人偶然想到用飞机上的留声机播放中国音乐，才得以消除误会。8 天后，在当地百姓帮助下，这些美国飞行员安全返回基地。

为了避免类似情况再次发生，国民政府航空委员会向每一名外国飞行员颁发了“血幅”，血幅成为飞行员的“救命幅”。

张明金（军事科学院研究员）：

血幅是当时中国政府为外国飞行员配发的一种战场求助救护的字据。它是根据英文 Blood Chits,翻译过来的。意思就是血的便条;另外它还有一层“抚恤”的意思，就是谁只要救护过、帮助过持有这个便条的外国飞行员，就可以用这个便条，从中国政府那里，得到相应的奖金，所以也有人把它翻译成“血抚”。

“血幅”多为布质材料，少量“血幅”以皮革材料制成，缝在飞行员穿着的飞行服背面,它的上半部分是一面国民政府青天白日旗,下半部分写着一行汉字，“来华助战洋人,军民一体救护”,并且标有编号。美国飞行员穿上带有“血幅”的服装，万一发生事故，就可以拿出“血幅”，证明自己身份，获得救护。

然而，美国飞行员在执行轰炸任务时，常常是从西南大后方起飞，去轰炸华北、东北的目标，距离远、地形不熟、天气多变，飞机失事的情况难以避免，万一迫降地点是日军占领区，西南大后方的国民政府就无能为力了。这时候，就必须依靠敌后战场广大军民来营救。所以，中共中央就提出了“援救失事盟国飞行员”的指示，千方百计保证美国飞行员的生命安全。

根据中共中央指示，广大敌后抗日军民对失事美国飞行员展开积极营救。

1943 年 8 月 20 日，一架美军第 14 航空队的 B−29 轰炸机，在执行战斗任务返航途中,发动机出现故障,只能迫降。迫降地点是新四军盐阜军分区所属区域——晏荡沟以西的稻田里。盐阜军分区司令员张爱萍命令立即展开搜救行动，尽快找到幸存的美国飞行员，同时，为了保护军事技术机密，派第 3 师军工部人员立即

B-29 轰炸机照片

赶到现场，力争将飞机上能拆下来的装备全部拆下来，不让敌人抢走一个零件。

B-29 轰炸机长 30 米，高 8.8 米，翼展 43 米，是一个庞然大物，短时间之内彻底拆除它，谈何容易。离晏荡沟不远，就是日军湖垛据点，日军随时会前来抢夺。

田越英（军事科学院研究员）：

B-29 型远程轰炸机是美国生产的当时世界上很先进的战略轰炸机，号称是空中堡垒，在第二次世界大战的后期，B-29 型轰炸机在美军对日军以及对日本本土的战略轰炸中，起了重要的作用，也让日本大吃苦头，因此日本人也急于想得到 B-29 的仿制技术。

果然，湖垛据点头目近藤中队长得到情报，立即率领 70 余名日军，40 余名伪军，连夜出动，猛扑过来。第二天上午 9 时许，当日军行进到距离坠机地点仅有 100 米左右时，遭到新四军顽强阻击，战斗在晏荡沟两岸河边打响。

新四军阻击部队是王良太率领的新四军第 21 团第 2 营第 6 连的 80 多名战士，他们接到张爱萍命令，冒着大雨连夜急行军，赶在日军之前进入阵地，构筑好防御工事。

第七区区长兼区队长孙达伍带领区队战士和附近游击队队员，赶来增援，将近藤四面包围。4 个多小时以后，近藤终于无计可施，抱头鼠窜。

张明金（军事科学院研究员）：

在战斗中，6 连的班长李绍义和战士周仲昆、朱长林、朱良等 4 位同志，为保护飞机献出了宝贵的生命。日军随时可能卷土重来，为争取时间，张爱萍从阜宁陶三庄炮弹厂抽调技术人员，在地方军民的配合下，突击拆除 B-29 飞机部件。

经过 7 天的紧张拆运，终于将飞机零件全部拆下，连同机上的 6 挺重机枪和 1 门小炮，安全地送到新四军第 3 师师部驻地——益林镇南窑村。

这时，传来好消息：跳伞的 5 名机组人员：大队长萨伏埃少校、领航员奥布赖斯上尉、飞行机械师特尔马克中尉、副驾驶员卢茨中尉、炮手布伦迪奇上士，都搜救成功，顺利到达第 3 师师部，其余 7 名机组成员降落在海上和敌占区，不幸牺牲。

张爱萍将情况报告了新四军军部，新四军军部将此事报告延安。毛泽东、周恩来极为重视，致电中共驻重庆代表团负责人董必武，请他将此事转告驻华美军司令部及有关方面。

在益林镇南窑村，张爱萍和第 3 师为美国朋友准备了卧室、浴室、餐室、会客室等舒适条件，在墙上挂好了世界地图和中国地图，以及“欢迎国际盟友”的大幅标语，还为飞行员们检查身体。当天晚上，第 3 师政治部为飞行员们举行了隆重的欢迎晚会。新四军的热情欢迎和张爱萍的亲自接见，令飞行员们深受感动。

随后的几天里，飞行员们参观了第 3 师卫生部、卫生学校、后方医院以及驻地的一些学校。飞行员们亲眼目睹抗日根据地的建设成就，大为感叹。

萨伏埃等 5 名飞行员，在第 3 师驻地停留了 7 天时间，之后被顺利护送返回位于成都的空军基地。7 天的时间里，5 名美国飞行员留下极为美好的回忆。萨伏埃少校说：“这是我们一生中最难忘的 7 天，也是我们对中国朋友了解最深的 7 天。中国人是世界上最真诚最可信赖的朋友。”当时的《盐阜报》《新华日报》《大公报》都报道了这段中美人民之间的抗战佳话。

1984 年 6 月 11 日，已是中国国防部长的张爱萍应邀访问美国，在与美国国防部长温伯格会谈结束后，再次见到了当年新四军营救的萨伏埃及其他 2 位美国飞行员。他们共同回忆 41 年前的这段往事。

格伦·本尼达来自美国内布拉斯加州。抗战期间，本尼达志愿来到中国，成为美军第 14 航空队队员。1944 年 5 月 6 日，格伦·本尼达驾驶 P–51 型战斗机，掩护轰炸机编队，轰炸湖北汉口的日军基地，在与日军空战过程中不幸坠机，迫降在监利县周老嘴镇下凤湖。这里正是新四军第 5 师的活动范围。第 5 师师长李先念接到汇报后，专门派出精干力量，在当地群众、游击队帮助下，突破日军的重重封锁，最终将格伦·本尼达顺利转交给后方接应部队。临别前，李先念拿出一把军刀作为礼物，请格伦·本尼达转赠陈纳德将军。这把军刀，见证了中美两国人民在战斗中结下的深厚友谊。

1944 年 5 月 26 日，美国第 14 航空队中尉威廉·勒夫格率领机组成员，驾驶 B–25 轰炸机，飞往大亚湾海域轰炸日军运输船。在战斗中，飞机中弹起火，被迫跳伞，降落在距离海岸线几公里远的海面上。幸运的是，勒夫格等 5 名机组成员，很快被东江纵队游击队员救起，护送上岸，首先来到枫木浪，见到了东江纵队政委林平，随后又被护送到东江纵队司令部所在地——大鹏半岛王母圩。在那里，他们受到热烈欢迎，休养一个星期之后，安全返回空军基地，重新参加战斗。

1944 年 12 月 7 日，一架美军 B–29 轰炸机，在轰炸沈阳日军基地的任务完成之后，返回途中遭到日军飞机围攻，受损严重，机长乔治·瓦洛夫等 11 名机组人员只得跳伞求生。他们降落的地方是八路军太行军区山西平顺县椰树园村。

乔治·瓦洛夫他们跳伞之后，很快被附近村民发现并报告上级。八路军太行军区司令员李达接到有盟军飞行员在区内跳伞的报告，十分重视，立刻命令太行军区通讯队队长何雨农，带上骑兵排、医务人员和应急用的英汉对照会话本，连夜出发，赶赴现场。

第二天拂晓，何雨农到达椰树园村，发现已经有两名美国飞行员被老乡安顿在堂屋中休息。何雨农和战士们不顾一整夜的鞍马劳顿，分头寻找其余 9 名飞行员。经过两天两夜的大范围搜寻，11 名飞行员终于全部获救。

拆运飞机的过程则有惊无险。附近几个村子的老百姓，采用肩膀扛、骡子驮的办法，一个月后，将全部飞机零件，运送到第 129 师第三兵工厂。

与此同时，乔治·瓦洛夫机组骑上骑兵排的战马，经过一天半的行军，到达太行军区司令部驻地——涉县赤岸村。

从赤岸村开始，乔治·瓦洛夫机组在根据地经历的一切，让他们终生难忘。

李达热情接待了美国飞行员，感谢他们的国际主义精神。八路军所属的先锋剧团为客人们准备了一场丰富多彩的联欢会。炊事班的同志则准备好一桌丰盛的西餐。

齐德学少将（军事科学院原军事历史研究部副部长）：

当时根据地的生活条件是非常艰苦的，但是在黎城县的南委泉，八路军办了一个试验农场，饲养了不少牲畜、家禽，所以宴会办得很丰盛。

丰盛的宴会，让 11 名飞行员连连赞叹：这真是抗日根据地创造的奇迹！身在麻田八路军总部的邓小平，盛情相邀乔治·瓦洛夫机组全体成员到八路军总部做客，为他们准备了精彩的文艺节目。

根据地的建设成就，让飞行员们深为感佩。根据地军民的热情接待，让飞行员们难以忘怀，然而，告别的时刻到了。

接应乔治·瓦洛夫机组返回基地的美军飞机在黎城县长凝机场降落。这个机场的成功修建与乔治·瓦洛夫密不可分。

到达第 129 师师部以后，乔治·瓦洛夫“意外”发现，赤岸以西 30 多华里的

张爱萍与五名被营救的飞行员

长凝附近竟然有一个“秘密机场”，不禁十分后悔，如果事先知情，就不至于在榔树园迫降，以致飞机坠毁了。

乔治·瓦洛夫所认为的秘密机场，实际上是八路军的一个训练场。在此之前，李达未雨绸缪，有意识地让769团战士在一片平坦的开阔地上跑步训练，把开阔地踩得十分平坦，以备飞机起降的不时之需。乔治·瓦洛夫建议，训练场稍加修整，就可以变成一个简易机场，这与李达的设想不谋而合。

田越英（军事科学院研究员）：

黎城县动员了上千军民，把长凝附近最大的石滚子、石夯都集中起来，半个月就修好了。机场长约两华里，宽约四丈，成为美军飞机飞往延安的中转站和我军运送人员、物资的枢纽。

美军飞机从延安起飞，降落在长凝机场，11名飞行员带着李达赠送的纪念品——11把日本军刀，登上飞机，经延安返回西南大后方的空军基地。

1945年3月的一天，一架飞机突然飞临榔树园村上空，盘旋三圈之后，并没有扔下炸弹，而是扔下了许多糖果。村里老人回忆说，那是美国的飞机，是去年的11个美国飞行员特地来致谢的。

抗战期间，经敌后战场军民营救的美国飞行员达120名左右，在营救行动中，500余名根据地军民献出生命。

齐德学少将（军事科学院原军事历史研究部副部长）：

由于国民党方面的封锁，国际上包括美国在内，怀疑共产党军队不抗日。可是，这一百多名飞行员在根据地停留期间，亲眼看到根据地边抗战、边生产，取得了非凡的成就，是一片广阔的、充满抗战热情的乐土。他们平安返回后，都积极宣传自己的所见所闻。

敌后军民积极营救美国飞行员，为中国抗日战争及世界反法西斯战争做出了贡献，也谱写了中美两国并肩战斗、夺取世界反法西斯战争最终胜利的英雄凯歌。

第103章　重庆大轰炸及空中保卫战

重庆，位于长江和嘉陵江交汇处，襟带双江，控驭南北，素有“天险”之称。

全国性抗战爆发后，北平、上海、南京等地相继失陷，国民政府党政军首脑机关、工矿企业、大专院校、文化团体等纷纷内迁重庆。中共中央南方局、各党派和各团体的中央机关或其他机关，也集中在这里。同时在这里的还有外国驻华使馆、机构和各种国际性组织。

重庆深处中国内陆，有长江三峡阻隔，山高水险，日军地面部队无法进入。于是，普通市民都想当然地认为，战火硝烟一时之间还烧不到自己家门口。当时的重庆市民不会知道，日军将会使用“战略轰炸”这种野蛮残酷的战法，熊熊战火其实已经迫在眉睫。

齐德学少将（军事科学院原军事历史研究部副部长）：

什么是战略轰炸？日军“速战速决”的企图彻底失败以后，制定了“政治诱降为主，军事打击为辅”的战略。对于重庆，军事上的具体做法就是实施“战略轰炸”，它是针对中国后方中心城市，做无区别的大轰炸，除军事目标外，大规模、不间断、长时间地轰炸平民，形成恐慌气氛，达到摧毁中国军民抗战意志，以炸迫降的战略目的。

1938年2月18日，日军9架飞机飞临重庆，12枚炸弹投向广阳坝机场，炸伤市民4人，炸毁民房2栋。这是有文献记载的日军第一次轰炸行动，规模较小，持续时间也很短。

厉华（红岩革命历史博物馆研究员）：

从1938年开始，日寇对重庆进行了轰炸，这个轰炸一共是分为三个阶段。第一阶段是1938年试探性的轰炸。什么叫试探性的轰炸，就是了解重庆的防空、火力、布局，了解重庆的气候，了解重庆的航线。那么在试探性的轰炸完成以后，从1939年开始，日军对重庆进行了正式的、全面的、有计划的，也可以说叫做无差别的一种轰炸。到太平洋战争以后，又是一种猛烈的轰炸，一直到1943年8月结束为止。在第一阶段的

飞临空袭目标的日军轰炸机群

轰炸期间，日本人主要是想知道重庆的布局、重要的街区。因为重庆是山城，雾气大。经过试探性轰炸，日本确定，5月到10月是最好的轰炸时间。

山城重庆气候湿润，四面环山，一年之中有白雾笼罩的天数长达百日，有“雾都”之称。日军飞机因此无法识别地面目标，大规模轰炸行动被迫推迟。特有的天气，保护重庆市民获得暂时安全，但是造成了人们麻痹放松的心态，认为日军在1938年进行的轰炸，总是零零散散，偶尔侵扰，对生活影响不大。

1939年5月，当重庆的多雾季节过去的时候，人们发现之前的想法犯下不可挽回的错误。

张明金（军事科学院研究员）：

日军的空中力量在当时也是十分强大的。在侵华战争开始以前，日本就建立起了庞大的航空兵部队，到侵华战争开始的时候，已经拥有飞机2700余架。飞机作战性能也是比较先进的，完全可以和美国、英国等强国的飞机相媲美，甚至在某些方面还占据优势。

1939 年 5 月 3 日，重庆的天空晴朗通透，日本海军抓住时机，所属第二联合航空部队 36 架攻击机从武汉起飞，沿长江飞来。

刺耳欲聋的警报声中，重庆乱作一团，全城百姓不知所措，胡拥乱挤，全无秩序，前期缺少防空训练的弊端暴露无遗。

午后 1 时许，日本海军航空兵 45 架战机，携带大量燃烧弹，由武汉起飞，突入重庆上空，立即轮番俯冲，投弹轰炸。顷刻之间，重庆淹没在熊熊烈火之中。爆炸声此起彼伏，树木连根掀起，数不清的尸体横七竖八，残肢断臂四处横飞。持续近两个小时的轰炸，造成 673 人死亡、350 人受伤，近千栋房屋被毁。

5 月 3 日的遇难者遗体尚未掩埋，第二天下午，更大的惨案接踵而来。

吊脚楼是重庆特有的干栏式民居建筑，它依山就势，竹木结构，有着深厚的文化内涵。针对重庆民居竹木结构的特点，日军野蛮地使用了九八式 6 号燃烧弹，大大加剧了重庆市民的生命财产损失。

6 号燃烧弹重约 20 公斤，靠落地时的冲击力引发点火装置，弹体内的铝热剂、镁合金开始剧烈燃烧，发出的火焰难以扑灭，即使切断氧气，也能继续燃烧一段时间。6 号燃烧弹威力惊人，能把厚达 20 厘米的水泥房顶完全烧穿，投到哪里，哪里就是一片火海。

重庆被轰炸后到处燃烧

张明金（军事科学院研究员）：

在5月4日这天的轰炸中，主要是集中在都邮街、小梁子、七星岗等10余条中心街区，其中，日军投掷的燃烧弹成为最可怕的武器。因为重庆的房屋，不但是竹木结构，而且多是顺着山势，一层一层地往上搭建，所以只要下面的房子着了火，必然要引燃上面的房子，也跟着起火，所以，火势就变得无法控制了。

熊熊烈火连烧两日，3318人在火海中遇难，1973人受伤，损毁房屋不计其数。

日军连续两日的"五三"和"五四"大轰炸，使重庆繁华街区毁于一旦，"闹市为墟，伤亡山积"，满目疮痍。然而，凶残的日军绝无良心发现而停止轰炸的可能。

日军"战略轰炸"的第一个特点是轰炸平民，第二个特点是持续轰炸。

从1939年到1941年，日军分别实施了代号为"100作战"、"101作战"、"102作战"的计划。每一个代号，都意味着持续几个月的空中屠杀行动。大队飞机会不分昼夜，进行"疲劳轰炸"和"轮番轰炸"；小队飞机则"乘隙骚扰"，利用夜间、黎明的微弱月光，进行"月光轰炸"。为了以炸迫降，日军无所不用其极。广大重庆军民，陷入漫长的苦难岁月之中。

1940年，日军急于迫使蒋介石政权投降，又占领了宜昌这一距重庆不到500公里的战略要地，因而在长达五年半的重庆大轰炸中，又以1940年持续时间最长、出动飞机最多、轰炸最为猛烈。其中，1940年8月19日和20日这两天里，日军分别出动143架、141架飞机轰炸重庆，史称"八一九大轰炸"，共造成314人丧生，280人受伤，8000余间房屋被毁。

齐德学少将（军事科学院原军事历史研究部副部长）：

跟1939年的"五三"、"五四"大轰炸相比，"八一九大轰炸"出动飞机更多，投弹量更大，造成的损失主要是集中在房屋财产损失上，遇难者人数是314人，之前的是3318人，相差10倍，这反映出一个问题，就是防空体制的重要性。

在轰炸中，国民政府终于开始加强防空体制的建设：可容纳44万余人的公、私防空洞系统逐渐成形；适应战时防空需要的警报、消防、救护、赈济体系获得加强。为挽救人民生命，发挥了不可替代的作用。

必须指出的是，国民政府防空体制内，贪污腐败横行，防空设施修建仓促，质量较差，工程设计不尽合理。这些隐藏在细节之中的问题，将带来致命后果。

1941年6月5日傍晚时分，日军飞机再次来袭。重庆市民纷纷涌进位于校场

重庆大轰炸中死亡的遇难民众

口的大隧道防空洞。他们中间的很多人，再也没有从里面活着走出来。

张明金（军事科学院研究员）：

大隧道的防空洞，优点是规模大，很坚固，但缺点是洞口小，通风差。6月5日这一天，进来躲避的人数，超过了防空洞容量的一倍。由于洞里面空气流通不畅，时间长了，缺少氧气，就会呼吸困难，甚至有窒息的危险。

雪上加霜的是，日军轰炸分作三批，从傍晚一直持续到深夜，防空警报一直无法解除，人们只得继续闷在隧道里。在长达10个小时的高温中，拥挤着一万余人的大隧道内，空气变得越来越稀薄，墙壁上照明用的油灯纷纷熄灭。人们感到呼吸困难，拼命往洞口挤过去。而洞口高度不足，台阶陡峭湿滑，走在前面的人群，纷纷跌倒，被后面的人踩在脚下。无数的人拥挤在门口，大门却是由外向里开的，导致无法开门，因窒息和踩踏而死的人，越来越多……

警报彻底解除之后，救援人员将洞门打开，发现数不清的尸体，口鼻出血衣衫破碎，满身都是伤痕，层层叠叠一直堆到洞顶，尸体之间你抓我扯，抱成一团，临死之前必然经过无法想象的痛苦挣扎。

7月3日，大隧道惨案特别审查委员会发表《审查报告》，宣布这次惨案中死亡992人、重伤151人，而据当时重庆各大报纸和后来的《中国抗战画史》记载为“死者近万人”。

六五大隧道惨案，是抗战期间发生在大后方最为惨烈的事件，留下永远的伤痛。

齐德学少将（军事科学院原军事历史研究部副部长）：

重庆大轰炸期间，日军制造出一系列惨案，在空中横行无忌，其原因在于，日本空军掌握了制空权，可以随时随地发起空袭行动。面对占尽优势的日本空军，中国飞行员如果驾机出征，必然九死一生。

实际上，从日军轰炸重庆的一开始，中国空军就进行了反击。但是敌我实力对比过于悬殊，飞行员不断牺牲，人数越来越少，飞机也寥寥无几。后来苏联空军志愿队的1个战斗机联队和1个轰炸机联队来中国支援抗战。日军被迫进行更多夜间轰炸。中苏两国飞行员并肩战斗，克服机场缺乏夜航设施的困难，选择战斗时机，主动求战，取得较大战果。

1941年6月22日，苏德战争爆发，苏联空军志愿队陆续回国，中国空军则继

1941年2月，重庆遭日军轰炸后，部分重建中的建筑

续坚守空中阵地，孤军奋战，对抗强敌。

在多次空战中，中国飞行员常常以区区数架飞机勇敢升空，挑战日军数十架甚至上百架飞机，即使壮烈牺牲也在所不惜，在地面防空部队的配合下，沉重打击了日军的嚣张气焰。

日本派遣军总司令冈村宁次也不得不承认："如果不是中国空军的出色发挥，我们可能已经到了我们所希望去的任何地方。"

在中国飞行员英雄行为的鼓舞下，重庆市民从最初的恐慌中摆脱出来，在战争中学会了战争。

"跑警报"成为日常生活中的常态。空袭警报响起，人们就赶快跑进防空洞；警报解除，大家就跑出来，把房子修修补补，该工作的继续工作，该读书的继续读书，工厂坚持生产，商店继续营业，人们在废墟之上重建家园。

张明金（军事科学院研究员）：

重庆广大市民节衣缩食，捐款数千万元，用于购买飞机、枪炮、衣物、药品等物资，支援前线。数十万川中子弟从军参战，为抗战胜利做出了不可磨灭的贡献。在全国人民、爱国华侨、国际友人的共同支持下，重庆人民的反轰炸斗争最终获得了胜利。

1941 年下半年，陈纳德的"飞虎队"开始与中国空军一起并肩作战，逐步夺回了局部制空权。1941 年 12 月 8 日，日军发动太平洋战争，将陆、海军航空队主力从中国调走。到 1943 年 8 月，日军开始缩小轰炸规模和次数，直到完全停止。重庆的天空，重新归于平静。

据不完全统计，重庆大轰炸期间，日机大规模空袭达 200 余次，出动飞机 9500 余架次，投弹两万余枚，炸死市民 1 万余人，炸伤 1.4 万余人（不含重庆大隧道惨案遇难人数），炸毁房屋 3 万多栋，造成无法估量的生命财产损失。

"重庆大轰炸"是与南京大屠杀同等性质的事件。日军暴行没有慑服中国军民，反而激起更大规模的反抗，加速了自己末日的到来。

第 104 章　豫南战役

1941 年 1 月 24 日至 2 月 11 日，在河南南部的信阳、南阳、舞阳、泌阳、汝南等地区，中国第五战区与侵华日军第十一军进行了一场规模较大的战役，史称“豫南战役”。

张明金（军事科学院研究员）：

1938 年 10 月武汉失守后，中国的抗日战争进入了战略相持阶段。日军因战线过长，兵力不足，不得不停止了战略进攻，转而在其占领区建立傀儡政权，疯狂掠夺中国的资源，严密封锁中国的沿海，企图以此拖垮中国的抗战。

1941 年 1 月上旬，中国第五战区主力部队汤恩伯第三十一集团军，在河南信阳以北的遂平至项城一带活动，不仅打断了平汉铁路的交通，而且对武汉外围的驻守信阳地区的日军构成了直接威胁。

枣宜战役后，日军第十一军虽然占领了宜昌，但未能解除中国第五战区对其所构成的威胁。1941 年 1 月，日军发现了中国军队第三十一集团军在信阳以北的遂平至项城一带活动。为再次打击中国第五战区主力，打通平汉路，日军决定发动豫南战役。

日本华中派遣军即令日本第十一军第 3、第 40 师团主力，以及第 4、第 13、第 34、第 39 师团各一部参战。同时，日军中国派遣军从驻守京沪地区的日军第十三军抽调第 17 师团主力及第 15 师团一部，增援日军第十一军。其兵力部署如下：在第十一军司令官园部和一郎的指挥下，以第 3 师团为左翼兵团，第 17 师团等部为中央兵团，第 40 师团主力为右翼兵团，采取三路分进合击的战法，企图在豫南地区一举歼灭中国第五战区主力部队。

园部和一郎，日本陆军中将，1904 年毕业于日本陆军军官学校 16 期，在同期里有冈村宁次、土肥原贤二、板垣征四郎等侵华日军战犯。1940 年 3 月，园部和一郎作为冈村宁次的后任，担任了日本华中派遣军第十一军司令官。

此时，中国第五战区的兵力部署为：在平汉铁路及黄泛区方面为汤恩伯的第三十一集团军；平汉铁路东侧为廖磊的第二十一集团军；桐柏山区为孙连仲的第二集团军；随枣地区为孙震的第二十二集团军；大洪山至襄河东岸地区为王缵绪的第二十九集团军；襄河西岸地区为张自忠的第三十三集团军。此外，在黄泛区方面有骑兵第二军。中国第五战区司令长官为李宗仁。

于江欣（军事科学院研究员）：

李宗仁是著名的爱国将领，在抗日战争中以对敌坚决、善于指挥、性格宽厚著称。1938 年李宗仁指挥第五战区取得台儿庄大捷后，蒋介石惊讶地说："你还能指挥杂牌部队？"这一点在蒋介石看来，实在是不可思议之奇迹，因为，他本人是断然做不到的。

国民政府军事委员会在判明日军企图后，令第五战区避免与敌主力决战，以一部于平汉路进行持久抵抗，钳制敌之主力，一部向敌后截断其交通，主力由外翼进行侧击。据此，第五战区决定在平汉路正面配置一部兵力，主力则置于日军进攻路线之两侧保持机动，准备于日军向汝南、郾城、舞阳分路北进时，即向日军侧背攻击。1 月 25 日，第五战区调整部署如下：第二集团军以主力集结于泌阳附近；第三十一集团军分别集结于象河关及汝南以东地区；第十一集团军第八十四军主力向息县附近集结；第三十三集团军第五十九军速向枣阳以北推进；第二十九集团军向桐柏、新城集结；由第二十九集团军和第二集团军，分别派出有力部队，潜入敌后袭扰。

第五战区司令长官李宗仁将军

日军为了隐蔽其向豫南进攻的企图，并钳制当面中国第五战区部队，以独立混成第 18 旅团、第 39 旅团和第 4 师团各一部，首先于 1 月 20 日在当阳、荆门、钟祥方面，向第五战区第三十三集团军及第二十九集团军阵地进攻，突进至远安，被中国守军击退。

1 月 24 日，日军第 3 师团、第 17 师团、第 40 师团由应山、信阳、罗山地区分路沿平汉铁路及其西侧地区向豫南大举进犯；1 月 25 日，日军第 3 师团在左翼小林店、古城、查山之线展开；日军第 17 师团在中央由明港向北攻击；日军第 40 师团在右翼槐角镇、正阳一线强渡淮河，向北攻击。

与此同时，皖北、豫东的日军也展开攻势，策应豫南作战。

1 月 26 日，日军攻占了确山、邢店、高邑、泌阳一线。1 月 27 日，日军推进至春水、驻马店、汝南、沙河店、龙王庙一线。

对于日军在豫南战役中的战略战术，李宗仁做出了精到的分析判断，并制定了应对之策：“敌军所用的战略，仍是以大兵团向我主力迂回包围的老套子。我对敌我战斗力估计甚为明白，断不与敌争一城一地的得失而中其圈套。凡敌包围尚未合围时，我便主动地转移，使敌扑空，然后自外围向敌反包围，敌军也唯有迅速躲避。”

李宗仁指挥第三十一集团军第十三军由舞阳向象河关推进，第八十五军主力向上蔡附近机动；第二集团军第六十八军向象河关以南尾追日军，第五十五军向唐河方面前进，第三十三集团军第五十九军向南阳推进；第二十二集团军攻袭随县、浙河之日军。

1 月 29 日，中国军队已撤出平汉路沿线地区，园部和一郎指挥中路日军沿平汉路及西侧快速北进，围歼中国守军主力的企图落空。日军左翼第 3 师团到达舞阳以南的尚店山区一带时，反而陷入中国军队的包围。在李宗仁的指挥下，第三十一集团军第十三军立即对左翼日军发起攻击。

1 月 30 日，是豫南战役中战斗最激烈的一天。这天天刚亮，日军上万步、骑兵在飞机、大炮和战车掩护下，向中国军队发起猛烈进攻。日军飞机投掷的炸弹、各种口径的炮弹和枪弹铺天盖地地倾泻在中国军队阵地上。

经过激烈战斗，中国军队共击毙、击伤日军约 3000 人，击毁日军坦克 6 辆。在铁路以东的第三十一集团军第八十五军，对分路向上蔡地区进攻的日军第 17 师团之右翼，发动强有力的攻击，毙伤日军约 1600 人。

1 月 31 日，园部和一郎变更部署，将中央第 17 师团一部向左右两翼迂回，其一部由遂平经上蔡向右旋回，企图与汝南北进之右路第 40 师团南北夹击中国军队第八十五军；中央第 17 师团主力则由遂平分两路经西平向舞阳方面迂回；左路第 3 师团主力也向舞阳推进，企图南北夹击中国军队第十三军。

中国军队第八十五军和第十三军在日军完成合围之前，分别向叶县、郾城及沙河以北地区转移，使日军再次扑空。与此同时，中国军队第二集团军从泌阳、唐河及其以北地区向舞阳日军后方攻击，切断其后方联络线，使敌人合击的企图不能得逞。

张明金（军事科学院研究员）：

日军在侧背受击，决战计划一再落空的情况下，仍然自恃武器装备精良，部队战斗力强，在飞机、坦克、大炮的掩护下，企图与中国第五战区主力部队进行决战。

园部和一郎指挥日军第 3 师团除留一部于舞阳、保安寨对北警戒外，主力向镇平、南阳转进；第 17 师团及第 15、第 4 师团各一部则经象河关向泌阳转进，企图夹击中国军队第二集团军。第二集团军及时转移，日军夹击中国军队的企图并未得逞。日军又将左翼第 3 师团一部配置在舞阳、保安寨牵制中国军队，主力则由方城向南阳西进。

南阳，古称“宛”，位于河南省西南部的豫鄂陕三省交界处，为三面环山、南部开口的盆地，因地处伏牛山以南、汉水以北而得名，是联结河南、湖北、陕西的战略要地。

在抗日战争中，南阳是双方激烈争夺的地区，特别是在豫南会战中，中日双方军队在南阳地区进行了多次较大规模的战斗。

1941 年 2 月 4 日和 5 日，日军第 3 师团先后攻陷南阳、唐河。中国第五十九军进行了英勇反击。经过连续激战，敌我双方伤亡都比较严重。这时第二集团军总司令孙连仲鉴于南阳中部平原较多，无险可据，于 4 日午后毅然将第五十九军一部转移到南阳以西山区，以待合围部队到达。

孙连仲，字仿鲁，河北雄县人，1893 年出生，二级陆军上将。时任国民革命军第二集团军总司令，抗战时期，曾率部参加过忻口太原会战、徐州会战等作战行动，曾因坚守台儿庄而闻名中外，是著名的抗战将领。

1941 年 2 月 5 日夜间，孙连仲指挥第五十九军主力部队，直袭占领南阳的日军。由于连日激战，此时疲惫的日军还在睡梦中。中国第五十九军官兵，挥动大刀刺刀，斩杀日军。

南阳各地的民众武装积极配合，特别是南阳回民战地服务队表现尤为突出，南阳回民战地服务队的队员有的参加布雷行动，有的输送弹药，有的救护伤员。

于江欣（军事科学院研究员）：

1938 年，为了加强抗战力量，中国回教救国协会河南分会在南阳建立了一支抗日武装，叫南阳回民战地服务队，广大回民青年踊跃参加，共有队员 822 名，长短枪 662 支，在抗日战争中发挥了积极作用。

中国军民合力攻击，斩杀日军千余人，并于2月6日收复了南阳。

日军第3师团见势不妙，夺路向南阳东南方向逃窜，企图经唐河、泌阳回到信阳。

孙连仲指挥第二集团军采取截击战法，消灭日军。当日军经过平氏、桐柏时，遭到埋伏于桐柏以西的第二十九军截击，日军毙伤惨重。第二十九军乘势发起连续截击。2月9日，第二十九军在尚店、鸿仪河、胡家店、固庙、老虎庙、桐柏一带，一日六次截击，将南逃日军全部击溃，剩余日军分散逃跑。

为策应豫南方面作战，位于豫东、皖北的日本华北方面军第211师团一部和骑兵第4旅团主力，分路向太和、界首前进，并以飞机连续轰炸郑州、洛阳、郾城、叶县、舞阳等城市和中国防守部队。

李宗仁指挥第九十二军与骑兵第二军在涡河、淝河、沙河之线英勇抵抗。日军一度攻陷太和、界首等地。中国军队顽强争夺，于2月6日收复了太和、界首等地。日军向东北方向撤退。

2月7日，疲于奔命、士气低下的日军在遭受较大伤亡后，先后向原驻地撤退。2月11日，全线恢复战前态势，至此，豫南战役以侵华日军失败，中国军队胜利而告结束。

张明金（军事科学院研究员）：

在豫南战役中，敌我双方均根据各自军队的特点，采取了相应的作战指导，在总体上来说还是中国的军队略高一筹。一是成功地运用了“避击锐气，击其惰归”的兵法精髓；二是各部队能够密切协同，全力歼敌，使敌人的攻击四处碰壁，伤亡惨重，无功而返；第三是军民团结一心抗日，形成了整体抗战的强大威力。

豫南战役是在抗日战争进入战略相持阶段后进行的较大规模的战役。中国军队正确采取运动战法，避实就虚，不仅有效地遏制了日军的攻势，而且取得了毙伤日军9000余人的战果。豫南战役的胜利，有力地打击了侵华日军的嚣张气焰。

第 105 章　上高战役

上高位于鄱阳平原西部，居锦江上游，俯瞰赣东平原，西倚万载山地，为武功山与九岭山间之前进支撑点，扼南昌经浏阳入长沙古道之交通，为长沙之东方屏障。

豫南战役前后，赣北的中国守军不断对日军进行袭扰，对南昌日军构成威胁。为巩固南昌外围据点，确保占领区安全，日军第十一军决定打击中国第九战区部队，扩大其赣北占领区。因此，豫南战役后，日军加紧补充兵员，作进犯准备。1941 年 2 月中旬，日军又从长江下游调来独立混成第 20 旅团及第 3 飞行团。

1941 年春，国民政府情报人员发现，驻守南昌的日军兵力调动突然十分频繁，南浔铁路上北去的列车，每一节车厢的窗户都露出大量士兵和枪支，而南下的列车则是车窗紧闭、密不透风。日军此番动作，究竟意欲何为？中国军队必须做出准确判断。

张明金（军事科学院研究员）：

国民政府在南浔铁路专门设有“坐探”，到了晚上，悄悄接近南浔铁路，把耳朵贴到铁轨上，通过监听火车撞击铁轨的声音轻重来分析敌情。然后就发现，北上的火车声音轻浮，南下的火车声音沉重。这个细节，让日军的计策败露。

南下火车，车身沉重，必然满载日军士兵及武器装备。大批南昌日军，乘坐隆隆开进的火车向上高地区猛扑过来。

日军第十一军由司令官园部和一郎指挥 2 个师团又 1 个独立混成旅团共 4 万余人，在 1 个飞行团支援下，分三路向高安、上高进攻：以第 33 师团樱井部为右翼，由安义向西南进攻；以独立混成第 20 旅团池田部为左翼，由望城冈沿锦江南岸向西进攻；以第 34 师团大贺茂部为中路，由西山、万寿宫沿锦江北岸向西进攻。

日军左中右三路部队，采取分进合击战法，企图将南昌方面中国第九战区部队主力一举歼灭，扩大赣北占领区。面对来势汹汹的日军，中国第九战区决定在日军向上高、万载进犯时，赣西各军应于市汊街（不含）沿锦江南岸亘祥符观、米岭、来堡、塘里之第一线阵地，及由仙姑岭亘老坑岭、龙团圩、华林寨、泉港之第二线阵地，运用诱敌歼灭战法，逐次予以打击后，诱敌于泉港街亘钩山岭、

罗卓英

石头街、泗溪、棠浦、上高、九仙汤第三线阵地时，与敌决战，反击而歼灭之。

具体部署是：赣西方面第十九集团军以第二十九军守备罗舍渡、梁家渡，跨抚河，亘叶子山、市汉街之线；第七十军守备市汉街（不含）沿锦江南岸、石头岗、大城、赤田张、奉新、靖安之线；第七十四军位于英冈岭、泗溪、棠浦一带。赣北武宁方面第三十集团军以第七十八军守备武宁及棺材山、大桥河；第七十二军以一部守备燕厦、横石潭、宝石关，主力机动控置于三都附近。

担负此次主要作战任务的是第十九集团军，其最高指挥官罗卓英。他们为来犯的日军在上高地区布下一个巨大的口袋阵。

罗卓英，字尤青，广东大埔人，1896 年 3 月出生，1922 年毕业于保定陆军军官学校第 8 期炮科，早年曾经参加过东征和北伐等作战。全国抗战爆发后，罗卓英先后率部参加了淞沪会战、南京保卫战、武汉会战、南昌战役等作战，时任第十九集团军总司令。

齐德学少将（军事科学院原军事历史研究部副部长）：

1939 年春，在国民政府组织的南昌战役中，罗卓英因为与江西省长熊式辉之间有矛盾，导致组织协调不力，成为南昌战役失败的原因之一，战后还受了蒋介石处分。所以，罗卓英一直深以为耻，心里憋着一股劲儿，准备找机会和日军决战，报仇雪耻。

南昌战役后，罗卓英暗中积蓄力量，训练士兵，第十九集团军官兵上下一心，针对来犯的日军，早已在上高地区准备下一个巨大的口袋阵。

罗卓英部署兵力设下三道防线：第一道防线由第七十军驻守，位于市汉街、石岗、奉新一线；第二道防线由第四十九军驻守，位于罗金渡、梁家渡、叶子山一线；第三道防线由第七十四军驻守，位于英冈岭、泗溪、棠浦一线。罗卓英的战役构想是，第一、第二道防线逐次抵抗、诱敌深入，将日军吸引至第三道防线之前的万载、上高、分宜以东、赣江以西之时，集中三线兵力，在运动中将日军包围歼灭。

“口袋阵”部署完毕，首先要实现战役构想的第一步，即“诱敌深入”，将日军主力吸引至预设的包围圈内。

3月15日凌晨，上高战役打响。北路日军第33师团率先进攻，当天中午占领奉新，第二天，到达棺材山、车坪附近；南路日军独立混成第20旅团于3月15日午间西渡赣江，沿锦江南岸西进，两天后占领曲江、独城等地；中路日军第34师团担任主攻任务，于3月16日沿湘赣公路、锦江北岸向高安方向进攻，当天占领祥符观、莲花山；3月17日晚，中国守军主动放弃高安；3月18日，第34师团突过高安，占领龙团圩。

齐德学少将（军事科学院原军事历史研究部副部长）：

骄兵必败。大贺茂是日军师团长级别的指挥官，按常理讲，他不会轻易上当。但是，战役开始不到三天，三路日军齐头并进，中国军队节节败退，让大贺茂犯了骄傲轻敌的毛病，以为第十九集团军不堪一击。

大贺茂志得意满的同时，北路日军第33师团长樱井竟然不辞而别。

按照战前约定，樱井跟踪追击第七十军到达下观楼、苦竹坳一带山地。“败退”的第七十军突然回身反攻，与第七十二军一起，将日军第33师团四面包围。激战2天后，日军第33师团付出伤亡2000余人的代价，于19日侥幸突围而出。樱井自认为，第33师团配合大贺茂部压迫中国军队南下的任务已经完成，于是擅自返回奉新，转入休整，准备按原定计划转赴华北。

樱井所部第33师团退出战场，大贺茂失去北路的配合，南路日军池田部如何坚持到底并提供支援。

3月19日，南路日军独立混成第20旅团，受到中国军队第57师、第51师顽强抵抗，在猪头岭一带停滞不前。日军被迫改变部署，命令池田所部“赣江支队”偷渡赣江，突袭樟树，起到牵制配合作用；日军独立混成第20旅团主力调入中路，配属大贺茂指挥。

罗卓英探明日军“赣江支队”动向，当即命令第四十九军集中绝对优势兵力，迅速将其歼灭。大贺茂的南路支援也化为乌有。

张明金（军事科学院研究员）：

3月20日，大贺茂孤注一掷，不顾南北两路日军均已败退的事实，继续向中国军队第三线阵地猛攻。20日夜间，从南路而来的池田第20旅团大部，在灰埠附近北渡锦江，和中路日军汇合，大贺茂更是觉得兵力大增，必须一战。

3 月 22 日，在 30 多架飞机掩护下，大贺茂向官桥、泗溪等第七十四军主阵地连续猛攻，至 3 月 23 日，第七十四军第三道防线数处阵地被突破，第七十四军退守以上高城为核心的石洪桥、下陂桥、兴家岭一线，这里，已经是第七十四军最后的阵地。

上高战役第一步，诱敌深入的任务，已经基本完成，战役胜负的关键，转变为驻守第三道防线的第七十四军，能否守住最后的阵地，为第一、第二道防线的第四十九军、第七十军赢得侧翼包抄、完成合围的时间。

第七十四军，组建于 1937 年 8 月，此时，王耀武任军长，下辖第 51 师李天霞部、

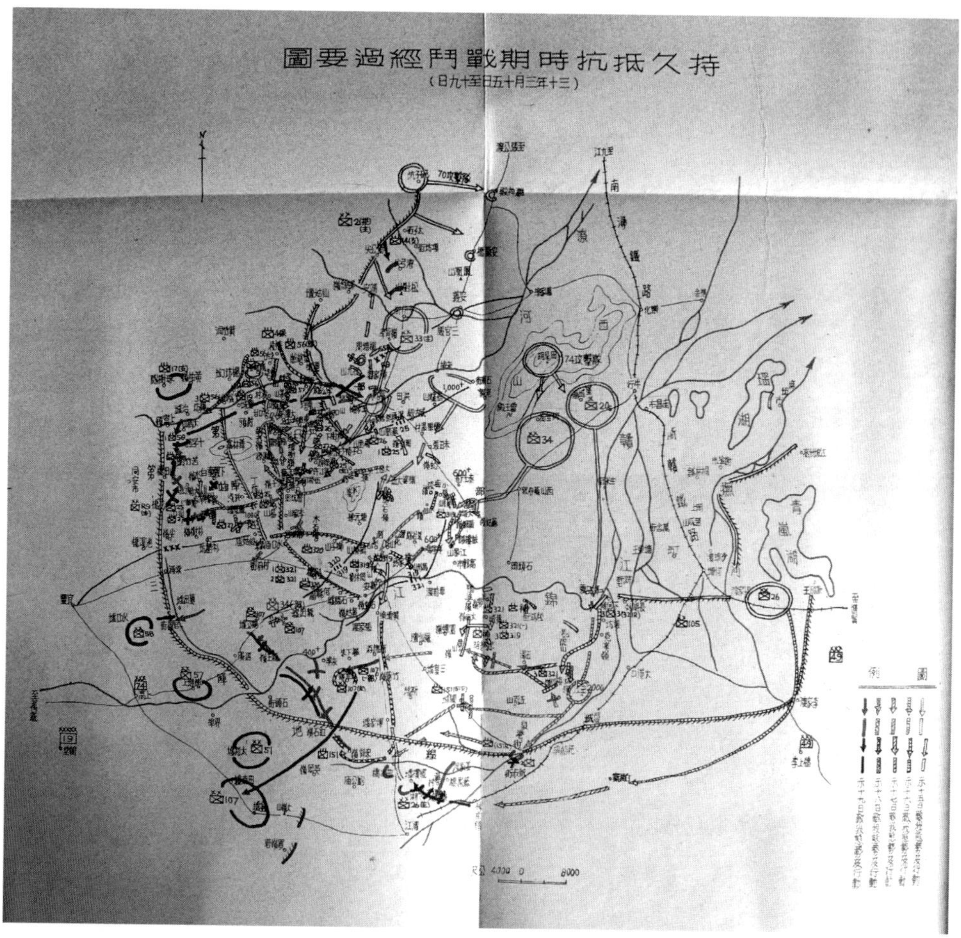

1941 年 3 月，持久抵抗时期战斗经过要图

第57师余程万部、第58师廖龄奇部。蒋介石根据美国“援华法案”,购买美式装备,武装中央军精锐部队，第七十四军被列为“突击军”，获得了全副美式装备，战斗力大大提高。

姚有志少将（军事科学院原战略部部长）：

抗战期间的历次战役，像淞沪会战、南京保卫战、长沙战役、常德战役，第七十四军都参加过，每一次都能重挫日军。后来，日军被第七十四军打怕了，为了和其他部队加以区别，干脆称呼第七十四军为“三五部队”；这是因为，第七十四军所属的第51、57、58三个师，都带一个“5”字。可见，日军对第七十四军是十分敬畏的。

3月23日，上高战役期间的大贺茂准备与第七十四军一较高下。

大贺茂的计划是第216步兵联队牵制云头山第七十四军守军，其余主力部队，猛攻下陂桥,绕到白茅山背后,从侧翼夹攻白茅山,拿下白茅山后,或是直取上高城,或是从西面突围而出，均能立于不败之地。

下陂桥，成为决定战役胜负的关键阵地，一场殊死搏斗在这里展开。

在日军连番冲击之下，驻守下陂桥的第172团伤亡惨重。全团官兵战至最后已不足200人，团长明灿率领第172团全力杀敌，最终壮烈牺牲。下陂桥阵地一度落入日军手中。第58师副师长张灵甫率部经过激烈搏斗，使阵地终于失而复得。日军不甘心失败,在数十架飞机支援下,向下陂桥等第七十四军阵地反复冲锋,第七十四军官兵先后多次与敌人肉搏。下陂桥阵地失而复得达三次之多。

齐德学少将（军事科学院原军事历史研究部副部长）：

第七十四军在正面阵地的顽强抵抗，为第十九集团军实施两翼包抄赢得了必要的时间。3月24日，罗卓英指挥部队在官桥地区将大贺茂部包围。面对南北宽10华里，东西长30华里的口袋阵，狂妄的大贺茂，终于认清现实，向第十一军司令官园部和一郎告急求援；但是，园部派出的接应部队，沿途不断遭到阻击，行动迟缓。

大贺茂困兽犹斗，发现中国军队预9师阵地防守薄弱，趁机突围而出。

罗卓英指挥部队，全线出击，猛追不舍，于3月26日，再一次将大贺茂包围在一个直径不足10华里的包围圈内，其师团指挥部，被彻底摧毁。

大贺茂率领残部，死命向东突围。罗卓英则指挥部队，分为多路，随后追击，趁势收复失地。

3月28日，第七十四军收复泗桥、官桥街；4月2日，第四十九军攻占西山、万寿宫，第七十四军重新占领奉新城。

日军受到重大伤亡后，一部退往安义，大部败回南昌。上高战役结束，中国军队获得最终的胜利。

上高战役取得辉煌战果：歼灭日军少将岩永、大佐浜田以下15000余人，俘虏17名；缴获军马2800余匹，山炮6门，迫击炮1门，轻机枪24挺，步枪408支，掷弹筒24挺，各种弹药11万余发。

为赢得胜利，中国军队也付出巨大流血牺牲，伤亡人数达到17119人，失踪2814人。

姚有志少将（军事科学院原战略部长）：

上高战役的胜利，得益于第十九集团军部署得当，指挥有力，战士训练有素、作战勇敢；但另一方面也反映出第十九集团军参战部队良莠不齐、攻击乏力的问题，以至于让伤亡过半、陷入重围的日军第34师团，坚持了3天之久，最终在日军小股部队接应下，拖带着大批伤员突围而出，而没有被全歼。这也是中日两国军事实力对比悬殊的具体表现，所以说抗日战争是一场艰难而伟大的胜利。

抗战期间，上高战役虽然规模不大，作战地域较小，持续时间不长。但是，在这次战役中，第十九集团军实行诱敌至预设战场而歼灭的方针，始终掌握战场主动权，抓住有利战机，并且最终取得较大胜利，被称为“上高大捷”。

第 106 章　中条山战役

黄河从内蒙古向南流，分开了山西和陕西，流到了著名的风陵渡口后，又改为从西向东流，分开了山西和河南。在黄河东岸的山西境内有一座耸立的山脉，名叫中条山。

中条山呈东北西南走向，东北高西南低，横广 170 公里，纵深 50 公里，瞰制豫北、晋南，屏蔽洛阳、潼关，是华北、中原和西北的战略枢纽地带。

太原沦陷后，日军占领了晋南长治，中条山的战略地位愈加重要。1938 年春，为确保晋南战略要地，中国军队近 18 万大军进驻中条山地区内，建立防御工事，开展游击作战。

张金明（军事科学院研究员）：

从 1938 年到 1940 年，日军曾先后 11 次对中条山发动了大规模的进攻，企图打开这道黄河北岸的防线，南下洛阳，西进潼关。但是，在第一战区司令长官卫立煌的指挥下，国民党军与八路军互通情报，在战略上密切配合，在三年多的时间里使日军始终未能够逾越这条防线。

卫智（卫立煌之孙）：

我祖父从忻口战役撤回来以后，在晋东南有五年的时间，跟八路军配合一直是相当成功的。其中还经历了反共第一次高潮，因为反共很多人是反对的，包括国民党。当时 1940 年的时候在晋城，我祖父和朱德有一个晋城谈判。我祖父本着国家大义没有和八路军发生大的冲突，双方基本上协议谈判就解决。

1940 年底，日本的战争资源已逐渐匮乏，日本做出“必须迅速解决中国事变”的决定。此后，日本制定《大东亚长期战争指导纲要》和《对华长期作战指导计划》，将华北划分为所谓的“治安区”、“准治安区”和“非治安区”。目标是从 1941 年 3 月起，三年内把所谓的“治安区”从一成增加至七成。但是，因为中条山久攻不下，让日军的这个目标变得遥遥无期。

1940 年 12 月 26 日，日本陆军大臣东条英机和杉山元总参谋长在中国战场的战略方针上取得了一致意见，即不要单纯考虑南方，要确立以中国和北方问题为主的方针。日军大本营的目光再次投向了中条山。

就在日军积极策划攻打中条山的时候，蒋介石却把曾在中条山驻守三年，被称为“中条山铁柱子”的孙蔚如第四集团军调离中条山，中条山第一战区司令长官卫立煌也被蒋介石软禁在峨眉山。

卫智（卫立煌之孙）：

晋城会议完了以后，（有人）把他（卫立煌）给告了，告他通共，所以，在成都赋闲两年。

于江欣（军事科学院研究员）：

1940 年 8 月，百团大战爆发，这让蒋介石对中共武装力量很是恐惧，和中共关系比较密切的国民党部队开始受到了一些牵连和影响。在这样的背景下，和八路军有良好关系的第四集团军被调离了中条山，何应钦接替卫立煌赴第一战区指挥防务。

新到中条山的部队对地形不熟，加上军队编制复杂，头绪繁多，中条山又疫病流行，士兵逃亡严重，编制严重缺额，纵深配备薄弱，连军事要害地点如渡口、司令部、仓库等都没有专门守备的兵力。

为进攻中条山地区，日军华北方面军以第一军所属的第 25、第 30、第 37、第 41 师团及独立混成第 9、第 16 旅团为基本力量；同时，日军中国派遣军又从华中第十一军抽调第 33 师团、从第十三军抽调第 21 师团参加中条山作战。另外，日军大本营还从日军关东军调来飞行第 32、第 83 战队和第 3 飞行团主力担任空中支援。

从 1941 年 4 月中旬开始，日军运用疑兵计迷惑中国军队，扬言要渡过黄河，进攻西安。日军白天渡黄河，晚上从洛阳回到北边。

彭训厚（军事科学院研究员）：

刚刚与白崇禧策划发动了震惊中外的“皖南事变”的何应钦对于中条山防务毫不掌握，仅凭日军表面的动向，就断定日本发动中条山战役是为了攻占中原。

根据日军的动向，何应钦把部队进行了重新调整：第八十军和第五集团军一同守备中条山西段；第十四集团军防御中条山北段；第九军防御中条山东段。在西段，第八十军孔令恂部守备中条山最西侧；第五集团军曾万钟部的第三军、第十七军，从左至右并列守备垣曲、桑池以西地区的绛县；第八十军也归属第五集团军指挥；在北段，第十四集团军刘茂恩部以第四十三军、第十五军、第九十八军并列守备中条山北部；第四十三军赵世玲在垣曲，第九十八军武士敏在晋城董封镇；在东段，第九军裴昌会部守备中条山东南侧的河南济源。国民党在东西横跨几百里的战场上设防，摆了个一字长蛇阵。而中条山的走势来看，东北一头纵深比较宽，越往西越细，纵深越窄，因此相比东线，纵深狭窄的西线防守显得尤为险要，也是中条山战场上十分重要的地段。而何应钦竟然把战斗力最低的第八十军及军心最不稳的第四十三军都部署在最重要的西段。而日本华北方面军司令官多田骏却把进攻重点放到了中条山的西段。

多田骏，日本陆军大将。日本侵华战争开始后，任参谋部次长，后任华北方面军司令官。1945 年日本战败后作为甲级战犯嫌疑被捕，后病死监狱中。

张金明（军事科学院研究员）：

这次日军主攻中条山的作战，共使用了 42 个大队，其中有 35 个大队用于攻打西段。而且，日军在这次作战之前，已经有过 11 次进攻作战的经验，摸清了中条山国民党军所有的军、师指挥部的所在。所以，多田骏在这次开战之

日军渡河

前，先派出部队袭击了每一个司令部，从而打乱了国民党的指挥部署，这就是所谓的“斩首行动”。

而负责西段防守的国民党第五集团军司令曾万钟将指挥部设在了夏县泗交以南的马村，马村地势险要，易守难攻，外围还有多达五个师的兵力防守拱卫。

但是，让曾万钟没有想到的是，1941 年 5 月的一天，日军的空降伞兵部队会降落在马村后面的山上。

彭训厚（军事科学院研究员）：

空降兵是二战时期的新生部队，日本的空降兵是日军的宝贝部队，在这次战役中日军的空降部队派遣了300人，可见日军对中条山战役下了很大的本钱。

曾万钟在战斗报告中这样描述：“日军乃以曾受特种训练之部队，不顾损害，以钻隙迂回战法，与冒险犯难之精神攀登绝壁，沿山谷向我挺进，袭击我各司令部，切断我后方联络线，摧毁我军之指挥机构。与此同时，日军事先派出的大量特务便衣队化装成各种形式的小贩、商贩，在中国部队前面设法隐蔽起来，并潜入中

中国军队机枪阵地

国军队里。”

1941 年 5 月 7 日傍晚，日军华北方面军第 1 军司令官筱冢义男指挥 6 个师团、2 个独立混成旅团及伪军一部共 10 万余人，在 100 多架飞机、500 多门山炮的配合下，采取两翼钳击、中央突破战术，向中条山地区发动全面进攻。日军以第一军主力在中条山西北侧，由左向右并列第 41 师团、独立混成第 9 旅团、第 36 师团、独立混成第 16 旅团，分别由桑池至张店间多处突破，直趋垣曲以西黄河北岸；另以第 33 师团由阳城向南攻击，第 35 师团、第 21 师团分别由沁阳、温县向邵源方向攻击。为了确保包围成功，日军部署了双重包围部队，外侧包围兵团为第 37、第 41 师团，内侧包围兵团为第 36 师团与独立混成第 9 旅团。

日军发动全面进攻不到一个小时，事先潜伏的日军特种部队和便衣队就配合日军主力的进攻，炸毁了国民党的军火库，焚烧医院，割断电话线，袭击各个指挥部。

彭训厚（军事科学院研究员）：

在作战的第一天，日军的“斩首行动”让国民党的指挥系统几乎中断，司令部无法传达命令，只能以师为单位各自为战。

西段的日军在摧毁第五集团军曾万钟指挥部的同时，以日军 3 个师团和 2 个独立混成旅团合围国民党军第八十军和第五集团军所属第三军、第十七军。

与此同时，东段的日军进攻一开始就发动猛攻，目标直指垣曲。大量日军先是在绛县以南的西桑池至横岭关一线展开，然后猛攻黄河北岸的垣曲。这个垣曲是联络中条山东西两面的重要枢纽，也是国民党军第三集团军和第十四集团军的分界线。只要占领垣曲，就可以将中条山国民党军切成两段，让他们无法呼应，以便于分别歼灭。

在东线日军发起进攻三个小时后，北线日军第 41 师团和第 9 旅团也开始了进攻。日军的进攻路线是国民党军第五集团军和第十四集团军结合部，这是中条山守军的软肋。

张金明（军事科学院研究员）：

日军的意图是沿着横岭关到垣曲的横垣大道，占领垣曲县城，然后兵分两路，与西线的日军合围国民党的第五集团军，与东线的日军合围国民党的第十四集团军。

1941 年 5 月 8 日下午，东段日军攻占了黄河北岸的重镇垣曲，切断了国民党军第五集团军和第十四集团军的联系，中条山的守军由此被分割为二。

5月9日，西线国民党军第八十军第27师，被日军打散后，师长王竣身边仅剩下参谋长陈文杞和几名卫兵，他们誓死抵抗，最后全部牺牲。

5月11日刚从华中战场调来的日军第33师团由阳城南进，与第21、第35师团共同夹击中条山东部的国民党军第十四集团军。

5月12日，从闻喜、运城出发的日军第36、第37师团在第41师团和第9旅团协同下完成了对国民党军第五集团军的双层合围。日军的攻击愈发凶猛，国民党军司令部一片混乱。

于江欣（军事科学院研究员）：

国民党军的部署没有纵深配置，全部兵力放在第一线，一旦突破，一发不可收拾。日军控制了黄河北岸的所有渡口，正在分割、围歼和“清剿”中条山的国民党军各残余部队。

国民党第五集团军所属第三军在会战中，顽强抵抗兵力明显占优势的日军，战至5月12日中午，全军各师均已残破不全。军长唐淮源下令全军战斗到底，牺牲到底。

第三军为滇军，全国抗战爆发后北上抗日。1938年第三军奉调中条山，在保卫中条山的历次战役中一直保持不败纪录。在中条山战役之前，日军总参谋长后宫淳一曾对各军、师团高级指挥官强调：夺取中条山的关键在于对唐淮源第三军的攻击。

唐淮源，云南江川县人，云南讲武堂毕业，滇军名将，曾豪言：“中国只有阵亡的军师长，没有被俘的军师长，千万不要由第三军开其端。”

最终，国民党军第三军官兵在日军四面围攻下，粮尽援绝，唐淮源自知已陷绝境，遂命令余部自行突围，自己举枪自尽。

1941年5月12日后，国民党军各部与各路日军在中条山各山隘继续战斗。5月14日以后，日军以一部兵力封锁黄河各渡口，主力对中条山中国守军进行“梳篦扫荡”。中国守军一部突破重围退往黄河南岸，大部化整为零向太岳、吕梁山区及黄河南岸转移。至5月28日，中条山战役结束。

为了配合中条山的作战，毛泽东曾数次向八路军总部指示：“我们的基本方针是团结对敌，是配合作战……在敌后猛击日军，与正面友军配合作战，决不计较国民党的反共仇恨。”八路军各部对友军进行了积极的配合，太岳部队进入中条山及汾南三角区，担任同蒲、白晋路南段交通破袭任务，从侧面牵制了日军。八路军还对平津、平汉及正太等铁路线进行较大规模的袭击，有力地牵制了日军，掩护了国民党军的突围。

张明金（军事科学院研究员）：

日军在完成第一阶段分割包围的作战任务后，随即转入了第二阶段的作战，对中条山的零散部队反复搜索，来回进行梳篦式的“扫荡”。

中条山战役中第三军中将军长唐淮源自杀殉国；第九十八军中将军长武士敏坚守阵地中弹殉国；第12师中将师长寸性奇三度负伤自戕殉国；第70师中将师长石作衡在重围中被炮弹击中，临终高呼“亲爱团结，保卫国家，吾死而无憾”；第27师中将师长王竣及少将副师长梁希贤、少将参谋长陈文杞战死。

中条山战役，中国军队伤亡4.2万余人，被俘3.5万余人，给日军的打击损耗甚微。日军以1∶20的极小代价，“扫荡”了中条山地区的几乎所有的国民党守军。中条山战役的失败，成为“抗战史最大之耻辱”。然而，在此次战役中，中国守军不怕流血牺牲，顽强突出重围，写下了抗战史上极为悲壮的一幕。

第 107 章　长沙战役（1）

2014 年 7 月，由山东电影电视剧制作中心摄制的大型抗战电视剧《战长沙》在全国热播。该剧真实再现了抗日战争时期发生在湖南长沙的几次战役。

1939 年，继南昌、随枣战役后，日军经过休整，又出动 10 万余人的兵力，实施以湘北地区为主、赣北地区为辅的攻势作战，目的是打击粤汉路沿线中国第九战区主力，进一步挫伤中国的抗战意志，确保日军对武汉及其周边地区的控制。

湖南是中国重要的粮食、兵员和工业资源的供给之地，又是拱卫川、黔、桂、粤的屏障，战略地位十分重要。同时，第九战区司令长官部设于湖南省会长沙。早在 1938 年 10 月日军占领武汉后，继续攻陷岳阳，国民政府军事委员会就判断日军将立即南下进攻长沙。由于国民政府实行“焦土抗战”的方针，致使千年古城长沙发生了焚毁殆尽的悲剧。11 月 13 日凌晨开始，长沙陷入一片火海之中，大火连烧数日，人民的生命财产遭受巨大损失。大火之后，日军并未立即进攻长沙，美丽的古城却变成一片瓦砾。

1939 年 4 月，国民政府军事委员会确定了守卫湘北、赣北的方针，指示第九战区在日军进攻时，不宜在第一线死打硬拼，而应逐步抵抗，待日军深入至长沙一带后再大举反攻。按照这一方针，第九战区代司令长官薛岳组织所部进行了几个月的作战准备，并调集了 32 个师约 24 万人的兵力参加此次战役。

薛岳，原名薛仰岳，绰号“老虎崽”，广东韶关人，1896 年 12 月出生，陆军上将。毕业于保定陆军军官学校。早年曾参加北伐战争。抗日战争爆发后，先后参加了淞沪会战、徐州会战和武汉会战等战役，时任中国第 9 战区代司令长官。

齐德学少将（军事科学院原军事历史研究部副部长）：

薛岳对当时的战局非常清楚，认为第九战区一场大战不可避免。他收集各方情报，发现日军主力正向湘北方面集结。薛岳判断“敌将以主力由湘北直趋长沙，于赣北、鄂南施行策应作战”。

担负此次进攻长沙任务的日军主力部队是冈村宁次大将指挥的日军第十一军。这个军是日军中战斗力最强的部队之一，拥有 7 个师团与数个独立旅团，兵力达 15 万人。武汉会战后，在正面战场，第十一军几乎参与了所有对中国军队的作战。

冈村宁次，1904 年毕业于日本陆军士官学校。九一八事变后，出任关东军副参谋长，日本全面侵华战争爆发后，曾任日军第十一军、华北方面军、第六方面军、中国派遣军司令官等职。

张明金（军事科学院研究员）：

在冈村宁次的策划下，日军第十一军早就制订出《江南作战指导大纲》。其作战目的是击败第九战区的粤汉铁路沿线的中国军队的主力，进一步挫伤中国军队继续战斗的意志，同时加强确保日军作战地区内的“安定”。

从 1938 年 8 月下旬开始，日军地面部队开始集结兵力，调动频繁，并做了充分的战前准备。第十一军司令部战斗指挥所于 9 月 13 日从汉口前推至咸宁。

从湘北岳阳沿铁路线南下到长沙，要经过新墙河、汨罗江、捞刀河和浏阳河。这几条东西流向的河流为中国军队的防守提供了天然屏障。中国守军可以依托每条河的沿岸节节抵抗，消耗日军，然后主力转入两翼，等到日军抵近长沙外围后，再伺机与日军决战。

9 月 14 日夜，为策应湘北方向的主攻，日军第 106 师团在赣北地区向西发起牵制性进攻，但遭到中国军队的层层阻击和侧击，被迫于 10 月 15 日分路退回武宁、靖安、奉新，据守不出。

日军进攻长沙

9月18日，日军主力第6、第13师团开始向湘北发起进攻。中国守军顽强抵抗。第五十二军赵公武师胡春华营，自战斗开始即死守阵地，在日军炮火轰击下，全营除7名重伤员先期撤出阵地外，自营长以下全体阵亡。

9月20日晨，日军轮番攻击雷公山草鞋岭一带。战至9月22日晚，中国守军史思华营全营官兵以身殉国。当晚，新墙河北岸阵地被日军突破。

姚有志少将（军事科学院原战略部部长）：

从18日至22日，这5天的前哨战起到了迟滞、消耗和挫伤日军的作用，此次战役主要在赣北、湘北、鄂南三个方向作战。赣北、鄂南方面，中国军队与日军接触后便且战且退。基本达到了薛岳战前制定的战略设想。

9月23日，日军在猛烈炮火支援下，强渡新墙河。为了尽快打开局面，23日，日军又经洞庭湖在鹿角和营田登陆，迫使中国军队主力撤出新墙河第一道防线，退守汨罗江第二道防线。9月24日和25日，日军渡过汨罗江，占领汨罗江车站和新市。

中国军队为贯彻诱敌深入至长沙附近再行决战的既定方针，除留部分兵力于日军侧翼和后方待机反攻之外，主力边战边退至长沙、浏阳一带的第三道防线。9月28日和29日，日军进至长沙西面的永安附近，沿粤汉线南下的日军也进占长沙北面的桥头驿。然而，随着战线的延长和兵力的分散，日军已无力保持进攻势头。中国军队开始逐步掌握主动，连续取得金井伏击战、永安包围战的胜利。为摆脱处处受到攻击的困境，日军于9月29日下令各部回撤。中国第九战区部队当即转入追击，并于10月9日进至新墙河一线，恢复了战前态势，第一次长沙战役结束。此战，中国军队以伤亡3万余人的代价，歼灭日军2万余人。

齐德学少将（军事科学院原军事历史研究部副部长）：

此次长沙战役，日军利用炮火支援、海空支援以及部队战力较强等条件，集中主力，在“点”上造成优势，一举突破中国军队的主阵地，并由洞庭湖实施侧后登陆。但一进入纵深战斗，日军便暴露出兵力不足的根本弱点，力不从心，各作战方向无法进行有效策应，作战目的自然无法实现。

第一次长沙战役后，第九战区中国军队继续与日军第十一军形成正面对峙。原日军第十一军司令官冈村宁次被调离前线，由阿南惟几接替第十一军司令官。

阿南惟几，日军陆军大将，1887年出生，毕业于日本陆军士官学校和陆军大学，曾任第109师团师团长、第十一军司令官、第二方面军司令官等职。1945年4月任日本陆军大臣，主张本土决战，8月，日本宣布投降时自杀。

为解除中国第九战区对武汉地区的威胁，1941年9月，日军第十一军司令官阿南惟几指挥4个师团、4个支队、2个飞行团及海军一部共11.5万人，向长沙地区发动进攻。第二次长沙战役爆发。

姚有志少将（军事科学院原战略部部长）：

中国军队方面早已严阵以待。第九战区在薛岳指挥下认真检讨第一次长沙战役过程，制定了后续反击作战计划。此外，为了阻击日军南犯，国民政府军事委员会令第三、第五、第六战区对当面之日军发动攻势，以牵制日军兵力调动。

阿南惟几

中国第九战区司令长官薛岳指挥13个军、1个挺进军共37.8万余人，利用有利地形与既设阵地，逐次抗击。

1941年9月7日，日军第6师团一部为掩护第十一军主力于岳阳、临湘地区集结，向中国守军第四军大云山阵地攻击，次日占领该地。

9月18日拂晓，日军炮火开始轰击新墙河中国守军阵地，日军主力分多路强渡新墙河，与中国守军第四、第二十、第五十八军展开激战。与此同时，洞庭湖方面的日本海军陆战队和平野支队在湘江口西侧青山登陆，中国守军第九十九军第197师的一个营奋勇抵抗，血战两天，全部壮烈牺牲。之后，日军继续向芦林潭等地进攻，企图从左翼威胁长沙。

9月19日，日军特种情报机关破译了第九战区司令长官薛岳9月18日发出的军令电报，得知薛岳命令中国军队“针对日军南进，令据守在既设阵地上的4个师守住汨罗南岸阵地，而以主力从东侧进攻日军”。根据这份情报，日军对实施侧击的第二十六军从东面进行了包围，结果导致第二十六军伤亡惨重，失去了战斗力。中国军队第三十七军和第十军也在汨罗江南岸被日军一一击破，向南溃退。

此时，中国军队第七十四军在军长王耀武率领下，从江西赶来增援。第九战区立即命令第七十四军前往捞刀河，重点防守沙市街。这一重要情报又被日军特种情报机关于9月22日获悉。日军随即将原定在傍晚开始攻击的时间提前，命令

新墙河主力阵地上的侵华日军

9月22日11时即开始攻击，接着改变了第6师团攻占平江的任务，令其和第40师团一起向中国军队第七十四军发起进攻。

9月26日，日军第3、第6师团与中国军队第七十四军遭遇，双方激战。

张明金（军事科学院研究员）：

第七十四军人困马乏，一边长途跋涉，一边不停地遭到日军飞机袭击，还没有来得及喘口气，就因情报泄露受到日军两个师团的袭击，不得不向南败退。日军袭击了第七十四军军部。军长王耀武在卫士的掩护下，趁黑暗才侥幸逃脱。这样，由于国民党第七十四军的败退，日军通往长沙的屏障已彻底扫清。

1941年9月26日，日军右翼由沙市街迂回长沙东南，另一部由春华山迂回长沙东南，主力则向长沙市内猛攻。27日，日军伞兵在长沙东北郊降落，其便衣队也窜入长沙市内。日军第3师团的先头部队还一度突入了株洲。

面对混乱战况，国民政府从各方调集增援部队陆续赶至战场投入战斗，将日军包围于捞刀河、浏阳河之间。与此同时，中国军队第三、第五、第六战区部队分别向当面日军发动了攻势。

此时，长沙被围日军与后方联络线已被切断，补给十分困难。10月1日傍晚，日军被迫向北撤退。10月2日，国民政府军事委员会命令第九战区部队全线追击。10月5日，中国军队在汨罗江以南地区与日军展开激战，迫使日军北渡汨水向新墙河以北退却。10月8日，日军退守原阵地。

在此期间，日军第34师团及独立混成第14旅团主力分别于9月26日向赣北武宁及高安地区进攻，与中国第三十、第十九集团军的各一部发生战斗，10月1日退回原阵地。此次战役，中国军队共毙伤日军2万余人。

为配合第二次长沙战役，9月20日，国民政府军事委员会令第三、第五、第六战区各以有力一部出击，策应第九战区。9月28日，第六战区以约15个师的优势兵力向宜昌发动猛攻，致使日军第13师团死伤惨重，陷入绝境，师团长内山英太郎中将写下遗书。后在日军第39师团增援下，才挽救了第13师团危局。

宜昌作战是1941年中国正面战场唯一主动发动的进攻战役，歼灭日军近7000人。

齐德学少将（军事科学院原军事历史研究部副部长）：

国民政府对第二次长沙战役的胜利还是有着清醒认识的，在随后召开的南岳军事会议上，薛岳因指挥失误问题遭到蒋介石的严厉批评。中国军队在这次长沙战役中出现了诸多问题，如：友军之间信任不够，缺乏联络协同；师以下指挥官战术修养不够，不能适时捕捉战机；呆守阵地，不知活用兵力，控制预备队等等。

两次长沙战役，中日双方只能算打了一个平手，各自摸清了实力底数。薛岳并不甘心，阿南惟几继续寻找、消灭中国军队主力的野心丝毫不减，真正分出胜负的一战很快就要到来。

第108章 长沙战役（2）

1942年12月8日，日军发动了太平洋战争。日军中国派遣军驻广州的第二十三军由广州进攻香港。

为了配合英美等国军队积极打击日军，国民政府军事委员会于9日命令各战区发起攻击，牵制日军，策应友邦作战。特令第四战区攻击广州方面日军，策应香港英军作战；并以第五、第六、第六十六军分别由广西、四川向云南集结，准备入缅直接援助英军作战。

日军第十一军为策应其第二十三军及南方军的作战，牵制中国军队向广东方面调兵，遂决定再对长江以南发起进攻。

1941年12月15日，日军第十一军司令官阿南惟几决定，向汨水一带中国军队进攻。使用于湘北主作战方面的兵力为第3、第6、第40师团和独立混成第9旅团，以及泽支队、野口支队、外园支队，另以第1飞行联队（飞机54架）支援作战，同时命令驻南昌方面的日军第34师团及独立混成第14旅团由南昌向赣北上高、修水等地攻击，策应湘北方面作战。日军参战兵力共约12万人。

12月中旬，日军向岳阳方面集结兵力，国民政府军事委员会判断日军攻势即将开始，遂于12月20日命令第七十三军由澧县立即向宁乡、益阳集结待命；第七十九军立即向渌口、株洲地区集结待命；又令第四军由广东曲江调株洲、渌口；第七十四军由广西宜山调驻衡阳。

薛 岳

与此同时，中国守军第九战区司令长官薛岳根据前两次战役的经验教训，提出后退决战方针，决定集中优势兵力于湘北方面，引诱日军主力于浏阳河、捞刀河之间地区进行歼灭。薛岳还要求“各集团军总司令，军、师长，务必确实掌握部队，亲往前线指挥，适时捕捉战机，歼灭敌军”，薛岳表示，“第三次长沙会战，关系国家存亡。岳抱必死决心，必胜信念”。

齐德学少将（军事科学院原军事历史研究部副部长）：

为便于靠前指挥，薛岳将战区长官部设在长沙市内的岳麓山上。部属认为此地太危险，劝他另换地方。薛岳答道：万一有事，我的职务可由副司令长官罗卓英直接代理，以此类推，从集团军总司令直到下面的连长，谁要是阵亡，无须手续，副职或稍有一些资历的可以马上顶替。

1941 年 12 月 23 日晚，日军第十一军司令官阿南惟几在岳阳指挥所下达了攻击命令。23 日当晚，日军第 40 师团一部在飞机协助下向中国守军第二十军油港河以南阵地发起攻击。24 日，日军第 6 师团向中国守军第二十军第 134 师新墙河阵地实行渡河攻击。24 日入夜，日军渡河后，以一部围攻中国守军据点，日军主力分向大荆街、关王桥之线突进。日军第 3 师团主力在第 6 师团后方跟进。中国守军第二十军奉令，以一部坚守新墙河以南据点，主力向大荆街转移。中国守军第五十八军进出洪源洞、大荆塘之线，侧击南进日军。

12 月 26 日，日军第 40 师团猛攻中国守军第二十军阵地，先后攻陷关王桥及陈家桥。同时日军第 6 师团围攻中国守军黄沙街、龙凤桥据点，日军第 3 师团主力于当夜推进至归义附近汨罗江北岸。同日，第九战区命令第二十七集团军以第二十军及第五十八军进攻长乐街日军，令第三十七军及第九十九军主力固守汨罗江南岸阵地，阻止日军渡河。

12 月 28 日，日军第 6、第 40 师团分别在新市以东的长乐街附近强渡汨罗江，被中国军队第三十七军阻止。日军第 3 师团主力在归义以西渡过汨罗江，中国军队第九十九军主力被迫后退至牌楼峰、大娘桥、新开市之线，逐次抵抗。中国军队第三十七军第 140 师由金井向新开市北侧地区驰援，阻击日军东进，但受到日军第 3 师团从左侧的威胁，日军第 6、第 40 师团乘势在新市及长乐街附近渡过汨罗江南进。入夜，中国守军第三十七军扼守新开市至汨罗江南岸之线，与日军激战。中国守军第九十九军主力在营田、大娘桥之线与日军第 3 师团一部对峙。

12 月 29 日，日军第十一军司令官阿南惟几改变原定计划，独断地下达“以主力向长沙方向追击”的命令，令日军第 3 师团迅速向长沙攻击；第 6 师团以一部攻击长沙，主力攻击长沙以东之朗梨市；第 40 师团主力向金井进攻。

张明金（军事科学院研究员）：

12 月 29 日，中国军队第二线兵团从湖北、广西和广东三省开至战场，比日军估计得早了 10 天。战局开始朝着薛岳预想的方向发展。为此，日军便匆忙地改变了原定的作战计划，使已久战疲惫的日军第一线官兵处于茫然状态，有些日军军官也认为进攻长沙是“自暴自弃之作战”。

1941年12月30日，薛岳命令第二十七、第三十、第十九集团军分别到达浏阳、平江一带预定位置。第九战区决心在长沙地区与日军作战，命令第十、第七十三军固守长沙城。同时命令第十九、第三十、第二十七集团军及第九十九军主力，分由株洲、浏阳、更鼓台、瓮江、清江口、三姐桥各附近，以长沙为目标，自南、东、北三个方向实行向心攻势。

12月31日，日军进至捞刀河一线，一部分渡过浏阳河，对长沙采取包围态势。日军判断，长沙方面的中国军队兵力薄弱，除第十军外，无二线兵团可以阻止日军进攻。因此，阿南惟几决心扩大作战效果，迅速攻取长沙。

齐德学少将（军事科学院原军事历史研究部副部长）：

薛岳制订的战术能否奏效，很重要的一环是长沙这个“底”要坚决顶住。会战前，第十军没有军长，原军长李玉堂因在第二次长沙战役中作战失利被免职。第三次长沙战役爆发后，薛岳决定让李玉堂官复原职，将最艰巨的任务交给他。

李玉堂

李玉堂，字瑶阶，山东广饶人，1899年出生，1924年考入黄埔军校第一期。抗战时期曾率部参加了淞沪会战、徐州会战、武汉会战及南昌战役、两次长沙战役等作战。1940年，李玉堂任第十军军长，奉命驻守长沙。

1942年1月1日凌晨，日军第3师团乘雾气渡过浏阳河，率先发起攻击。布置在外围阵地的中国军队第十军预备第10师与日军展开激战，师长方先觉率部奋勇作战。

方先觉，字子珊，1903年出生于江苏省萧县，1926年毕业于黄埔军校第3期步兵科。曾参加热河抗战、淞沪会战、徐州会战，作战英勇，多次负伤。

方先觉在第二次长沙战役中因作战失利受到处分，他以戴罪之身顽强抵抗日军攻击。1月1日，中国军队第十军预备第10师与日军血战一天，多次打退日军进攻。当天下午，中国守军工事被日军炮火摧毁，方先觉命部队收缩一线阵地继续抵抗。日军派出擅长夜战的精锐力量加藤大队趁夜攻击，一度拿下邹家庄和中国守军储备仓库附近的阵地，兵锋直指长沙市区。第 10 师预备队立即组织反击，并放火焚烧日军据守的房屋，包括大队长加藤佳一少佐在内的 100 多名日军，全数被歼灭。

1 月 2 日，中国守军凭借岳麓山上的炮火支援与日军第 40 师团在长沙东南郊阵地展开激战，阵地几番易手，最终击退了日军的反复突击，并将突入白沙岭的日军第 3 师团一部歼灭。日军死伤累累，中国守军也伤亡惨重，中国守军阵地仅剩 58 人。第九战区命令第七十三军第 77 师渡湘江进入长沙，增援第十军。此时，处于外围的中国军队正隐蔽地从三面向长沙推进。

张明金（军事科学院研究员）：

第十军的勇猛作战得到了广泛的认可。李玉堂不仅官复原职，还升任第二十七集团军副总司令。

1 月 3 日拂晓，日军第 3、第 6 两个师团从东、南、北三个方向合力猛攻长沙，但仍然收效甚微。日军第 6 师团虽有一部从北郊冲入城区，但在中国军队重炮轰

中国军队战士越过障碍进攻

炸下无法立足。在中国军队反攻之下，日军被迫退出城外。此时，日军弹药将尽，而补给线已被切断，日军开始空投补给。中国军队各包围兵团继续压缩包围圈，已逼近长沙。日军第十一军司令官阿南惟几被迫于 1 月 3 日晚下达撤退命令。

1942 年 1 月 4 日，日军因对外联络不畅，补给不足，加之伤亡过大，弹药不多，即于当天晚上开始向东山、朗梨市撤退。

薛岳立即下令全线反攻。南面各军向北追击，东面各军向西侧击，北面各军向南迎头截击。

姚有志少将（军事科学院原战略部部长）：

由于薛岳战前就做了详细部署，和前两次长沙战役日军顺利脱离战场不同，这次日军撤退困难重重，陷入中国军队的层层堵截之中。

日军在撤退中多次遭到中国守军袭击，行动迟缓，狼狈不堪。1 月 15 日，日军退过新墙河，固守原阵地。第九战区所部，一面扫荡新墙河以南残余日军，一面向新墙河以北进击。至 1 月 16 日，双方恢复战役前态势。

在赣北方面，日军第 34 师团与独立混成第 9 旅团各一部，于 12 月 25 日，分由安义、箬溪等地向西攻击，先后占领高安、武宁，但在中国军队奋勇阻击下，于 1942 年 1 月 6 日前，赣北一线也恢复战前态势。

姚有志少将（军事科学院原战略部部长）：

在以往的作战中，日军在一般的情况下，是要把阵亡的官兵尸体带回，或焚烧后带回骨灰，或尽量将尸体就地掩埋。而此次长沙战役，由于日军伤亡很多，许多尸体来不及火化和掩埋，从长沙到汨罗江两岸，到处都有日军遗弃的官兵尸体。

第三次长沙战役，是日本发动太平洋战争后在中国战场的第一次大规模攻势行动，却以失败告终。此次长沙大捷，中国军队以伤亡 2 万余人的代价，共毙伤日军 5 万余人，俘虏日军中队长松野荣吉以下官兵 139 人，缴获大量武器装备和军用物资。日军第十一军经此一役，两年多不敢再攻长沙。

姚有志少将（军事科学院原战略部部长）：

第三次长沙战役，第九战区第一线兵团能依托各阵地逐次抵抗，给日军以相当的消耗和迟滞；长沙守备部队能顽强地坚守核心阵地，连续挫败日军的进攻，给日军以有力的打击；第二线反击兵团对日军合围部署得当，且协同周密，反击动作坚决有力，对撤退之日军穷追不舍，使日军无法脱离，扩大了战果，从而取得了长沙战役大捷。

日军战史承认：此次长沙作战，日军“在思想上没有充分地把战斗力与战斗意志统一起来，错误重重，作战始终是在极为困难的情况下进行的”，而中国军队“引诱日军一直深入到长沙，集中长沙城内外的30万大军将日军包围。尔后，日军第一线部队几经苦战，付出了高于香港作战两倍多的牺牲……撤回原驻地。这次作战，动摇了一部分官兵的必胜信念”。

在美英等国军队于太平洋战场接连失利的形势下，中国军队取得了第三次长沙战役的胜利，引起了强烈的国际反响。英国《泰晤士报》发表评论，称“12月7日，同盟军唯一决定性之胜利系华军之长沙大捷”。伦敦《每日电讯报》报道：“际此远东阴霾密布中，唯长沙上空之云彩确见光辉夺目。”美国陆军参谋长马歇尔来电庆贺，海军部长诺克斯发表《告中国人民书》，指出这是所有同盟国家的共同胜利。

第三次长沙战役后的第22天，时任美国总统罗斯福给蒋介石发来了一份热情洋溢的贺电，同时宣布再次向中国提供5亿美元的贷款。不仅如此，罗斯福还通过驻华美军司令官、中国战区参谋长史迪威，授予中国第九战区代司令长官薛岳一枚美国勋章。与此同时，国民政府授予薛岳一枚青天白日勋章。

第三次长沙战役是同盟国自珍珠港事件爆发以来第一场大胜利，它不仅极大地鼓舞了中国人民的抗战士气，同时对盟军在太平洋战场的作战也是极大的鼓舞和支援。

第 109 章　浙赣战役

1942 年初，美国在太平洋战场上面对日本的进攻节节失利，为鼓舞士气，美国决定对日军突袭珍珠港进行报复——对日本本土进行空袭。

1942 年 4 月 18 日，美军陆军航空队杜立特中校率领 16 架 B-25 型轰炸机从"大黄蜂"号航空母舰上起飞，空袭日本本土东京、名古屋、大阪等城市。由于这次轰炸日本本土的任务起飞比原计划早，造成各架飞机燃料不足，再加上当时夜墨如漆，风雨交加，机群飞到中国海岸线附近时已燃料殆尽。由于联络不畅，计划中的地面指引没有及时到位，16 架飞机没能在浙江衢州机场降落，大部分在浙江、江西等地迫降或者坠毁。被中国军民救助的美军飞行员跳伞生还者共有 64 名，后被转往重庆。

日本本土第一次遭到美机空袭，引起了日本朝野的极大震惊。日军中国派遣军根据日军大本营的命令，决定由驻上海的第十三军、驻汉口的第十一军和日本海军第 1 遣华舰队参加此次浙江作战。

衢州军民对美国飞行员的无私帮助遭受了日军的残酷报复，自从杜立特飞行队的飞机迫降之后，日军便开始急切地搜寻美国飞行员的踪迹以及帮助过飞行员的中国百姓，所到之处烧杀抢掠。

据《衢县县志》记载，4 月 19 日后的近一个月内，日军飞机空袭机场 59 次，投弹 1341 枚。

1942 年 4 月 30 日，日军大本营命令日军中国派遣军发动浙赣战役，打通杭州至南昌的浙赣铁路，彻底摧毁浙赣线上的中美空军基地。

齐德学少将（军事科学院原军事历史研究部副部长）：

浙赣铁路是连接第三战区和第九战区的东西交通大动脉，东起浙江杭州，与沪杭甬铁路相交，经诸暨、江山，进入江西，在贵溪与贵南铁路接轨，再往西穿过鄱阳平原，接南浔铁路，经萍乡进入湖南株洲，与粤汉铁路接轨。沿线建有许多空军基地，战略地位极为重要。

日军中国派遣军迅速调集 9.6 万人，采取东西对进方式，分别由杭州、南昌两个方向，分五路向浙赣线发起全面进攻。以第十三军司令官泽田茂指挥 5 个师团、4 个混成旅团和 1 个支队由奉化、绍兴、萧山、余杭之线，沿浙赣铁路向西进攻；以第十一军 2 个师团、4 个支队由南昌附近地区，沿浙赣铁路向东进攻，策应第十三军作战。

日军企图东西夹击，打通浙赣线，摧毁浙赣走廊地区的中国空军机场。为有效地封闭浙赣路一带机场，并配合地面的进攻，日军实施了大规模撒布鼠疫、霍乱、伤寒及炭疽等细菌的实战攻击。

国民政府集中 41 个师约 30 万人抗击日军进攻。令第三战区司令长官顾祝同指挥 4 个集团军另 4 个军和 1 个师，在第九战区 3 个军配合下，以主力配置于浙赣铁路东段衢州、金华等地，依托既设阵地逐次抗击，准备在衢县附近与敌决战。

顾祝同，字墨三，江苏涟水人，1893 年 1 月出生，毕业于保定陆军军官学校第六期，陆军一级上将。1924 年任黄埔军校教官，后参加东征作战。抗战期间，任第三战区司令长官兼江苏省主席，深得蒋介石信任与重用。

1942 年 5 月 15 日拂晓，浙赣路东段方面日军第十三军向西发起进攻，浙赣战役由此开始。中国第三战区部队在新昌、诸暨、桐庐之线逐次抵抗后，一部转入敌后游击，主力向金华、兰溪东西之线撤退。日军各路跟踪直进，占领东阳、义乌、武义、建德。5 月 25 日，日军第 70 师团向金华展开攻击，第 15 师团向兰溪展开进攻。中国守军第 79 师固守金华，第 63 师固守兰溪，依托既设阵地，顽强抵抗，与日军形成对峙。5 月 27 日，日军攻陷龙游，金华、兰溪的中国守军愈显孤立。此时，第三战区阵地上遭日机轮番轰炸，部队伤亡惨重。顾祝同考虑到日军处于优势，若在金华、兰溪地区决战于中国军队不利，就命令金华、兰溪的中国守军于 5 月 28 日撤出阵地。中国军队在金华、兰溪地区的防守作战，使日军遭受严重损失。中国军队在山岳水网地带和日军进攻的线路上埋设数十个地雷群，又利用有利地形构筑坚固阵地，以山炮、迫击炮狠狠打击进攻之敌，迫使日军每前进一步都要付出重大代价。

1942 年 5 月，黄士伟所在的第二十三集团军在司令官唐式遵的率领之下，从安徽、江西等驻地赶赴前线加入了这场战役。在作战中，他炸死了日军第 15 师团师团长酒井直次中将。

酒井直次，1937 年参加侵华战争，多次率部对中国敌后抗日根据地进行“扫荡”，极力推行杀光、烧光、抢光的“三光”政策，犯下滔天罪行，曾获日本侵略战功章 8 枚。

于江欣（军事科学院研究员）：

酒井是侵华日军的“虎将”，是屠杀中国军民的刽子手。酒井所获勋章之多，是日军将领中少有的，他曾获过 8 枚战斗勋章，其中有 2 枚是天皇颁的金勋章，

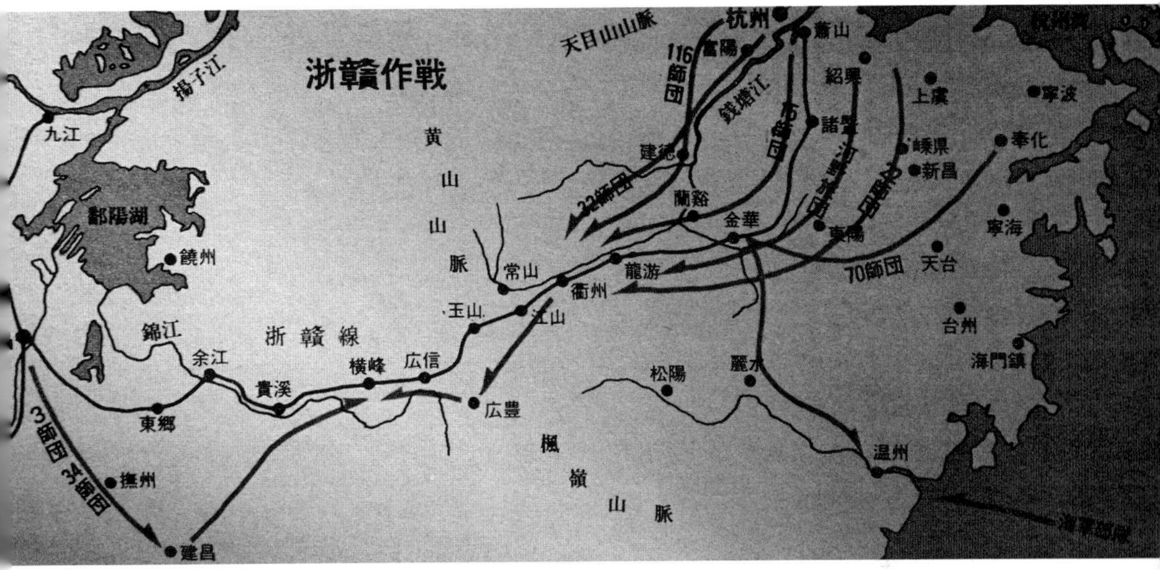

浙赣作战图

这在侵华日军将领中是罕见的。由此可见他在日本侵略军中的地位和影响。

为了阻滞日军气势汹汹的进攻，1942 年 5 月 27 日深夜，黄士伟所在的第 8 营受命在酒井师团前进的路线上设置障碍。在夜色掩护下，黄士伟带队先将酒井前进路线上的一座桥梁炸掉，然后沿兰江南岸的道路上破坏公路铁路，埋设地雷和铁条。

马儒林（军事科学院研究员）：

据 1985 年出版的《川军抗战亲历记》中记载，黄士伟在埋雷的时候，发现有三条岔路，一条通往蒋庄，一条通往兰溪县城，另一条是辎重军车运送物资的通道，且一侧有一高地。当时，黄士伟猜测不出日本人会走哪一条路，犹豫不决，最后一想，指挥官肯定会先登高判断地形，于是他决定不在三条路上布雷，只是在岔路口通往高地的位置上密密麻麻地埋了 60 多颗地雷。

5 月 28 日上午，大雨持续不断。这给日军的排雷工作带来了极大的不便。日军第 15 师团长酒井直次亲自到兰溪前线督战，踩响了地雷，被炸身亡。随行的兵器部长、兽医部长等人也全部命丧黄泉。酒井直次被炸死引起极大震动，日军严密地封锁了消息。日本陆军军部惊呼 ：“现任师团长的阵亡，自陆军创建以来还是首次。”

5月30日，日军主力在龙游南北地区集结，准备向衢州进攻。衢州为浙西重镇，历史上一直为闽浙赣皖四省边际交通枢纽，战略地位十分重要。日军对衢州久存必占之心，发动浙赣作战的主要目的是摧毁衢州等地机场。第三战区按照预定计划，部署第八十六军于衢州，第二十五、第二十六、第四十九、第七十四军分别位于衢州之北、西、南三面，准备对进攻衢州之日军予以包围进攻。此时，南昌方面的日军第十一军已开始向东进攻。根据敌情变化，国民政府军事委员会令第三战区避免在衢州地区与日军决战。顾祝同遵命改变部署，令第八十六军一部防守衢州，其他主力部队撤向浙赣铁路两侧山地转移。

6月3日，日军第15、第22、第32师团向衢州发起总攻，与中国守军第八十六军第46团展开激战。日军飞机、大炮不断向城内攻击并使用毒气弹，中国守军在团长谢士炎的带领下，与十倍于己的日军激战数昼夜，击退日军多次攻击，自身伤亡惨重，血战至6月7日拂晓，谢士炎率领100余人突围。日军占领衢州。

日军攻占衢州后，继续西进，连陷江山、丽水和九江的玉山、广丰、上饶等地。日军第十一军遭中国军队第一〇〇军和第九战区部队逐次抵抗后，至6月16日占领江西的进贤、东乡、鹰潭、贵溪等地，7月1日，日军第十一军第22师团一部与由南昌方面东进的日军第十三军在横峰会合，打通浙赣铁路。随后，日军第十三军遂全力大肆破坏机场，拆毁铁路，抢夺物资。在此期间，中国第三战区部队多次发动局部反攻，收复一些失地，但未能阻止日军的破坏行动。

在日军第十三军从东面的奉化、绍兴、萧山、余杭之线向西发起进攻后，驻南昌的日军第十一军于5月31日以第3、第34师团和今井、井平两个支队，由南昌附近沿抚河两岸向南攻击。6月2日，日军攻入高桥市附近。在此，日军兵分两路，一路为第3师团主力沿浙赣铁路向东方攻击，一路为第34师团主力会同竹原支队向三江口、临川进攻。6月5日，日军第3师团主力抵达临川，与中国军队第七十九军展开激战。此时，中国守军第五十八军及赣保纵队也在临川北面的三江口、李家渡与日军第34师团主力激战，双方均有很大伤亡。6月8日，日军第34师团主力突破中国守军第五十八军阵地，直下临川，与日军第3师团会合，然后猛攻中国军队第七十九军阵地。双方激战至6月12日，日军第34师团转向浙赣铁路，向鹰潭进击。

从6月21日起，中日两国军队在南城、宜黄、崇仁、临川地区展开激战。7月13日，日军放弃崇仁、宜黄，国民政府军事委员会电令中国军队停止进攻，南昌以南地区的战斗即告停止。浙赣路东段方面，自7月上旬以来，第三战区发动局部攻势，先后收复新登、桐庐、建德、弋阳、横峰。

7 月 28 日，日军大本营令日军中国派遣军停止浙赣作战。8 月 19 日，日军奉命撤退。中国军队趁势追击。到 9 月底，日军除第 22 师团占据诸暨、浦江、兰溪、金华、武义、义乌附近地区，第 70 师团占据嵊县附近地区，其余部队撤回原驻地，战役结束。

浙赣战役自 1942 年 5 月 15 日发动，到 8 月底结束，历时 3 个半月。

在战役中，日军彻底破坏衢州、丽水等机场，拆毁浙赣铁路，抢掠包括重要战略物资萤石矿在内的大量财富。尤其令人发指的是，日军在撤退前后，竟在衢州地区使用了惨绝人寰的生化武器。此举造成沿途传染病暴发流行，成千上万的无辜百姓死于非命。

浙赣战役中，手握大刀、手榴弹的中国抗日队伍与装备精良的日军部队形成强烈对比，中国军民伤亡 25 万人，其中中国官兵伤亡 4 万余人。

中国军民在浙赣战场上的奋战，致日军死伤 17148 人，其中包括第 15 师团师团长酒井直次中将。浙赣战役消耗掉日军大量的人力物力，直接配合了第二次世界大战盟军在太平洋战场的作战，也在一定程度上减轻了日军对苏联东部和华北敌后战场的压力。

第110章　鄂西战役

鄂是湖北的简称，鄂西即湖北西部。这一地区地形复杂，由东向西地势抬升，高低相差悬殊。平原、丘陵、山峰、峡谷、岩溶地形等多种多样，长江盘曲奔流，交织着丰富的水系湖泊。宜昌，这一长江上的城市，是这一地区的枢纽重镇。

在抗日战争中，以宜昌为中心的鄂西地区正处于第五、第九两大战区的结合部，国民政府军事委员会将长江两岸划为第六战区，东可威胁占据宜昌的日军，直趋武汉，西可凭三峡之险，阻挡日军通过长江水路西进，保卫陪都重庆。

1943年4月中旬，日军为发动对鄂西地区的进攻，开始集结兵力。日军第十一军抽调约10万人，集结在宜昌、枝江、弥陀寺、藕池口、华容一带地区；日军航空部队集中240余架各型飞机在汉口、荆门等地，配合进攻。总指挥官是日军第十一军司令官横山勇。

横山勇，1889年出生在日本东北的千叶县，曾出任关东军第1师团师团长。1943年1月，抵达武汉，亲自部署和指挥了鄂西之战。

中国第六战区针对日军的集结调动，沿长江防线及纵深地区加强部署：第二十九集团军，防守安乡至公安一线的以南地区；第十集团军，防守公安至枝江一线的以南地区；江防军，防守宜都经宜昌至平善坝、石牌一线以南地区；第七十五、第七十七、第五十九军固守三游洞至转斗湾一线；中国空军4个大队及美国空军第14航空队各型飞机165架协助作战。总指挥官是中国第六战区代理司令长官孙连仲。

孙连仲，字仿鲁，1893年出生于河北省雄县，国民革命军二级陆军上将，抗日战争时期因坚守台儿庄而闻名中外。

张明金（军事科学院研究员）：

当时，中国第六战区的司令长官是陈诚，他同时还兼任了湖北省政府主席、国民政府军事委员会政治部部长等职。1943年，他又被任命为中国远征军司令长官到云南就任去了。这时的陈诚身兼数职，同时他又不在鄂西地区，所以陈诚就推荐了孙连仲代理第六战区的司令长官。

1943年5月4日晚，日军第十一军司令官横山勇下令发起进攻。

鄂西战役中，中国战士沿江阻敌

日军分四路由藕池口、石首、华容三地区向中国军队阵地发起凌厉攻势。中国军队利用诸多的河堤、高地，筑成步兵、炮兵的野战工事顽强抵抗。中国军队的顽强使日军感到“战斗一开始即十分苦”。

中国守军第七十三军暂编第5师是1939年6月由湖南保安第1至第5团合编而成，缺乏作战经验，但在代师长彭士量的亲自督战下，剽悍异常。湘西子弟兵殊死抵抗了三天三夜。

第15师45团坚守南县以北40里麓湖山阵地，团长陈涉藩率部奋力抗击，双方伤亡均大。在紧急时刻，陈涉藩激励官兵说：“军人当与阵地共存亡，余率部当战至最后一人，最后一弹。”陈涉藩亲率特务排英勇杀敌。日军以猛烈炮火射击，营长李亚安以及大部分将士在反击战中牺牲。激战两日后，中国军队第15师伤亡已达四分之三，第77师死伤过半，安乡、南县已处于被半包围的危险境地。

为了先行歼灭从藕池口方面企图深入的敌人，代理第六战区司令长官孙连仲按照预定计划电令第二十九、第十集团军坚守和组织反击，同时电令江防军抽出第八十六军的第67师及第十八军的两个团策应作战。但在5月6日，蒋介石一道命令叫停了这一作战计划。

张明金（军事科学院研究员）：

当时蒋介石有几点担心，首先，他担心江防军一旦调离以后，日军有可能抓住江防的薄弱环节攻入四川，直接威胁到重庆的安危；其次，南县、津市、公安、松滋地区是重要的产粮区，这一带一旦沦陷日军之手，日军在麦收的季节将会得到粮食方面的补给；三是蒋介石对孙连仲代理第六战区司令长官还是不放心，所以他又急令陈诚速回鄂西督战。

孙连仲收回之前的命令，第六战区不能抽调沿江防线部队进行策应，在伤亡过重的情况下无力遏止日军的攻势。日军横山勇第十一军以南北夹击的作战方法，攻占了安乡、南县，达到了第一阶段的作战目的。中国守军向洞庭湖南岸撤退。

1943年5月12日，日军开始实施第二阶段作战。横山勇部署主力两个师团与位于公安、松滋地区的中国军队第十集团军决战。

5月12日晨，日军第3师团首先由东港向中国守军第十集团军第八十七军第11师白洋堤、汪家嘴阵地进攻。12日傍晚，日军第13师团在猛烈炮火掩护下强渡长江，在枝江镇、石牌之间与中国守军第九十四军第55师展开激战。当日晚20时，日军第3师团在飞机支援下突破白洋堤阵地，并乘势向西急速前进；与此同时，日军野沟支队从董市西南强渡至长江南岸，攻占了洋溪。

第十集团军被日军南北夹击，情况紧急。虽然第十集团军在番号上仍有5个师又1个团，但实际兵力只有三分之一，战斗力大幅减弱，已无法有效阻击日军。六天后，第十集团军被迫后撤。

5月18日拂晓，日军占领了松滋，完成第二期作战任务，为通过公安、松滋及其以南的丘陵地带进入西部山区做好准备。

魏碧海（军事科学院研究员）：

日军在地面战场横行之时，中国空军和美国第14航空队在空中战场给了日军重重的一击。他们利用主战场附近的梁山机场和恩施机场，对日军实施空中攻击，有力地配合了第六战区中国地面部队的作战。

中国军队不顾敌军轰炸，奋勇向前

1943 年 5 月 19 日，中国空军和美国第 14 航空队飞机携带大量炸弹，从梁山机场起飞，越过长江三峡，出现在枝江、茶园寺上空，向日军集结地扔下一颗颗炸弹，机枪也对敌人进行猛烈扫射，这是中美空军首次联合作战。同日，中美空军轰炸机在驱逐机掩护下，再次联合袭击了枝江、洋溪附近长江中的日舰和日军第 13 师团渡江点及其补给基地。

日军为彻底击溃中国守军江防军部队，迅速实施第三期作战。

5 月 21 日清晨，日军第 3、第 13 师团分三路向王家畈、曾家坪等处阵地进攻。22 日晚，日军第 3 师团渡过渔洋河，占领了聂家河、磨市；日军第 13 师团占领了渔洋关及其附近地区。

5 月 23 日拂晓起，日军第 39、第 3 和第 13 师团均集中全力，继续向中国军队第十集团军及江防军正面展开全线攻击。

5 月 24 日，日军第 39 师团进抵西流溪，第 3 师团攻占长阳，第 13 师团攻占都镇湾。各部均到达清江南北两岸地区时，日军控制于宜昌地区的野地大队也由宜昌长江南岸桥头堡地区向西进攻。

张明金（军事科学院研究员）：

日军在第三阶段的作战，在清江两岸和石牌一线麇集部队达 6 万余人。横山勇亲自赴宜昌坐镇指挥，日军大本营的参谋长杉山元也亲临汉口，实地观察日军对于宜昌的攻击。由此可以看出，这次作战绝不仅仅是日军打通长江水道的一次夺船行动，而是企图进攻四川的一次实战演练。

石牌位于今宜昌市夷陵区境内的古镇，是长江南岸的一个小村庄，位于长江三峡西陵峡右岸，依山傍水，它距离宜昌城仅 30 余里。日军侵占宜昌后，石牌便成为拱卫陪都重庆的第一道门户，战略地位极为重要。在鄂西战役中，石牌战役也成为关键转折点。

彭训厚（军事科学院研究员）：

1937 年，中国军队淞沪抗战严重受挫，12 月南京失守。1938 年 10 月，日军侵占武汉，国民政府被迫迁都重庆，险峻的长江三峡成为陪都重庆的天然屏障。如果石牌失守，可能国民政府又要重蹈被迫搬迁的覆辙。

5 月 28 日，日军第 3、第 39 师团开始向石牌推进。当天，日军第 3 师团向中国军队第一道防线南林坡阵地发起攻击。

石牌保卫战打得非常艰苦，一方志在必得，一方拼命死守。当日军企图迂回窜到离三斗坪有 50 多里的伏牛山时，江防军第 11 师师长胡琏严令守军不再后退一步，誓与石碑要塞共存亡。

5 月 31 日，石牌保卫战进入关键时刻。中美空军机群不停地飞临石牌上空，与日军飞机展开激烈的空战。当天，中美战机击落日军飞机 6 架。在这一天，中美空军还联合轰炸了荆州和宜昌两地的飞机场，击落日机 23 架，击伤 8 架。他们还多次向日军阵地投弹和扫射，造成日军大量伤亡。中国第七十四军及第二十九集团军先后克复暖水街、三家厂、新安，并进逼至公安附近。江防军正面进攻也十分顺利。

日军久攻石牌不下，被打死打伤 7000 余人，损失惨重。

魏碧海（军事科学院研究员）：

此时，日军已经连续作战 25 天，伤亡惨重，攻势受挫，横山勇被迫下达了撤退的命令，中国军队于是发起反攻，展开追击，战场形势发生了逆转。

6 月 1 日，日军第 3、第 39、第 58 等师团各一部，由石牌正面败退，在宜昌江边强渡时，遭中国军队猛烈轰炸扫射，日军死亡的人马辎重漂浮满江。在长阳墨市聂家河一带，中国军队围歼日军第 13 师团 3000 余人。

中国军队向敌人射击

6月3日，中国追击部队迫近宜昌城郊，炸毁日军的渡河器材，并夜袭了日军第13师团的司令部。中国江防军完全恢复了战前的态势。

6月8日，中国军队收复宜昌，6月9日收复枝江城，6月10日，长江南岸的日军从沙市和石首附近渡江，全部撤退到北岸。

至6月20日，长江以南及滨湖地区的日军均被肃清，中国军队全线阵地都恢复到5月4日以前的态势。

鄂西战役结束。

彭训厚（军事科学院研究员）：

战后战报统计，陈诚称日军被消灭25830人，自身伤亡仅1万多人，可谓取得了空前的大捷。但是到了二十世纪八十年代末，台湾的统计表明，第六战区在此次战役中共牺牲23550人，负伤18295人，失踪7270人，共计损失49115人。

鄂西战役历时月余，中国第六战区以14个军的兵力，依托要塞工事和凭借长江天险，抗击日军6个师团和1个旅团的进攻，挫败其进攻锐势后，发起反击，收复失守的阵地，追歼撤退的日军，共毙伤敌 1 万余人。在鄂西战役中，中国空军和美国空军第 14 航空队，自 5 月 19 日起，对汉口、荆门、沙市、宜昌等地的日军机场及前线阵地，进行了猛烈的攻击，共出动驱逐机 326 架次，击落日机 41 架，炸毁日机 6 架，破坏日军机场 5 处，炸毁日军阵地及军事设施 6 处，炸沉炸伤日军舰船 23 艘，毙伤及毁坏人马车辆甚多。在鄂西战役中，已开始出现敌我空中优势易手的征兆。鄂西战役也是中国对盟军在太平洋战场的有力支持。战役中，曾经在中国战场的日军甲种精锐师团第 13 师团，原定调往太平洋战场迎战美军，经过鄂西战役，元气大伤，不再具备机动作战能力。

第 111 章　常德战役

2014 年 9 月，一部由中国电影集团和湖南楚城影视文化制作有限公司出品的电影《喋血孤城》在台北上映,再一次牵动了海峡两岸同胞的心。电影《喋血孤城》讲述了 1943 年 11 月发生在湖南常德的一场异常惨烈的城市保卫战。

常德，位于湖南省西北部，居沅江下游，扼湘西北水陆交通之枢纽，是物资集散之地，中国军队之谷仓，且西屏川黔，东通长沙，北扼长江，距离当时的国民政府战时陪都重庆只有七百多公里，自古有“荆湘唇齿，黔滇咽喉”之称，历来是兵家必争之地，战略地位十分重要。

1943 年秋，太平洋战争的形势发生了根本性的变化，日军已被迫转为守势。为牵制中国军队参与印缅作战，日本中国派遣军向日军大本营提出“必须割断重庆同英美的关系，为此，除了付诸于武力，别无其他方法可寻”。日军参谋总长杉山元进一步认为，对中国采取攻势，“杀出一条血路是能最迅速地解决中国事变的唯一重要方策”。

1943 年 8 月 28 日，日军中国派遣军制定了《1943 年秋季以后中国派遣军作战指导大纲》，要求华中方面军第十一军对湖南常德发动进攻，“搜索并消灭中国军队的主力，摧毁中国第六战区的根据地，削弱中国军队继续抗战的企图，牵制可能调往云南的中国兵力，以策应南洋方面的作战”。

齐德学少将（军事科学院原军事历史研究部副部长）：

日军所以选择常德地区作为攻击目标，主要是因为常德的地理位置与重庆的关系所决定的，自从武汉失守以后，常德成为重庆大后方的重要屏障，如果日军攻占了常德，就可以直接威胁重庆，从根本上动摇国民政府的抗战信心。

1943 年 9 月，日军第十一军集中 5 个师团、5 个支队和 3 个飞行师团 130 余架飞机，共 10 万余人，在第十一军司令官横山勇的指挥下，对常德地区的中国军队发起了进攻。

横山勇，1889 年 3 月 1 日出生于日本千叶县，曾担任关东军第四军司令官，1942 年 12 月，调往中国南方，成为日军第十一军司令官。

1943 年 11 月 2 日，日军第 13 师团向东南进犯，到达常德以西地区；第 3 师团南下，到达常德西南地区；第 116 师团主力从澧县北方地区出发，占领常德北部地区；第 68 师团从鱼口附近出发，到达常德东南方地区。

而此时，驻守常德的中国守军已集中了第十、第二十六、第二十九、第三十三集团军，江防军及第九战区李玉堂兵团、欧震兵团，总共 30 个师约 20 余万人，100 多架飞机，在第六战区司令长官孙连仲的统一指挥下严阵以待。

孙连仲，著名抗日将领，曾是冯玉祥西北军的“五虎上将”之一。抗战爆发后，率部参加了平津抗战、太原会战和著名的台儿庄战役，协助陈诚指挥了鄂西战役，组织指挥了豫南战役、常德战役等，战功卓著。1990 年 8 月 14 日病逝于台北。

1943 年 11 月初，日军大兵压境。孙连仲决定诱日军于常德附近的沅水两岸，进行歼灭，命令第七十四军第 57 师固守常德，第四十四军固守太阳山、太浮山和盘龙桥，第十八军攻敌后方，另两个军向敌右侧背包围攻击，并另调军队逐次向常德增援。

1943 年 11 月 12 日，日军在拼命冲杀一周后，进展缓慢。横山勇决心改变主攻方向，留下第 39 师团于暖水街一带，对第十集团军进行牵制作战，其余主力调往新安、石门一线，进攻第二十九集团军正面。

石门位于常德西北澧水北岸，是南下常德的重要门户，是日军南下常德的必经之路。因此，日军在石门这个小县城布置了 2 个师团的主力。

此时防守石门的中国守军第七十三军，刚刚在鄂西战役中遭到日军包围，元气大伤。11 月 14 日在日军优势兵力的进攻下，第七十三军伤亡惨重，军长王之斌在接到军委会准许后，被迫撤出阵地，指挥所属各部进行突围。暂编第 5 师师长彭士量为掩护部队后撤，壮烈牺牲，年仅 38 岁。

马儒林（军事科学院研究员）：

11 月 21 日，日军先后占领了石门、慈利、桃源。日军第 116 师团已兵临城下，由西北向东南包围常德。

此时，第六战区第七十九军全力向石门、慈利之间挺进，攻击日军侧背；江防军由湖北三斗坪向湖南津市、澧县进攻，牵制日军；第九战区第十军等部由湖南衡山等地逐次北上增援。1943 年 11 月，坚守常德的是第二十九集团军第七十四军 57 师。作为中央军的精锐，其装备补给始终是优先保障的，并作为各大战场的紧急预备队，几乎参加了抗战时期华中战场所有的硬仗和恶仗。第 57 师，全师约 9000 多人，号称“虎贲之师”。

“虎贲”，是形容老虎奔走追逐野兽的意思。源于西周时期，王将对禁卫军的一种称谓。“虎贲之师”的称呼，是第57师在1939年上高战役时的英勇表现而获得的。

第57师师长余程万，1902年5月24日出生于广东台山，抗日名将，黄埔军校一期毕业，先后进入中山大学政治系和陆军大学深造，文武全才，25岁就成为少将。

余程万率部进驻常德以后，立即疏散城内居民，抢修城防工事，使常德成为一个坚固的防御阵地。

常德周围地形平缓，常德城形似笔架，城北是数十米宽的穿紫河，城东有柳叶湖作为屏障，城南是宽阔的沅江和海拔600米的德山。

齐德学少将（军事科学院原军事历史研究部副部长）：

从军事角度看，常德并不适合组织防御。它的南面是沅江，很难撤退。背水作战，历来是兵家大忌。国民政府进行南京战役时背靠长江布防就有深刻的教训。

根据常德的特殊地形，余程万决定调配第169团防守城北，第170团防守城西，第171团防守城东，城南则是沅江，形成背水一战的布局。第七十四军军长王耀武，见第57师守城任务艰巨而力量单薄，又将新编第一百军第63师第188团拨归余程万指挥，负责德山和沅江南岸的防务。

此时的日军已集结第116、第3、第68师团于常德城下，总兵力是常德守军的十倍。

于江欣（军事科学院研究员）：

此时蒋介石正在埃及参加开罗会议，他对常德保卫战极为重视，11月19日专门发来电报，命令“保卫常德而与之共存亡”。余程万当即复电：“保卫常德，本师官兵极感光荣，均抱与常德共存亡之决心。”

1943年11月18日，日军第68师团进攻徐家湖、牛鼻滩，常德保卫战就此打响。11月21日，日军户田部队4000多人全力猛扑德山。面对十倍于己的日军，中国守军新编第一百军第63师第188团将士经过反复争夺，最终寡不敌众，除少数人突围外，200多人壮烈牺牲。11月23日，德山陷落。

11月25日夜，日军在飞机和火炮的支援下，向常德发起总攻。首先，日军猛攻常德东门，地面部队像潮水般涌进来，中国守军伤亡惨重。第169团团长柴意新率领预备队增援，在东门与日军展开拉锯战。11月27日10时，面对猛烈进攻的700多名日寇，第169团1营副营长董庆霞和机枪连连长来汝谦带领一排士兵冲出战壕，用手榴弹发起反击，炸死日军 100 多人，但最终没能阻挡住日军的进攻，常德东门失守，董庆霞、来汝谦为国捐躯。

与此同时，攻下河洑镇的日军第 116 师团，在几十门大小炮的掩护下，调集 15000 余人开始向常德西郊发动全线攻击。守卫西大门的中国守军第 170 团奋力抵抗，伤亡惨重。第 1 营，排以上军官全部牺牲。团长不得不把大量勤杂人员，甚至把全城的警察都编入了部队。面对日军的疯狂围攻，中国守军第 170 团的将士们毫不畏惧，拼死抵抗。

11 月 28 日，城北的中国守军已经与日军鏖战 3 天，伤亡已超过百分之九十。城南虽然有天然屏障沅江的阻拦，但在日军四五波猛攻后，中国守军也不得不撤至常德城楼及城墙坚固工事。

1943 年 11 月 28 日，熊熊的烈火，一发发炮弹早已把这座昔日的古城变成了一堆废墟。而就是在这堆废墟中，中国守军第 57 师的将士们依凭城内各条道路上设立的火力点与突入常德的日军展开了激烈的巷战。

日军在巷战中损失惨重，进展缓慢，为了迅速“取得战果”，日军命令各部队施放毒气 80 余次，中国守军官兵只得以浸过水或尿的毛巾掩住口鼻，坚持战斗。

炮击下的常德城

12 月 4 日，常德城的日本士兵

在此期间，中国空军第 4、第 1 大队以及美国空军第 14 航空队，先后出动各型飞机袭击常德外围日军增援部队，击沉汽艇、木船 40 多艘，毙伤大量日军。

同时，预备第 10 师师长孙明谨奉令率部 8000 余人，从驻地衡阳赶来增援，在常德外围的赵家桥一带，遭到日军第 3、第 13 师团主力的堵截。孙明谨亲率部队发起反击，不幸被日军机枪射中，壮烈殉国。

马儒林（军事科学院研究员）：

战至 12 月 2 日，常德城内防御阵地已被压缩到纵横仅 400 公尺的狭小范围内，全师官兵 9000 多人，仅剩下 321 人，而援兵仍迟迟不至。

1943 年 12 月 3 日凌晨，余程万召开紧急军事会议，决定乘夜突围。第 169 团团长柴意新主动请求留守城内，率第 169 团余部 51 人，掩护部队突围。

会议结束后，余程万率领突围部队趁着夜色翻越南城墙，乘小船渡过沅江突出重围。12 月 3 日黎明，柴意新团长指挥部队突进到府坪街，在春申墓前做最后冲锋时，不幸中弹身亡，随从官兵也全部牺牲。常德失陷。

于江欣（军事科学院研究员）：

常德保卫战，中国军队以 1 个师，9000 多人，孤军奋战 16 个昼夜，抗击日军 3 万人的进攻。在敌我兵力兵器悬殊的情况下，达到了吸引牵制敌军的目的，并给日军以沉重打击。

在常德血战的同时，第六战区司令长官孙连仲急调第一百军和第十军向常德驰援。军委会也命令二线兵团第十八、第四十四军迅速从西北向常德靠拢，欧震兵团的第五十八军和第七十二军也由南向常德逼近。1943 年 12 月 5 日，增援部队陆续赶到，对日军逐步形成包围。

12 月 7 日，欧震兵团第五十八军、第七十二军到达常德外围，协同第六战区部队向日军发起反击。

12 月 8 日，日军被迫撤出常德，向北溃退。

12 月 9 日，第五十八军会同第七十二军收复常德。至 12 月 22 日，中国军队先后收复常德周围各县。常德战役就此告终。

常德战役，历时 50 多天，中国军队以付出伤亡 4 万余人的代价，毙伤日军 2 万余人，迟滞了日军的进攻，并以反攻恢复了战役前态势，沉重地打击了进犯的日军，破坏了日军南下的作战企图。

中国军队反攻常德

第 112 章　中国远征军入缅作战

缅甸位于中南半岛西北部，其北部和东北部与中国西藏、云南相邻，东部和东南部与老挝、泰国接壤，西部和西北部与印度交界。缅甸控制着由马六甲海峡进入印度洋区域的要冲，且为陆上通往中国和南亚次大陆的重要门户，战略地位十分重要。

1941 年 1 月，英国政府任命丹尼斯少将为驻华武官，代表英国政府向重庆方面提出中英结成军事同盟共同抗日的建议。

1941 年 1 月 2 日，丹尼斯少将正式邀请中国军事考察团前往缅甸、印度、马来亚进行军事考察。中国方面组成了以商震为团长、林蔚为副团长的“中国缅印马军事考察团”。考察团经过三个多月的军事考察，撰写了《中国缅印马军事考察团报告书》，其中最重要的是中英缅共同防御计划草案。

1941 年 12 月 23 日，中英在重庆签署《中英共同防御滇缅路协定》，中英军事同盟形成。中国为支援英军在缅甸抗击日本法西斯，并保卫中国西南大后方，组建了中国远征军。

马骏（国防大学教授）：

中国远征军域外作战，1 月 2 号，为了落实联合宣言，中国战区成立，表明中国的战场真正地和世界的各个反法西斯战场同仇敌忾，连在一起了。

卫立煌

1942 年初，中国组建中国远征军第一路军，司令长官卫立煌，准备入缅作战。但是，当时英国最高军事当局担心中国军队入缅会扩大中国的影响，危及英国在缅甸的殖民统治，因而否定了中国军队入缅布防的意见。

1942 年 1 月 20 日，日军第十五军司令官饭田祥二郎中将指挥第 55、第 33 师团由泰国西部的麦索地区突破泰缅边境。

饭田祥二郎，1888 年出生于日本山口县，

卫立煌在前线作战

1908年5月毕业于日本陆军士官学校，1937年3月，晋升为陆军少将。

1942年1月22日，日军第十五军占领高加力，1月31日占领缅甸第二大港口城市毛淡棉。2月8日，日军第55师团强渡萨尔温江，突破仰光以东第一道天然屏障。2月9日，日军南方军向第十五军下达了合围仰光，并准备北进曼德勒和仁安羌的命令。2月17日，饭田祥二郎中将在毛淡棉决定，第十五军全军出动以攻占仰光。

贺新城（军事科学院研究员）：

当时，前往印度访问的蒋介石途经缅甸腊戌，英缅军的总司令胡敦在1942年2月5日匆匆赶到腊戌，觐见蒋介石，要求中国远征军主力火速入缅。随后，英方接连数次请求中国远征军入缅。1942年2月16日，蒋介石在印度电告国民政府军事委员会，令停留在中缅边境的中国军队出动。

2月20日，日军第33、第55师团两路并进，渡过比里河，全力围攻米邻，迫使英印第17师于2月22日向锡唐河后撤。

锡唐河是一条宽450多米的大河，河上只有一座大桥。英印第17师主力尚未撤至河岸，守桥英军即遭日军快速部队的攻击。于是，守桥英军炸毁大桥，以阻止日军渡河。2月23日，英印第17师抵达锡唐河岸时，发现桥梁已被炸毁，面对滚滚河水，陷于绝境。英印第17师遭到日军追击部队的重创，仅有师长以下3000余人逃回勃固地区。

1942年3月，戴安澜率部赴缅甸参加远征军抗战

1942年2月，国民政府军事委员会紧急命令集结在滇缅边境待命的第五军、第六军依次入缅，紧急向缅南、缅东地区开进，同时任命第六十六军作为总预备队，总兵力约10万人。

3月4日，日军第55师团击溃英装甲第7旅的抵抗，突破仰光以东最后一条防线勃固河，于3月7日占领仰光东北方向100公里的佛都勃固。此时，仰光的形势已经非常危急。3月8日上午，日军第33师团几乎兵不血刃进占了仰光。

1942年3月上旬，中国远征军第五军第200师作为先头部队抵达缅甸，准备援助守卫仰光的英军。然而，英缅军却于3月8日放弃了仰光。

1942年3月8日,第200师在师长戴安澜的率领下进抵东吁,接替英缅军防务。

戴安澜，原名戴炳阳、字衍功、自号海鸥，安徽省无为县人，1926年黄埔军校三期毕业，抗日战争时期曾先后在古北口、台儿庄、昆仑关等地立下赫赫战功，是第二次世界大战中第一位获得美国勋章的中国军人。

日军占领仰光后，开始分兵作战行动。西路以第33师团沿伊洛瓦底江向仁安羌进攻；中路以第55师团向东吁进攻，然后向曼德勒发展。随后，命令在仰光登陆的第56、第18师团在东吁附近集结，第56师团向东路进攻，直插腊戍，切断中国远征军的回国路线，第18师团加入中路主攻方向，进攻曼德勒。

3月20日，日军第55师团在航空兵的配合下，向东吁外围阵地发起攻击，遭到了第200师官兵的顽强抵抗。

3月29日，日军第56师团也赶到了东吁加入围攻，第200师陷入苦战之中。中国远征军副司令长官杜聿明鉴于已不能迅速集中主力与日军决战，以解东吁之围，于是命令第200师于3月29日晚突围，东渡锡唐河。至此，历时12天的东吁保卫战结束，中国远征军共歼灭日军5000多人。

贺新城（军事科学院研究员）：

1942年4月2日，蒋介石决定由罗卓英接替卫立煌，出任中国远征军司令长官。4月5日，蒋介石亲赴眉苗，主持召开了中国远征军第五军、第六军高级将领会议，要求集中主力在彬文那与日军决战。同时要求英军不惜代价，据守约定地区。

日军占领东吁后，开始实行曼德勒计划。4月5日起，日军第55师团依次向耶达谢、斯瓦等阵地实施猛烈攻击。4月11日，日军第18师团也加入攻击。中国远征军新编第22师逐次抵抗，日军伤亡甚重，不敢冒进。激战至4月16日，新编第22师进入彬文那既设阵地。

正当中国远征军第五军彬文那会战准备大体就绪的关键时刻，东西两翼遭到了日军的威胁。在此情况下，担任中国战区参谋长兼任中国远征军总指挥的史迪威和中国远征军司令长官罗卓英于4月18日下令，放弃彬文那会战北撤，准备曼德勒会战。此时，英军已全然不顾与中国远征军配合作战，决定放弃缅甸，全线撤退印度。

4月17日，仁安羌油田沦入敌手，英缅第1师和英装甲第7旅一部在仁安羌以北被围。英缅军总司令亚历山大急电中国远征军司令长官部，请求解救被包围在仁安羌的英军。中国远征军长官部即令第六十六军新编第38师副师长齐学启率第113团赴皎勃东地区增援。

4月16日，日军作间部队推进至仁安羌以东5公里处，以一个中队的兵力直趋凯敏，其主力向仁安羌东北挺进。4月17日，日军荒木部队攻占马圭，切断了马圭至仁安羌的公路，直趋凯敏的作间部队一个营攻占了宾河北岸渡口。

贺新城（军事科学院研究员）：

此时，日军第33师团主力迎面逼近英缅军，英缅军惊恐万状，不断向中国远征军呼救。中国远征军长官部于是命令新编第38师师长孙立人率主力增援。

4月17日11时，先期到达皎勃东地区的新编第38师113团迅速进至宾河北岸，乘夜完成攻击准备。4月18日拂晓，在英缅军轻型坦克12辆及3门火炮的支援下，第113团向日军展开攻击，激战至中午，将日军击溃。

为解救英军危急，已抵前线的新编第38师师长孙立人于4月19日拂晓向日军实施猛烈攻击。至当天下午14时，终将日军击溃，收复了仁安羌油田，解救英军7000多人及被俘的英美传教士、新闻记者500多人。缴获汽车100多辆、战马1000多匹。

此时，中国远征军陷入了困境。中国远征军入缅之初，由第六军担任景栋至孟畔地区的守备。在东路的莫契、垒固、东枝广大地区，仅有暂编第55师分兵防守，力量薄弱。东吁失陷后，日军第56师团东进，经莫契、垒固、东枝、雷列姆，直插腊戍，切断了中国远征军的回国路线。史迪威和罗卓英急忙下令放弃曼德勒会战，遂令中国远征军向印度境内撤退。

史迪威为孙立人颁发奖章

贺新城（军事科学院研究员）：

日军第56师团一部抢先占领了怒江上的灰土桥，切断了中国远征军的退路，英美方面要求中国军队以难民身份撤入印度。杜聿明不愿撤入印度，经请示蒋介石，决定率部经密支那向中国境内片马、腾冲方向撤退。

1942年5月13日，杜聿明率军部直属部队及新编第22师，开始在森林中向胡康河谷的大洛和新背洋退却。时值雨季，行军途中暴雨连日、山洪暴发、道路艰难，部队弹尽药绝，官兵疾病交加，仅新编第22师就因疾病死亡2000余人。

5月31日，第五军军部直属部队及新编第22师奉命改道入印，在美国空军空投粮药的支持下，至7月25日抵达印度利多。新编第38师奉史迪威命令折往印度，未受重大损失，保持完整的建制，安全抵达印度英帕尔。

第五军第96师和炮兵、工兵一部，奉命经孟拱、孟关、葡萄返回滇西。部队于6月14日到达葡萄，转进至山高路险、毒蛇蚊虫遍地的野人山区，粮药断绝，死伤惨重。余部历经千辛万苦，翻过高黎贡山，于8月7日抵达滇西剑川。

第五军第200师奉命向北转移，沿八莫、南坎间撤退。5月18日，在穿越西保—摩谷公路封锁线时，遭受日军伏击。师长戴安澜在率部奋战中，身负重伤。

史迪威将军向一群中国残疾军人脱帽致敬。这些伤残军人将在这里学习编织、铁匠等职业技能，以便脱下军装，重返社会

戴澄东（戴安澜之子）：

到了5月26号这天下午，突然父亲清醒了，这个时候郑庭笈步兵指挥官和参谋长在他旁边问："师长，下一步我们部队怎么办啊？"父亲在地图上指，意思就是从这条路上走，讲完以后，他自己觉得没有力气了，抬起头，对着北方看看，就倒下来了。

5月26日晚，在缅北茅邦村，戴安澜因伤重殉国。第200师官兵由郑庭笈率领，于6月17日抵达云南腾冲附近，6月29日转到云龙，全师所剩官兵仅2600余人。

第六十六军除新编第38师撤至印度外，其余各部在腊戍失守后，主力沿滇缅公路逐次在维新、贵街、畹町、芒市等地拒止日军，并向龙陵、惠通桥方向撤退，在国内部队接应下，辗转至永平。

退至景栋一带的第六军于4月30日获悉腊戍失守，遂向景栋附近的缅、泰、老边境转移，分别撤回国内。

贺新城（军事科学院研究员）：

1942 年秋，国民政府为戴安澜举行了隆重的追悼会。中国共产党和八路军领导人高度赞颂戴安澜的英雄气概。毛泽东、朱德、彭德怀赠送挽联。1942 年 10 月，国民政府追赠戴安澜为陆军中将。美国总统授予戴安澜将军军团功勋章，以表彰他在缅甸战役中的显著战绩。

中国远征军应英方的请求，紧急入缅支援英军对日作战，历时近半年，转战 1500 余公里，浴血奋战，屡挫敌锋，使日军遭到沉重打击，多次给英缅军以有力的支援，受到中外人士的钦佩。

马骏（国防大学教授）：

中国在联合国这么重要，就是在第二次世界大战和抗日战争的作为所换来的，其中就包括入缅作战。如果看这场远征军作战，这个军队是民族的军队。他们的历史功绩，我们后人不要忘了。

中国远征军的苦战虽未能挽回缅甸防御战的颓势，但中国远征军首次出国与盟军协同作战，为世界反法西斯战争的胜利做出了重要贡献。

第 113 章　缅北滇西反击战

1942 年 5 月，日本占领缅甸。作为盟军亚洲太平洋战场重要基地，缅甸的失陷对同盟国的总体战略产生了十分不利的影响。

在中国方面，由于滇缅公路的截断，中国失去了取得国际援助的唯一陆上通道，使中国战场的处境更加艰难，进而影响到美国利用中国抗战牵制日军，以及在中国建立进攻日本本土作战基地的战略。对于英国来说，日军占领缅甸即打开了进攻印度的门户，一旦日军拿下英国在东方防御的枢纽——印度，则可实现与德国会师远东的企图。而对于美国，此时在太平洋战场上的军事压力和驼峰航线的空运负担变得愈发沉重，美国要实现其亚洲政策，使中国将来成为反攻日本的跳板，就必须打通滇缅公路，保证国际援华物资输入。

张明金（军事科学院研究员）：

中国率先提出了收复缅甸的战略计划，并就此同英美进行了多方的协商，但是由于中英美三国，战略目的和各自的利益所在不同，收复缅甸的战略计划也是一波三折，最终把反攻的时间定在了 1944 年的春天开始实施。

中国战区参谋长史迪威，在 1942 年 7 月 18 日和 29 日制订了详细的反攻缅甸计划，其中主要是中国驻印军从印度利多出发，翻越野人山，突破胡康河谷和孟拱河谷，夺占缅北重镇密支那，与云南的中国远征军会师取道南下，并向八莫方向展开进攻，与仰光登陆的英军汇合，并挥师东进，收复全缅甸。

当时，中国驻印军集结于印度东北部的“兰姆伽”，这里丘陵起伏，人烟稀少。1942 年 6 月，史迪威提出，以此作为训练基地，并由美国提供训练计划和装备，英国人提供膳食、水电、医药、运输等事务，中国军官则执行纪律和管理日常生活，由中美英三国通力合作，使训练顺利进行。

1942 年 8 月，国民政府军事委员会撤销中国远征军第一路司令长官司令部，成立中国驻印军总指挥部，负责中国驻印部队的整训。史迪威任总指挥，罗卓英任副总指挥。郑洞国任中国驻印军军长，孙立人任副军长兼新编第 38 师师长，廖耀湘担任新编第 22 师师长。

在中国驻印军整训的同时，驻守滇西的中国军队也进行了整训。1943 年 2 月，

中国远征军在缅甸

国民政府军事委员会决定重建远征军，任命时任第六战区司令长官兼湖北省政府主席的陈诚为远征军司令长官。1943 年 4 月，陈诚在云南楚雄设立远征军司令长官部，辖宋希濂的第十一集团军和霍揆彰的第二十集团军，计有第二、第六、第八、第五十三、第五十四、第七十一军和一些直属师。

就在盟军准备收复缅甸之际，日军也开始调整战略部署。1943 年 3 月 27 日，日军设立缅甸方面军，由河边正三任司令官，统一指挥缅甸作战。随后日军又向缅甸陆续增派了近 5 个师团的兵力。至 1944 年 4 月，日军缅甸方面军已辖有第十五、第二十八、第三十三军共 3 个军 9 个师团又 1 个独立混成旅团，另有 5 个飞行师团配合作战。日军在缅甸的兵力部署为：第十五军司令官牟田口廉也中将率第 15、第 31、第 33 师团位于曼德勒西北地区，执行“乌”号作战。第二十八军司令官樱井省三率第 2、第 54、第 55 师团，位于缅甸西南及沿海地区，实行对阿恰布的进攻。第三十三军司令官本多政材率辖第 18、第 53、第 56 师团，担任阻击中国驻印军于缅北和阻击中国远征军于滇西的持久作战。至此，部署在缅甸的日军激增到近 30 万人。

中国远征军入缅作战示意图（1945.1.2）

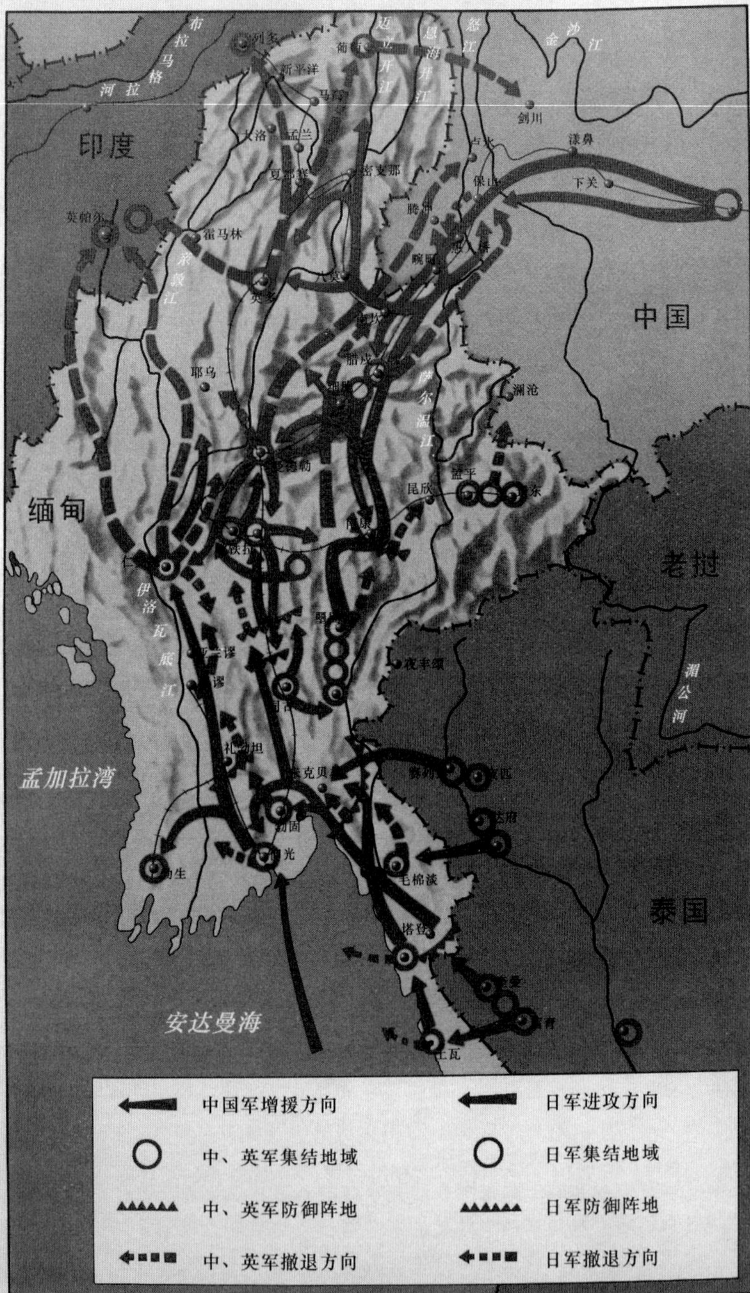

中国远征军入缅作战示意图

张明金（军事科学院研究员）：

胡康河谷在缅语中为"魔鬼居住的地方"，此地河流湍急，绝谷绵亘上千里，当地人将这片方圆数百里的无人区称之为野人山，中国的远征军在第一次入缅作战撤退的时候，曾在野人山内损失惨重。

1943 年 10 月 24 日，史迪威把新编第 22、第 38 师分为左右纵队，缅北反攻作战由此展开。同时开拔。右纵队于 1 月 31 日攻克大洛，左纵队于 2 月 1 日攻克太白家。两路兵锋直逼孟关。

孟关是缅北军事重镇，为胡康河谷之要冲。当时防守缅北的是号称"常胜师团"的日军第 18 师团。但在中国驻印军的凌厉攻势下，日军第 18 师团各部节节败退。

1944 年 2 月 18 日，中国驻印军新编第 22 师以大奈河为作战地境，向孟关发起攻击，其用意主要是骚扰和牵制日军主力。

与此同时，美军第 5307 支队，由孟关以东外围迂回向瓦鲁班攻击前进。新编第 38 师主力向东作大纵深迂回，先后攻克于卡、拉树卡等孟关的日军外围据点。3 月 3 日，三路大军对孟关日军形成纵深包围，激战至 3 月 5 日，攻克胡康河谷日军核心据点孟关。

日军第 18 师团主力大部被歼，仅一部突围向瓦鲁班方向溃败，中国驻印军当即南下追击，于 3 月 9 日攻克瓦鲁班，3 月 15 日攻占丁高沙坎。

此役，共歼敌 1.2 万余人，缴获武器辎重无数，就连日军第 18 师团师团长田中新一的关防大印也一并缴获。

3 月 29 日，新编第 38、第 22 师攻克天险杰布山，打开了通向孟拱河谷的门户；6 月 16 日，占领卡盟，粉碎了日军企图阻止中国驻印军于孟拱河谷以待雨季来临的计划；6 月 24 日，中国驻印军占领孟拱，解救被日军围困的英军第 3 师 77 旅，全歼据守的 7000 余日军；7 月 11 日，打通从甘马因经孟拱到密支那的铁路、公路交通，为中国驻印军攻克密支那，打通中印公路，取得缅北反攻的胜利打下了基础。

至此，缅北的日军大部分被歼灭。

1944 年 7 月 7 日，中国驻印军军长郑洞国和新编第 38 师师长孙立人直接指挥第 30、第 50、第 14 师一部向密支那发起总攻。

激战 72 小时后，于 7 月 16 日晚进入密支那市区。

至 8 月 5 日，中国驻印军全部占领密支那，日军大部被歼，残部仓皇向八莫撤退。此役，中国驻印军共消灭日军 2700 余人，俘日军 70 余人，密支那城防司令水上源藏少将剖腹自杀。

中国远征军第二次赴缅作战

张明金（军事科学院研究员）：

由于日军丧失了在缅北的重要基地和空军机场，经驼峰航线空运的飞机既消除了日军战斗机的阻截，又避开了最恶劣的飞行条件，使得空中运输的战略物资极速增加，这对于正在困难中坚持抗战的中国无疑是一个巨大的支持。

早在 1943 年 11 月，国民政府任命卫立煌为中国远征军司令长官。1944 年 5 月 11 日，新组建的 20 万中国远征军在总司令卫立煌的率领下，开始了向滇西日军的大反攻。

卫智（中国远征军总司令长官卫立煌之孙）：

卫立煌实际上是第二次入缅作战，1943 年底接陈诚远征军司令长官，到 1944 年大概五六月份开始从印缅北向日本军队进攻。

国民政府军事委员会鉴于中国驻印军已开始进攻密支那，日军难以调兵增援滇西，遂于 5 月 22 日命令中国远征军迅速攻占腾冲、龙陵，与中国驻印军会师缅北，打通中印公路。5 月 11 日午夜，第二十集团军强渡怒江成功，随即向高黎贡山、腾冲之敌发起进攻。沿途各据点日军负隅顽抗，战斗十分惨烈，双方均伤亡惨重。

卫智（中国远征军总司令长官卫立煌之孙）：

我去过缅甸当地参观战场，像腾冲战场，由于它是石头做的城墙，一般的炮都打不穿，最后靠空军炸弹，炸弹下面专门钉了钢筋的一部分，扔到城墙上不能让它弹开，这样才把城墙给炸开，才攻进去。后面最后一个据点也是靠飞机的火箭弹给轰开的。

直到 7 月 27 日攻下腾冲城之屏障来凤山，才将日军残部全部压制在腾冲城内。8 月 2 日，中国远征军出动 60 架飞机和大量火炮轰击腾冲城，但日军拒不投降。为尽快地解决战斗，攻城部队与日军展开了白刃战。战斗持续到 9 月 14 日，在第二十集团军全力打击下，日军开始烧毁军旗和通讯密码，破坏无线电机，并发起自杀式冲锋，最终被中国远征军全部歼灭。

1944 年 8 月，中国远征军第五十三军在腾冲的街头阵地

赵振英（中国远征军新六军第 40 团第 1 营少校营长）

去缅甸，我们是由腾冲那边走得多，由腾冲坐飞机走过。我有一个朋友在第 42 团当营长，最后他还给了我一个小的日本旗子，那是战利品。

中国远征军第十一集团军对龙陵的进攻更加艰苦卓绝。龙陵是日军滇西防御体系中 4 大据点之一，且为滇缅公路上的要点，日军第 56 师团主力以龙陵为核心，在其前方配置两大据点——松山和平戛，其中松山据点最为坚固。

张明金（军事科学院研究员）：

松山是一座海拔 2690 多米高的险峰，居高临下，直接威胁着滇缅公路的要冲，因此战略地位非常重要。由于此处地形险要，山高林密，而日军又在这里苦心经营了两年之久，以致日军发出狂言，中国军队休想攻取松山。

6 月 4 日，第十一集团军第七十一军第 28 师首先向松山发起进攻，松山日军凭险顽抗，第 28 师久攻不下，伤亡惨重。6 月 20 日，卫立煌急派第八军第 1 师开赴松山，接替第 28 师。自 7 月开始，第八军对松山发起了多次进攻，逐次占领了一些前沿阵地和独立据点。7 月 25 日，第八军对松山日军发动了全面总攻，在飞机、重炮不断向日军阵地轰炸的同时，第八军官兵直接冲入日军阵地展开肉搏战，即便如此，仍进展不大。

此时，蒋介石命令："第八军于 9 月上旬内收复松山，如违限不克，军、师、团长将以贻误战机论处，依军法从事。"为避免伤亡过重，第八军命令工兵营在松山峰顶日军阵地垂直下约 30 米处，掘进两条地道，构成两个炸药室，装进 10 吨 TNT 炸药。9 月 8 日晨，炸药起爆，整个松山顶峰被炸飞，松山日军第 113 联队全军覆灭。经过 3 个多月的苦战，终将松山攻克。

就在松山激战正酣之际，第十一集团军主力于 6 月 5 日向龙陵攻击前进，但因连日大雨，后方补给不畅，使日军得以喘息之机，抽调腾冲、芒市援军，向中国军队围攻部队两翼猛烈反攻，围攻部队不得以退守龙陵外围据点。从 7 月开始，第十一集团军向龙陵多次发起大规模进攻，日军亦进行了增援反攻，虽我方裹足不前，日军亦突围无望，双方伤亡极大，陷入了艰苦的拉锯战。战斗持续到 10 月底，此时的日军被困 5 个月之久，第十一集团军再次发起总攻，至 11 月 6 日才全部攻克龙陵外围据点及市区，日军大部被歼，仅少数向芒市方向溃逃。龙陵之战是滇西反攻中持续时间最长，所动用兵力最多的战役，毙伤日军一万余人。

至此，滇西日军已大部被歼。为迅速打通中印公路，与中国驻印军会师，远征军乘胜追击，沿滇缅公路及其两侧攻击前进，并于 1945 年 1 月攻占畹町。随后，中国远征军越过国境，进入缅甸追歼日军。

与此同时，利用雨季在孟拱、密支那地区进行整补的中国驻印军，扩编为新一军和新六军，孙立人和廖耀湘分别任军长，并于 10 月中旬率部沿密支那、八莫公路南下，发起缅北战役第二期攻势。至 1945 年 1 月，先后夺取八莫、南坎，并于 1 月 27 日攻克芒友。

1945 年 1 月 27 日，中国远征军与中国驻印军在芒友胜利会师，中国西南国际补给线中印公路遂告完全打通。

缅北、滇西反攻作战，从 1943 年 10 月至 1945 年 3 月，共历时 17 个月。中美英联合军队以伤亡约 6.7 万人的代价，全歼日军第 18、第 56 师团，重创第 2、第 49、第 53 师团，歼灭日军 4.8 万余人，使日军在东南亚的溃败成为定局。

缅北、滇西反攻的胜利，弘扬了中国人民的国际合作精神和民族牺牲精神，提高了中国的国际声望。这一胜利，不仅打通了中国西南国际交通线，把日军赶出了中国西南大门，支援了国内正面战场的作战，鼓舞了全国人民的抗战斗志，而且沉重打击了侵缅日军，为盟军收复全缅甸创造了有利条件。同时，也减轻了盟军在印缅地区和太平洋地区的压力，有力支援和配合了盟军的对日作战及东南亚人民的抗日斗争。

第 114 章　豫湘桂作战

豫湘桂是指中国河南、湖南、广西等地区，纵贯中国南北几千余里。就是在这片广袤的土地上，曾经发生过中国抗战史上国民党正面战场的第二次大溃退。日军所到之处残暴地烧杀抢掠，使得战争中几十万难民颠沛流离，每天数百人死于疾病冻饿。

这场战役，日军兵力累计达 51 万人，火炮 1500 门、坦克 800 辆、汽车 15550 辆、战马 10 万匹。中国军队以共约 100 万兵力进行抗击。

齐德学少将（军事科学院原军事历史研究部副部长）：

在豫湘桂战役中，日军参战人数之多、作战地域之广、作战时间之长，都超过日本陆军以往的任何一次战役。在太平洋战场节节败退之际，日本侵略者还使用如此庞大的兵力在中国战场发动进攻，是日本军国主义回光返照式的最后挣扎。

1943 年，世界反法西斯战争不断取得新的胜利。在太平洋战场，面对美军日益强劲的进攻，日军节节败退。日本本土与东南亚海上交通线已被切断，中国的长江补给线也在中美空军的监视下受到严重威胁。特别是 1943 年 11 月 25 日，驻华美国空军出动 20 多架战机空袭台湾新竹的日本海军航空基地，令日本人震惊不已，因为这预示着美国空军已经有能力对日本本土进行打击。日本大本营决定发动打通中国东北到越南的大陆交通线，同时摧毁沿线地区的中美空军基地。日军大本营将这次战役命名为“一号作战”。

1944 年 4 月，日军华北方面军司令官冈村宁次指挥 4 个师团、4 个独立旅团以及坦克第 3 师团、骑兵第 4 旅团，总计约 15 万人，向郑州、洛阳地区发动进攻。

冈村宁次，日本帝国时代陆军大将，是制造“五 · 三”济南惨案的主凶之一，疯狂推行烧光、杀光、抢光的“三光政策”。

中国第一战区司令长官蒋鼎文指挥 8 个集团军、1 个兵团共 17 个军约 40 万人，依托黄河南岸既设河防阵地抗击日军。

蒋鼎文，早年毕业于浙江陆军讲武学堂，历任中国第四集团军总司令、西安行营主任和第十、第一战区司令长官。

4 月 18 日零时，冈村宁次亲率第 37 师团及第 7 旅团渡过黄河，向第一战区河汜守备部队发起猛烈进攻，豫中战役就此打响。日军迅速突破中国第十五军阵地，短短四天时间，郑州、新郑、尉氏等地相继沦陷。4 月 30 日，日军集中兵力将许昌团团围住，发起猛烈攻击。

田越英（军事科学院研究员）：

许昌位于中原腹地，是平汉铁路线上的要冲。日军要打通平汉线，必须先拿下许昌。

防守许昌的是新编第 29 师，兵力不足 3000 人，师长吕公良在誓师大会上慷慨陈词："我们身为军人，守土有责，誓与许昌共存亡！"中国守军接连打退日军 4 次冲锋，激战至黄昏，日军坦克冲入城内，中国军队与日军展开巷战。由于寡不敌众，战至深夜，师长吕公良、副师长黄永淮壮烈殉国，许昌失守。

吕公良，毕业于黄埔军校，参加过台儿庄等一系列举世闻名的战役，立下赫赫战功。1944 年殉国时仅 42 岁。他给妻子留下遗书："打仗是军人的本分，希望与敌一拼，恐怕此信到时，我已在与敌人拼命了，不必过分代我伤心，当军人不打仗还有何用！"

1944 年 5 月 7 日，日军第 27 师团从许昌南下攻占郾城。与此同时，由信阳出发的日军第 11 步兵旅团，由南向北攻占遂平。8 日，南北对进的这两支日军部队会师攻占西平，打通平汉铁路。5 月 19 日，日军对洛阳发动攻击，中国守军第十五军和第十四军第 94 师英勇抵抗。日军三次突入洛阳城关，都被守军击退。战至 5 月 22 日，日军在洛阳城下遗尸 700 多具，坦克被击毁 10 余辆。中国守军伤亡 3000 多人。5 月 24 日，日军后续部队投入战斗，发起总攻。中国守军弹尽援绝，被迫突围。洛阳于 5 月 25 日被日军完全占领，豫中战役结束。

马儒林（军事科学院研究员）：

豫中战役共进行 30 多天，日军打通平汉线南段，基本实现了预期作战目的。中国军队损失严重，丢失 38 座城市，河南省几乎全部沦陷。国民党守军没有充分利用地形，也没有主动地向日军侧后攻击，断绝日军交通补给。

就在洛阳陷落的同时，日本中国派遣军司令官畑俊六抵达汉口指挥作战。此时，日军第十一军的 8 个师团集结于岳阳附近，兵力达到 17 万人。

1944 年 5 月 26 日，日军兵分三路攻入湖南，长衡战役开始。6 月 18 日长沙失陷，日军进逼军事重镇衡阳。

田越英（军事科学院研究员）：

衡阳是贯通粤汉铁路、湘桂铁路的交汇点，也是通往东南各省公路的枢纽，战略位置十分重要。同时，衡阳也是美国空军在华的重要基地，这也是日军势在必得的原因。

1944年6月26日，日军组织1000余人的决死队，攻占衡阳飞机场，著名的衡阳保卫战打响。日军兵力11.6万，而中国守军第十军仅1.76万人。

6月27日，日军对衡阳进行围攻，中国守军被迫退入城内。6月28日，停兵山、高岭据点守军全部牺牲，无一生还，歼灭日军不下千人。之后日军不惜违反国际公法，施放毒气和硫磺弹，守卫五桂岭阵地之第7连，全连80余人中毒身亡。日机对衡阳城狂轰滥炸，囤积粮弹多被焚毁。战斗激烈异常，昏天黑地。日军一再遭受损失，被迫停战。

7月11日，日军发动第二次进攻，为摧毁中国守军抵抗意志，日军投掷大量燃烧弹，衡阳城内烈火熊熊，化为一片火海。中国守军仍死守不退，其中第8团在半日之内接连任命5个营长，均先后壮烈殉职。战至7月20日，迫使日军再次停止攻击。此时衡阳城内守军伤亡惨重，粮弹匮乏。中国士兵只能吃烧焦的米煮成的糊饭。受伤士兵无药品疗治，伤口多化脓，溃烂生蛆。

8月4日，日军开始第三次进攻。坚守衡阳城一个半月的第十军已疲敝异常，难以再战。8月7日，日军从衡阳城北门突入。军长方先觉与各师长联名向统帅部发出“最后一电”：“敌人今晨由北门突入以后，再已无兵可资堵击。职等誓以一死报党国，此电恐为最后一电。来生再见！”

第十军官兵守卫衡阳城达47昼夜，直至阵地全毁。8月7日夜，方先觉与日军谈判，衡阳于8月8日陷落。

马儒林（军事科学院研究员）：

衡阳保卫战是中国军队和侵华日军之间震惊世界的一战，是中国抗战史上双方伤亡最多、交战时间最长的城市攻防战。这一战的影响甚至震动日本朝野，东条英机内阁为之下台。

衡阳陷落后，日军从湖南、广东以及越南三个方向向广西进攻。广西是日军实现打通大陆交通计划的最后一道门户，桂林、柳州、南宁等地又是中美空军的重要基地。所以，中日双方对桂柳战役都非常重视。中国军队先后调集 9 个军约 10 万人参加战役。

1944 年 9 月 8 日，日军沿湘桂路两侧向广西急进，14 日占领广西东北要地全县。22 日，广西全境处于危急状态。

10 月 28 日，日军以 15 万兵力，300 多辆坦克，30 余架飞机，向桂林进攻。桂林守军只有广西桂军第 131 师，加上从各地自发进入桂林的地方民团，总兵力不到两万人，没有坦克飞机，大部分民团拿的还是土枪，但是桂林守军都抱着必死决心与桂林共存亡，士气高涨。

11 月 4 日屏风山、猫儿山等阵地失守，日军直接进攻桂林城。守军与日军展开巷战，他们把所有房屋修成碉堡，所有路口建起防御工事，所有水井都下了毒，实行焦土抗战。日军曾 27 次冲入桂林市中心，都因损失惨重而不得不撤出。地方民团敢死队甚至绑上手榴弹划着竹排去炸毁日军登陆艇，日军仅仅在漓江上就付出了阵亡 7000 余人的代价。

参战的日军军官有过这样的记录："自小听说桂林景色宜人，为世之罕见，但今日我军遭到自战争以来最凶猛的抵抗，城中到处都是枪声，到处都是地雷，全城都在肉搏，我大队 900 余人在战役结束后仅剩 70 余人，在战后从中国军队死尸上发现的武器竟然大多为我国 40 多年前已淘汰的火枪，如此简陋的武器居然令我们遭受到如此巨大的伤亡，虽为敌人，亦为之忠勇精神而感慨。"

第 131 师师长阚维雍率部与敌奋战，终因寡不敌众，自杀殉国。城防司令部参谋长陈济桓和第三十一军参谋长吕旃蒙突围途中遭遇阻击，双双殉国。

吕玲（第三十一军参谋长吕旃蒙之女）：

我父亲也率部冲杀，与日寇反复肉搏，10 日拂晓战死于德智中学附近，时年 39 岁。父亲将去桂林参战时，没有遗书，只是对我母亲周成益说："如果我阵亡了，你要把德芬（我的小名）送到蒋夫人办的遗属学校去读书，一定要把她培养成人。"

11 月 7 日，日军使用大量毒气弹攻击桂林各处守军阵地，其中七星岩内桂军官兵 800 余人大量中毒，日军此时冲入，桂军士兵用剩下的一点力气同日军肉搏，终因中毒后力竭和弹尽粮绝而全部牺牲。1945 年桂林光复后，七星岩抬出尸体 823 具，合葬于普陀山霸王坪，碑铭"八百壮士之墓"，右侧合葬"三将军墓"。祭奠"宁跳黄河死、不当亡国奴"的 800 壮士及三位殉国将军。

保卫衡阳中国军队战士之遗骸

吕玲（第三十一军参谋长吕旃蒙之女）：

桂林失守后，两百多眷属，百分之九十以上丈夫阵亡，日日夜夜都听到悲惨的哭声。韩练成参谋长在东南（广西省）召开的全军大会上痛斥国民政府："三十一军参谋长他们阵亡了，其眷属无人管，这样下去，谁抗日？"父亲阵亡后，母亲和我得到了陈明仁将军、韩练成将军的资助，解放后80年代初，又得到了程思远先生的帮助。

1944年11月24日，日军占领南宁。11月28日，日军驻越南部队第21师团从谅山北上，接连攻占龙州、宁明、明江等地，于12月10日，与南宁日军在绥渌会师。至此，日军在形式上完成了打通大陆交通线的任务。

豫湘桂作战，历时8个多月，中国军队损失近60万人，丢失大小城市146座，失去7个空军基地和36个机场，总计丧失国土20多万平方公里，使6000万同胞陷于日军铁蹄下，豫湘粤桂等省的战略物资全部落入日军手中，使中国人民的生命财产遭受了巨大的损失。

田越英（军事科学院研究员）：

豫湘桂作战的大败退，是国民党长期消极抗战以及政治、经济、军事腐败的结果。但是，参加豫湘桂作战的中国军队广大爱国官兵，付出了巨大牺牲。他们的英勇献身精神，永载史册。

日军虽然在豫湘桂作战中，侵占中国大片地区，形式上完成了打通大陆交通线的任务，但日军也损失惨重，其战线拉得更长、兵力更分散。所谓的大陆交通线，只不过是根本无法保障通行的一条空线。日本官方战史也不得不承认，这场战役在全盘战争指导上的意义和价值并不大。

第 115 章 国民党的敌后游击战

在抗日战争中，敌后游击战争具有重要的战略地位和作用。但是，在抗战初期，国民政府没有认识到敌后游击战争的重要性，而是把战略重点放在打单纯的正规战上，导致抗战初期，日军凭借相对先进的武器装备和明确的战略目标，长驱直入占领了大片中国领土。

1937 年 7 月 7 日，全国抗日战争爆发后，国民党统帅部曾经于 1937 年 7 月至 8 月召开会议，商讨对日作战方略。中共领导人周恩来、朱德、叶剑英等应邀参加会议。

姚有志少将（军事科学院原战略部部长）：

周恩来、朱德在会上提出，为维持战略持久作战，在部署上不宜实行正面消极防御和一线配置，而应将主力置于敌之侧后，“由阵地战转为平原与山地之扩大运动战”，在正规战之外，还必须广泛采用游击战术，牵制日军主力，扰乱日军后方。但是，中共的建议没有引起国民党统帅部的重视。

这时，正面战场的形势却越发紧张。随着上海、太原先后失陷，国民党军队为固守一城一地而浴血苦战，在节节抵抗中不断败退，损失惨重。而与此同时，中国共产党领导的八路军、新四军挺进敌后，进行抗日游击战争，建立了敌后抗日根据地，开辟了广大的敌后战场。中国共产党领导的敌后抗日游击战争的迅猛发展，对国民党军事当局产生了极大的影响。

国民党决定开展敌后游击战的部署是在太原失守之后进行的。当时，在山西的第二战区司令长官阎锡山准备西渡黄河撤往陕西。但是由于山西重要的战略地位，蒋介石命令第二战区所有部队立即转入山区实施游击，不得退过黄河。又命令参加太原会战的第一战区卫立煌第十四集团军继续留驻晋南，参加山西游击战。这是国民党在敌后开展大规模游击战争的开始。

张明金（军事科学院研究员）：

1937 年冬，国民政府军事委员会在武汉召开军事会议，副参谋总长白崇禧在会上提议：“应采取游击战与正规战配合，加强敌后游击……以收‘积小胜为大胜，以空间换取时间’之效。”白崇禧的建议，得到了蒋介石的采纳，随即通令各战区加强游击战，并命令来不及撤退而滞留于敌后的正规军就地进行游击。

在蒋介石的命令下，各沦陷区内的国民党军队陆续建立起游击区。

在山西，阎锡山将全省划分为7个游击区，在南部中条山、东南太行山和西南吕梁山开展游击战争；在山东，1937年10月，山东省第六区专员、保安司令范筑先将鲁西北各县保安队和区内各种武装整编为36个支队，共5万余人，成为当时华北最大的民众抗日武装；在江苏，南京沦陷后，国民党江苏省主席韩德勤在苏北把各县保安团组编成第八十九军，创立苏北游击区，在江苏省敌后开展游击战；在华中，第二十一集团军总司令廖磊兼任豫皖鄂边区游击总司令。以大别山为根据地开展游击战，并且在皖东津浦路、皖北、鄂东等地，分设若干游击根据地，牵制平汉、津浦路南段的日军。

田越英（军事科学院研究员）：

1938年，抗日战争转入战略相持阶段。1938年11月下旬，国民党在湖南衡山召开南岳军事会议，对抗战战略进行了较大调整。蒋介石在会议上提出新阶段的战略是："政治重于军事，游击战重于正规战，变敌后方为其前方。"并下令将全国现有部队的三分之一配置在日军后方担任游击。这次会议标志着敌后游击战正式成为国民政府抗日整体策略的重要组成部分。

南岳军事会议以后，国民党重新调整了全国战区，加强游击战争力量。1939年1月，国民党新设冀察和鲁苏两个游击战区，统一领导冀、察、鲁、苏四省游击作战。

冀察战区以鹿钟麟为总司令，下辖有石友三的第六十九军、朱怀冰的第九十七军、孙殿英的新编第五军、河北民军以及其他游击部队，总兵力约10万人。

鲁苏战区以于学忠为总司令，辖有第五十一军、第五十七军、第八十九军及新编第4师和海军陆战队，共7个师约10万人，还有地方武装15万人配合作战。

此外，国民党在敌后还陆续建立了豫东游击区、山西游击区、浙西游击区、鲁中游击区以及鄂豫皖边区，派出60个师的部队担负敌后游击作战，最高峰时，国民党敌后抗日武装达到近100万人。

为加强敌后游击战，国民政府军事委员会于1939年2月在湖南衡山举办了游击干部训练班，每期学制3个月，共举办了3期。学员大部分是全国各战区各部队选派的校级军官，不少人毕业于黄埔军校和南京军校。训练班由蒋介石任主任，并邀请中共派人任教，传授游击战争理论。

张明金（军事科学院研究员）：

中共中央派出了30余人的代表团，其中叶剑英担任了训练班的副教育长。在训练班教学中，尤其以叶剑英讲授的“游击战争概论”最受学员欢迎，连驻地附近的国民党军官也慕名赶来听课，有时听课人数多达两三千人，课堂容纳不下，只得在广场上讲大课。

国民政府军事委员会副参谋总长白崇禧非常欣赏毛泽东《论持久战》一书的战略远见，专门向训练班教育长汤恩伯推荐，要其将此书摘要印发学员们学习研究。随后，国民政府军事委员会又先后颁布《游击队整顿办法》《游击战纲要》等文件、教材，指导各地国民党军队开展游击战争。

随着国民党抗战战略的调整，以及游击战各项准备工作的实施完成，国民党军队的游击素养得到了一定程度的提升，在敌后对日军进行了一系列规模不等的作战。

1938年徐州会战期间，山西国民党军在晋南的游击战中给日军造成大量损失，最终迫使日军第20师团撤出蒲州、运城、平陆等地，有力地牵制了华北日军。

1940年秋，国民党军第147师组织了6个突击队，夜袭江西马当，消灭日军150多人，并焚毁了弹药库，将要塞内的日军大炮掉过头来，对准江中的日军舰船开火，击沉击伤日军舰船多艘。此次夜袭战，突击队没有一人伤亡。

1942年2月18日，日军第十一军司令官冢田攻乘飞机由南京飞往武汉，在途经安徽太湖县上空时，被中国军队高炮击落，机毁人亡。而发动这次袭击的正是在敌后进行游击作战的国民党军第138师。

1939年2月，日军进占海南岛。琼崖保安司令王毅指挥保安第11、第15两团和自卫总队退守五指山，坚持游击作战。海南全岛16个县，每县都建立有游击大队，全岛共有游击部队4000余人。从1939年2月到1945年8月日本投降，海南游击部队孤军奋战，进行了大小战斗一千余次。

在国民党敌后战场上，涌现了众多英雄人物，如山东省区专员范筑先、陆军第三军军长唐淮源、第九十八军军长武士敏、第五十一军第114师师长方叔洪、沂水游击司令刘震东、东北游击队总司令唐聚五等。他们英勇抗战，宁死不降，最后都壮烈殉国。

国民党军敌后游击部队曾经数量庞大，给予日军较大打击，但到了抗战中后期却渐渐销声匿迹了。这是为什么呢？

南岳游击干部训练班负责人合影

姚有志少将（军事科学院原战略部部长）：

进入战略相持后，日本改变了侵华策略，采取以政治诱降为主，军事打击为辅的方针。国民政府的抗日态度逐渐消极，反共的倾向日益上升。国民党五届五中全会上，就提出“溶共、限共、防共”的错误方针。国民党大规模、有计划地加强敌后军事力量的目的，不仅仅是与日军抗争，更主要的是为了与八路军、新四军争夺。

随着时间的推移，限制敌后共产党力量的发展，越来越成为国民党经营敌后的主导思想，派往敌后本应对日军游击作战的部队，也逐渐成为与八路军、新四军进行军事摩擦的主力。

在华北，1940 年 1 月下旬，第三十九集团军石友三部在冀南地区先后将八路军东进纵队 2 个连和青年纵队 1 个排包围缴械。接着，又围攻东进纵队第 3 团和清江、清河两县的县大队，企图夺占冀南抗日根据地。面对国民党军的军事挑衅，八路军总部命令冀南、冀中、冀鲁豫等军区部队发起反击，重创石友三部。

在华中，1940 年 9 月，国民党江苏省主席兼苏鲁战区副总司令韩德勤，集中 3 万多人，进攻泰兴黄桥地区的新四军苏北部队，主动挑起国共摩擦。新四军被迫反击，消灭进犯的国民党军 1 万多人，沉重打击了国民党顽固派。1941 年 1 月，国民党又制造了震惊中外的“皖南事变”，破坏国共合作抗日的局面，严重影响了华中地区抗日游击战争的发展。

国民党军不断向八路军、新四军发动军事进攻，制造军事摩擦，结果在根据地军民的自卫反击下人地两失。尽管如此，在中国共产党采取了一系列团结抗战的措施后，国民党军在华北、华中敌后仍然有立足点。但由于国民党军不能坚持正确的战略战术，不能依靠人民群众，这些立足之地在以后日军的“扫荡”中都先后丧失。

张明金（军事科学院研究员）：

国民党军不能在敌后坚持下来，一个重要原因是他们很少真正了解游击战的特殊性质和战法。众多敌后的国民党军名义上执行的是游击战的任务，实际上依旧是在用正规战的战法。进攻时强调与正面战场的配合，侧重于大兵团作战，防守时寸土必争，节节抗击，结果是打不赢，走不掉，一旦被日军抓住，就会遭受重大损失。

1941 年 5 月，日军调集 6 个师团、2 个混成旅团和 1 个骑兵旅团，从三面围攻中条山。为守住中条山，国民政府军事委员会参谋总长何应钦将主力 7 个军配置在正面 170 公里，纵深 50 公里范围内，依靠天险和工事死守硬战，最后仍被日军攻破。庞炳勋在太行山、于学忠在山东的失败，原因也在于没有采用正确的游击战术。

日军在比较了中国共产党的游击战之后，曾对国民党军队的游击战有过这样的评价:“国民党系统的军队的政治工作和游击战，与中共方面相比较，则相形见绌，不够熟练和妥善……以作战成果来看，则击败重庆军并不难，而对付采取退避分散战术的中共军却不容易。”

田越英（军事科学院研究员）：

国民党敌后游击战难于坚持的另一个重要原因，也是根本原因，就是脱离群众，没有得到广大人民群众的支持。特别是在抗战中后期，国民党抗战精神大大消退，国民党敌后游击区同人民群众的关系日趋恶化。

大别山区的李品仙部挖空心思巧立名目，搜刮民脂民膏，弄得当地人民怨声载道；山东的沈鸿烈、秦启荣纵兵抢掠，把鲁中、鲁南不少地方变成了“无人区”。更有甚者，居然勾结日寇，鱼肉百姓，遭到人民的极大痛恨。国民党敌后游击部队失去了人民的支持，无法获得人力、物力的支援，就成了无源之水、无水之鱼。

1941 年苏德战争爆发后，日军为巩固战略后方，准备南进，在加强对中国共产党领导的敌后抗日根据地进攻的同时，对国民党敌后游击部队采取所谓“三分军事、七分政治”的诱降、迫降政策。

在这种情况下，得不到人民支持的敌后国民党军开始成批投敌。第三十九军军长兼鲁西行署主任孙良诚、新编第 4 师师长吴化文、第二十四集团军总司令兼太行山游击总司令庞炳勋、新编第五军军长孙殿英等，纷纷率部向日军投降，一时间竟出现了“降官如毛、降将如潮”的丑恶局面。

姚有志少将（军事科学院原战略部部长）：

据统计，从 1941 年至 1943 年间，敌后国民党军大量投降日军，使伪军的总数由 1941 年的 35 万激增到 1943 年的 81 万人。1943 年以后，河北、山东、察哈尔等敌后各省，几乎已没有国民党游击部队了。至抗战结束，国民党军只在大别山腹地和海南岛等地存在小块零星根据地，正规游击部队不足 3 万人。

国民党敌后抗日游击战是抗战时期国民党正面抗战的一种补充形式，其规模、影响和作用都不能同共产党领导的敌后游击战争同日而语，在抗战中后期还出现大量制造国共摩擦和叛变投敌的情况，对抗战大局起了分裂和破坏作用。

第116章　美军观察组到延安

史迪威

1941年12月8日，太平洋战争爆发后，美国政府出于共同对日作战的需要，积极支持中国抗战。1942年春，史迪威被美国总统罗斯福派往中国，担任盟军中国战区参谋长。上任后，他对一直在敌后领导中国军民进行积极抗战的中国共产党及其领导下的抗日武装非常感兴趣。史迪威特意挑选美国驻华使馆的两位秘书戴维斯和谢伟思做他的政治顾问，组织情报综合所，加强与中共常驻重庆代表周恩来、董必武等人的接触。

约翰·帕顿·戴维斯，美国外交官。他曾先后就读于美国威斯康星大学实验学院、中国燕京大学，1931年毕业于美国哥伦比亚大学后即进入驻外事务处。他是美国老牌“中国通”之一。

1943年9月6日，史迪威首次提出使用和装备中共军队的建议。为了了解中共并与中共建立联系，1944年1月15日，戴维斯拟定了派遣美军观察团到延安的计划。时任美国总统罗斯福采纳了戴维斯的意见，并在他的报告上作了批示，要求美国陆军部和海军部制定出相关方案，并准备采取行动。

1944年2月9日，罗斯福致电蒋介石，正式提出派遣美国军事代表团到共产党控制区的要求，遭到蒋介石的拒绝。3月22日，罗斯福再次致电催促蒋介石。在罗斯福的压力下，蒋介石不得不于4月22日表示同意，但在具体实施时，却又以种种理由进行拖延。

1944年夏，在日军一号作战的攻势之下，国民党正面战场出现了大败退，美国政府担心影响美军在太平洋方面作战的胜利。7月6日，罗斯福电告蒋介石：“中国的情况是那样危急，如果不立即采取根本的行之有效的挽救办法，我们的共同事业就会遭到严重挫折。”同时决定派出美军观察组（又称迪克西使团）赴延安。随后，经美方、重庆、延安三方协商，将美国军事代表团的名称定为“美军中缅印战区驻延安观察组”，即美军观察组。

美军观察组由美国陆军上校包瑞德为组长，对中共军队的作战情况和物资装备供应情况进行了解，搜集日军作战情报，协助延安和几个主要的敌后抗日根据地建气象站，评估中共对战争所能作出的贡献，探索与中共进行军事合作的可能性等。

中国共产党对美军观察组来访表现出了极大的诚意。1944 年 6 月 29 日，毛泽东主持中共六届七中全会主席团会议，就美军观察组来延安问题进行了专题讨论。会议决定：对美国军事使团表明，中国共产党需要合作抗战，抗战胜利后需要和平建国，民主统一；会议还决定成立一个负责接待美军观察组的外事组，由杨尚昆任组长，王世英、金城任副组长，使团到后由毛泽东、朱德、周恩来、彭德怀等出面接待和谈判。

1944 年 7 月 22 日，一架灰色的美军 C–47 运输机从重庆起飞，飞机上的乘客是美军延安观察组的第一批 9 名成员。两架美国陆军第 14 航空队战斗机随即起飞，为这架运输机护航。

张明金（军事科学院研究员）：

7 月 22 日的上午，美军观察组乘坐的飞机抵达延安上空。但因为当时的延安机场很简陋，缺乏导航设备，只能靠人在地面上挥动信号旗指明着陆方位。飞机在降落时出现了意外，左轮陷进了一座旧坟墓中，螺旋桨刮到驾驶舱折断，幸运的是机上人员都平安无事。

1944 年 7 月 22 日晚上，毛泽东等中共中央领导出席了在王家坪八路军总部为美军观察组举行的欢迎晚宴，以示对美国客人的欢迎。

8 月 7 日，美军观察组第二批成员 9 人也到达延安。8 月 15 日，《解放日报》专门发表了经毛泽东亲自修改的社论，标题是“欢迎美军观察组的战友们”。社论指出“美军观察组战友们来到延安，对于争取抗日战争的胜利，实有重大的意义”，“这是中国抗日以来最令人兴奋的一件大事”。

美军观察组到达延安后，随即展开了紧张的工作。期间，中共中央军委参谋长兼八路军参谋长叶剑英，八路军副总司令彭德怀，八路军野战政治部主任罗瑞卿，晋察冀军区司令员兼政委聂荣臻，八路军第 115 师师长林彪，第 120 师师长贺龙，新四军代军长陈毅，陕甘宁边区政府主席林伯渠等领导，分别介绍了八路军、新四军及根据地各方面建设的情况。朱德、周恩来等则经常不拘形式地同美军观察组成员进行会见和交谈，尽可能地解答他们提出的各种问题。

毛泽东等中共中央领导人陪同美军观察组人员在南泥湾观看八路军第 359 旅部队的军事演习。这也是八路军部队第一次向外国考察团展示军事技能。演习结

1944 年 7 月，毛泽东等与美军观察组成员谢伟思等合影

束之后，美军观察组成员包瑞德上校还和参加演习的八路军部队指战员展开了深入的交流。

美军观察组成员结合自身经历，认真分析其所见所闻后，从延安向美国军方和美国国务院发回了大量有关中国共产党军事和政治方面的报告，在报告中对于中共及其领导的人民抗日武装都一致给予了充分肯定。

1944 年 7 月 28 日，谢伟思在到延安后所写的第一份报告中写道：“我们来到陕北后，发现这里是中国具有许多现代事物的地方，我们的全体成员有一个同样的感觉，好像我们进入了一个不同的国度和遇见了不同的人民。”

包瑞德上校在 1944 年 9 月 30 日的军事报告中写道：“共产党的军队是一支年轻的、经受战斗锻炼、受过良好训练、伙食和服装都不错的志愿军，这支队伍本质极好，情报工作水平很高，士气旺盛。”与此同时，包瑞德上校还建议立即向中共军队提供援助，同时向中共各军区司令部提供无线电台，并派驻懂中文的美国军官，直到战争结束。

田越英（军事科学院研究员）：

美军观察组成员在陕甘宁边区、敌后抗日根据地进行了广泛深入的考察，让他们吃惊的是，他们感受到了一个完全不同的中国，目睹了一个军民团结、斗志昂扬、欣欣向荣、丰衣足食的新天地。

1944年8月23日，也就是美军观察组抵达延安整整一个月之后，毛泽东与谢伟思进行了第一次正式谈话。

约翰·S·谢伟思，1909年8月在中国成都出生，1933年毕业于美国加利福尼亚大学。1941年起历任美国驻华大使馆三等和二等秘书、中缅印战区美军司令部政治顾问等职。

毛泽东与谢伟思的这一次谈话长达8个小时。毛泽东向谢伟思详细分析了中共对当时国内和世界形势的看法。毛泽东说："毫无疑问，一个民主与和平发展的中国才符合美国的利益……你们美国人和我们共产党的任何一次接触都是愉快的，当然，我们高兴美军观察组的到来，因为它会帮助打败日本。"

多年以后，谢伟思仍对这次谈话记忆犹新，"毛泽东是一位令人难以忘怀的人物……他的举止稍显缓慢，具有一种庄重严肃的风度，不过并没有自高自大的样子。他彬彬有礼而又热诚亲切。"

1944年10月9日至11月下旬，美军观察组成员、医学博士梅尔文·卡斯伯

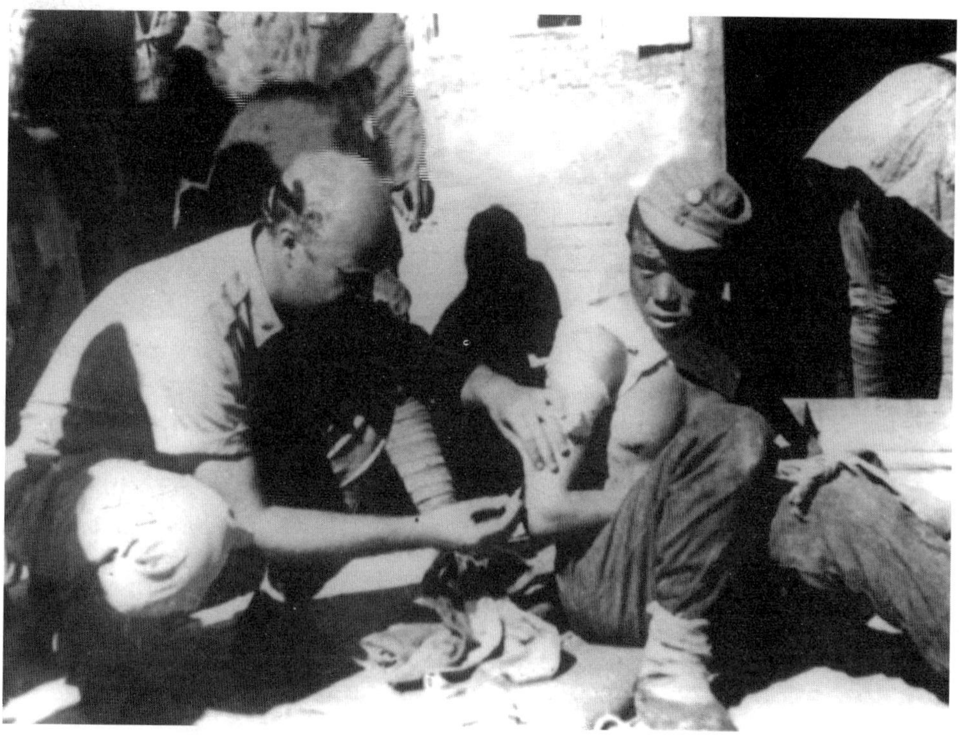

抗日战争时期，山西汾阳遭遇战争之后，美军医学博士梅尔文·卡斯伯格少校在为伤员治疗

格少校与3名西方记者前往晋绥抗日根据地考察八路军前线部队的医疗情况，这张照片就是卡斯伯格少校为山西汾阳军区受伤战士疗伤的情景。

1944年10月至1945年2月，美军观察组成员卢登、彼得金、多姆克等5人花了4个月时间，深入晋察冀抗日根据地进行考察，了解八路军的作战情况及中共政权的能力及影响，寻找适宜设立气象设施及小型电台的地点，以便日后搜集气象情报。

1945年1月，美军观察组成员惠特塞在太行山区一个村庄考察时，不幸与日军遭遇后牺牲。朱德闻讯后亲自到美军观察组驻地表示慰问，并将美军观察组使用的餐厅命名为“惠特塞纪念堂”，同时题写了匾额。

为加强情报搜集工作，配合盟军作战，中共中央军委决定在各战略单位的军区司令部中增设联络处，专门负责向盟军提供战略情报的工作。为了配合美军观察组的工作，毛泽东专门致电八路军山东军区、新四军军部，希望他们以尽可能快的速度，收集日本海军在青岛、烟台、连云港常泊军舰数目及类型，每日进出船舶数目等材料，以便提供给盟军。

张明金（军事科学院研究员）：

美军在成都、昆明、桂林、柳州等地设有空军基地或机场，美军B-29轰炸机经常从这些地方起飞，轰炸日军控制的华东、华北地区，因而急需这些地区的气象情报。

八路军总部与美军观察组共同组成了空军小组，负责处理有关空军的情报。为帮助美方人员搞好气象观测，延安科学院调来四位年轻同志配合工作。

美方提供所需的气象观测仪器及无线电通信器材，要求中共方面派人去各地的解放区设立气象观测站，举办气象测报人员训练班，由美方人员协助训练。各地的气象情报资料由中共中央军委三局统一收集后递交美方。中方气象人员经过培训，陆续接替了美方人员的气象观测工作，由此也产生了人民军队第一代气象兵。

美军观察组通过在延安、山西等抗日根据地的实地考察，也相信中国共产党与美国合作的现实性。1945年7月至10月间，美军观察组先后发出50余份报告书，对中共及其领导的军队和根据地作了客观的分析。他们还将毛泽东、周恩来、朱德会见观察组全体人员及与他们作过多次重要谈话的情况及内容报告美国政府，给美国的对华政策产生了一定的影响。

中方和美军人员在惠特塞纪念堂前的合影

田越英（军事科学院研究员）：

美军观察组在对八路军抗日根据地进行考察的同时，包瑞德和谢伟思还打算深入苏北新四军根据地考察，但是因为国民党当局从中作梗，未能成行。

1945 年 8 月 15 日，日本宣布无条件投降，然而，复杂的国际国内形势变化很快限制了美军观察组发挥作用。

1946 年 4 月 20 日，美军观察组组长耶顿和部分成员离开延安，其他成员转归北平军调处执行部领导，并于 6 月 24 日更名为延安联络组。1947 年 3 月 11 日，塞尔斯上校等最后几位联络组成员撤出延安飞往南京。美军观察组正式结束了它的历史使命。

齐德学少将（军事科学院原军事历史研究部副部长）：

美军观察组虽然存在时间不长，但却是中国共产党与美国的第一次官方直接接触，带来了积极、正面的效果，美军观察组成员的一系列报告客观地记述了中共及其领导的根据地军民的真实面貌，打破了国民党多年来的新闻封锁和丑化共产党的宣传。

美军观察组为中国共产党与美国建立直接联系提供了渠道，具有积极的历史意义。虽然后来由于种种人为原因，美军观察组未能促成美国与中国共产党的进一步合作，但是观察组成员对中国共产党抗战贡献的宣传，对中美人民的友谊和两国关系的健康发展所作的努力将被历史永远铭记。

第 117 章　营救犹太人

1938 年 11 月 9 日夜，德国法西斯分子发起疯狂的打、砸、抢、烧行动，范围波及德国全境，凡是犹太人的住宅、商店、教堂，均遭到严重破坏。这场惨案被称为“水晶之夜”。在这场惨案中，36 名犹太人被杀害，267 座犹太教堂被焚毁，7500 余家商店被捣毁，3 万余名犹太男子被送进集中营，等待他们的，是虐杀和屠戮。

其实早在 1933 年，希特勒及其纳粹党就开始对德国人民灌输种族歧视和仇恨的思想。德国街头开始出现反犹标语，纳粹党对于犹太人进行了一系列的限制和压迫。这些反犹、排犹行动致使大批犹太人外逃。

从“水晶之夜”开始，希特勒针对犹太人的种族灭绝政策走向了更加疯狂的地步。

在“水晶之夜”前，1938 年 7 月中旬，英、法、西班牙等国，在法国埃维昂召开了一次国际会议，专门商讨犹太难民问题，与会的 32 个国家慑于纳粹淫威，众口一词，不愿意收容犹太人，纷纷拒绝向他们发放签证。

一位犹太难民在申请庇护时，领事馆官员拿出地球仪指给他看，到处是拒绝入境的国家。他绝望地问道：有没有其他的地球仪？

李蓉（中共中央党史研究室研究员）：

陷入绝境的犹太人意外发现，有一个国家的总领事竟然在免费发放签证，而且不附带任何苛刻的条件，他就是中国驻维也纳领事馆总领事何凤山——“中国的辛德勒”。

何凤山，湖南益阳人，1935 年进入国民政府外交部，1937 年任中国驻奥地利公使馆一等秘书。1938 年 5 月，升任维也纳领事馆总领事。

亲眼看见犹太人的悲惨处境，何凤山告知当地犹太教会和慈善机构：“从人道主义出发，我感到帮助犹太难民义不容辞，别的国家不发签证，我们中国发！”

1938 年 7 月 20 日，一名犹太少年一次就从何凤山那里拿到了 20 份前往中国的签证。这个消息在犹太人中迅速传开，维也纳中国总领事馆门前排起长龙，每天从早到晚，许多求助无门的犹太人在这里拿到了前往中国的“生命签证”。

何凤山给犹太人发放签证引起了纳粹当局的不满，以中国总领事馆的房子是犹太人的财产为借口，没收了房子。何凤山就自己掏钱，迅速把领事馆搬到了另一处很小的房子里，坚持继续发放签证。何凤山向多少犹太人发放了签证，至今尚无准确数字，只以找到的签证号码推算，至少是几千份。

从1933年开始，到二战结束，不断有大批犹太人从奥地利或其他欧洲国家涌入上海。这些犹太人共有大约3万人，他们首先必须克服生活上的重重困难，才能在异国他乡安家落户。

何凤山

李蓉（中共中央党史研究室研究员）：

吃得饱，住得下，有工作，这才算是真正安顿下来。上海犹太移民拓殖援助会等慈善机构，给每个难民提供了50到150美元的捐款，让犹太难民至少两个月内不会挨饿。兆丰路、汇山路、荆州路这些地方的收容所也建立起来，保证了犹太难民一日三餐吃饱肚子。

1937年11月，日军占领上海后，上海市民在经济上窘困不堪，居住条件简陋。然而就是这样一个在战争中飘摇的城市，却在世界上许多国家都拒绝接纳犹太人时，不顾各种压力，对逃难到上海的犹太人继续伸出援助之手。

在虹口的上海居民，纷纷腾出自己的房子给犹太难民居住；在犹太医院建立前，中国医院收治了许多犹太难民。

上海的犹太籍房地产商人沙逊，捐赠出数百个房间的“河滨大厦”；慈善救济机构搭建了大批简易住房，数万犹太难民逐渐有了能够遮风挡雨的临时住所。

犹太人中间流传一句格言：世界上没有什么艰难不可超越。吃和住，这两项最基本的生存保障解决之后，犹太难民开始利用一技之长自谋出路，各显神通：有的人制作销售食品、服装、鞋帽；有的人集资开办酒吧、饭店、咖啡屋、面包房；还有人沿街叫卖报纸、糖粥、豆腐花。勤劳智慧的犹太人，在上海重建家园。两年之后，犹太人聚居地——虹口提篮桥地区，奇迹般地建成了东方“小维也纳”。

3万犹太难民终于在上海安家落户，过上平静的生活，与惨死在纳粹屠刀下难以计数的同胞相比，无疑是万分幸运的。然而，希特勒并没有放过他们，时刻惦记着将他们置于死地。

二战初期，在上海的犹太人社区位于英、美、日共同控制的公共租界内，而且是英美势力占据优势，希特勒鞭长莫及，暂时隐忍下来。1941年12月8日，日本偷袭珍珠港美国海军基地，公开对英美宣战之后，上海公共租界成为日本一家占有的势力范围，犹太人社区随之被日军完全控制。早已磨刀霍霍的希特勒认为机会来临，可以借助法西斯盟国日本之手彻底除掉在上海的犹太人。在希特勒授意之下，一项邪恶的“梅辛格计划”产生了。

张明金（军事科学院研究员）：

梅辛格，指的是约瑟夫·梅辛格上校，他是法西斯德国盖世太保驻日本的首席代表。1941 年夏天，梅辛格奉命向日军提出了“最后解决”上海犹太人的秘密计划，企图在 1942 年犹太历新年这一天，利用犹太人集中到教堂祈祷新年之际，派兵包围上海的 17 个犹太教堂，将犹太人一网打尽。然后，或是扔到海上饥渴而死，或是充当劳工榨尽体力而死，或是关进集中营充当试验品。

上海 3 万犹太人危在旦夕，距离“梅辛格计划”最终实施的日子越来越近，然而，日军却突然中止了“梅辛格计划”。日本当局为何会临机生变呢?

就在梅辛格计划实施的前几天，日本驻上海领事馆、日军驻上海宪兵总部接到日本外务省一份特急密电：“从帝国目前与长远利益考虑，对逃亡上海犹太人，暂时不宜采取有可能导致‘敌人反面宣传’的任何行动。即使在迎合德国盟友时，日本部队和宪兵也不要参与‘最后解决’方案。”

外务省的密电中止“梅辛格计划”绝非良心发现，而是完全出于战争需要。对于日本人来说，犹太人意味着巨额财富。

李蓉（中共中央党史研究室研究员）：

1904 年爆发的日俄战争中，美国犹太裔银行家雅各布·希夫基于反对沙皇俄国“反犹排犹”政策的目的，曾经贷款 2000 万美元给日本，帮助日军战胜了沙皇俄国。从此以后，很多日本高层官员一直存有幻想，企图利用犹太人的经济潜力帮助其实现称霸世界的野心。

长久以来，日本一直在研究如何利用犹太人和利用到什么地步的问题。日本甚至制定计划，准备在日军控制下的伪满洲或上海设立一处“犹太人居留地”，首先安置 3 万犹太难民，吸引美国的犹太财团投入建设资金，借以改善和国际犹太财团以及英美等国的关系。因此，对于避难上海的犹太难民，日本和德国有所不同，德国纳粹党的计划是彻底灭绝，日本则是充分利用。

张明金（军事科学院研究员）：

日军中止“梅辛格计划”，还有两个直接原因，一是 3 万犹太人中约有 5000 人是苏联国籍，如果屠杀这些人，必然惹恼苏联，日本还不敢这样做；二是计划泄密了，上海、东北、日本本土这些地方有很多活动在社会上层的犹太名流，他们得知消息以后，就通过各种渠道活动，终于让犹太人侥幸地逃过了这一劫。

犹太难民暂时获得喘息之机，然而好景不长，大约一年半以后，他们最困难的日子开始了。

日军虽然中止梅辛格计划，却无法完全忽视德国盟友的态度，于是在 1943 年 2 月 18 日，在上海虹口设立“无国籍难民隔离区”，将犹太难民驱赶到几条狭窄的过道和弄堂里，圈禁起来，总面积不足两平方公里。

3 万犹太难民，被迫离开刚刚建起的家园，拖儿带女搬进隔离区。犹太人历尽艰辛创办的 307 家工厂企业被日军强制接收。在隔离区内，犹太人住的是简陋矮小的“鸽笼”，吃的是劣质食品，生存变得难以为继。

危难之际，广大上海市民向犹太人伸出援助之手，克服种种困难，节衣缩食，积极救助。上海的慈善机构，想方设法募集钱款食物，并与日军交涉抗争，得以分批将募集到的钱款食物送进隔离区内，极为艰难地维持着犹太难民的温饱。

经盛鸿（南京师范大学教授）：

隔离区门口都有日军哨兵把守，东西根本送不进去，上海老百姓就想了一个所谓“空运”的方法：把大包消耗的食品，用适当的袋子捆起来，然后隔着街道从空中甩过去，使这些难民得到了他们维持起码生活的食品。许多犹太难民在战后，都含着眼泪说，他们之所以能生存下来，都是靠着上海的老百姓。

犹太难民莉莉·芬克尔斯坦在回忆录里写道：“我发现我们的中国邻居非常友好，他们知道我们的处境有多困难，但他们并没有利用我们的困境牟利。不要忘记，他们是最贫困的老百姓，也没有受过什么教育。”

生活在中国人之间，犹太人感受到前所未遇的友好。

经盛鸿（南京师范大学教授）：

中国人民在近代所遭受的列强侵略，所蒙受的种种苦难，和犹太难民在近代历史中所遭受的种种磨难，有很多相同或相似之处，也使我们能够互相理解、互相同情、互相帮助。

经过隔离区内漫长的819个日夜，1945年9月3日，日本投降签字仪式的第二天，饱受煎熬的犹太难民终于重获自由，迎来新生。

二战期间，避难上海的3万名犹太人，仅有1581人自然死亡，其余均奇迹般地活下来，开始大战之后的和平生活。自1946年起，避难上海的犹太人陆续离开上海，有的去了以色列、美国、加拿大、澳大利亚等国，到1958年，留在上海的犹太人已不足百人。上海，作为战时犹太人的生命之舟，圆满地完成了历史使命。

上海的犹太难民始终没有忘记自己在上海渡过的艰苦岁月，没有忘记中国人民对他们的援救之恩。

1986年，40多年前避难上海的部分犹太人重返上海，提出在虹口原难民所旧址设立纪念碑，并且拟好了碑文："在第二次世界大战期间，此地区曾有来自纳粹德国的2万难民幸存下来。谨以本碑献给所有幸存者，以及施以援助的、热情友好的、宽宏大量的中国人民。"

1993年，时任以色列总理拉宾访问上海时，代表以色列人民向上海在二战期

上海的犹太难民居住区

间为犹太难民提供避难地表达诚挚的谢意；1999 年，时任德国总理施罗德参观了上海拉希尔犹太会堂，他在贵宾簿上写道："我们知道许多被迫害者在上海找到了避难处。我们永远不会忘记这段历史。今天，我们在此向那些尽其所能帮助受害者的人们表达我们的感激与敬意。"

在第二次世界大战的艰难岁月里，上海人民以对犹太难民无私的帮助，与犹太人民建立了深厚的友谊，上海，这座东方大都市，也因此成为上海犹太人的第二故乡。

第 118 章　日军暴行

日军在其占领地区，肆意烧杀淫掠，无恶不作。1937 年 12 月 13 日，南京沦陷。日军进城后兽性大发，对放下武器的战俘和手无寸铁的平民进行了惨绝人寰的大规模屠杀。战后远东国际军事法庭判决书确认，“在日军占领后最初 6 个星期内，南京及其附近被屠杀的平民和俘虏，总数达 20 万人以上”。“这个数字还没有将被日军所烧弃了的尸体、投入长江，或以其他方法处分的人们计算在内。”中国南京审判战犯军事法庭在南京大屠杀主犯之一、第 6 师团师团长谷寿夫的死刑判决书中确认：“民国二十六年（1937 年）十二月十二日至同月二十一日，亦即在谷寿夫部队驻京之期间内，计于中华门外花神庙、宝塔桥、石观音、下关草鞋峡等处，我被俘军民被日军用机关枪集体射杀并焚尸灭迹者，有单耀庭等 19 万余人。此外，零星屠杀，其尸体经慈善机关收埋者 15 万具。被屠杀总数达 30 万人以上。”日本著名史学家、早稻田大学教授洞富雄在自己的专著中确认：“在南京整个城市，被害者的总数说是 30 万人，或南京地方法院所列举的数字——34 万人，似乎可以说接近实际的数字。”

日军除残酷屠杀之外，还大肆污辱中国妇女，肆意强奸、轮奸。奸污之后，残酷地将其杀害。据 1946 年 2 月中国南京军事法庭查证，在南京大屠杀中，中国军民被枪杀和活埋者达 30 多万人，强奸事件 2 万多起。

日军除对占领城市的中国军民进行残酷屠杀外，对敌后抗日根据地进行“扫荡”，实行“杀光、烧光、抢光”的“三光”政策。

抗日战争时期，八路军在华北地区给予日军以沉重打击。“百团大战”后，日军为了报复，先后对晋中、晋东南、冀西、晋西北、晋东北、冀中和冀南进行全面“扫荡”。1940 年 10 月 2 日至 11 月 30 日间，日军在“扫荡”太行、太岳根据地时下达命令：“凡是敌人地域内的人，不问男女老幼，应全部杀死。所有房屋，应一律烧毁，所有粮秣，其不能搬运的，亦一律烧毁，锅碗要一律打碎，水井要一律埋死或下毒。”

1941 年 7 月 10 日，冈村宁次接任日本华北方面军司令官后，强化实施“三光”政策。同年 8 月，冈村宁次集中 5 万余兵力对晋察冀根据地北岳区、平西区进行“扫荡”，为时达两个月之久，期间残杀 4500 余人，奸淫妇女近 1000 人，烧毁房屋 15 万余间，掠夺烧毁粮食 5800 万斤，抢走牲畜 1 万余头。

日军在根据地实行“三光”政策

整个侵华战争期间，日军对中国人民肆意残害，制造了成千上万的惨案。据中国社会科学院近代史研究所编著的《血证——日军侵华暴行日志》一书的粗略统计，全国抗战期间，日军制造惨案3200多件，造成伤亡人数达3500万人。按日平均，在中国大地上，日本侵略者每天都在制造血腥事件，欠下无法偿还的血债。

“烧光、杀光、抢光”，“三光”政策极其残酷，一些身临其境的日军士兵，也会感到触目惊心。

王心慧（吉林省档案馆历史档案管理处副处长）：

有一封反映日军屠村、虐杀平民儿童的信件。信件中原文大致是这样的，我们正在进行共产部落的烧杀讨伐活动。这个村落里所有男子都被杀死，小孩被扔到火中。他在信中写道：看到小孩被扔到火中，他也不禁落泪，但是他一想到这是敌国的孩子，长大了就不得了，于是一狠心就将孩子扔到了火里。他最后一句话写道：此村落中共杀死一百五十人。

在军国主义思想灌输下，在残酷战争的荼毒中，日军士兵很快丢掉人性中最后一丝天良，变成杀人机器，他们想方设法，变换花样地去虐杀生命，成为彼此炫耀的“赫赫武功”。日军发明了 8 大类 170 余种杀人方式，今天的我们，仅是看到这些名称，就已经不寒而栗。例如，砍头、劈脑、切腹、挖心、水溺、火烧、割生殖器、砍去四肢、刺穿阴户或肛门等等，无所不用其极。

为了执行“三光”政策中的“抢光”政策，日军夜以继日妄图“抢光”中国境内所有的矿物、水产、机械等经济资源，因此需要大批劳工。

山西境内，有中国著名的煤矿——山西大同煤矿，日本从这里掠取了 1400 万吨优质煤炭。而被送到那里挖煤的劳工的最终命运是万人坑。

在大同煤矿，日军推行“以人换煤”的计划，广大矿工衣不蔽体，食不果腹，长期从事高负荷劳动，大多被摧残致死，尸体被抛弃在荒郊野外、河滩山谷，或是废弃的矿井之中，成为一处处凄厉悲惨的“万人坑”。

张明金（军事科学院研究员）：

据战后粗略统计，大同煤矿各个地方的万人坑一共有矿工尸骸 15.5 万具。其实，日军制造的“万人坑”绝不仅仅是大同煤矿这一个地方。从全国范围看，我们已发现的“万人坑”就有 80 余处，死难同胞超过了 70 万人。

正在装煤的大同煤矿劳工

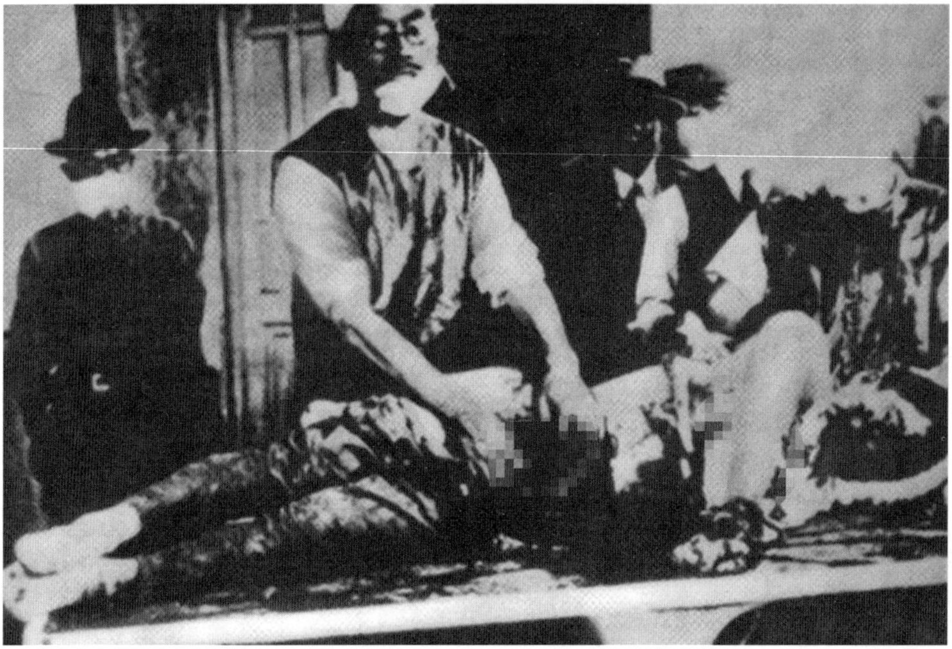

731 部队用中国人做活体实验

除了强抓、残害劳工，更惨无人道的是拿中国军民活人做细菌战的试验品。日军细菌战的始作俑者是石井四郎。日军以他为首，在东北组建 731 部队，秘密从事活体解剖、细菌培植、活体实验等反人类实验。

张明金（军事科学院研究员）：

就在东北来讲，不仅有一个 731 部队，还有一个 100 部队。而且在关内，北平有一个 1855 部队，南京有一个 1644 部队，广州还有一个 8604 部队。

731 部队的活体实验内容骇人听闻。例如，无麻醉状态下的活体解剖实验；极度严寒下的活体冻伤实验；以马血注入人体的人畜换血实验；让怀孕妇女感染病菌，待胎儿成形后进行活体解剖测试；人畜杂交及活人四肢互换测试等等，731 部队驻地成为人间地狱，源源不断的中国军民，被日军以“特别移送”的名义，投进这个魔窟。

陶敏（吉林省档案馆研究馆员）：

特别移送，就是向 731 部队提供人体活体实验材料的一个隐匿称谓，具体点说，就是关东宪兵队等军警机关不经法庭审判，将反满抗日人士送到731部队进行各种实验，做完这一样实验没死，然后接着给你做下一个。有进行鼠疫实验，有进行口服鼠疫菌的，有进行静脉注射的，看哪种来得最快、死得人最多，然后得上鼠疫以后，有哪些病变，人体各个部位有啥反应。所以就要做解剖，主要是活体解剖更能看出这个病变来。

1941年4月，石井四郎派6架飞机，在晋冀鲁豫边区、晋绥边区投放鼠疫病菌400千克，致使35万人感染，15.6万人遇难；1942年5月，日军细菌部队在云南保山、昆明实施霍乱战，致使21万余人死亡；1943年8月至9月，日军掘开鲁西卫河河堤，投放霍乱病毒，致使20万人离开人间。抗战期间，死于鼠疫、炭疽、伤寒、霍乱等细菌武器的中国军民，总数达120余万。

万爱花，家住山西盂县西潘乡羊泉村。羊泉村，属于晋察冀抗日根据地，曾多次遭受日军"三光"政策的残酷荼毒。

1943年6月7日，一群日军杀人恶魔从山西盂县进圭据点出动，一路扫荡。日军进入羊泉村的时候，16岁的万爱花没来得及逃走，被抓住、送进十几公里外的日军进圭据点，关进一个窑洞里。从此，万爱花成为日军慰安妇制度下的数十万受害者之一，开始了极为悲惨的命运。

抗战期间，日军把慰安妇视为普通用品，与武器、弹药一起运输，军人可以任意地使用、虐待、处理慰安妇的身体。

王放（吉林省档案馆研究馆员）：

日本实行慰安妇制度是一种国家行为。它是有资金来源的，有资金划拨的，关东军也是参与到里面的。所以，它是一种政府行为，是一种国家行为。日军的信件里就写着：这个地方20名慰安妇，全部是按照《国家总动员法》来到这里的。所以，它的强征性质是非常明显的。另外，日军推行慰安妇制度，当时是下了大力气，非常普遍地在伪满洲国，包括一些华中占领区，还包括一些东南亚占领区，它都在积极地推行这种制度。

不幸落入魔窟的万爱花曾经三次逃走，均被抓回，遭到残忍的性暴力侵害，全身多处骨折，耳朵被撕烂，头上被钉钉子，颈部陷入胸腔，胯部陷入骨盆，1米65的身高缩至1米47。战后，更是饱受后遗症的折磨。

在侵华战争期间，日军对中国搞无差别轰炸，造成大量平民伤亡和财产损失，尤其是对重庆的大轰炸。

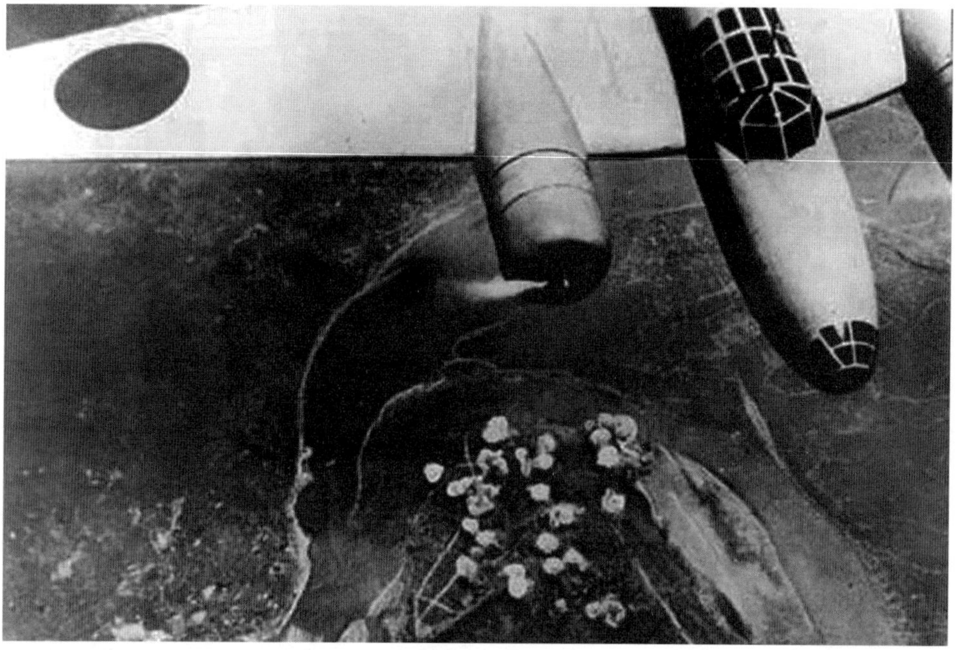

日空军轰炸重庆

1939 年 5 月 3 日 26 架日机从武汉起飞轰炸重庆，炸死炸伤居民近千人。5 月 4 日，27 架日机再度空袭重庆，市区 27 条街道有 17 条被炸成废墟，由空袭引发的大火至 5 月 7 日才熄灭，使全市约三分之一的建筑化为灰烬。居民死亡 2000 人左右，伤 3300 余人。连驻重庆的英、法、德使馆也未能幸免，各有人员伤亡。这就是震惊中外的，“五三大轰炸”和“五四大轰炸”。

1941 年，日军对成都与重庆的轰炸达到抗战以来的最高点。1941 年，成为重庆、成都两地市民最痛苦、最惨烈的一年。在日军针对战时陪都重庆的“第三次战略轰炸”中，日军飞机大搞“轮番轰炸”“月光轰炸”“疲劳轰炸”。

接连不断的轰炸，持续了 50 天之久，重庆居民住宅、街道、商店、文教设施、驻华使领馆，尽数被毁，惨不忍睹，其中最为惨烈的是“六·五大隧道惨案”。

厉华（红岩革命历史博物馆研究员）：

当年在校场口里的隧道是重庆一个比较大的市民防空隧道，为了便于老百姓躲进去，所以门平常是关闭的。一旦有了警报以后，门是往里面开的，所以老百姓就鱼贯而入。在六月五号这一天，由于轰炸的时间接近三个小时，在洞内的空气已经是很少。再加上几个小时，大家也感觉到口渴、饥饿。所以老百姓都往门口涌。可这个门，是要从里面打开的，所以老百姓死死地把门给抵住了。

"六·五大隧道惨案"，有1000余名避难民众窒息而死，造成了震惊中外的重庆大隧道惨案。据不完全统计，从1938年到1943年，侵入重庆上空进行轰炸的日机共达9000多架次，投弹2万余枚，其中多为燃烧弹，轰炸目标都是居民区、繁华的商业区、学校、医院等非军事目标。

此外，云南、贵州及西南诸省也频繁遭到日机空袭。拒不完全统计，从1937年7月至1943年7月，中国因日军空袭而死亡的人数为335934人，受伤者为426249人，合计伤亡总数为762183人。

张明金（军事科学院研究员）：

日军推行文化殖民政策。侵华战争期间，中国大量名城、古迹遭到灭绝式焚毁；许多价值连城的稀世珍宝，各种堪为文化经典的珍本、善本、孤本古籍，遭到洗劫。在文化教育领域，日本侵略者强行篡改、删减中国教材，禁止教授中国历史、地理，强制推行日语教育，以达到从根本上奴化中国人民的邪恶企图。

二战期间，日军的暴行不仅仅局限于作为主战场的中国，在朝鲜、韩国、缅甸、泰国等东南亚国家也均有所涉犯。大量的盟军战俘、平民被残杀，财富被劫掠，妇女被奸淫，这在世界战史上都是罕见的。

1941年12月8日，继日本联合舰队偷袭珍珠港后，同年12月22日，日军又在吕宋岛西岸的林加延湾登陆，对美菲联军发动猛攻。在长达4个月的激战后，7.8万余名美菲联军终于在缺补给无后援的情形下被迫向日军投降，随即被1000多名日军士兵押赴至邻近的战俘营。在仅仅3天，不足100公里的押赴过程中，本已饥乏交困的美菲联军遭遇了日军强行断水、断炊地虐待和大规模屠杀，导致大量盟军战俘不幸惨死，其中遭枪杀者便高达1.5万人之多，被称为"巴丹死亡行军"。其后，1500名"死亡行军"的幸存者几经转折，又被押送至中国东北的"奉天战俘营"，与这里的1000余名英澳战俘、美菲战俘一起继续无奈地遭受着寒冷、饥饿和非人般的虐待，甚至成为731部队的人体细菌试验品。据史料记载，有230余人死于细菌试验。

日军暴行，罄竹难书，其本质是一种野蛮的反人类行为，不仅危害到中国人民安全，而且构成对全世界人类文明的极大挑战。

日本军国主义所发动的这场侵略战争，不仅给中国，也给亚洲邻国及全世界爱好和平正义的人民带来了惨重灾难。我们要铭记历史，珍视和平，严防历史悲剧重演！

第 119 章　敌后战场局部反攻

1943 年，敌后各抗日根据地经过反“扫荡”、反“清乡”、反“蚕食”斗争，取得了一定的胜利和发展。八路军、新四军和华南游击队已拥有 46 万多人，民兵人数超过 100 万。此时，敌后战场也出现了重要的转折。

1943 年夏季以后，日军大本营为支援其在太平洋战场的作战，陆续从中国战场调出部分兵力，使其在中国占领区内的兵力相对减弱。尤其是在华北敌后战场，日军逐渐失去了主动权。在此情况下，华北地区的八路军首先发起攻势作战。

1943 年 7 月，部署于河南新乡至安阳间平汉线的各要点及两侧地区的伪暂编第 24 集团军在日军配合下，分别向平汉线以西和以东地区进犯，侵占了太行抗日根据地的林县县城及其周围地区与冀鲁豫抗日根据地卫河以南部分地区。

为粉碎日伪军在太（行山）南扩张的企图，保卫和扩大抗日根据地，在八路军总部统一的作战意图下，八路军冀鲁豫军区和太行军区先后发起卫（河）南战役和林（县）南战役。

1943 年 7 月 30 日，冀鲁豫军区参战部队正式发起卫南战役，并在长垣县官桥营地区一举歼灭进犯的伪暂编第 6 军 1000 余人，随后，又连续作战。至 8 月 19 日，在八路军的连续打击下，伪军残部逃回卫河以西地区。卫南战役胜利结束。此役，八路军共歼灭伪军 5600 余人，收复和开辟了卫河以南地区。

为实施林南战役，八路军第 129 师决心以太行军区、冀南军区所属之第 769 团和第 771 团、警备旅第 32 团等 5 个团的全部，以及第 1、第 2、第 3 团等 7 个团各一部参战，并编成东、西两个作战集团，以优势兵力分割包围和各个歼灭林县县城及其周围据点的日伪军，尔后再扩大战果。

1943 年 8 月 18 日，第 129 师东、西两集团在师参谋长李达的统一指挥下，分别按照预定计划向林县及其周围据点日伪军发起进攻，林南战役打响。至 8 月 27 日结束。此役八路军共歼灭日伪军 7000 余人，攻克日伪据点 80 余处，解放了林县以南、辉县以北的广大地区。太行军区在此基础上，建立太南根据地，面积 8000 平方公里，人口近 100 万。

八路军太行军区攻势作战结束不久，1943 年 11 月 15 日，山东军区部队分进合击，长途奔袭，将日伪刘桂堂部包围，经过 3 个小时激战，击毙匪首刘桂堂，全歼作恶多端、民愤极大的刘桂堂部伪第 3 师 1100 余人，攻克据点 12 处。

吴化文部，是山东境内最大的一股伪军力量，八路军山东军区于1943年12月4日集中5个团的兵力，经过连续4个昼夜的激战，共歼灭伪军1000余人，攻克20余处日伪据点，使山东军区根据地进一步扩大。

毛泽东

姚有志少将（军事科学院原战略部部长）：

从全国范围看，1943年下半年的战役，与抗战防御阶段、相持阶段的历次战役，有着明显的区别，均是主动出击、速战速决的外线作战。它标志着抗日战争开始由战略相持阶段向战略反攻阶段过渡。

1944年，日军中国派遣军在华北、华中和华南抽调大量兵力实施打通大陆交通线的作战，并从华北抽调部分兵力支援太平洋战场，致使日军在敌后战场兵力大为减少。而此时，敌后各抗日根据地已渡过最困难时期，其实力有所增强。遵照中共中央1944年的斗争方针，华北、华中、华南敌后抗日军民抓住有利时机，采取攻势作战，开始局部反攻。

在华北，八路军指挥所属部队，积极向外线进攻，攻克日伪据点，歼灭日伪兵力，解放了大量的国土和人口。山东、晋冀鲁豫、晋察冀、晋绥、晋冀豫等华北五大抗日根据地均获得不同程度的巩固和发展，形成互相交通、连成一片的趋势。

在华中，新四军领导敌后军民，连续开展攻势作战，共歼敌5万余人，解放国土7400余平方公里，人口160余万，沟通了津浦路东各根据地的联系，斗争局面得到明显改善。

在华南，华南人民抗日游击队广泛向日伪军出击，有效地牵制了敌人，支援了国民党军的作战，并巩固了东江、珠江地区原有抗日根据地，开辟了粤北、粤中部分新区，发展了潮汕地区和雷州半岛的抗日游击战争。

1944年4月，日军开始实施打通大陆交通线的作战，并于5月打通了平汉铁路，随后又向湖南发动进攻。为打击进攻正面战场的日军，拯救沦陷区人民，发展河南敌后抗战的新局面，1944 年 7 月 25 日，中共中央指导实施“发展河南，绾轂中原”的战略计划，决定以八路军、新四军各一部进入河南敌后地区，组织抗日游击队和人民武装，建立抗日根据地。

姚有志少将（军事科学院原战略部部长）：

党中央向进军河南的部队发出指示，强调注意 3 个问题：第一，要善于穿插，寻找敌人空隙。第二，河南当地的一些自卫武装，只要他不反对八路军新四军，就要建立友善的外围关系。第三，发动群众，减租减息。

1944 年 6 月至 7 月，中共冀鲁豫分局和八路军冀鲁豫军区遵照中共中央和北方局关于加强水东、开辟水西、扩大豫东抗日根据地的指示，陆续抽调一部兵力进入水东和水西，巩固并扩大了水东抗日根据地，开辟了水西抗日根据地。至1945年7月，八路军已在豫东14个县建立了抗日民主政权，扩大了豫东抗日根据地。

1944 年 7 月至 8 月，由新四军第 5 师组成了豫南游击兵团，先后北渡淮河，进入豫南敌后，开展游击战争。10 月，该师又派出一部进入豫南，并向豫中发展。从1944年7月到1945年4月，新四军第5师挺进河南敌后的部队开辟了抗日根据地，建立了 7 个县的抗日民主政权。

张爱萍

为了恢复豫皖苏边区，1944 年 8 月，新四军第 4 师师长彭雪枫率部由淮北区西进萧县、永城、宿县地区，打退日伪军的进攻。9 月 11 日，师长彭雪枫在河南夏邑县八里庄战斗中英勇牺牲，这对新四军及敌后抗战都是重大损失。

中共中央在挽词中，高度评价彭雪枫：“为民族，为群众，二十年奋斗出生入死，功垂祖国；打日本，打汉奸，千百万同胞自由平等，泽被长淮。”

彭雪枫牺牲后，中共中央军委任命张爱萍继任新四军第 4 师师长，韦国清为副师长，命令韦国清赴津浦路西，指挥反顽作战。在新四军第 3 师及八路军 3 个团的协助下，新四军第 4 师大举反击，完成了收复原豫皖苏

1944 年 11 月，陕甘宁边区文教大会在陕甘宁边区参议会大礼堂举行

边区的任务。

1944 年 9 月至 11 月，以八路军太行、太岳军区及驻陕甘宁边区部队分别组成 4 个支队，先后渡过黄河，向豫西挺进，开展游击战争。1945 年 3 月，太行军区又抽调部队组成 1 个支队进入豫西。至 5 月底，八路军在豫西开辟了拥有 20 个县、300 余万人口的抗日根据地。

田越英（军事科学院研究员）：

八路军、新四军共同努力，开辟了豫西，发展了豫南，扩大了豫东，恢复了豫皖苏边区抗日根据地，打通了华北八路军与华中新四军之间的联系，“发展河南，绾毂中原”的战略目标，已经基本达到。

1944 年夏秋，湘、赣、粤、桂等省大片国土沦陷。为增强华南的抗日力量，开辟新的抗日根据地，中共中央于 9 月初决定，以八路军第 120 师第 359 旅组成南下支队，分批南下，首先在湘中创立以衡山为依托的抗日根据地，然后打通与广东东江支队的联系，形成南方一翼，以配合将来的全面反攻。

南下支队向湘粤边进军，历时近一年，转战陕、晋、豫、鄂、湘、赣、粤等 7 个省，虽然由于形势发生了根本变化，未能实现在华南五岭地区创建抗日根据地的战略企图，但却推动了所经地区人民的抗日斗争，扩大了中国共产党及八路军的影响，增强了中原抗战的力量。

1944 年上半年，新四军还组织部队南下苏浙皖边，打击日伪军，阻止顽军进攻，完成了中共中央经营东南方向的战略任务。

田越英（军事科学院研究员）：

1944 年全年期间，敌后战场的局部反攻，取得辉煌战果，中国共产党领导的抗日根据地，在政治、经济、军事等方面得到巨大发展，拥有 9000 万人口、200 多万民兵和 78 万军队。

1944 年 12 月 15 日，毛泽东发表重要演说，题为“一九四五年的任务”。他提出，明年我们唯一的任务，是配合同盟国打倒日本侵略者，1945 年敌后解放区值得特别提出的 15 项工作中，第一项就是扩大解放区，把一切守备薄弱，在我现存条件下能够攻克的沦陷区，全部化为解放区，等到各方面条件成熟了，就将敌人完全驱逐出去。

齐德学少将（军事科学院原军事历史研究部副部长）：

战机首先在华北出现，华北日军兵力 19 万人，伪军 50 余万人，兵力明显不足，完全处于守势。针对敌情，山东军区重点实施胶济铁路东段作战；太行军区发动道清、安阳战役；太岳军区展开豫北战役以及同蒲路南段作战；冀鲁豫军区进行南乐、东平等战役；晋察冀军区、晋绥军区则在 1945 年连续发动春季攻势和夏季攻势。

在华中，为防备美军在沿海登陆，日军兵力向京沪杭三角地带和沿海集中，内陆地区被迫收缩兵力，防备薄弱。新四军主动出击，沉重打击日伪薄弱点线，取得重大胜利。

新四军苏北军区，沉重打击了来犯的伪军孙良诚部，发起阜宁战役；苏中军区解放了兴高宝地区；淮北、淮南军区打退了日伪打通淮河、三河交通的企图；皖江军区粉碎了日伪对铜陵、繁昌地区的进攻。

在华南，根据中共中央的指示和中共广东省临时委员会的部署，华南人民抗日游击队攻克日伪多处据点，收复失地，扩大了解放区。

到 1945 年夏，八路军、新四军和华南人民抗日游击队已发展到 90 余万人。

姚有志少将（军事科学院原战略部部长）：

敌后战场的局部反攻历时近两年时间，根据地军民共歼灭日伪军 48 万余人，收复城市 70 余座，收复国土 32 万余平方公里，解放人口 2200 余万人，将日伪军进一步压缩于大中城市及交通要道附近，获得了运动战、攻坚战、城市战的宝贵经验，为转入全面反攻创造了有利的军事条件。

解放区军民在进行局部反攻的同时，还根据战争形势的变化及中共中央的指示，加紧全面反攻的准备工作。1944 年 6 月，中共中央发出指示，要求各战略区必须“负起准备夺取所属一切大中小城市与交通要道的责任”，并于 9 月组建了中央城市工作部。

敌占城市和交通要道工作的开展，为解放区军民实施全面反攻，争取更多伪军组织人员起义、反正，里应外合解放城镇，发挥了重要作用。

为了适应战争形势发展的需要，中共中央要求整训部队和民兵，并于 1944 年

发展壮大的地方武装和民兵队伍

7月发出《关于整训军队的指示》。

田越英（军事科学院研究员）：

整训的内容包括政治整训和军事整训，通过整训，使军队兵员数量和战斗素质显著提高，形成浩浩荡荡的全面反攻大军。

在军事整训的同时，加速军事战略转变，逐渐由分散的游击战向集中较大兵力的正规战过渡。中共中央和中央军委自1944年下半年后，陆续发出指示，促使全军实行从以抗日游击战为主向以正规战为主的军事战略转变。这为准备全面反攻起了积极作用。

齐德学少将（军事科学院原军事历史研究部副部长）：

局部反攻阶段，前线开展攻势作战的同时，全国各解放区军民在党中央指示下，开荒种粮、兴修水利、兴办工厂，为全面反攻奠定了充足的物质基础。

日益充足的物质基础，不断壮大的抗日武装，根据地军民士气高昂，群情奋勇，只待一声令下，发动向日军的最后一战，把日本侵略者彻底驱逐出中国。

第 120 章　豫西鄂北战役

滨临汉水的老河口是湖北西北部的一座小城市，因地处汉江故道口而得名。老河口位于鄂、豫、陕三省要冲，又是西进四川的必经之路。在抗日战争时期，中国第五战区司令长官李宗仁曾在这座城市指挥抗战达 6 年之久，至今在老河口近郊的胡家营仍保留着第五战区长官司令部和李宗仁的旧居。

1939 年秋到 1944 年冬，第五战区的中国军队活跃在鄂、豫、皖地区，破袭平汉铁路，钳制武汉三镇，屏蔽川陕一带，保卫了豫南、鄂北大片国土，粉碎了日军巩固华中、图霸西北的阴谋。尤其是驻守在老河口机场的中美联合空军更是不断对平汉线、长江下游重要交通线，甚至对日本本土进行轰炸，大大影响了日军的后勤供应与日本本土的安全。

齐德学少将（军事科学院原军事历史研究部副部长）：

为了解除老河口的威胁，确保日本本土的安全，遏制中、美空军对日军华北、华中主要交通干线的袭击，确保运输安全，促使重庆国民政府的消亡，1945 年 1 月 29 日，侵华日军总司令冈村宁次在南京召开会议，传达了大本营的命令，令华北方面军从速攻占老河口附近地区。

1945 年 3 月，日军华北方面军以第十二军司令官内山英太郎中将，指挥第 110、第 115 师团、坦克第 3 师团、骑兵第 4 旅团及独立步兵第 11 旅团等部，共约 7 万人，并配有各型飞机 106 架，向豫西、鄂北进犯，企图一举夺占南阳及老河口空军基地，并控制豫西鄂北的战略要点淅川、西峡及重阳店等地。

日军第十二军决定，进攻部队首先集中于遂平、叶县、鲁山附近地区，于 3 月 22 日开始向南阳进袭，并以快速部队突击老河口机场，一部集中洛宁，向卢氏进攻，掩护侧背。为配合豫西鄂北作战，日军以第 69 师团等部由豫西陕县向灵宝、卢氏方面进犯，以第 39 师团、独立步兵第 5、第 11 旅团等部，由湖北荆门及其以北地区向襄阳方面进犯。

国民政府军事委员会为粉碎日军进攻企图，令新任第五战区司令长官刘峙，指挥第二、第二十二、第三十三集团等部共 10 个军，以主力确保南阳东南地区，以有力部队于泌阳、方城地区进行抵抗；令第一战区司令长官胡宗南

内山英太郎

刘　峙

以主力于南召、李青店及长水镇一带阻击日军，摧毁其攻势；令第十战区司令长官李品仙部队袭击平汉铁路南段日军，破坏交通；令豫西、陕南各基地的空军协助第一战区和第五战区的作战，在豫鄂陕边区围歼日军。

姚有志少将（军事科学院原战略部部长）：

第五战区司令李宗仁素与蒋介石不和，在大战前夕，蒋介石出于私心，把李宗仁明升暗贬，调往了汉中出任行营主任。这为会战的胜负埋下了一个伏笔。

刘峙，毕业于保定陆军军官学校，曾参与北伐、中原大战等多场战事，得到蒋介石的信任和重用。刘峙原是陪都重庆的卫戍司令，因指挥防空失误，致使“六五大隧道惨案千人窒息死亡事件”发生而挂职。1945 年 2 月，刘峙赴任第五战区最高司令长官。

鄂北方面。1945 年 3 月 22 日，日军第 39 师团主力、独立步兵第 5、第 11 旅团各一部由荆门地区北犯向第五战区防地发起进攻，在桐木岭、盐池庙一线与中国军队第五十九军一部接触。

3 月 23 日，日军先头部队攻陷宜城。3 月 24 日，第五十九军主力及第六十九军一部阻击日军于欧家庙、武家堰和八都河一线，日军死伤甚多。3 月 26 日，日军增援部队 4000 余人继续进攻，激战至夜，一度突入南漳城内，被中国守军击退。

3 月 28 日，日军攻占南漳，中国守军第七十七军反击，于 3 月 29 日收复南漳。

张明金（军事科学院研究员）：

此时日军一部与日军在欧家庙的主力会合攻陷襄阳、樊城，中国守军第六十九军分向樊城东北和襄阳西南突围。攻陷襄（阳）樊（城）的日军向谷城策应老河口日军作战；一部会合襄河以西的日军再攻南漳。

4 月 2 日，日军与中国守军第七十七、第五十九军各一部发生争夺战，于 4 月 4 日晚再次攻陷南漳。4 月 5 日晨，日军 2000 余人向泰鸿山猛攻，中国守军两个师协力反击。4 月 10 日晚，日军放弃南漳，向荆门以东撤退。襄阳附近的日军 4000 余人沿襄河西进，中国守军第六十九军放弃茨河市后，向谷城前进。

第二十二集团军以一个师正面抵抗，一个师侧面出击，4 月 12 日攻入茨河市。进抵谷城以南的日军 2000 余人遭中国守军严重打击后撤。第五战区下令追击，中国军队第四十一军主力配合第五十九、第七十七、第六十九军各一个师向襄阳及宜城方向追击，先后克复武家堰、欧家庙、小河镇、襄阳、宜城，并尾追日军，4 月 18 日克复樊城。至此，襄河以西恢复战前态势。

豫西方面。3 月 22 日起，日军第 110、第 115 师团、坦克第 3 师团、独立步兵第 11 旅团及骑兵第 4 旅团，分别由鲁山、叶县、舞阳及沙河地区，分 3 路西进。3 月 24 日，中国守军抗击进攻日军后放弃象河关至李青店一线阵地西撤。3 月 26 日，日军以吉武支队进攻南阳，主力分向老河口、西峡等地进攻。

张明金（军事科学院研究员）：

当时，老河口的中国军队仅有第二十二集团军所属第四十五军第 125 师，其下辖三个团，且有一个团去四川接兵未回。刘峙在撤离老河口前夕，命令第 125 师固守老河口三天，以掩护长官部人员和物资转移，为此，第 125 师师长汪匣锋率第 375 团驻守城区，副师长陈士俊率第 373 团布防在光化县城至马窟山等前哨阵地。

3 月 27 日晨 2 时，日军骑兵第 4 旅团旅团长藤田茂在竹林桥下达进攻命令：西泽末俊大佐率骑兵第 20 联队主攻光化县城及老河口北关；山下彦平大佐率骑兵第 26 联队进攻马头山及飞机场；然后合力进攻老河口城。

4 时，日军两个联队在光化县城至马头山一线与中国军队第 373 团发生激战。上午，日军骑炮第 4 联队赶到，以炮火掩护进攻。因中国军队第 373 团兵力分散，光化县城不久被日军攻陷，中国军队退入老河口城内。日军第 25 联队遂即攻城。与此同时,日军第 26 联队也在炮火掩护下进攻。到下午 3 时,山头阵地被日军攻占，中国军队第 373 团被迫退守老河口城内，晚上 6 点半，老河口机场被占领。

姚有志少将（军事科学院原战略部部长）:

老河口机场始建于 1929 年，占地面积 124.34 万平方米，机场跑道全长 1500 米、宽 50 米，能起落小型飞机。1936 年，第五战区司令长官李宗仁扩建机场。抗战时期，中美空军混合团，也就是飞虎队在这里驻扎。老河口机场和湖南的芷江机场一起在拱卫陪都重庆的空中安全、轰炸日军基地、轰炸日本本土方面发挥了重要作用。

日军虽占领了老河口机场，但早在 3 月 25 日，中国空军已将停放机场等待修理的几架轰炸机及战斗机焚毁，空军第 3 大队全部撤离老河口。日军仅得到破坏的机体 9 架、发动机 6 台、螺旋桨 6 架、汽油 490 桶。

3 月 29 日，日军继续围攻老河口城区。上午 9 时，光化城门城墙被毁两处，日军拥进 40 多人，第 375 团团长黄宗凯立即率领预备队截击日军后路，经过一阵拼杀，把冲入的日军全部消灭。

4 月 1 日,日军的进攻由第 115 师团接替,骑兵第 4 旅团撤到李官桥。4 月 2 日，中国军队第 127 师在大洪山接到增援中国军队第 125 师的命令，第 127 师师长王

佔老河口機場後

日軍攻守兩便

出淵部長在記者例會談戰局

舉行例行報道常會，到出淵部長暨原中尉及各報記者七十餘人，出淵部長發表關於日軍佔據老河口飛機場之重大意義及沖繩島方面作戰之種種等，茲誌大要如次：

大陸戰局

最近日軍突入老河口飛機場意義甚爲重大：㈠蓋在軍事上一方面可以保衛武漢，一方面可以進攻重慶。老河口係北方關隘，乃兵家必爭之點，從此日軍於攻守兩方面，得以自由決定。㈡日軍將桂林柳州芷江空軍根據地擊毀後，老河口即成爲駐華美空軍前進基地，自去年十二月起，美空軍利用此基地對平漢隴海及揚子江一帶交通，不時予以破壞，自被日軍攻佔後，此一方面之美空軍更見活躍，日軍一舉而摧毀之，美空軍只得退守安康，從此日軍即可取道於此

1945 年 4 月 5 日《申报》：占领老河口机场后，日军攻守两便

澄熙率领全师向老河口进发。这时，襄阳和樊城已被日军占据，王澄熙率部绕道双沟，新野，由襄阳石桥进入张集。

第127师与城内守军第125师取得联系，双方商定第127师攻击马头山和光化县城一带，以解老河口之围。但因日军已在各山头修了坚固工事，第127师进攻没有重武器支援，难以进展，再加上没有后勤供给，只得又绕道日军后方，从温岗孟楼间穿越公路，在4月5日越过汉水到达三宫殿。

第127师几经长途跋涉，官兵已疲惫不堪，但城内第125师急需援军，第127师由副师长何翔迥率领第380团渡汉水增援，加入城东北一线作战。

4月8日，日军师团长极浦英吉亲自督阵，指挥步、炮、坦克协同进攻；旅团长三宫满治也赶到步兵位置督战，群炮集中轰击城北角，情况十分紧急。

中国军队各机动部队全部参加战斗，师、团特务排也参加了战斗。在援军迟迟不到的情况下，何翔迥、陈玲两位副师长与汪匣锋师长通过电话商议，请示第二十二集团军总部批准撤退。得到总部批准后，中国军队且战且退，直到4月8日17时，老河口全部失守。

齐德学少将（军事科学院原军事历史研究部副部长）：

为配合地面作战，中国空军从3月22日起，以空军第1、第3、第4、第11大队及中美混合团，配合第一、第五战区，阻止日军前进，并对日军后方的新乡、郑州、许昌、南阳一带进行攻击，对日军交通给予极大破坏。从3月22日至5月31日，中国共出动飞机1047架次。此战历时72天，日军进占豫西并控制了老河口空军基地。

此次战役，中国军队阻击日军达13昼夜，共打死、打伤日军1668人，其中将校级军官死8人、伤15人，另外击毁坦克8辆，缴获武器700余件。中国守军伤亡1600余人。

占领老河口之后，日军改取守势，中国第五战区部队乘机不断反击。至5月1日，双方隔汉水对峙。中国军队第122师在张宣武师长的指挥下曾发起三次规模较大的反攻，其中一次以一个团的兵力一度攻到了光化城北的牛头山，但终归没有改写战局。

与此同时，由李青店、南召西犯之日军第110师团主力占领镇平后，突破中国守军新编第八军逐次抵抗，越过内乡，向西峡口方向中国守军第十五军防御阵地进攻。日军第110师团、坦克第3师团于3月30日至4月1日攻陷西峡、淅川，随即向重阳店方向攻击。中国军队第三十一集团军主力奋勇阻击，激战至4月7日，击退日军进攻，先后歼灭日军4000余人。随后，双方逐步进行增援，战斗异常激烈。至5月下旬，日军伤亡惨重，被迫撤至西峡等地转入防御。

在洛宁方面，日军第110师团一部4000余人于3月23日从洛宁西犯，向长水镇进攻。第一战区中国军队第三十八军主力、第九十六军一部奋勇迎击，战至4月9日，将日军击退。4月10日，该部日军转向西峡口方面，至4月底，双方对峙于长水镇附近地区。

中国军队一部向陕县的日军袭击，日军受到重创后，第69师团一部5000余人于5月16日至22日分别向官道口、灵宝方向进攻。第一战区中国军队第四集团军主力及第四十军协力夹击日军，将日军击退，双方伤亡严重，到5月29日恢复战前态势，豫西鄂北战役结束。

齐德学少将（军事科学院原军事历史研究部副部长）：

豫西鄂北战役，暴露了国民政府指挥作战的一些弱点。

首先，蒋介石临阵换将，并对于第五战区的非嫡系部队大加限制，推行所谓的“裁军”政策，使得官兵上下无心恋战，这大大削弱了部队的战斗力；其次是指挥混乱，陆、空配合作战不畅，刘峙不仅主动放弃了襄阳等战略要地，而且还致使多次出现了空军误伤、误炸自己人的乌龙事件；三是情报严重滞后于日军，日军通过在国民政府高层内潜伏的汉奸，得到所谓的“特情”，对于中国军队的情况一清二楚，而中国军队缺少对日军行动的掌握。

在豫西鄂北战役中，日军虽然达到了控制老河口空军基地的目的，但由于中国军队第125师在老河口失陷前向西成功突围并将机场设施彻底破坏，使得基地利用价值大减，日军等于毫无所获。

在战役中，日军遭到中国军队的沉重打击，伤亡1.5万余人，损失惨重。随即，中国军队对深入的日军展开反攻。至5月，襄阳、樊城等地的日军均被中国军队击退。

第121章　湘西战役

湖南，位于长江中游江南地区，因全省大部分区域处于洞庭湖以南而得名“湖南”，又因省内最大河流湘江流贯全境而简称“湘”。

1945年4月至6月，在湖南省西部，中日双方进行了一场较大规模的战役，史称“湘西战役”，又称“雪峰山战役”，日本战史则称其为“芷江战役”。

太平洋战争爆发后，中国军队在湘西芷江开辟了远东第二大盟军机场，绵延600余里的雪峰山成为保护空军基地的天然屏障。尤其是衡阳、桂林、柳州失陷后，芷江成为中美空军最后一个前进基地，各型飞机停驻达400多架，美军地空人员有6000余人，成为对日作战的主要空军基地。

1945年2月25日，中美空军混合大队从芷江机场起飞，轰炸了防卫森严的日本皇宫。日本大本营大为恼火，命令日本“中国派遣军”对芷江机场进行破坏。

日本“中国派遣军总司令”冈村宁次立即策划了芷江作战计划，令第二十军司令官坂西一良中将为战役总指挥，调集第116、第47、第34、第68师团及关根支队约10万兵力发动“芷江攻略战”。

齐德学少将（军事科学院原军事历史研究部副部长）：

面对日本的进攻，中国军队也早有准备，在军事委员会总参谋长、陆军总司令何应钦统一指挥下，以王耀武的第四方面军、王敬久的第十集团军、李玉堂的第二十七集团军以及中美空军混合大队、美军第14航空大队共400余架飞机，约20万兵力组织湘西战役，并从昆明空运全副美械装备的新六军到芷江作为总预备队，以确保芷江空军基地的安全。

湘西日軍進攻
芷江瀕危境
▲中央社訊　關於大陸方面戰況，渝軍事委員會最近頒佈日軍在湖南西部發動攻勢，詳細戰況目下尚未至公開發表時期，惟據渝方消息，日軍已進抵新化（長沙西南方一百八十公里），現距寶慶西方二十數公里地點，以迄新寧（衡陽西南方約三百公里）間一百五十公里之戰綫，在寶慶西方新寧西方逐漸向西挺進。渝方自認湖南省西部之駐渝美空軍基地芷江已瀕危境，預料大陸日軍必要時將進攻芷江及其他各地，目下已完成充分準備。

湘西日军进攻，芷江濒危境

日军兵分三路大举向湘西进犯。北路，重广支队向雪峰山北麓进击；中路，第 47、第 116 师团向雪峰山腹地进攻；南路，第 68、第 34 师团向新宁、武冈方向进犯。

中路日军第 47、第 116 师团是进攻芷江的主攻部队。4 月 9 日起，日军第 47、第 116 师团由邵阳地区分 4 路向西进犯。第一路 4000 余人由黑田铺向三口关进攻；第二路约 4000 人于 4 月 12 日由邵阳向巨口铺突击，第三路 4000 余人于 4 月 11 日由邵阳向小塘攻击前进，第四路约 3000 人于 4 月 13 日强渡资水。

张明金（军事科学院研究员）：

担任雪峰山主战场防御的中国军队第四方面军，根据陆军参谋长萧毅肃的建议，制定了利用雪峰山区有利地形，采取攻势防御战略，“逐次抗击，诱敌深入，分割包围，聚而歼之”的作战方针。中国军队第四方面军李天霞所部第一百军第 36、第 19、第 51 师，奉令分路引诱中路日军，向雪峰山腹地节节后退深入。

日军第 116 师团师团长岩永汪没想到进军如此顺利，大喜过望，他一面命令挺进部队继续猛进，一面与南、北两路的日军商议，在深入雪峰山腹地之前，各路主力密切配合，从北面迂回包围，将雪峰山南麓洞口、武冈地区的中国军队第七十四军主力歼灭。

中国陆军总司令何应钦命令王耀武部第四方面军第一百军、第七十四军、第七十三军会同王敬久部第十集团军第九十二军，分别在龙潭司、雪峰山南麓和新化地区吸引阻击日军；令第六战区胡琏部第十八军火速从鄂西南下，沿雪峰山东麓进至隆回，截断湘黔公路；同时命汤恩伯部第三方面军第九十四军和第二十六军一部，迅速从广西边境前出雪峰山南麓，配合第七十四军，包围歼灭南路日军，并北上至隆回与第十八军汇合，将日军合围在雪峰山地区一举歼灭。

日军中路第四路部队强渡资水后，向中国守军第一〇〇军桃花坪阵地发起进攻。日军集中 1400 余人，从两侧迂回猛攻，于 4 月 18 日侵占桃花坪。中国守军第一〇〇军第 19 师第 57 团第 1 营第 3 连官兵与 10 倍于己的日军展开巷战，直到全部战死。

日军攻占桃花坪后，转攻芙蓉山阵地。芙蓉山位于湘黔公路要冲，中国军队第一〇〇军第 19 师第 57 团第 1 营营长孙廷简率部在此据守。日军首先攻击芙蓉山外围阵地岩口铺。中国守军只有一个连的兵力，坚守小镇 12 小时，击毙日军大尉田丁由五郎以下 190 余人。

新编第六军空运回国，参加湘西战役

齐德学少将（军事科学院原军事历史研究部副部长）：

日军进攻芙蓉山十余天，始终无法突破中国守军阵地，最后绕过芙蓉山，转攻洞口。固守芙蓉山对整个战役极为重要，日军不能突破芙蓉山，无法利用湘黔公路，只能绕山区小路输送兵员和辎重，补给线延长，时间和精力耗费严重，极大影响了日军战斗力的发挥。

此时，日军第 47、第 116 师团组成的第一路日军于 4 月 29 日进抵洋溪桥附近，伤亡甚重，进攻受挫。第二路日军于 4 月 28 日突破中国守军第 63 师的防御进至上查坪，4 月 30 日向现江等地进攻，遭中国守军第 57 师及暂编第 6 师的协力抗击，进攻受阻。第三路日军于 4 月 16 日进至白马山，4 月 17 日突至放洞附近，遭到中国第 51 师抗击，攻势受挫。

1945 年 4 月下旬，中国军队与日军在江口、青山界、松山、圭洞反复攻守，激战 20 余昼夜。至 4 月底，日军各路进攻作战全线失败，并遭受重创。而中国军队的大量预备队还没有使用。

中国军队第四方面军对日军实施逐次阻击，将日军阻滞于巫水以东之江口、洞口、武冈一线地区。为向日军实施反击，第四方面军命令第十八军星夜由常德地区南下，命令新编第六军于芷江地区集结待命。第三方面军命令第九十四军由湘黔边境向武冈以西的武阳地区快速前进。各部队于 4 月底至 5 月初，先后到达指定地点。

5 月 6 日，第四方面军挫败第 116 师团主力约 6000 人向江口、青岩等地的进攻。

张明金（军事科学院研究员）：

到了5月9日，日军第116师团第109联队3000余日军仍然处于中国军队第一〇〇军的重兵包围之中；日军第133联队，也在老隘塘附近受到中国军队的包围攻击，死伤累累，停滞不动。日军第116师团为了免遭被围歼的下场，开始实施紧急撤退。

在三路日军中，4月9日由长沙出发的北路日军行动得最早，但一路遭遇中国军队第七十三军节节阻击。

北路日军前进到韶山地区丘陵山地后，遭到中国军队韩浚部第七十三军的突然攻击。日军被打得狼狈不堪，连续两次增兵才抵挡住中国军队的进攻。

4月14日，北路日军开始强渡资水，韩浚命令军队只做象征性抵抗，等到日军主力刚刚渡过资水，中国军队发动重炮猛轰，同时出动战斗机扫射日军还在渡河的部队。日军伤亡惨重。直到第二天，日军才乘着夜色完成了部队集结。

4月20日清晨，北路日军在桃林徐家桥一带钻进了中国军队第七十三军预伏的“口袋阵”，遭到两面高山上迫击炮、机关枪的猛烈轰击和扫射，激战昼夜，才冒死突围。

4月29日，北路日军进至新化、洋溪地区，又陷入第七十三军的包围，在红岭山遭到空军的猛烈轰炸，损失惨重。

驻守邵阳的日军第86混成旅团从黑田铺出发，向新化方向合击，也遭到第七十三军的逐次阻击。

南路日军于4月15日兵分两路同时发动进攻，一路是第二十军第68师团关根支队，从湖南东安出发，向新宁进军；另一路是第十一军第34师团，从广西全州出发，向新宁合击。4月16日，两路日军在新宁会师，然后继续西犯，分路进攻武冈和绥宁。

进攻绥宁的日军第217联队在梅口附近遇到中国军队第三方面军第二十六军第44师坚决抵抗，在茶山一带被歼1000余人；进攻武阳的日军第34师团一部，于29日攻陷武阳。

4月30日，从贵州赶来增援的中国军队第三方面军第九十四军牟庭芳部到达绥宁，立即向武阳日军展开反击。5月2日，第九十四军第5师主攻部队强攻日军马鞍山主阵地，半日内就抢占大多数制高点，日军纷纷向核心阵地退却。5月3日，第九十四军发动总攻，日军第58旅团很快不支，纷纷向万福桥核心阵地退却。中国军队重新夺回武阳，击毙日军1500余人，取得了武阳大捷。

齐德学少将（军事科学院原军事历史研究部副部长）：

进攻武冈的日军关根支队也遇到了守军的顽强抵抗。武冈为湘西南部军事重镇，守卫武冈的是中国军队第七十四军第58师，师长蔡仁杰率部在城内外构筑了三道防御阵地，十分坚固。

4月25日，日军关根支队进至武冈城郊，从东、西、南三面包围了武冈。27日凌晨，日军支队长关根久太郎少将下令攻城，百门大炮一起轰鸣，将中国守军阵地炸成一片火海。日军一个旅团的兵力在坦克掩护下发起冲锋，连攻三天，伤亡惨重，毫无进展。关根支队长组织150名敢死队员，身绑百斤重的炸药，将武冈城墙炸开了十多个缺口。随即，近千名日军向缺口方向发起猛攻。

中国守军一部分搬来砂石、麻包堵住缺口，另一部分站在城墙上向日军猛烈扫射。血战七天七夜，武冈县城依然在中国守军手中。就在战情紧迫时刻，第四方面军司令王耀武调动第44师一部从梅口疾驰武冈增援，在日军背后发起突然攻击。守城部队也组织突击队乘势反击。

日军关根支队腹背受敌，向武阳一线退却。5月5日拂晓，中国军队第七十四军发起反攻，武阳附近各要点相继被夺回，关根久太郎率残部向花园方向逃窜，途中又屡遭中国军队堵截，大部被歼。

姚有志少将（军事科学院原战略部部长）：

日军一再受挫，攻势逐渐衰弱，自5月3日起由攻势作战转为守势作战。冈村宁次让派遣军总参谋长小林浅三郎到前线督战。小林目睹了即将被包围的局势后，立即返回南京向冈村宁次建议停止作战。冈村宁次于9日下令中止芷江作战。

5月8日，国民政府军事委员会命令各路大军发起全线总反攻。

在雪峰山南麓战场，从湘桂黔边境赶来增援的汤恩伯部第三方面军第九十四军与第七十四军会合，将南路日军分割包围。南路的各路日军溃不成军，纷纷后撤。

在雪峰山中麓战场，5月12日，中国军队第51师和第63师向被包围的日军第109联队发起总攻。5月13日，日军第109联队主阵地被攻陷，联队长龙寺加三郎大佐被击毙，日军第109联队全军覆没。

5月13日，中国军队第七十四军追击包围退至洞口、竹篙塘一带的日军第116师团。经两天激战，日军负责殿后的一个联队1000多人被全歼，主力于16日午夜溃退至东圳地区集结。

5月20日，第七十四军的4个美械师及第一百军的3个师，将日军第116师团包围在山溪、滩头一线。日军苦战10天，被歼灭3000余人，在日军第47师团和第34师团的接应下突围，于5月31日退回邵阳附近。

在雪峰山北麓战场，中国军队第七十三军一路追击于5月9日开始撤退的日军重广支队。5月18日，第七十三军在巴油附近将重广支队团团围住。芷江机场出动P51野马轰炸机对被包围的日军轰炸扫射，重广支队全面溃散，支队长被当场击毙。

战至6月7日，日军残部在第二十军10个大队组成的集成部队掩护下，逐次退至宝庆地区。中国军队第四方面军收复了所有失地，双方恢复战前态势。

姚有志少将（军事科学院原战略部部长）：

湘西战役，日军以冒险的进攻开始，中日双方参战总兵力28万余人，战线长达两百余公里，历时近两个月，以日军彻底溃败而告终。

据第四方面军战报统计，湘西战役中，中国军队以牺牲6832人、伤11717人的代价，毙伤日军2.4万余人，俘虏日军官兵214人。日军战史承认，此战是侵华战争开战以来日军败得最惨的一仗。

湘西战役的胜利极大地增长了中国军队对日本侵略者发动反攻的士气，提高了中国的国际声誉，标志着中国抗日战争转入反攻阶段。

第 122 章　收复广西

1945 年 4 月，世界反法西斯战争凯歌高奏：在西方，苏联红军于 4 月 25 日包围了柏林，4 月 30 日，德国纳粹元首希特勒自杀身亡；在东方，4 月 1 日，美军发动冲绳战役，日本本土岌岌可危；4 月 5 日，苏联宣布废除《苏日中立条约》，苏军陆续东调，日本关东军的末日来临。

在中国战场上，日军发动的打通大陆交通线的作战，消耗了大量兵力，尤其是在解放区战场的军民局部反攻的打击下，占领区日趋缩小，已进入了最后崩溃时期。

这些接踵而来的打击，把日本的“本土决战计划”、“大陆作战方针”等全部打乱。4 月 14 日，日本大本营密令中国派遣军，为了应对中美苏三国的作战，将侵入广西的日军第 3、第 13、第 34 等师团调往华北待命，4 月 27 日，中国派遣军下达了调动上述师的命令。

侵华日军总司令冈村宁次开始收缩兵力北上，集中兵力保守京沪、平津和武汉三大要地。而在从广西北调的日军 4 个师团中，第 3、第 13、第 34 师团都是日军第十一军的骨干部队，日军第十一军余部第 58 师团和第 22、第 88 旅团若留在广西，无异坐以待毙。因此，冈村宁次决定，进一步收缩湘桂沿线的兵力，撤回武汉。

在十万火急的军令下，日军第十一军拟定了撤出广西的时间表：5 月上旬收缩据点,人员物资逐步北运,5 月下旬撤出南宁,6 月下旬撤出柳州,7 月下旬撤离桂林，8 月全部退出广西。

齐德学少将（军事科学院原军事历史研究部副部长）：

撤出广西，对日本侵略者来说是个痛苦的决定，意味着放弃血战 8 个月、送掉十多万日军所换取的“战果”；还意味着抛弃散布在东南亚各地和香港、广州的 60 多万日军侵略军，让他们各自为战，自行毁灭。

相比日军，中国军队此时士气正旺。由于 1944 年豫湘桂战役溃败，国民政府受创极深，为改变军队的无能状态，蒋介石于 1944 年冬在昆明设立中国陆军总司令部，何应钦为总司令，统一指挥和训练西南各战区的部队，所需武器装备与军事教官全由美国提供。1945 年 3 月，中印公路全线贯通，美国武器和作战物资大

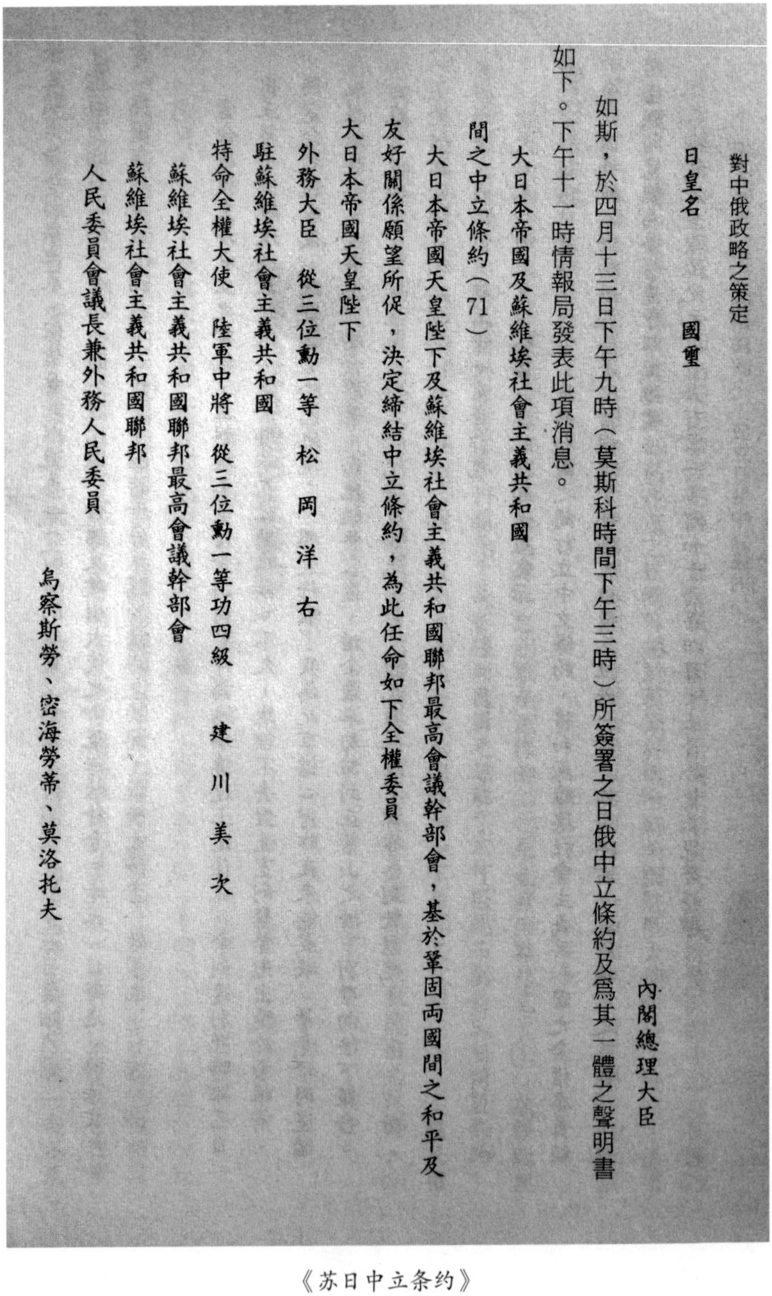
對中俄政略之策定

日皇名　國璽

內閣總理大臣

如斯，於四月十三日下午九時（莫斯科時間下午三時）所簽署之日俄中立條約及爲其一體之聲明書如下。下午十一時情報局發表此項消息。

大日本帝國及蘇維埃社會主義共和國間之中立條約（71）

大日本帝國天皇陛下及蘇維埃社會主義共和國聯邦最高會議幹部會，基於鞏固兩國間之和平及友好關係願望所促，決定締結中立條約，為此任命如下全權委員

大日本帝國天皇陛下

外務大臣　從三位勳一等　松　岡　洋　右

駐蘇維埃社會主義共和國

特命全權大使　陸軍中將　從三位勳一等功四級　建　川　美　次

蘇維埃社會主義共和國聯邦最高會議幹部會

蘇維埃社會主義共和國聯邦

人民委員會議長兼外務人民委員

烏察斯勞、密海勞蒂、莫洛托夫

《苏日中立条约》

量输入。

3 月 5 日，何应钦将所辖部队整编为四个方面军，其中第二方面军在桂西，司令长官张发奎，辖第四十六、第六十二、第六十四军；第三方面军在黔南，司令长官汤恩伯，辖第十三、第二十、第二十六、第七十一、第九十四军。这两个方面军的作战区域，都面向广西日军。

总教官何应钦

日军从广西撤退，最害怕被中国军队追击。为了达到安全后撤的目的，日军使用了以进为退的手法，抢先发动了一场进攻，想把国民党军队击溃打怕，再立即秘密逃遁。

1945 年 4 月 21 日，日军第 13 师团一部，对张发奎的第二方面军第四十六军驻地都安及其西北之保平、九圩攻击，但没有达到歼灭中国军队有生力量的目的，反而引来了中国军队第二方面军的有力反击。4 月 27 日，经全力反击，中国军队第四十六军第 175 师收复都安。

姚有志少将（军事科学院原战略部部长）：

1945 年 5 月初，中国军队根据情报和侦察，发现日军在广西有缩短防线、逐步抽撤兵力的行动，中国军队第二、第三方面军便奉令提前反攻广西。

中国军队第四十六军组成若干个特编突击营，潜入上林、宾阳等地袭击邕宾公路。驻隆安的中国军队第六十四军第 156 师行动积极，也于 5 月中旬进到南宁郊区，派便衣队进入市内。

此时，日军第 3 师团第 68 联队集结在来宾，第 34 联队在迁江，第 6 联队在宾阳，第 58 师团第 94 大队在南宁，都在准备北窜。

5 月 25 日傍晚，日军第 58 师团第 94 大队撤出南宁，沿邕宾公路北撤。当晚，中国军队第六十四军控制了南宁城郊要点，27 日中国军队第六十四军收复南宁。

5 月 29 日凌晨，在第六十四军多日围攻下，日军第 6 联队逃出宾阳。

此时，日军第 3 师团向柳州撤退。第二方面军以第六十四军一部向龙州追击；

以第四十六军主力向柳州东南迂回攻击。向龙州攻击的第六十四军于6月7日攻克思乐，6月8日收复明江。在地方团队协助下，于7月3日，中国军队第四十六军主力于6月上旬向柳州攻击前进，先后攻克桂平、武宣。6月19日，第四十六军第175师迫近柳州，先后攻克龙州、凭祥，将日军逐出中国国境之外。至此，桂南各县扫清了日军。

张明金（军事科学院研究员）：

在桂西北一带，日军第13师团与中国军队第二十九军对峙。日军以第65联队驻守河池，第104联队驻守德胜，第116联队驻守天河。5月3日，日军第65联队组成由联队长服部卓四郎指挥的支队，负责掩护全军撤退。

服部卓四郎授命后，也采取以进为退的方式，于5月7日突袭中国军队第三方面军第二十九军第169师，不料遭到中国军队全力反击，双方都伤亡百余人，日军无功而退。

5月20日，日军相继秘密撤退，中国军队第二十九军即收复河池、思恩、天河、罗城等县。5月25日，日军服部支队从河池退到宜山设防。6月上中旬，中国军队第二十九军与第七十一军一部协同对日军服部支队作战。服部支队招架不住，于6月13日晚弃城逃窜，宜山全境光复，桂西北的日军也被扫清。日军第13师团遂向柳州撤退。

中国军队收复桂南、桂西北后，在1945年6月间，第四十六军从宾阳北上，沿柳（州）宾（阳）公路追击撤逃日军；第二十九、第七十一军从宜山东进，沿黔桂铁路、公路进入柳城、柳江，两路大军夹击柳州。

服部卓四郎

6月19日，日军第十一军军部撤离柳州，北上全州，并催促第3师团第6联队和第58师团94大队从迁江兼程北上；日军第6联队逃至柳州西南的大塘，又接上司电令：停留在原地，等候收容服部支队的殿后大队，掩护其向柳州撤退。

张明金（军事科学院研究员）：

大塘，是迁江、忻城、宜山3条通往柳州的公路汇聚点，在大塘以东，里高至三都之间，有一段8公里长的劈山公路从山峡中通过，非常险要。其中，百子坳最险，公路到这里呈“之”字型，长达 1 公里，两旁尽是悬崖陡壁，人在公路上走只能看见一线天，是打伏击的天然战场。

6 月 15 日，中国军队第四十六军第 175 师第 525 团接到敌情通报，团长卢玉衡率领全团火速奔赴三都乡，在门头、百子坳、牛屎坳 3 段设伏，在公路两侧山腰上构筑简易工事，利用山岩地形组织斜射、侧射火网，布置迫击炮阵地。

当日傍晚，日军服部支队带领第 6 联队共 3000 多人从大塘向东前行，队伍中有坦克、炮兵、骑兵、步兵等各类兵种。当日军进入伏击圈时，突然遭到中国军队的猛烈射击。双方展开激战，战斗从 15 日晚持续到 17 日黎明，日军伤亡惨重。

第三方面军以第二十军向日军跟踪追击，在第二方面军第四十六军自柳州南侧的配合下，向柳州的日军展开总攻。6 月 30 日，中国军队收复柳州，日军向桂林撤退。

姚有志少将（军事科学院原战略部部长）：

广西日军全部汇集到了桂北，交通运输困难，大量伤病员和物资待运。而追兵又到，去路被堵，若不作殊死战，就会全军覆灭。在中国军队方面，已赢得时间调动部队追击，集结到桂北的兵力更为强大。因此，桂北追击战呈现出异乎寻常的激烈性。

当时，日军大部已经退过湖南，留在桂北的部队有第 58 师团防守桂林一线；第 22 旅团防守灵川、溶江；第 88 旅团及第 13 师团一部防守兴安、全州，共约 5 万多人。

第三方面军攻克柳州后，兵分三路，第二十军第 133 师在左路经百寿，第七十一军第 91 师在右路沿桂柳公路，第二十九军居中路，沿湘桂铁路向桂林急进。同时，第四方面军攻击宝庆、衡阳以为策应。

桂北追堵战分三个阶段：第一阶段，中国军队扫清桂林外围据点和切断敌后交通线；第二阶段，桂林近郊战，合击桂林城；第三阶段，扩展战果，东向灌阳、恭城，北击兴安、全州。

1945 年 7 月上旬，中国军队开始向桂北地区追击：第二十九军沿湘桂铁路追击，于 7 月 17 日进抵永福城南。永福是桂北的南门。经过多日激战，中国军队于 7 月 25 日下午攻克永福城，桂林南面的大道遂告打通；第七十一军第 91 师向桂柳公路追击，7 月 24 日攻克阳朔，直逼桂林城南郊；第二十军从融县长安镇东进，于 7 月 26 日进抵桂林城西郊；第九十四军从龙胜南下，直逼桂林城北郊；第二十六军从资源南插兴安、全州间，以阻截全州日军南援。

由于中国军队五路大军分进合击，有计划地前堵后追，到 7 月 25 日前后，桂北战略要地均被攻克，日军后方交通线也受到严重威胁，桂林外围战顺利结束，桂林近郊战随即开始。

张明金（军事科学院研究员）：

值得一提的是，从龙胜南下直逼桂林城北郊的第九十四军，行动果敢，派第 121 师第 363 团团长饶启尧率部，于 7 月 18 日夜远程奔袭长蛇岭，揭开了桂林近郊战的帷幕，并在收复桂林之战中立下殊功。

长蛇岭，在桂林以北 8 公里，由 20 多个山峰相连而成，自西向东，长达 7 公里，形似长蛇，主峰高 609 米。这座山控制着湘桂铁路、公路和灵川通往义宁的大道。

7 月 20 日，日军第 58 师团派第 92 大队带着数门重炮进攻长蛇岭。激战 1 天，中国守军伤 1 人亡 1 人，而日军战死 30 多人。7 月 22 日，日军第 93 大队从阳朔撤回桂林，也被派往进攻长蛇岭东南山头的盘古庙。日军发动夜袭，用人海战术冲进庙内。随后，日军不断增兵进攻长蛇岭，但是中国守军死战不退。

7 月 24 日，日军第 58 师团总部前移到长蛇岭附近指挥战斗，整个师团主力全部投入。7 月 26 日，长蛇岭的战斗达到了高峰，日军拼死反扑，攻到了 609 高地对面的山上。中国守军弹药只剩下一小半，全团伤亡近千人，而日军伤亡比守军更多几倍。

日军第 58 师团总部撤离桂林后，留下少数部队破坏桂林城。7 月 26 日晚，桂林城内火势最大，也是长蛇岭战斗最激烈之时，日军在熊熊大火中全部离开桂林。长蛇岭守军看见桂林火光冲天，知道日军撤退，但因自身伤亡大，弹药少，无力出击，使日军第 58 师团得以逃脱。7 月 28 日，中国军队终于收复桂林。

随后，中国军队各军扩展战果，收复整个桂北地区。

1945 年 8 月初，第二十九军奉命东进，到达灌阳、恭城，当地日军撤退。

8 月 2 日，第九十四军克复北路要地灵川。

8 月 3 日，第二十军、第二十六军和第九十四军一部向北挺进，跟踪追击到兴安。8 月 6 日，中国军队克复北路又一要地兴安。

这时，广西日军全部收缩到了全州附近，日军第 3、第 13、第 34 师团已退过湖南北上，滞留在全州的有第 58 师团及第 22、第 88 旅团。

8 月 15 日，日本宣布无条件投降，全州日军坚守之心全无；16 日，退出全州。8 月 17 日，中国军队第二十军进驻全县，广西全境再无日军。

齐德学少将（军事科学院原军事历史研究部副部长）：

整个收复广西之战，日军从撤退到败退是十分狼狈的。他们自己说："当中国第二、第三方面军得知日本军要撤退消息后，积极开始行动，不光是尾追，还从侧面及背后向日军追击，使撤退的日军苦于应付，疲惫不堪。"日军撤出广西至少损失兵力1万以上。但是，"中国军队未能捕捉到敌人的主力予以痛歼，仅给一点薄惩，太便宜侵略者了"。

收复广西之战，从1945年4月底开始到8月中旬结束，历时3个多月，由于中国军队追击部队士气高涨，尤其是中下层将士用命，更由于广西人民积极配合，谱写了全民族抗战胜利前夕有声有色的一章。

第 123 章　战局大转变——美苏对日进攻

1945 年 5 月 8 日，德国宣布无条件投降。至此，世界反法西斯战争欧洲战场取得胜利。在长达五年多的战争之后，胜利的人们脸上都洋溢着喜悦与希望。

就在德国投降前夕，1945 年 2 月，苏、美、英三国首脑举行雅尔塔会议，就欧洲战后的处理和对日战争的问题进行了讨论，并签订了关于日本问题的秘密协定，也称“雅尔塔协定”。这一国际形势的变化，也对中国的抗日战争产生了深刻影响。

1945 年 4 月 28 日，意大利人民逮捕了意大利法西斯头子墨索里尼，并将其判处死刑。4 月 30 日，德国法西斯头子希特勒自杀身亡。5 月 28 日 24 时，德国代表向苏、美、英、法四国无条件投降，并在投降书上签字。至此，欧洲战争结束。在东方，日本法西斯的彻底失败已为期不远。1945 年 4 月 1 日，美军在冲绳岛登陆，6 月 30 日攻克全岛。美、英在亚洲、太平洋地区的优势日益增大，直逼日本本土。

雅尔塔会议中三巨头：丘吉尔，罗斯福，斯大林

苏联虽然没有正式对日宣战，但加速了对日作战的准备工作，大规模重新部署兵力。

从中国全国性抗战爆发，到此时已经历了八年的艰苦卓绝斗争。中国抗日战场是世界反法西斯战场的重要组成部分，在第二次世界大战中发挥出了巨大的作用。由于在中国战场上受到持久抵抗和沉重打击，日本不得不投入大量兵力，消耗了巨大的资源，却始终难以获得胜利。在全体抗日军民的努力下，中国武装力量长期坚持抵抗，渡过了最困难的时期，冲破黎明前的黑暗，逐步进入了战略上的反攻阶段。对于日本来说，盟友法西斯德国、意大利的崩溃，太平洋战争中的连遭惨败，进一步使其在国际政治和军事形势中处于困难境地。

日本是一个岛国，幅员狭小，资源贫困，本来就难以支持大规模战争。而长期的战争，使日本的帝国主义经济走向崩溃，国力枯竭，矛盾与危机日益加深。随着在战争中的军事失利及大量的物资消耗，军费开支逐年增加，发展到无限膨胀的程度，导致日本国内恶性通货膨胀，物价上涨，日本人民的生活陷入饥寒交迫、衣食无着的困境。

而对于日本的妇女来说，国家资源的严重匮乏以及兵力的不足，使她们不得不接替男人的工作，成为各个工作岗位中的主力军。

我们找到经历过这段历史的两位日本妇女的采访资料，她们讲述了在当年的亲身感受。

亲历者（两名日本妇女）：

我们每个星期都要工作，从下午3点到晚上11点。完成工作后，会有人带我们去食堂给我们倒汤。事实上是里面放了两三颗大豆的热咸盐水，或者只是铺了碗底的面条。

这就是国家给我们的一切。除非我们有定量配给卡片，否则我们什么都没有。我们必须自给自足，我们辛勤地耕种蔬菜，生命中的每一天，都非常艰苦。

然而，日本军国主义统治集团仍不甘心失败，一方面幻想在有利的条件下谋求妥协的“和平”，以保住其法西斯势力；另一方面则极力准备在本土实行决战，进行最后挣扎。

1945 年 4 月 25 日，日军大本营陆军部向全国颁发了《国民抗战手册》，决定把日本人民组成“国民义勇战斗队”，协同军队作战。6 月 8 日，日本天皇御前会议发布《战争指导基本大纲》，提出要准备好可以适应举国一致的本土决战。日军参谋次长在这次会议上叫嚷，要把“皇国的万物众生统统化为战力”，“发挥一亿国民玉碎精神”，以保卫国土。6 月 22 日，日本内阁又颁发了“义务兵役法”，规定凡15岁至60岁的男子和17岁至40岁的女子，均须参加服役的“国民义勇战斗队”。此外，日本还在中国大陆及朝鲜北部配备了约185万兵力，企图以此与日本本土及外围诸岛联成一体，坚持长期作战。

张明金（军事科学院研究员）：

日本实行本土决战的战略企图，就是想利用残存的陆海军实施特攻作战。第一步，先力求在海上挫败准备登陆的盟军；而后，将日本本土上的全部兵力集中于主要方向，实行纵深配置，对登陆上岸的盟军部队进行坚决的抵抗，实施连续反击，一举决定战争的胜负。

为了对抗美国军队在海上的强大优势，日本航空兵利用武士道精神组织了特别攻击队，命名为“神风特攻队”。

“神风特攻队”按照“一人、一机、一弹换一舰”的要求，对美国舰艇编队、登陆部队及固定集群目标进行自杀式袭击。飞机上装上大量烈性炸药，只带够单程飞行的油料，一旦发现目标，就连人带机撞下去。

但是，此时对于日本的战争罪行已是人神共愤，自杀性攻击造成大量日本飞行员充当炮灰，白白死亡，却并不能挽回日本的败局。

李东朗（中共中央党校教授）：

不管日本统治者如何做最后的疯狂挣扎，由于政治上内外交困，加上燃料、弹药、武器装备和食物的短缺而造成军事上的后继乏力，所谓“本土决战”的计划是先天不足的。它的破产是必然的。

此时，世界反法西斯阵营逐步开始对日本发起最后的打击。当然，由于各国所处的形势不同，对日斗争的方式、方法和时间也不尽相同。在中国抗日战争的敌后战场，中国共产党领导的武装力量在很多地区进行了局部反攻，并加强全面反攻的准备。在国际上，美军在太平洋战场发起新一轮作战行动，从南部打击日本。而苏联则积极展开外交行动，着手制定详细的对日作战计划，预先调动和部署部队，做好了从北方打击日本军队的准备。美国和苏联呈战略上的钳形夹击之势，相继对日发起最后一战。

美国的对日作战是从海上开始的。1945年5月25日，美军参谋长联席会议正式下达了在日本登陆的指令。据此，美军太平洋战区指挥部着手拟订了在日本九州和关东地区登陆的具体计划，加强了对日轰炸。

美国空军 B-29 重型轰炸机编队，分别对东京、横滨、名古屋、大阪和神户地区，集中进行高空精密的轰炸，以后又改为在 2000 至 6000 米的低空投掷燃烧弹，全面实施地毯式轰炸。

1945 年 7 月 17 日至 8 月 2 日，苏、美、英三国政府首脑，于德国柏林西南的波茨坦举行会议，就一些共同关心和面临的重大问题进行了协商。

会议期间，三国首脑对战后一些主要问题达成了协议，着重讨论了结束对日作战的条件和有关对日本的战后处置方针问题。7 月 26 日，波茨坦会议以宣言的形式发表了《中美英三国促令日本投降之波茨坦公告》，敦促日本法西斯立即投降。8 月 8 日苏联对日宣战以后，经征求中国同意，也正式加入公告。

波茨坦公告全文共 13 项内容，主要包括：盟军将予日本以最后打击，直至停止抵抗；日本政府应立即宣布所有武装部队无条件投降；军队完全解除武装；盟军将占领日本本土，依照法律惩办战犯；等等。其中，公告第八条明确规定："开罗宣言之条件必将实施，而日本之主权必将限于本州、北海道、九州、四国及吾人所决定其他小岛之内。"公告最后通告日本政府："立即宣布所有日本武装部队无条件投降，并对此种行动诚意实行予以适当之各项保证，除此一途，日本即将迅速完全毁灭！"

波茨坦会议会场

1945 年 8 月 6 日，一瞬间的闪光让广岛显现人间地狱，尸臭多日后仍未消散，带着对人类文明的愤怒和悲哀漂浮在广岛上空

于江欣（军事科学院研究员）：

《波茨坦公告》表达了反法西斯各国政府和人民，团结协力，彻底打败日本军国主义者，夺取最后胜利的坚定信念和决心。波茨坦会议还及时地调整了同盟国之间的关系，就对日作战的战略计划等问题基本上达成了协议，这对彻底击败日本军国主义，赢得世界反法西斯战争的胜利，起了一个积极的作用，为建立战后世界政治新格局奠定了重要的基础。

1945年8月8日，苏军进入东北，日本关东军投降。图为苏军清点日军的武器

1945年7月27日10时30分，日本召开最高战争指导会议，讨论《波茨坦公告》问题。会议决定，拒不接受《波茨坦公告》，仍坚持继续顽抗的态度。而这一结果，使日本民众蒙受更大的牺牲。

1945年8月6日8时15分，美军一架B-29轰炸机飞临日本广岛市区上空，投下一颗代号为“小男孩”的原子弹。在巨大冲击波的作用下，当日广岛死伤17万人。8月9日，美军又出动B-29轰炸机，将代号为“胖子”的原子弹投到日本长崎市，伤亡6.6万人。

8月8日，苏联正式宣布同日本处于战争状态。苏军对日本的作战主要是在中国东北地区进行的，主要对手是臭名昭著的日本关东军和他们控制下的伪军。

8月9日零时，苏军突然从三个方向同时向日军发起了强大的突击行动。到8月9日拂晓以后，苏军几乎在所有方向上跨过了国界，强渡了额尔古纳河、黑龙江和乌苏里江，分别从后贝加尔、黑龙江沿岸和滨海地区进入了中国东北境内，在5000公里的正面战场上展开了强有力的攻击。

在开始的时候，日本关东军摆出了“宁为玉碎，不为瓦全”而决一死战的样子。然而，短短几天的交战之后，苏军即越过大兴安岭等地，前出到东北平原腹地，关东军的部署被割裂和打乱，失去统一指挥。此后，苏军继续进攻，而众多关东军官兵已完全没有斗志，纷纷逃命。原来设想的大决战竟然化为一场拼命追逃的游戏。苏军在掌握制空权和在中国东北抗日联军配合下，以机械化部队迅速向大纵深推进，同时以空降兵向哈尔滨、沈阳、长春、吉林、旅顺、大连等主要城市实行空降。经过 20 余天作战，击毙日军 8.3 万人，俘日军 60.9 万人，迫使关东军投降。

李东朗（中共中央党校教授）

日本关东军迅速崩溃的原因是多方面的。苏军发动远东战役，是正义之师，士气高昂，兵力雄厚，经验丰富。苏军在进攻行动中得到中国军民的大力支持。而关东军深陷中国战争达 14 年之久，在东北军民和全国军民持久抗战打击下，最精锐的力量几乎消耗殆尽，再加上原先的主力部队被抽走，新拼凑起来的部队人心不稳。这样，关东军在苏军强大攻势打击下，即告覆灭是不足为奇的。

中国作为抗击日本法西斯的主战场，长期有效地牵制了日军陆军主力和部分海空力量，使日本法西斯陷入长期战争的泥潭而不能自拔。中国的持久抗战，遏制了日军西犯西伯利亚的北进计划，使苏联避免两线作战；牵制和推迟了日本进攻南洋的南进步伐，从而粉碎了日本与德、意法西斯会师中东和西伯利亚，称霸全球的战略图谋。中国抗战虽处于极为困难的境地，但仍根据国际反法西斯同盟的战略需求，毅然派出远征军，紧急开赴缅甸，与盟军共同对日作战，并在人力、物力、财力上支援了同盟国的反法西斯战争。中国的持久抗战，不但为苏、美、英等反法西斯国家赢得了宝贵的战争准备时间，而且为保证同盟国实施“先欧后亚”大战略起了重要作用。同时，美国和苏联军队在不同方向上发起的对日作战，都在政治和军事上沉重打击了日本帝国主义，促使战局发生重大转变。这形成了更加良好的世界反法西斯斗争形势，也为中国的抗日战争带来了更好的外部条件。1945 年 8 月 9 日，中国共产党中央委员会主席毛泽东发表《对日寇的最后一战》声明，号召中国人民和一切抗日力量举行全国规模的反攻。伟大的世界反法西斯斗争的最后胜利即将到来，伟大的中国人民抗日战争的最后胜利也即将到来！

第124章　敌后战场全面反攻

1945年7月26日，中、美、英三国发表了《波茨坦公告》，敦促日本法西斯立即投降。日本公开拒绝《波茨坦公告》，同盟国只有对日本法西斯进行最后一战。8月6日，美国在日本广岛投下第一颗原子弹；8月8日，苏联对日宣战，正式加入《波茨坦公告》；8月9日零时，苏联红军出兵中国东北，对日军关东军发起进攻；8月9日，美国又在日本长崎投下第二颗原子弹。这些，都沉重打击了日本军国主义统治集团顽抗到底的精神防线，从而加快了日本投降的进程。

1945年8月9日，毛泽东发表《对日寇的最后一战》的声明，要求“中国人民的一切抗日力量应举行全国规模的反攻，密切而有效地配合苏联及其他同盟国作战。八路军、新四军及其他人民军队，应在一切可能条件下，对于一切不愿投

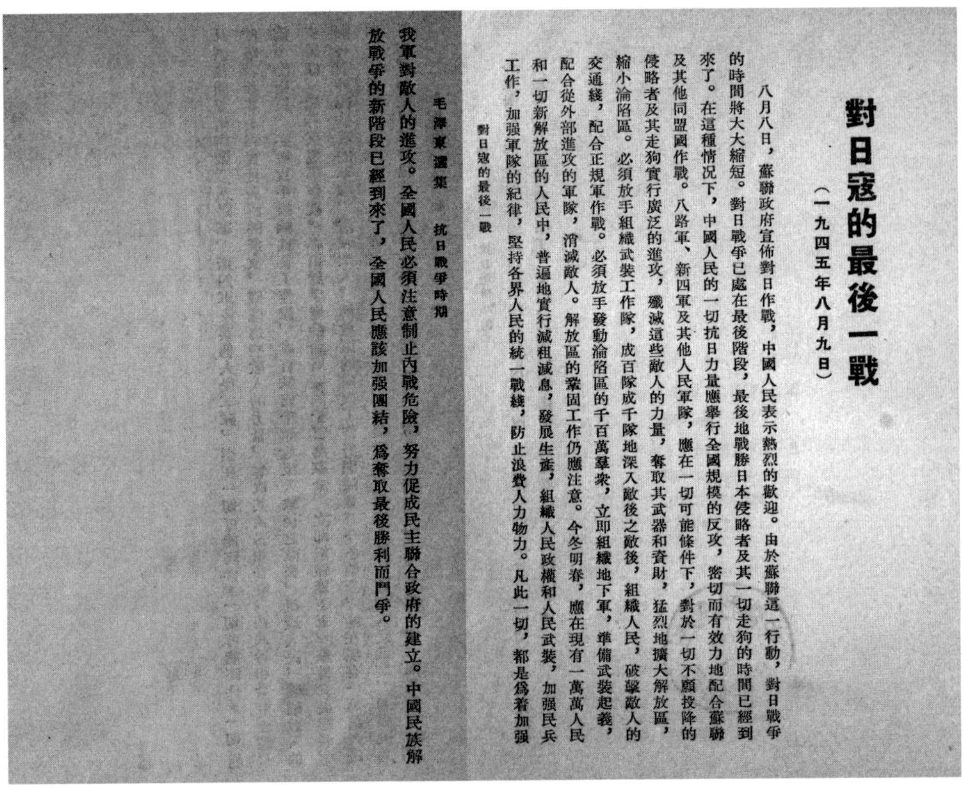

對日寇的最後一戰

（一九四五年八月九日）

八月八日，蘇聯政府宣佈對日作戰，中國人民表示熱烈的歡迎。由於蘇聯這一行動，對日戰爭的時間將大大縮短。對日戰爭已處在最後階段，最後地戰勝日本侵略者及其一切走狗的時間已經到來了。在這種情況下，中國人民的一切抗日力量應舉行全國規模的反攻，密切而有效力地配合蘇聯及其他同盟國作戰。八路軍、新四軍及其他人民軍隊，應在一切可能條件下，對於一切不願投降的侵略者及其走狗實行廣泛的進攻，殲滅這些敵人的力量，奪取其武器和資財，猛烈地擴大解放區，縮小淪陷區。必須放手組織武裝工作隊，成百隊成千隊地深入敵後之敵後，組織人民，破擊敵人的交通綫，配合正規軍作戰。必須放手發動淪陷區的千百萬羣衆，立即組織地下軍，準備武裝起義，配合從外部進攻的軍隊，消滅敵人。解放區的鞏固工作仍應注意。今冬明春，應在現有一萬萬人民和一切新解放區的人民中，普遍地實行減租減息，發展生産，組織人民政權和人民武裝，加强民兵工作，加强軍隊的紀律，堅持各界人民的統一戰綫，防止浪費人力物力。凡此一切，都是爲着加强

對日寇的最後一戰

毛澤東選集　抗日戰爭時期

我軍對敵人的進攻。全國人民必須注意制止內戰危險，努力促成民主聯合政府的建立。中國民族解放戰爭的新階段已經到來了，全國人民應該加强團結，爲奪取最後勝利而鬥爭。

《对日寇的最后一战》

降的侵略者及其走狗实行广泛的进攻，歼灭这些敌人的力量，夺取其武器和资财，猛烈地扩大解放区，缩小沦陷区，听候编遣”。

8 月 10 日、11 日，日本政府向同盟国发出乞降照会，而日军大本营罔顾现实，贼心不死，仍命令各战区部队拼死作战。

8 月 10 日 24 时，一天之内，为歼灭拒绝投降的日军，八路军总司令朱德连发 7 个作战命令。

11 日零时，朱德总司令发布第 1 号命令，敦促各地日伪军缴出武器，就地向八路军投降。

齐德学少将（军事科学院原军事历史研究部副部长）：

朱总司令第 1 号命令，主要有 4 个方面：第一，日军这时候都龟缩在城市和交通要道，各根据地要向他们发出最后通牒，限期缴械投降。第二，是针对伪军的，限他们在日军投降签字之前反正，听候编遣。第三，拒绝投降，坚决消灭！第四，任何日、伪占领的城镇、道路，我军都有权利接收管制，如果有任何破坏或者是反抗事件，均以汉奸罪论处。

日军兵败如山倒，迅速崩溃，8 月 11 日朱德总司令又接连发出 6 个作战命令：令八路军晋察冀、晋绥和山东军区以及在华北的朝鲜义勇队，各以一部兵力向察哈尔、热河、辽宁、吉林等地进发，配合苏联红军作战，消灭抗拒的日伪军；令各解放区部队，向本区一切敌占交通要道、城镇展开进攻，迫使日伪军无条件投降，对收复的城镇实行军事戒严，维护秩序，保护居民。

朱德总司令指挥部队行动的同时，中共中央对各区党委的行动做出统一部署。中共中央在 8 月 11 日发布的《关于日本投降后我党任务的决定》中指出：“目前阶段，应集中主要力量，迫使敌伪向我投降，不投降者，按具体情况发动进攻，逐一消灭之，猛力扩大解放区，占领一切可能与必须占领的大小城市与交通要道，夺取武器与资源，并放手武装基本群众”。

姚有志少将（军事科学院原军事战略研究部部长）：

按照党中央规定的日本投降之后我党任务，太原以北的同蒲路、归绥以东的平绥路、北宁路、正太路、道清路，郑州以北的平汉路、郑州以东的陇海路、津浦路、胶济路，这些交通要道和附近所有的大小城市，都是我军力争要占领的目标。

八路军、新四军和华南游击队，利用自己处于抗日最前线的有利态势，迅速对华北、华中和华南地区的日伪军占领的大中城镇及交通要道发动大规模反攻，并配合苏军解放东北。

在华北，晋察冀军区部队进逼北平、天津，攻占张家口；晋绥军区部队逼近太原，攻入归绥；晋冀鲁豫边区部队逼近太原、开封、安阳等城市，切断同蒲、陇海、平汉等铁路线；山东军区部队进军济南、青岛、徐州等地，切断津浦、胶济、陇海铁路交通。

在华中，中共中央鉴于华中地区日军残余兵力较大且集中于大中城市的现状，于8月12日作出决定："江南力量就现地向四周扩展，夺取广大乡村及许多县城，江南各大城市不作占领打算。"长江以北的新四军应全部留置江北，"不再派兵去江南，任务为力争占领津浦路及长江以北、津浦以东、淮河以北一切城市"。

在华南，华南抗日游击队以主力向粤北发展，同时以一部兵力进占广九线及附近中小城市。8月13日，东江纵队主力一部攻入北栅、太平，歼灭伪军一部；17日，收复宝安县城等据点，歼灭伪军第30师及日军各一部；20日，占领厚街、赤岭、深圳等日军据点，切断了广九铁路；21日至22日，先后攻入博罗、增城县城，收复长洲岛、大屿山等地。珠江纵队、中区纵队、南路纵队等，也分别向当面之敌发起进攻，收复了部分集镇。

华北华中的八路军、新四军，组织大批部队解放热河、察哈尔全境，随即挺进东北，与东北抗日联军一起，在东北人民群众支持下，收缴日伪武装，摧毁伪满政权，剿灭土匪特务，建立人民政权，为东北的彻底解放奠定了基础。

姚有志少将（军事科学院原军事战略研究部部长）：

敌后战场的全面反攻，摧枯拉朽。这时，蒋介石为首的国民政府处于十分尴尬的境地。国民党军队主力远在西南大后方，单纯地派兵接受日伪投降已是鞭长莫及，更无法参加华北、华中、华南等大片国土的大反攻作战。

蒋介石

形势变化之快，超出预期，中共中央制定的战略反攻计划将遇到巨大阻挠。

对于当时中国战场的形势，美国总统杜鲁门在回忆录中这样记述，"蒋介石的权力只及于西南一隅，华南和华东仍被日本占着，长江以北则连任何一种中央政府的影子也没有”，“假如我们让日本人立即放下他们的武器，并且向海边开去，那么整个中国就将会被共产党人拿去”。

杜鲁门于是要求盟军西南太平洋战区总司令道格拉斯·麦克阿瑟指令在华日军，只能向蒋介石国民政府投降，还要求日军守住所占地区，阻止中共领导的抗日武装前来接受投降。

美、蒋、日、伪正式勾结起来，国民政府迫不及待地开始抢夺抗战胜利果实。

田越英（军事科学院研究员）：

8 月 10 到 11 日，蒋介石发布了三道命令：各地伪军应就现驻地点维持地方治安；各战区以主力挺进，解除敌军武装；最过分的就是，他命令第十八集团军，就是八路军所属部队，“应就原地驻防待命，勿再擅自移动”。这很明显是无理要求，所以 8 月 13 日，朱德电告蒋介石：“坚决地拒绝这个命令！”

1945 年 8 月 15 日，日本宣布投降。杜鲁门在当日发布的第一号通令中指定：唯有蒋介石政府才享有中国受降权。

为阻止中共抗日武装受降，自己军队又远在千里之外，蒋介石甚至想到了利用日本侵略者降军进行阻击的办法。在蒋介石电令下，8 月 18 日，日本中国派遣军总司令冈村宁次通令下属部队，只向蒋军投降，不向其他军队缴械。尔后，他又下令所部，除蒋介石有命令外，对中国其他方面的要求，“不仅应坚决拒绝，而且应根据情况，毫不踌躇地行使自卫的武力”。

面对美、蒋同日、伪勾结，中共中央采取了针锋相对的策略。8 月 15 日，日本投降当天，朱德总司令分别向美、苏、英三国发出“说帖”：“中国解放区、中国沦陷区一切抗日的人民力量，在延安总部指挥下，有权根据波茨坦宣言条款及同盟国规定之受降办法，接受被我军所包围之日伪军队的投降，收缴其武器资材，并负责实施同盟国在受降后之一切规定。”

同时，朱德总司令还电令冈村宁次：“应下令你所指挥的一切部队，停止一切军事行动，听候中国解放区八路军、新四军及华南抗日纵队的命令，向我方投降。”

然而，由于美蒋双方共同的纵容支持，冈村宁次有恃无恐，在华日军公然违背《波茨坦公告》，拒不接受朱德总司令的命令，继续同中共军队作战。

敌后战场的全面反攻，并没有因为日本宣布投降而终止，反而进入更加复杂、激烈的新阶段。中共中央先前“进军大中城市和交通要道”的计划，难以实现。

齐德学少将（军事科学院原军事历史研究部副部长）：

国民党军队一面在全国受降，一面组织军队向解放区进逼：胡宗南部3个军主力向山西推进，一部分已渡过黄河；阎锡山部8个师，准备进入太原；傅作义部进入包头，与晋绥部队争夺归绥；李品仙、何柱国等部向徐州、蚌埠进犯，争占津浦路；王仲廉、高树勋部向郑州、洛阳、许昌等地开进；中国共产党和其领导的人民军队面临的局势非常严峻。

中共中央、中央军委于8月22日发出《改变战略方针的指示》，“蒋介石利用其合法地位，接受敌军投降，敌伪只能将大城市及交通要道交给蒋介石。在此种形势下，我军应改变方针，除个别地点仍可占领外，一般应以相当兵力威胁大城市及要道，使敌伪向大城要道集中，而以必要兵力着重于夺取小城市及广大乡村，扩大并巩固解放区……”

田越英（军事科学院研究员）：

从这时开始，根据地全面反攻进入了第二个阶段，从“夺取大中城市交通要道”的阶段，进入了“夺取中小城市和广大乡村”的阶段。

遵照中共中央统一部署，根据地军民在全国各条战线上乘胜追击，势如破竹。

在华北，晋察冀军区继续破击周边各铁路线，夺取日伪县城据点，解放了热河、察哈尔全境，河北省大部，山西、绥远、辽宁各一部；收复张家口、承德、秦皇岛等70多座城市，拥有人口4000多万，形成以张家口为中心的晋察冀热辽解放区，纵横千里。

晋绥军区主力夺取绥南、绥东和太汾公路上的中小城镇以及广大农村地区。解放区人民群众碾米磨面、赶制军鞋，保障前线供应。晋绥行署开展群众性参军运动，组织民兵参战队1.5万余人开赴前线，还组织了1000余人的随军工作团，进行战地服务。在大反攻作战阶段，晋绥军民收复县城10余座，使晋绥区与晋察冀、晋冀鲁豫区连成一片。

山东军区一部封锁围困济南、青岛、徐州，主力攻占中小城市，夺取津浦、胶济、陇海铁路沿线车站，攻克临沂，使鲁中、鲁南、滨海三个地区连成一片，解放城镇港口54个。山东境内，除铁路沿线及西部几座城市外，均获解放。

在华中，新四军以将苏中、苏北、淮南、淮北连成一片为作战目标，作战重点置于江北，解放了县城30余座，攻克据点400余处，大大扩充了华中解放区。

在华南地区，反攻形式有所不同，属于分散出击，华南抗日游击队分为三路：

东江纵队一部围攻元朗日军，另一部在惠东地区收复白芒花、平山和稔山墟，控制平海盐场；活动于海陆丰地区的部队，分别攻克了海丰西南的马鬃港、高潭等地；琼崖纵队一度收复儋县、感恩县城，夺取大小据点100余个。

八路军、新四军和华南抗日游击队等人民武装，在1945年8月9日至年底的全面反攻作战中，共歼灭日伪军40万人，缴获步枪24.3万余支，轻、重机枪5000余挺，各种炮1300多门，收复县以上城市250多座，并一度攻入归绥、天津、保定、石家庄、芜湖等城市，切断平绥、北宁、同蒲、胶济、陇海等铁路线，取得了抗日战争的伟大胜利。

八路军、新四军和华南人民抗日游击队，在八年全国抗战中，共作战2.5万余次，歼灭日伪军171.4万余人（其中日军52.7万余人），缴获大量武器装备，收复国土100余万平方公里，解放人口约1亿。中国共产党领导的人民军队也付出了伤亡61万余人的重大代价。全国抗战结束时，人民军队发展到约132万人，民兵达268万人，并建立了19块抗日根据地。中国共产党及其领导的抗日武装，为中国抗日战争的胜利做出了巨大贡献。

第 125 章　抗联部队配合苏军出兵东北作战

周保中遗物，一面锦旗

这是 1946 年，延吉市妇女会赠送给抗联将领周保中的锦旗，而人们难以想象，为了实现锦旗上所写的“抗日联军胜利，东北人民解放”，东北抗日联军将士们付出了怎样的牺牲。

1941 年春，东北抗日联军在极端严酷的斗争形势下，为保存力量，越过中苏边界，到苏联远东地区乌苏里斯克（旧双城子）和哈巴罗夫斯克（伯力）建立南、北两个野营驻地，进行整训。1942 年 7 月，留在苏联远东的东北抗联部队扩充整编为步兵教导旅。1942 年 8 月 1 日，东北抗联教导旅正式被授予“苏联远东红旗军第 88 步兵独立特别旅”的番号，周保中任旅长。

周伟（东北抗联将领周保中之女）：

在 1945 年 6 月、7 月、8 月间，我父亲连续参加了苏联远东军司令部召开的各种重要的军事会议，对苏联远东军司令部的作战部署深入研究，密切配合。

苏军的这些军事会议是商讨如何向中国东北的日军进军，在会议上，周保中受领了几项关于对日作战的任务。

彭训厚（军事科学院研究员）：

第一，让他挑选 290 个人，担任空降部队，空投到中国的东北地区，占领重要的战略据点，进行抵近侦察，提供切实可靠的情报保障。

抗联部队一进入苏联境内，战士们就开始按照苏军的条令进行严格的军事训练。由东北抗联战士组成的空降侦察部队，从训练到实战侦察，经历了许多严酷的考验。

周伟（东北抗联将领周保中之女）：

从难从严要求每个人都要学会跳伞、攀登、游泳和滑雪，要求部分同志会使用电台收发报，会照相，能测绘制图，会爆破等技术。

1945 年 7 月底，第 88 旅派出一批侦察部队，携带电台以地面和空降方式进入东北 18 个地区，实施反攻前的战略侦察，并联系当地坚持游击战争的东北抗联武装。

彭越关（东北抗联将领彭师鲁之子）：

一般三五个人一个小组，每个小组一部电台，每个战斗员三套军装，一支冲锋枪，电台报务员还有一把手枪，子弹几百发。

周保中

侦察员们每人都配备了苏军军装、日军军装和中国老百姓的服装，以便于降落到各地时进行伪装。那个时候，空降是战斗损耗最大的一种战斗方式，为了避免被日军对空火力击中，他们只能采取高跳低开的伞降方式。

彭越关（东北抗联将领彭师鲁之子）：

当时因为在战争年代，又是夜间，为了避免在空中滞留时间，当时要求跳伞人员高跳低开，就是在很高的高度开始跳，但是在很低的高度才打开伞。

低开意味着开伞时间被缩短，许多东北抗联侦察员因为没有来得及开伞而牺牲，而降落成功的侦察员则要面对更加危险的任务。

彭训厚（军事科学院研究员）：

降落以后，他们就进入一些重要的设施，比如弹药库，甚至包括一些情报部门，进行抵近侦察，那真是冒着生命危险。

1945年8月8日，苏联对日宣战。第88旅随即又派出一批空降侦察部队，在牡丹江、佳木斯、哈尔滨等地空降，用各种方式接近或潜入日军数百个要害设施。

周伟（东北抗联将领周保中之女）：

1945年8月8日，一百多名特遣队员空降到敌后，三至五人一个小组，每个小组都配备有电台，将日军动态随时向远东军报告，指引苏军对日军的空袭和炮袭。

彭越关（东北抗联将领彭师鲁之子）：

咱们的侦察人员进去以后要一个一个摸有多少架真飞机，有多少架假飞机，桥梁的承受能力、公路的宽度，类似这种情报都了解得非常清楚。

侦察员们将日本关东军的17个战略地堡等情况，无一遗漏地标注成空袭目标，并制成图表，通过电台传送给苏军。

凭借着东北抗联将士们提供的日军情报，在苏军发动进攻之前，苏军最高统帅部已经掌握了日军防御工事的位置、结构等重要信息，为迅速摧毁日军防御体系提供了可靠的保障。

彭训厚（军事科学院研究员）：

无数鲜血和生命为代价来获取的这些宝贵的情报，再结合苏军本身获得的情报，进行综合分析，然后把这些资料印刷成册，连以上干部人手一册。

除了空降侦察任务之外，第88旅还派出340人作为先遣支队，分派到苏军中担任向导和突击队。

1945年8月9日零时10分，150万苏联军队分三路对日本关东军发起猛烈攻击，第88旅的先遣队担任向导和突击队，冲锋在前。

从8月9日起，担任苏军远东第1方面军侦察任务的抗联小分队，先后于牡

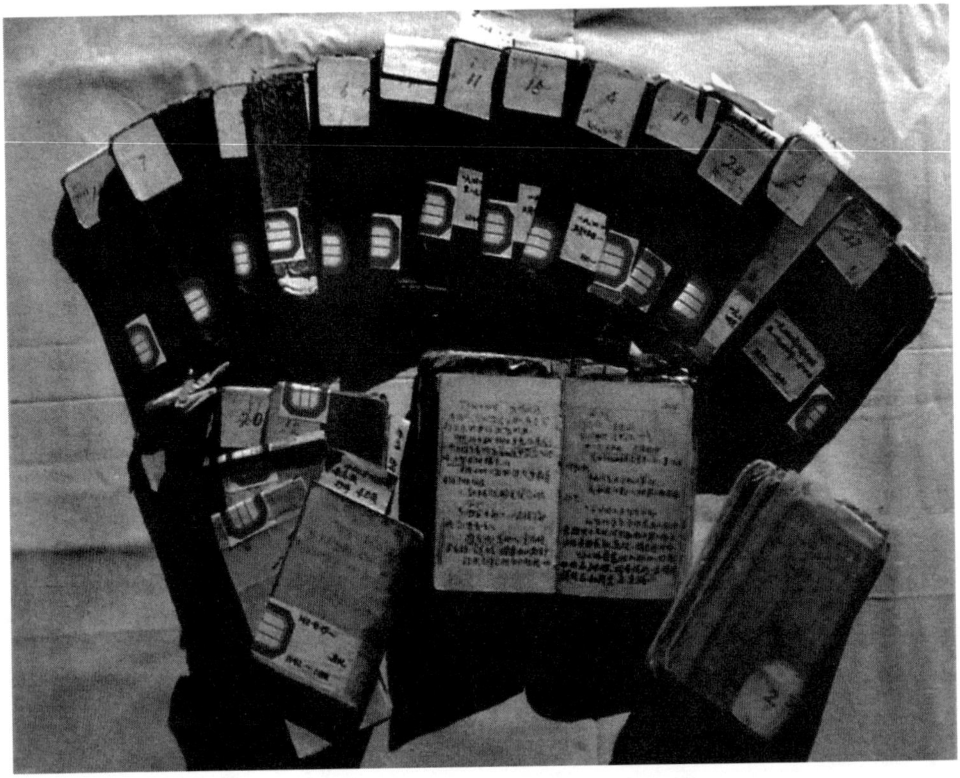

周保中《东北抗日游击日记》

丹江海林、林口和东宁县大肚川等地空降。担任苏军远东第2方面军向导任务的抗联小分队，与苏军一起乘水陆两用车，分别向富锦、佳木斯、宝清等地挺进。在东北坚持抗战和执行侦察任务的抗联小分队，积极掌握日伪军动向，并向日伪运输线出击。

张卓亚（东北抗联将领李兆麟之女）：

咱们东北抗联的一些战士过来以后，指挥（苏军）炮火打这些要点，所以，日本所有的重要据点全部哑巴了，被迫投降。

周伟（东北抗联将领周保中之女）：

我父亲周保中的日记中记载着说，东北抗联教导旅共有700多名战士率先杀入国内，这是教导旅的主力，也是东北抗日联军最后的老底子。

最后回到国内幸存的人数只剩362人。也就是说，绝大部分人员在对日军的最后一战中都英勇地牺牲了。

彭训厚（军事科学院研究员）：

为什么苏军能够在非常短的时间内歼灭日军，应该说东北抗联教导旅可靠的情报保障做出了独特的不可磨灭的贡献，他们以自己的鲜血和生命为代价换来宝贵的情报，功不可没。

1945 年 8 月 15 日，日本宣布投降。1945 年 8 月 29 日，远东第二方面军总司令普尔卡耶夫大将以苏维埃最高主席团的名义向 1931 年至 1945 年在中国东北地区参加游击运动的积极分子授予苏联奖章和勋章。

抗联将领周保中之女提供的父亲所获勋章

彭越关（东北抗联将领彭师鲁之子）：

根据苏联最高统帅部的命令，为远东军第 88 旅授予了 18 枚红旗勋章，48 枚红星勋章。

随后，苏联远东第二方面军军事委员会委员列昂诺夫中将和索尔金少将为中朝军人们授予了勋章和奖章。荣获这一荣誉的抗联将领有周保中、李兆麟、彭施鲁等人。

这些勋章就是当年抗战胜利后，苏联授予著名抗联将领周保中的，也是无数东北抗联将士们用生命换来的。

战后，苏联远东方面军司令员华西列夫斯基元帅特意给第 88 旅发来电报：“第八十八旅英勇的中国战士们，感谢你们用生命和鲜血换来的情报，为我们远东军进攻中国东北起了重大作用。令人敬佩的中国英雄们，我代表苏联人民感谢你们并致以崇高的敬意。”

彭训厚（军事科学院研究员）：

这说明东北抗联教导旅在远东战役中不可替代的杰出贡献，得到了苏联最高统帅部的认可。说明苏联顺利实施远东战役、歼灭大量日军与中国东北抗战教导旅的贡献是分不开的。

日本投降并不意味着东北抗联使命的结束，为了迅速及时地接收东北，东北抗联教导旅部队又开始了新的征程。

彭越关（东北抗联将领彭师鲁之子）：

就是（1945 年）9 月初分了几批，大部分都坐飞机，返回东北的。周保中进驻了长春，李兆麟进驻了哈尔滨，冯仲云进驻了沈阳，这三个是最重要的点。

张卓亚（东北抗联将领李兆麟之女）：

所以，我父亲就去了哈尔滨，当时所有的地方都是这种状况，苏军是卫戍区司令，副司令都是咱们东北抗日联军的人，我父亲就是哈尔滨卫戍区副司令。

分批回到中国东北地区以后，东北抗联教导旅随苏军各方面军分赴 12 个地区 50 个城市，协助苏军收复和管理城市，恢复人民抗日政权。为建立中国共产党领导的东北根据地做准备。

彭训厚（军事科学院研究员）：

抗联部队迅速占领了军政、通信、机要、宣传等等的要害部门，而且和苏军一块儿组建了各个地区的警备司令部或者叫卫戍司令部，恢复和健全了东北地区的党组织。

中共松江地委以及哈尔滨市委等地方党委被先后建立起来，同时，东北抗联部队还积极寻找、联络原抗联和中共地下党组织，与他们结合在一起，形成各个战略点的核心力量。

彭训厚（军事科学院研究员）：

1945 年日本已经投降了，东北抗日联军没有抗日的任务了，而是保卫抗日战争胜利果实。因此，就更名为东北人民自卫军，捍卫抗日战争胜利果实。

新成立的东北人民自卫军由周保中担任总司令。他们开始转变工作重心，在积极开展工作的同时，还设法与中共中央取得联系。

彭训厚（军事科学院研究员）：

9月8日，周保中到了长春，9月10日，他接到一封电报，说“冀热辽军区李运昌的部队的先遣部队曾克林率3000名指战员已经进驻沈阳”。

这封突然而至的电报正是中共党组织发来的，久违的消息让周保中非常振奋，因为这正是他多年盼望的一封电报，他终于可以跟中共中央恢复关系了。

周伟（东北抗联将领周保中之女）：

我父亲立即向华西列夫斯基元帅提出两个要求，第一个就是要求派飞机，要与中央取得联系并汇报东北抗联部队情况。

长期与中共中央失去联系的周保中想尽快向中央汇报东北抗联已返回东北并占据战略要点的情况。9月14日，苏军人员带着周保中给中共中央的信飞往延安。9月18日，以彭真为首的中共中央东北局在沈阳开始办公。

周伟（东北抗联将领周保中之女）：

1945年9月20日至23日，刚刚抵达沈阳的彭真和陈云用近3天的时间听取了周保中、冯仲云等关于东北抗联14年斗争情况的详细汇报。

周保中等详细汇报了东北党组织和抗日联军14年来的斗争和工作，并向中共中央东北局移交了中共东北党委员会的全部组织关系、党费、档案，至此，东北抗联终于和中共中央接上了关系。

彭训厚（军事科学院研究员）：

当彭真听取了汇报以后，说了这么一段话，他说，在中国数十年的革命斗争史上，有三件大事可谓艰苦卓绝：第一件就是中国共产党和工农红军的两万五千里长征；第二件大事就是中国工农红军长征以后剩下的游击队继续坚持艰苦的抗日斗争；第三件大事就是东北抗日联军在极其艰难困苦的条件下坚持了抗日斗争。

至10月下旬，东北各地建立的东北人民自卫军4万余人，收缴日伪军步枪近6万支、轻重机枪2800余挺、弹药1200余万发。

从1931年的九一八事变到1945年抗战胜利，东北抗联的将士们在东北的白山黑水间独立奋战了14年，歼灭日伪军20余万人，推动了全国抗日救亡运动，有力地支持和配合了关内抗战。在战略反攻阶段，东北抗日联军在配合苏军和八路军、新四军进军东北对日伪军作战中，起了重要作用。

第 126 章　日本投降

2014 年 7 月 7 日，首都各界隆重纪念全民族抗战爆发七十七周年，中共中央总书记、国家主席、中央军事委员会主席习近平发表重要讲话："今天，我们在这里隆重举行纪念全民族抗战爆发七十七周年仪式，目的是铭记历史，缅怀先烈，珍视和平，警示未来，坚定不移走和平发展道路，坚定不移维护世界和平。"

自从 1931 年九一八事变，到 1945 年，中国军民的抗日战争进行了 14 年，取得了巨大成绩，使日军 70% 的陆军和近 1/3 的海军深陷在中国战场不能自拔，共毙伤俘日军 150 余万人。日本战败后，向中国投降的日军 128 万人，为世界反法西斯战争的最后胜利做出重大贡献。

1945 年 7 月 26 日，中美英三国以宣言的形式，发表了《中美英三国促令日本投降之波茨坦公告》，要求日本政府立即宣布所有日本武装部队无条件投降，除此一途，日本即将迅速完全毁灭。

日本当局对此意见不一，日本最高战争指导会议于 7 月 27 日讨论了整整一天。阿南惟几陆相、梅津美治郎参谋总长等主战派以种种条件为理由，主张全面拒绝《波茨坦公告》。

7 月 28 日，首相铃木贯太郎在记者会上说，《波茨坦公告》只不过是《开罗宣言》的"旧调重弹，政府认为（公告）并无任何重要价值。只有对它置之不理"。

很快，日本为自己的一意孤行付出了沉重代价，接连遭受沉重打击：8 月 6 日，美军在广岛扔下第一颗原子弹；8 月 8 日，苏联对日宣战，进攻日本关东军；8 月 9 日，毛泽东发表《对日寇最后一战》的声明，命令八路军、新四军向日军发动全面反攻。8 月 10 日，朱总司令连续发布关于受降和对日展开全面反攻等七道命令，要求各解放区抗日武装部队向其附近的日伪军送出通牒，限他们于一定时间内向人民军队缴械。如遇日伪武装部队拒绝投降缴械，即应予坚决消灭，各解放区立即组织反攻。

8 月 9 日，美军在长崎扔下第二颗原子弹。

8 月 9 日 10 时 30 分，日本召开最高战争指导会议，讨论投降条件，当时任日本海相的米内光政提出了接受公告的四个附加条件：一、保证维护国体；二、战犯由日本自行处理；三、自主地解除武装；四、避免盟军占领日本本土。而时任日本外相的东乡茂德则主张只提维护国体一个条件。最终，日本天皇决断：以不变更天皇统治国家大权作为接受《波茨坦公告》的附带条件。8 月 10 日，日本外务省将日本接受《波茨坦公告》的照会电报，发给日驻瑞士公使加濑和日驻瑞典公使冈本，令其转达给中、美、英、苏四国。

8 月 11 日，美国表示接受日本投降，并提出“自投降之日起，天皇和日本政府统治国家的权力须受盟军最高统帅的监督”。8 月 14 日上午，日本天皇终于做出投降决定。

8 月 15 日，日本天皇宣布无条件投降，长达 14 年的侵华战争，正式宣告结束。当天，中国政府收到日本政府的投降电文；同日，日本铃木内阁总辞职。8 月 17 日，日本成立了以陆军大将东久迩宫稔彦亲王为首的新内阁，重光葵任外相。当日，日本天皇还向国内外的日本陆海军人颁布一项敕谕，命令他们遵照“终战诏书”投降。从这时起到 9 月中旬，远东、东南亚各国、南太平洋地区和太平洋诸岛的 300 多万日本军队，先后陆续向同盟国投降。

日本政府宣布投降后，盟国各战区分别举行日本投降签字仪式。

1945 年 9 月 2 日 9 时，在停泊于东京湾的美国“密苏里”号战列舰上举行了签降仪式。日本投降书全文共 8 条，它宣布：“日本帝国大本营与所有之日本国军队以及日本国支配下任何地带之一切军队，对同盟国无条件投降。”日本外相重光葵代表日本天皇和政府，参谋总长梅津美治郎代表帝国大本营一同在投降书上签

芷江日本洽降会场

字。9 时 08 分，麦克阿瑟以同盟国最高司令官的身份签字。然后，接受投降的 9 个同盟国代表分别代表本国依次签字：美国代表尼米兹海军上将，中国代表徐永昌上将，英国代表福莱塞海军上将，苏联代表杰列维亚科中将，以及澳大利亚、加拿大、法国、荷兰、新西兰等国代表。签字结束后，上千架美军飞机越过密苏里号军舰上空，庆祝这个具有伟大历史意义的纪念时刻。

在日本投降当日，蒋介石接受盟军中国战区参谋长魏德迈建议，决定将中国陆军司令部前推到芷江，在此接受日本投降。

8 月 20 日，何应钦率中国陆军总部参谋长萧毅肃等 30 余人，乘两架美制运输机抵达芷江。参加受降工作的中国陆军总部副参谋长冷欣及中国战区各地受降主官也先后抵达芷江。1945 年 8 月 21 日，侵华日军中国派遣军副总参谋长今井武夫一行 8 人受冈村宁次指派，乘坐冈村宁次安排的专机抵达芷江，飞机的机翼和机尾处挂有象征投降的白布条，今井武夫一行下机后坐上挂有白旗的专车。这架专机破旧不堪，需要有人用手摇的方式启动发动机。这架象征着日军投降的专机，在芷江停留期间，成为中国很多人留影的背景，他们脸上无不洋溢着胜利的喜悦。

在日方投降代表进入或走出洽降会场时，都有中方士兵荷枪实弹随行。据介绍，当时负责警戒任务的新六军士兵都配备有手枪，而且子弹上膛。日方投降代表在进出会场时，向中方和美方代表鞠躬的细节也意味深长。日本投降代表进入受降典礼会场，向中美受降代表鞠躬的时候，我方是不起立的，仪式结束以后，日本投降代表是鞠躬而退，中方也没有回礼，显示中方是战胜国。

中国陆军总部参谋长萧毅肃代表中国陆军总司令何应钦接受日军洽谈投降事宜，今井武夫交出了侵华日军的兵力配置图，并在投降备忘录上签字，3 位日本投降代表神色焦虑、紧张，不停用手巾擦汗。这与中方和美方代表在受降仪式结束后相互祝贺的神情形成了鲜明的对比。

8 月 26 日，何应钦根据蒋介石指令，把中国战区划分为 16 个受降区，并任命了受降长官，分别接受日军投降。

油画《公元一千九百四十五年九月九日九时·南京》，高 2.2 米，宽 6 米，由南京军区政治部文艺创作室画家陈坚历时 16 年创作。作品真实地再现了 1945 年 9 月 9 日日本军国主义向中国军民投降的场面。画中 260 个人物都是根据历史真实人物创作，栩栩如生。

1945 年 9 月 9 日，中国战区日军投降签字仪式在南京国民政府中央军校大礼堂内举行。应邀参加的有美国、英国、法国、苏联、加拿大、荷兰、澳大利亚等国的军事代表和驻华武官，以及中外记者等近千人。

油画《公元一千九百四十五年九月九日九时·南京》

张明金（军事科学院研究员）：

日军在芷江已经受过降，为什么还要在南京搞一次？其实，两地受降“分工”是不同的。芷江是洽谈投降的事宜，南京是举行投降签字仪式。

“日本投降代表冈村宁次大将、小林中将、今井少将、小笠原中佐、福田中将、谏山中将、山德大佐也在八点四十五分到场。他们的一举一动，都成了摄影记者的中心目标了。会场里面空气严肃，气象万千，中国受降主持人，何应钦上将坐在中间。左边是海军上将陈绍宽，空军上校张廷孟。右边是陆军二级上将顾祝同，总部参谋长萧毅肃……”

这是当年国民党中央电影摄影场拍摄的《日本投降签字仪式现场实况》的纪录片解说词。

按照预先定好的规矩，日方只有冈村宁次一人被允许把帽子放在桌子上，其他 6 人只能把帽子放在膝盖上，中方代表则无限制，现场实况纪录片中，中日双方代表身后，各肃立着数名全副武装的中国士兵，他们是新六军的官兵。

张明金（军事科学院研究员）：

在重庆时，盟军中国战区参谋长魏德迈少将向蒋介石建议，到南京受降的应该是战斗力最强的部队。南京当时被日军控制，要举行签降仪式，首先得解除日军武装。新六军在缅甸将参加过南京大屠杀的日军第 18 师团打得全军覆没，让日军闻风丧胆，因此让新六军到南京解除日军武装，是最合适不过了。

年逾九旬的赵振英老人，时任国民革命军新六军第 14 师第 40 团第 1 营少校营长。作为受降仪式的警卫，他见证了受降仪式过程。

赵振英（时任新六军第 14 师第 40 团第 1 营营长）：

我们受降的时候，我那时候在第 40 团第 1 营当营长，我负责会场的警戒，我就记得，冈村宁次在进入签字现场前，把他的手枪放在了一张桌子上。他们的投降，那种场合，没什么笑脸，大家都绷着脸进行这个工作，他们签完字然后就走了，何应钦就发表了一个讲话，我记着就是这么一个情况。

南京日本投降会场。此为 1945 年 9 月 9 日，图中左面大桌后为中方代表，右方桌后为日军代表，中央长桌后为盟军代表

关于南京受降，向何应钦递交投降书的，并非冈村宁次，而是日军中国派遣军总参谋长小林浅三郎。冈村宁次解下所带佩刀，交由小林浅三郎双手捧呈何应钦，以表示侵华日军正式向中国缴械投降。何应钦交给日方的文书，是由中国陆军总部参谋总长萧毅肃转递。

除了在南京受降，中国军队还首次跨国受降。根据《开罗宣言》和《波茨坦公告》等文件精神，1945 年 8 月 17 日，盟军统帅部发布第 1 号命令：越南 16 度纬线以北地区的所有日军“都必须由中国战区最高统帅蒋介石受降”。按照中国陆军总部的命令，中国陆军第一方面军，下辖第五十二、第六十、第九十三军，共 10 万人奉命入越受降。

9 月 28 日，受降典礼在河内原法国总督府大礼堂隆重举行，第一方面军司令卢汉主持了对日军的受降仪式。日军第三十八军司令官土桥勇逸、师团长川国直服、参谋长酒井于城等 6 人代表日军向中国军队投降。

曾强（时任第六十军第 184 师师长、开国中将曾泽生之子）：

我父亲当时是 184 师的师长，他就负责土伦（即今岘港）的受降。在受降仪式结束以后，有一位七八十岁的老华侨，在他的后辈的搀扶下，走到我父亲面前，拉着他的手说，我作为一个老华侨在越南几十年，今天看到我们炎黄子孙能够接受战败国的投降，对我来讲，已经非常满足了。我父亲也为此感动得热泪盈眶。

中国代表去越北受降，是自鸦片战争以来，中国首次以战胜者的身份去异国受降，也是国际社会对中华民族在抗战中艰苦卓绝的斗争及对世界反法西斯战争重大贡献的充分肯定。

中国人民抗日战争和世界人民反法西斯战争取得最终胜利。这场战争的胜利，改写了中国近代以来因外敌入侵而被迫割地赔款、丧权辱国的历史，捍卫了中华民族数千年的文明成果，为中华民族的伟大复兴奠定了坚实基础。这场战争的胜利表明，中国人民能够在亡国灭种的最危机的时刻，开辟出民族奋起的新道路，中华民族具有无限的生命力。中国共产党高举抗日民族统一战线旗帜，实行人民战争的抗战路线和方针政策，领导中国人民争取民族独立和解放，率领人民抗日武装力量坚持持久抗战，不愧为全民族抗战的中流砥柱。

第 127 章　台湾光复

1945 年 8 月 15 日，日本宣布无条件投降，10 月 25 日上午，中国战区台湾省受降典礼在台北中山堂隆重举行，台湾省行政长官陈仪代表中国战区最高统帅受降，日本代表安藤利吉在投降书上签字盖章。从此，被日本侵占 50 年的台湾终于回到祖国的怀抱。台湾光复是抗日战争胜利的巨大成果，是包括台湾同胞在内的全体中华儿女团结奋斗、流血牺牲的结晶。

台湾自古以来就是中国的领土。早在宋朝时，中国就将澎湖划归福建泉州晋江县管辖，并派兵戍守。元朝时在澎湖设巡检司，管理澎湖和台湾等地，隶属于福建泉州府晋江县。明朝中叶以后，才有了台湾这一名称。

1642 年，荷兰人入侵台湾，1662 年郑成功在台湾各族人民的支持下驱逐了荷兰殖民者。1683 年，清政府派兵统一了台湾，后在台湾设立台湾府，隶属福建省，同时在台湾、澎湖设兵驻守。1885 年，清政府决定在台湾建省。1888 年，台湾与福建分治，正式建成中国第 20 个行政省。

李蓉（中央党史研究室研究员）：

日本对中国台湾的侵略野心由来已久。明治维新后，日本迅速走上对外侵略扩张的道路，台湾成为日本图谋侵占的目标。1871 年，日本派兵侵犯中国台湾。清政府立即照会日本政府提出质问，并命令福州船政大臣沈葆桢率兵前往台湾布置防务。日本侵占台湾的目的未能达到。但清政府却对日采取妥协政策，与日本签订了《北京条约》，被日本勒索白银 50 万两，以此换取侵台日军的撤退。

1894 年 7 月 25 日，日本挑起了甲午战争，由于清政府的腐败无能，中国军队在战场上接连战败，清政府被迫与日本签订了丧权辱国的《马关条约》。通过《马关条约》，日本侵占了台湾及其所有附属各岛屿和澎湖列岛，掠夺了 2.3 亿两白银的赔偿和在中国的许多特权。

1895 年 5 月底，日本侵略军开始侵占台湾。台湾军民对日本的侵略展开英勇抵抗。以清军大将军刘永福为首的黑旗军等部清军和丘逢甲、徐骧、吴汤兴、姜绍祖等各地乡绅率领的义军互相配合，以落后武器同掌握着当时世界先进武器的日军展开激战。台湾军民从北到南，节节抵抗，与日军作战百余次，有力地打击了日本侵略者的嚣张气焰。但最终因孤立无援而失败。

日本侵占台湾后，开始对台湾的殖民统治，镇压台湾人民的反抗，控制和奴役台湾人民，进行殖民剥削、经济掠夺和殖民奴化和同化政策。在日本实行殖民统治的 50 年中，台湾人民一直没有停止过反抗日本侵略的斗争。

1921 年 10 月，台湾反日民族运动领导者蒋渭水、林献堂在台北成立了台湾文化协会，通过举办各种文化讲习会、组织读报社、演出戏剧等活动宣扬祖国文化，抑制日本的文化侵略，在台湾同胞中产生了很大影响。

姚有志少将（军事科学院原军事战略研究部部长）：

为坚守和弘扬中国历史文化，抑制日本的殖民同化，台湾爱国知识分子以笔为剑，与日本殖民当局进行保存民族文化的斗争。史学家连横历经十年艰辛，搜集史料完成了《台湾通史》的撰写。黄玉斋编写《台湾革命史》，记述了从 1895 年到 1925 年的 30 年间台湾同胞抗日斗争的历史。

1937 年全国抗战爆发后，许多台湾同胞冒着生命危险来到祖国大陆，为抗日战争的胜利作出了重要贡献。

1938 年台籍青年沈扶与李焕之等人到达延安，进入鲁迅艺术学院学习。沈扶后来进入八路军政治部对日工作部门，参与研究和翻译日军有关资料、管理和教育日军战俘工作。台南人蔡啸在“赶走日寇，光复台湾”的思想主导下，投奔福建龙岩的闽南抗日游击队，后来成为新四军的一名优秀指挥员。

台湾雾峰林家后代、抗法名将林朝栋曾孙林正亨，投笔从戎，走向抗日战场。在远征缅甸的作战中，时任连长的林正亨带领全连战士与日军进行殊死肉搏，身负 16 处重伤致残。还有台湾著名人士连横之子连震东，在日本庆应大学毕业后直接回到祖国参加抗日战争。据不完全统计，全国抗战时期，台湾同胞回大陆参加抗战的有 5 万余人。

李蓉（中央党史研究室研究员）：

为了让台湾早日回归祖国的怀抱，全中国人民包括台湾同胞进行了英勇抗战，不惜流血牺牲，全国各党派、社会各阶层人民进行了艰苦斗争和不懈努力。早在全国抗战爆发后，中国政府和人民即开始着手进行战后收复台湾的准备工作。1937 年，中国共产党发表的《中共中央为公布国共合作宣言》和《抗日救国十大纲领》中，明确提出要“收复失地和恢复领土主权之完整”，“废除日本条约”，收复被日本占领的失地。

1938 年 4 月 1 日，蒋介石在国民党临时全国代表大会闭幕式上发表演讲，指出“台湾是我们中国的领土”，必须要光复台湾，使台湾同胞摆脱殖民统治的枷锁。

1940 年 4 月上旬，在重庆召开的国民参政会第一届第五次会议上，中国共产党代表董必武与其他与会代表共 27 人联署，向会议提交《策进台湾朝鲜革命使敌益速崩溃案》，强调中国与日本“为交战国，应即宣布马关条约无效，认台湾亦在收复之失地范围”。

1941 年 12 月 9 日，国民政府主席林森发布《国民政府对日宣战文》，公开宣告“所有一切条约协定合同，有涉及中日间之关系者，一律废止，特此布告”。同时郑重宣布中国将“收复台湾、澎湖、东北四省土地”。这成为中国收回台湾的法理依据。

1942 年 4 月，重庆各文化团体联合举行台湾光复运动宣传大会，掀起一场声势浩大的关于收复台湾的宣传运动。《新华日报》《益世报》等出版了《台湾光复运动专刊》；台湾革命同盟会发表宣言，明确指出：“祖国向倭寇正式宣战，马关条约已宣告失效，台湾已与其他沦陷区相同，站在祖国省群中，站在祖国疆域上。吾台已不复孤立，吾台六百万同胞已与祖国四万万五千万同胞混为一体，破而重圆。”从 1942 年开始，每年的 4 月 17 日《马关条约》签订日和 6 月 17 日台湾抗日纪念日，全国各界均进行台湾光复宣传日活动和台湾抗日纪念日活动，表达要收复台湾的决心。

1942 年 11 月，国民政府外交部部长宋子文针对日本宣布成立“大东亚省”，把朝鲜、台湾列为本土的决定宣称，战后“中国应收回东北四省、台湾及琉球，朝鲜必须独立”。

于江欣（军事科学院研究员）：

此后，收复台湾的工作开始有了实质性的进展。1943 年 11 月，中美英三国首脑在开罗召开会议，蒋介石提出收回台湾的要求得到了美英两国首脑的支持。（中、美、英）三国发表的《开罗宣言》宣称：“三国之宗旨在剥夺日本自 1914 年第一次世界大战开始以后在太平洋所夺得或占领之一切岛屿，在使日本所窃取于中国之领土，例如满洲、台湾、澎湖列岛等，归还中国。”这就在国际法上确定了中国对台湾恢复主权的法律依据，明确了中国战后收回台湾和澎湖列岛等领土的神圣权利。

1945 年 7 月 26 日，中美英三国签署《波茨坦公告》，重申“《开罗宣言》之条件必将实施”，日本必须将台湾和澎湖列岛归还中国，再次从国际法上明确了中国拥有台湾和澎湖列岛的主权。

1944 年 3 月，国民党设立台湾调查委员会，负责光复台湾的各项具体准备工作，委派行政院秘书长陈仪为主任委员，沈仲九、王芃生等人为委员。4 月 17 日，台湾调查委员会在重庆枣子岚垭彝园正式成立并召开第一次委员会会议。9 月，又增派台湾籍人士黄朝琴、丘念台、李友邦等人为委员，还先后聘请李万居等人为兼任专门委员。此外，中央设计局还派专任专门委员何孝怡和专任委员连震东等人参与台湾调查委员会的工作。

台湾调查委员会下设行政区划研究会、土地问题研究会、公营事业研究会等组织来负责具体问题的研究筹划。该会组织大量的人力物力，先后编辑了日本统治下的台湾行政制度、教育、交通、社会事业等专题资料，并翻译了有关台湾的各类法令资料。该会还开办台湾行政干部训练班、台湾警察干部讲习班、台湾银行干部训练班等各类专职训练班，训练干部作为日后接收台湾的骨干。学员从在职公务员和大中学生中挑选，其中台湾籍人士占了相当比例。

当时,对于如何接管台湾有两派意见,一派建议完全与进驻其他“沦陷区”相同，设立“台湾省”，另一派则主张在台设立拥有军警等特别公权力的“特别行政区”。

李杰群（时任台湾调查委员会成员朱代杰之女）：

我父亲（朱代杰）在这里面非常坚决地认为应该作为一个省。主要的原因是台湾在被日本占领以前的清朝，它本来就是一个省，设有巡抚。当然它就是一个省。

1945 年 3 月，台湾调查委员会完成《台湾接收计划纲要草案》。决定在台湾采用行政长官制，设立行政长官公署。当年 9 月，中国政府公布了《台湾省行政长官公署组织大纲》。

1945 年 8 月 15 日，日本宣布无条件投降；9 月 2 日，在停泊于东京湾的美国密苏里号战舰上，日本代表签署投降书。9 月 9 日，中国战区在南京举行受降签字仪式，林献堂等 5 人作为中国台湾的代表应邀参加。中国人民取得了抗日战争的伟大胜利，台湾的光复工作遂正式展开。

1945 年 8 月 28 日，国民政府任命陈仪为台湾行政长官兼台湾警备司令部总司令，负责包括澎湖列岛在内的台湾地区的受降工作。9 月 1 日，台湾省行政长官公署和警备司令部临时办事处在重庆成立。9 月 9 日，何应钦代表中国政府在南京接受日本侵华最高指挥官冈村宁次的投降，并委派陈仪为台湾、澎湖列岛地区受降主官。

1945年10月25日上午，中国战区台湾省受降典礼在台北中山堂隆重举行，数千位台湾各界人士出席大会。陈仪为受降主官。日方代表安藤利吉在投降书上签字盖章。

投降签字典礼完毕后，陈仪发表即席广播：“从今天起，台湾及澎湖列岛已正式重入中国版图，所有一切土地、人民、政事皆已置于中华民国国民政府主权之下，这件具有历史意义的事实，本人特报给中国全体同胞及全世界周知。”

姚有志少将（军事科学院原军事战略研究部部长）：

当日下午，台湾各界在中山堂举行庆祝台湾光复大会，庆祝台湾及澎湖列岛等光复重归祖国版图。从此，被日本侵占50年的台湾终于回到祖国的怀抱。为纪念台湾光复，10月25日被定为“光复节”。

受降典礼结束后，各项接收工作和各项行政工作同时全面展开。11月3日，台湾行政长官公署公告台湾法制原则：中国一切现行法律适用于台湾，日本殖民时期的一切法律、法令一律废止。经过两个月时间，整个接收工作基本完成。

1946年1月12日，中国政府发布训令：“查台湾人民原系我国国民，以受敌人侵略致损失国籍，兹国土重光，其原有我国国籍之人民，自民国三十四年十月二十五日起应即一律恢复我国国籍。”从此，台湾民众在事实上和法律上都恢复了中国国籍，回到了祖国怀抱。

台湾光复，一举洗雪了中华民族在甲午战争遭受的巨大屈辱，这是中国抗日战争的伟大成果，是包括台湾同胞在内的全体中华儿女团结奋斗的结晶，是全民族的骄傲，表明了中国抗战对世界反法西斯战争的巨大贡献，得到国际社会的普遍承认。

第 128 章　正义审判

2006 年出品的历史题材影片《东京审判》，创作者尽力真实地再现了远东国际军事法庭在东京对日本战犯的大审判。影片着重表现了东京审判的复杂曲折和以梅汝璈为代表的中国检察官对审判做出的重要贡献。

远东国际军事法庭终于走到了今天，最后七名战犯被处以极刑。

梅汝璈是中国法学家及律师，1924 年毕业于清华学校后，赴美国留学，以优异成绩荣获法学博士学位，曾代表中国参与第二次世界大战后审判日本之远东国际军事法庭。

1945 年 8 月 15 日，日本政府宣布接受《波茨坦公告》。

9 月 2 日，日本外相重光葵代表日本天皇和日本政府，日军参谋总长梅津美治郎代表帝国大本营共同在投降书上签字，承诺“忠实履行《波茨坦公告》之条款”。

《波茨坦公告》是 1945 年 7 月 26 日，中、美、英三国发表的，其中第十条规定：“我们无意奴役日本民族或消灭其国家，但对于战争罪犯，包括虐待我们的俘虏者在内，将处于法律之严厉制裁。”最终确定了惩办战犯，彻底铲除日本军国主义，建立和平民主新日本的对日政策目标。

东京审判的检控方和法官会议由中国、苏联、美国、英国、法国、澳大利亚、荷兰、菲律宾、加拿大、新西兰、印度十一国组成。美国联邦司法部长助理基南为首席检察官，中国检察官代表是上海特区法院首席检察官向哲浚；法庭庭长为澳大利亚韦伯，中国法官是国民政府立法委员兼外交委员会主席梅汝璈。

随着东京审判日期的日渐临近，一些法西斯战犯自知难逃法网，不愿接受审判，接连畏罪自杀。

近卫文磨曾两次出任日本首相，任期内积极扩大侵华战争，是《三国轴心协定》的签订人。他在东京审判前服毒自杀身亡。

1945 年 8 月 15 日，日本陆相阿南惟几在官邸剖腹自杀。此后，日本海军军令部次长大西泷治郎中将、原日本陆相杉山元元帅、陆军大将田中静一、前关东军司令官本庄繁大将、前台湾总督安藤利吉和吉本贞一大将等人相继自杀身亡。头号战犯，日本第四十任首相东条英机自杀未遂，被盟军总部逮捕。

盟军总部下令逮捕日本前首相小矶国昭、平沼骐一郎、广田弘毅等 78 名日本战犯。到 1945 年底，作为甲级战犯嫌疑人被拘留的日本军人、皇族、阁僚、财界

法官团成员。前排中间者是韦伯庭长

人物等已超过百人，另外，还有属于乙、丙级的战犯嫌疑人约2.5万人在各地被捕。

数量如此之多的战犯是根据什么原则来划分等级的？

步平（中国社会科学院研究员）：

三个原则来审判日本的战争罪行：第一个就是破坏和平罪。实际上主要是针对了日本高层的那些人，惩办他们策划战争、发动战争的这个罪行。第二个叫作反人道的罪，反人道主要指的是对平民、对妇女的迫害等等。第三个就是指虐待俘虏的。我们一般把它叫作甲级战犯，或者A级战犯。其他两种，叫作B、C级或者乙、丙级战犯的审判。

马骏（国防大学教授）：

那些几个甲级战犯都说我是奉命行事，我是军人，而在东京大审判中，明明白白告诉他们不可以。虽然战争是国家的行为，但是你是战争的组织者、参与者，你的职务又在那儿，根据你的罪行来对你量罪定刑。

南京大屠杀是日军侵华过程中实施的重大暴行，也是远东国际军事法庭审理的重点之一。甲级战犯松井石根是南京战役中日军部队的最高指挥官，起初他在法庭上百般狡辩，不承认日军进行南京大屠杀的事实。法庭花费了近三个星期时间专门听取十余位中国或外籍目击证人的口头证言，接受了一百多件书面证词及相关文件。

东京审判从 1946 年 5 月 3 日开始，到 1948 年 11 月 12 日结束，前后持续两年半之久，共开庭 818 次，法官内部会议 131 次，有 419 位证人出庭作证，779 位证人提供述书和宣誓口供，受理证书 4336 份，英文审判记录 48412 页。整个审判耗资 750 万美元。1948 年 4 月 16 日，远东国际军事法庭宣布休会，以作出判决。

1948 年 11 月 4 日，法庭再次开庭，宣读判决书。判决书共 10 章，总计 1231 页，90 余万字，到 12 日，历经 8 天才宣读完毕。

7 人被处以绞刑，他们是东条英机、广田弘毅、土肥原贤二、板垣征四郎、木村兵太郎、松井石根、武藤章。

16 人被处以无期徒刑，荒木贞夫、桥本欣五郎、畑俊六、平沼骐一郎、星野直树、贺屋兴宣、木户幸一、小矶国昭、南次郎、冈敬纯、大岛浩、佐藤贤了、嶋田繁太郎、白鸟敏夫、梅津美治郎、铃木贞一；东乡茂德被处以 20 年有期徒刑，重光葵被处以 7 年有期徒刑。

通过数据和名单我们不难看出大部分战犯已经受到了应有的制裁，但是对于天皇战争责任以及日军残忍战争手段，为何没有得到完全明确的认定？

步平（中国社会科学院研究员）：

东条英机在一开始还在说，天皇是我们最高的指挥者。我们一切都要听天皇的指挥的。但是突然美国就传话给他，让他不能这么说，你必须把所有的责任都承担下来。究竟谁对这个战争负责任，没有了。这都是导致现在仍然在出现的一些问题。

马骏（国防大学教授）：

东京大审判最大的意义就是这些战争的犯罪者接受正义的审判。侵略战争、非侵略战争区别具体化了。侵略战争的发动者、组织者必须受到法律的严惩。很多国际法的基本准则由此确立起来了，它用法律的形式将二战的成果固定下来了。你要想否认二战的成果和二战建立的国际秩序，正义的人们，抗击法西斯胜利的一方，当然不同意。

中国政府有关人员验证南京大屠杀死难同胞的尸骨

肖裕声少将（军事科学院原军事历史研究部副部长）：

东京审判也有缺憾。第一，对日本首要的战争罪犯天皇裕仁没有进行审判。第二个缺憾，美军出于冷战的需要，有意识地释放和保护了一大批日本的战争罪犯。这些战犯重返日本政坛，担任日本的高官和要员。这都是日本军国主义复活潜在的危险。

在一系列对日本战犯的审判中，中国对日本战犯的审判具有重要地位。1944 年 5 月，“战争审查委员会”伦敦总会通过决议，在中国设立远东及太平洋分会，并由中国政府接任分会主席。从 1945 年 12 月中旬起，“战争审查委员会”远东及太平洋分会，在中国各地相继设立审判战犯军事法庭。1945 年底开始，有关军事法庭开始受理战犯案件。

1947 年 3 月 10 日下午，南京审判战犯军事法庭审判长石美瑜对南京大屠杀的主犯谷寿夫进行宣判，判定谷寿夫犯有危害和平罪、战争罪和违反人道罪，判处死刑。1947 年 4 月 26 日 12 时 35 分，战犯谷寿夫在南京雨花台被执行枪决。

1947 年 12 月 18 日，南京军事法庭对向井敏明和野田毅的“百人斩”比赛进行公审。1948 年 1 月 28 日，向井敏明和野田毅在雨花台刑场被枪决。

此后，劈杀中国南京居民300余人的战犯田中军吉，在香港进行两个月血腥屠杀的日军第二十三军司令官酒井隆，平顶山大屠杀主犯久保孚等罪大恶极的战犯也被执行死刑。

从1945年12月至1947年12月，中国各地军事法庭共受理战犯案件2435件，判决318件，不起诉661件，判处死刑110件，判处徒刑208件，宣告无罪283件。

虽然南京审判再次裁决了众多的战犯，也不能称得上尽如人意。

肖裕声少将（军事科学院原军事历史研究部副部长）：

通过严谨有力的深入审判，积累了一大批有关日军战犯所犯罪行的资料、档案和文件，这个对于世界人民和中国人民清算日本的战争历史、清算战争罪犯的罪行，是有重要作用的。

继南京审判之后，国民政府还审判了一批汉奸。从1946年4月起至1946年10月，各省市法院处理汉奸案件的情况是：检察方面办结4.5万余件，被起诉者3万余人，不起诉者2万余人，其他1.3万余人；审判方面办结2.5万余件，其中死刑369人，无期徒刑979人，有期徒刑1.3万余人，罚款14人。

出卖国家和自己灵魂的背叛者必然受到历史和法律应有的惩处。

新中国成立后，中国人民对日本侵华战争的正义审判进入了一个新的阶段。当时，在中国境内关押着苏联政府于1950年7月移交给中国的969名日本战犯，还有被中国人民解放军逮捕的140名日本战犯。

1956年6月至7月间，沈阳特别军事法庭开庭，对前日军第一一七师团师团长铃木启久、第三十九师团师团长佐佐真之助、第五十九师团师团长藤田茂、前伪满洲国总务长官武部六藏等36名罪犯进行审判，分别被判处12年至20年有期徒刑。

另外，太原特别军事法庭于1956年6月10日至20日开庭，对长期在中国进行间谍活动的日本特务骨干分子富永顺太郎、城野宏等8名战犯，判处8年至20年有期徒刑。

中华人民共和国最高人民检察院于1956年6月至8月，先后分三批对在押的1070名罪行较轻、悔罪表现较好的日本战犯，宣布从宽处理，免于起诉，予以释放。

中华人民共和国政府对日本战犯审判，着眼于发展中日两国人民的友好关系，坚持思想教育从严、刑事判罚从宽。通过对这些日本战犯进行犯罪事实的教育，使他们认识到日本侵华战争的性质和对中国人民犯下的严重罪行，并一一写下认罪悔过书，表示要痛改前非。

东京审判的法庭全景。左手是判事席，主任律师席和检察官席中央夹着陈述台，正面左侧是检察团席，右侧是律师团席。左手台阶上可以看见一部分被告席

“我请求法庭给我以严厉惩处，让我对过去负起应负的责任。”日本战犯铃木启久在法庭上面对自己罪行下的中国幸存者做出了忏悔：“假如我还能有余生的话，我将用反对战争、保卫和平来度过我的余生。”在这场审判中受审的这些日本战犯，无一赖罪，人人谢罪。

这批日本战犯回国后，创建了“中国归还者联络会”，成为日本国内和平反战、促进中日友好的一支重要的力量。不少人还把自己的罪行写成书，这些书籍的出版，震惊了日本社会。

步平（中国社会科学院研究员）：

在日本社会进行非常努力的，他们叫“证言活动”。什么是证言呢？就是让日本人讲述自己曾经在中国做了哪些事，是哪些罪行。所以，我觉得这个很不容易。所以实践证明，我们这个战犯改造政策很成功。

在抗日战争中，中国军民伤亡3500万人以上，直接经济损失1000多亿美元，间接经济损失达5000多亿美元。“我不是复仇主义者，我无意于把日本军国主义

欠下我们的血债写在日本人民的账上。但是，我相信，忘记过去的苦难可能招致未来的灾祸。”这是梅汝璈先生说过的一段话。

对于日本军国主义、法西斯主义者在人类历史中犯下的暴行，法律的审判已经结束，但人类的良知仍在追问，道义仍在审视，历史警醒仍在继续。

后　记

《大抗战》这本书是纪念中国人民抗日战争暨世界反法西斯战争胜利 70 周年之际，奉献给全国人民的精品力作！本书以图文并茂的形式来唤起国人对民族历史的记忆，对先烈们的缅怀，对伟大爱国主义精神的传承。

感谢九州出版社对于本书的出版。我们非常感谢九州出版社社长黄宪华女士、副社长李勇先生、副总编辑郑闯琦先生、大众出版中心主任沧桑先生以及本书的策划编辑杨静女士等，对于本书出版所付出的不懈努力！

感谢广东广播电视台这么好的课题创意，才有了《大抗战》这本书的撰写。为此，我们非常感谢广东广播电视台台长张惠建先生、总编辑陈一珠女士、副台长曾国欢先生、卫视频道总监余得通先生、北京制作中心主任王晓秋女士等，对本书的支持。

感谢华夏传记（北京）文化发展有限公司组织《大抗战》记录片的拍摄，特别感谢董事长袁飞先生、总经理曹俊茁先生、出品人王铸先生、总撰稿田越英女士为本书出版所做出的突出贡献！

本书的编纂，离不开为《大抗战》做出采访贡献的一些专家领导，在此非常感谢中共中央党校、中共中央党史研究室、中共中央文献研究室、军事科学院、国防大学、中国社会科学院、南京师范大学、东北师范大学、吉林省社会科学院、吉林省档案馆等近百名知名专家学者。感谢他们把最新的研究成果与我们分享在《大抗战》这本书中，同时，为本书增添了学术分量和价值，因此，而成为本书的一大“亮点”。

在编纂这本书的过程中，我们要特别感谢韩京京先生为我们联系采访了近百位抗战亲历者及亲历者后代。在此，非常感谢他们提供了第一手资料与图片等，有些是鲜为人知的史料。这为本书增加了又一“亮点”。

此外，感谢所有为《大抗战》这本书提供支持和帮助的人，相信本书将成为一本值得珍藏的抗战史书。